影响世界的
25 位经济学家

惠 宁　周 宇

—— 主 编

25 ECONOMISTS WHO INFLUENCE
THE WORLD

王颂吉　姜 伟　吴丰华

—— 副 主 编

社会科学文献出版社
SOCIAL SCIENCES ACADEMIC PRESS (CHINA)

前　言

经济学被人们认为是社会科学的皇后，一直吸引着无数学者去探索、去研究。千百年来，人类在历史文明的长河中积累了丰富的经济学知识。然而，直到1776年，经济学鼻祖亚当·斯密发表了《国民财富的性质和原因的研究》，经济学才作为一个完整的学科体系为人们所认知、传颂。以亚当·斯密、大卫·李嘉图和西斯蒙第为代表的古典政治经济学家，以托马斯·马尔萨斯、约翰·斯图亚特·穆勒和让-巴蒂斯特·萨伊为代表的"边际革命"以来最重要的经济学家，以及以主张国家干预经济的约翰·梅纳德·凯恩斯和新古典综合派的保罗·萨缪尔森等为代表的经济学家，以人类的福祉为己任，研究人类的经济行为，推动社会改进有限资源的配置，以更好地满足人类对美好生活的向往。

20世纪主流经济学的三次革命，为现代经济学的发展铺平了道路。"张伯伦革命"正式宣告了"斯密传统"的彻底结束，摈弃了长期以来新古典经济学把"完全竞争"作为普遍情况、把垄断看作个别例外情况的传统假定，提出了一套在经济学教科书中沿用至今的、用以说明处在两种极端之间的、"垄断竞争"的市场模式；并在其成因比较、均衡条件、福利效应等方面运用边际分析的方法完成了微观经济学的革命。"凯恩斯革命"认为政府不加干预就等于听任有效需求不足继续存在，一国政府应当以充分就业、价格稳定、长期经济增长、国际收支平衡、收入均等化和资源最优配置作为经济目标。"预期革命"中罗伯特·卢卡斯的逻辑是：货币对产量等其他经济变量具有重要影响，货币供给的冲击导致货币存量随机变动，由此引起经济变动。理性预期假定市场是连续出清的，即由于工资和价格不断调整，供给总是等于需求，市场处于均衡状态。理性预期作为一种宏观分析工具在经济学中被广泛采用，在股票、债券、外汇市场的运行中发挥了作用。约瑟夫·斯蒂格利茨等新凯恩斯主义经济学家对理性预期提出批判，对政府干预的思想重新做出了表述，将诸如信念问题、激励问题、道德问题、逆向选择思维等许多不在新古典经济学范围内的新成果纳入其研究领域，使之更加具有实际应用价值。以詹姆斯·布坎南为首的公共选择学派针锋相对地提出了“政府失灵”论，向凯恩斯主义提出了挑战。可以这样说，20世纪经济学大师云集，星光璀璨，各类经济理论、思想、流派纷纷涌现。

20世纪经济学之所以产生诸多“革命”和理论创新，在很大程度上得益于其研究方法和角度的巨大变化。一是证伪主义的普遍化趋势。马克·布劳格在其《经济学方法论》中将经济学方法的演变历史归纳为一句话：证伪主义者，整个20世纪的故事。发生于19世纪的证伪主义与实证主义的较量，同样贯穿20世纪经济学发展的始终。二是假定条件的多样化。“经济人”的假定是新古典微观经济学的核心，也是新古典宏观经济学的基础之一。“经济人”的假定条件被不断修改、拓展，甚至被批评和攻击。赫伯特·西蒙认为经济人的计算能力是“有限理性”，行为者无法在多种可能的选择中做出最优选择。威廉·鲍莫尔主张用“最大销售收益来代替最大利润的目标函数”。加里·贝克尔拓展了“经济人”的假定，认为个人效用函数中具有利他主义的因素，这才是人类行为的一般性。哈维·莱本斯坦一反“利润最大化、效用极大化、成本极小化”的经济人传统假定，认为上述假定在完全竞争下是适用的，而在垄断型企业里利益最大化原则是个“例外”。三是分析工具的数理化趋势。首先，计量经济学崛起，劳伦斯·克莱因从20世纪50年代开始最早提出的宏观计量模型为宏观经济学开辟了新视野。其次，统计学在经济学中获得大规模运用，米尔顿·弗里德曼的《美国货币史（1867~1960）》就是一部成功运用统计分析的经典性著作；西蒙·库兹涅茨对季节性波动、国民收入的长期变化和经济增长的经典性研究，既建立在统计分析的基础上，又为统计分析建立了一个牢固的阵地。再次，引进博弈论，借助博弈论这一强有力的分析工具，

"机制设计""委托-代理""契约理论"等已被推向当代经济学的前沿。四是研究领域的非经济化趋势。家庭作为"生产"的基本单位被纳入微观经济学分析之中。西奥多·舒尔茨认为，家庭就像一个企业，既生产用于增加未来收益的"产品"——繁衍后代、教育子女等，也生产"消费"——衣食住行、休闲保健等。国家和政府被视为一种"政治市场"纳入经济分析之中，研究官僚主义经济理论（奖惩制度和个人主义行为），深入探究代议制政治制度的运行逻辑，对国家与市场的本质、国家与市场的关系进行重新定义。经济制度被纳入微观经济分析之中，可以说科斯提出的交易费用是新制度学派的源泉。五是学科交叉的趋势。经济学越来越全面发展，并派生出许多交叉学科和新学科，如不确定经济学、行为经济学、法律经济学、实验经济学……它们百家争鸣，相得益彰，成为20世纪西方经济学的一大景观。

《影响世界的25位经济学家》选取了为经济科学研究领域做出重大贡献、研究成果代表那个时代甚至影响当今世界经济发展方向的25位经济学大师，论述25位经济学家的成长历程，阐释经济学家的经典著作，述评经济学家的精彩观点，展示经济学家的思想精华，为我们掌握纷繁庞杂的经济理论提供了一条捷径。研究和学习《影响世界的25位经济学家》中经典且影响广泛的经济理论、观点和方法，对于贯彻落实党的十九届五中全会提出的构建现代化产业体系，推动经济体系优化升级，发展实体经济，坚定不移建设制造强国、质量强国、网络强国、数字中国，推进产业基础高级化、产业链现代化，提高经济质量效益和核心竞争力，具有重要的理论和现实意义。

《影响世界的25位经济学家》由西北大学惠宁教授和西安财经大学周宇副教授担任主编，西北大学王颂吉副教授、中央民族大学姜伟博士和西北大学吴丰华教授担任副主编。参加编撰本书的作者全部与西北大学经济管理学院有着深厚的感情，彼此交流密切，相互熟悉，互相之间具有长期学习与合作的基础。全书各章编著者如下：

惠宁，经济学博士，西北大学经济管理学院二级教授，负责编著前言、第一章、第二章、第三章；

吴丰华，经济学博士，理论经济学博士后，西北大学经济管理学院教授，负责编著第四章；

王颂吉，经济学博士，西北大学经济管理学院副教授，负责编著第五章和第六章；

王聪，经济学博士，西北大学经济管理学院副教授，负责编著第七章；

马微，经济学博士，陕西师范大学国际商学院副教授，负责编著第八章；

姜伟，经济学博士，中央民族大学经济学院讲师，负责编著第九章和第二十二章；

谢攀，经济学博士，应用经济学博士后，陕西师范大学国际商学院副教授，负责编著第十章和第十五章；

白云朴，经济学博士，南京邮电大学管理学院副教授，负责编著第十一章和第十二章；

惠炜，经济学博士，应用经济学博士后，中国社会科学院工业经济研究所助理研究员，负责编著第十三章和第十九章；

杨世迪，经济学博士，法学博士后，西北政法大学经济学院讲师，负责编著第十四章和第十八章；

周宇，经济学博士，西安财经大学经济学院副教授，负责编著第十六章、第十七章、第二十三章；

许潇丹，西北大学经济管理学院产业经济学博士研究生，负责编著第二十章；

邵传林，经济学博士，华侨大学经济与金融学院教授，负责编著第二十一章；

张晓宁，经济学博士，西北农林科技大学经济管理学院副教授，负责编著第二十四章和第二十五章。

《影响世界的25位经济学家》是国家一流专业工商管理建设项目和教育部基础学科拔尖学生培养计划2.0基地——经济学拔尖学生培养基地建设项目的阶段性成果。初稿形成以后，惠宁教授、周宇副教授对全书进行了细致的修改，甚至对个别部分进行重写，以保持书稿逻辑结构的严谨性，突出经济学家经济思想的建树，王颂吉副教授、姜伟博士和吴丰华教授通读了全书，校对修改了书稿。华中科技大学经济学院的硕士研究生程静静，陕西师范大学国际商学院的硕士研究生刘远玺，西北大学经济管理学院的硕士研究生谢沛、丁亚理、陈锦强、高卓远、熊梓琪、刘钰希、张倩茹、李怡璇、高伊凡、徐聪和李慧等，做了大量的前期资料搜集工作，付出了艰辛的劳动，在此深表谢意！在撰写过程中，我们参阅了国内外许多著作、论文，吸收了其中的部分研究成果。社会科学文献出版社的陈凤玲编审对本书提出了许多修改意见，做了大量的编辑工作。谨向这些论著、论文的作者及编辑表示感谢！西北大学副校长兼经济管理学院院长吴振磊教授在人力和物力上给予了全面支持，使《影响世界的 25 位经济学家》一书得以出版，在此我们表示深深的谢意！同时，由于经济学研究范围广、现实发展日新月异，许多新问题、新情况和新动态仍需要我们进一步探讨，加之经济学的名家大师层出不穷，各类经济思想和流派纷纷涌现，对于经济学家的选择，本研究难免存在许多不足，诚请同人、读者批评指正，使我们的研究不断完善，经济学理论不断发展。

惠　宁

2022 年 2 月 26 日

目 录

第一章

亚当·斯密

“经济学之父”

Adam Smith

亚当·斯密（Adam Smith，1723～1790），经济学鼻祖、英国古典政治经济学主要代表人物，被尊称为"经济学之父"。英国资产阶级古典政治经济学从威廉·配第（William Petty）开始，到斯密时获得极大的发展。在经济学说史上，不论是西方经济学家，还是马克思主义经济学家都给斯密评以非常重要的历史地位。马克思对斯密的经济学著作进行过深入的研究，他指出："在亚·斯密那里，政治经济学已发展为某种整体，它所包括的范围在一定程度上已经形成。"[①] 斯密吸收了早期古典政治经济学的成果，形成了完整的古典政治经济学理论体系，实现了经济学的第一次伟大变革。斯密经济思想的革命性主要表现在自由竞争、自由放任的经济体系，自我调节的市场机制以及经济增长等方面。

一　斯密的生平

1723 年，斯密出生于苏格兰的柯科迪。他的父亲是一名海关职员，在斯密出生前几个月去世，母亲玛格丽特（Margaret）是法夫郡斯特拉森德利大地主约翰·道格拉斯（John Douglas）的女儿。斯密一生与母亲相依为命，终身未娶。柯科迪在 18 世纪初还是一个只有 1500 人左右的小镇，但后来随着纺织业的发展，逐步发展成为拥有数万人的工业城市。

斯密自幼聪慧，14 岁即进入格拉斯哥大学，17 岁进入牛津大学。他在陌生环境发表演说时，刚开始会因害羞频频口吃，一旦熟悉后便恢复辩才无碍的气势，侃侃而谈；而且他对喜爱的学问研究起来相当专注、

① 《马克思恩格斯全集》（第二十六卷）（第二册），人民出版社，1973，第 181 页。

热情，甚至废寝忘食。1740 年前，斯密在家乡苏格兰求学，在格拉斯哥大学完成拉丁语、希腊语、数学和伦理学等课程的学习。1740～1746 年，赴牛津大学求学，但在牛津大学并未获得良好的教育，唯一的收获是大量阅读了许多格拉斯哥大学所缺乏的书籍。格拉斯哥大学的道德哲学教授弗兰西斯·哈奇森最早提出“最大多数人的最大幸福”口号，斯密深受哈奇森自由主义思想的影响，在几十年后任格拉斯哥大学校长时，对这位老师的教导仍牢记不忘。斯密 1739 年读了大卫·休谟（David Hume）的《人性论》，后来与休谟成为好友，并深受休谟的影响。斯密 1746 年从牛津大学毕业后回到柯科迪，1748 年任爱丁堡大学讲师，1751 年到格拉斯哥大学任教，讲授逻辑学和道德哲学。当时道德哲学课程的范围十分广泛，斯密的讲义分为四个部分：神学、伦理学、法学和政治学。1759 年斯密出版了《道德情操论》，其内容主要是讲义的第二部分。《道德情操论》的出版引起了社会的广泛关注，斯密也因此在社会上赢得了声誉。讲义的第三和第四部分由别人根据他的一个学生的笔记在 1896 年整理出版，名为《关于法律、警察、岁入及军备的讲演》，其中论述了有关经济政策和政治经济学的理论问题，从中可以看到斯密早期思想与后来的《国富论》中经济思想的联系。

1764 年，斯密接受青年贵族布克莱公爵之邀，作为私人教师陪同公爵到欧洲大陆游历。斯密曾在法国停留三年，有机会同法国启蒙学派著名学者伏尔泰、重农主义创始人弗朗索瓦·魁奈（Francois Quesnay）、重农学派著名代表人物安·罗伯特·雅克·杜尔哥（Anne Robert Jacques Turgot）等人交往并结下友谊。在这期间，斯密决定写一部政治经济学著作。1767 年，斯密随公爵返回英国。在伦敦，斯密被选为英国皇家学会会员，与国内知名学者的交往范围更广也更频繁。为了完成自己的研究和创作计划，斯密回到故乡柯科迪。经过六年完成初稿，斯密又赴伦敦搜集新资料并进行修改，修改工作持续了三年。1776 年，斯密的著作出版了，名为《国民财富的性质和原因的研究》（通常简称《国富论》），这部书适应了当时英国产业资产阶级的需要，为实行自由放任的经济政策提供了理论基础。这部书出版后引起大众广泛的讨论，轰动一时，不仅经济学界极为重视，连议员们在国会辩论中也以能引证这本书为荣。除了英国本地，欧洲大陆和美洲也为之疯狂，因此世人尊称斯密为“现代经济学之父”和“自由企业的守护神”。

斯密 1778 年被任命为苏格兰海关总监。1784 年斯密出席格拉斯哥大学校长任命仪式，因其母于 1784 年 5 月去世而推迟上任，直到 1787 年，他担任校长职位，1789 年离任。斯密于 1790 年 7 月 17 日与世长辞，享年 67 岁，斯密在去世前将自己的手稿全数销毁。

斯密并不是经济学说的最早开拓者，他最著名的思想中有许多也并非新颖独特，但是他首次提出了全面系统的经济学说，为该领域的发展打下了良好的基础。斯密把配第以来的古典政治经济学综合发展为一个完整的体系，这也使他成为经济学说史上最著名的经济学家。

二 从《道德情操论》到《国富论》

斯密生前只出版了《道德情操论》和《国富论》两部著作。后人在斯密去世后整理出版了《哲学问题论集》（1793）。斯密曾有十多卷未完成的手稿，在去世前不久，他说服自己的朋友把这些手稿销毁了。他的一个学生于 1763 年所做的笔记在 1895 年被发现，经 E. 坎南整理编辑出版，即《关于法律、警察、岁入及军备的讲演》。另外，1958 年斯密关于修辞学和纯文学的讲义被发现，格拉斯哥大学在 1976~1983 年出版的《亚当·斯密著作和通信全集》（六卷）是斯密著作最完整的版本。

（一）《道德情操论》

《道德情操论》是斯密的成名作。在斯密的有生之年，《道德情操论》又经历五次修订，第二版发行于 1761 年，第三版发行于 1767 年，第四版发行于 1774 年，第五版发行于 1781 年，第六版发行于 1790 年。直到生命的最后阶段，斯密仍专心对其进行修改完善，足见其对该书的重视。

《道德情操论》是因应英国社会的急切需要而写的。进入 18 世纪中期的英国社会，市场经济在国内兴起并逐渐走向成熟，这也是卡尔·马克思在英国成熟为市场经济条件下研究商品，而不在市场经济相对不成熟的德国研究的主要原因。当时的英国，渐趋成熟的市场经济使工场手工业极为发达，中世纪被禁锢的人身自由和致富动力得以释放，个人追求自身权益的冲动和愿望十分迫切。市场经济的逐渐成熟既潜移默化地提升了人们的平等意识，又带来一些误区，如金钱至上的重商主义，甚至像当时孟德维尔推行一种极端利己主义，提倡“私人恶行即是公众利益”。这时，斯密在感情论的基础上，把合宜性作为他的伦理学主体，激烈地批判了孟德维尔的极端利己哲学，称其是“放荡不羁的体系”和十分有害的学说。

《道德情操论》主要讨论道德的力量，研究通过限制人们的自私而把人们组合成一个可以运转的社会。在《道德情操论》中，斯密用同情的基本原理来阐释正义、仁慈、克己等一切道德情操产生的根源，说明道德评价的性质、原则以及各种美德的特征，并对各种道德哲学学说进行了介绍和评价，进而揭示出人类社会赖以维系、和谐发展的基础以及人的行为应遵循的一般道德准则。该书是情感伦理学的早期代表作，对现代西方情感主义伦理学有重要影响。

《道德情操论》是斯密对弗兰西斯·哈奇森（Francis Hutcheson）、休谟等人的情感主义思想的继承和发展。他以哈奇森的“道德感”学说和休谟的“同情”学说为基础，建立了一个以“同情”为基础的伦理学体系，其中所阐述的“同情”既包括怜悯，还包括对他人幸福的同感。在斯密看来，同情是人类最原始的一种情感特质，而且每一个人都具备，无论是高洁的圣人或是卑劣的顽徒，它不仅是人与人之间建立联系的纽带，同时也制约着人们对个人财富和名声的过度追求。斯密认为，同情具有目的性，旨在让双方获得情感上的满足，并在此基础上，提高人与人之间对彼此的好感，从而引导和促进人与人之间的交流。以“同情”为基础原理，斯密还对正义、仁慈、良心等伦理范畴提出了自己的看法，从而全面地构架了自己的伦理体系。斯密在《国富论》中所建立的经济理论体系，就是以他在《道德情操论》中的这些论述为前提的。①

（二）《国富论》

《国富论》在经济学说史上具有非常重要的地位。《国富论》为斯密亲赴欧洲各地考察，于1776年发表的一部影响人类历史的创世巨著。这是人

① 〔英〕亚当·斯密：《道德情操论》，蒋自强、钦北愚、朱钟棣、沈凯璋译，商务印书馆，2015，第3~12页。

类首度针对政治经济原理进行逻辑严谨的科学论证。斯密总结了近代各国资本主义的发展经验，批判地吸纳了它之前的重要经济理论，对国民经济的运行过程进行了系统描述，是现代经济学的集大成之作。《国富论》以"西方经济学的圣经""经济学百科全书""第一部系统的伟大的经济学经典""影响世界历史进程的10部书之一""影响人类文化进程的100部经典之一"等评价而享誉全世界。《国富论》影响了人类政治经济的演进方向，即使是现今庞大复杂的社会，其运作方式仍然依循《国富论》的模型原则。斯密在《国富论》中阐述了财富的来源和经济发展的原理，并且说明财富在社会各阶层自然分配的秩序。他不仅强调市场机制的无形力量，还强调经济体系存在表面现象与内部实质联系的双重性。

《国富论》的体系结构。《国富论》全书分为五篇。第一篇论劳动生产力逐步提高的原因及产品在不同阶层之间自然分配的顺序；第二篇论资产的性质、积累和使用；第三篇论各国财富增长的不同途径；第四篇论政治经济学体系，即商业体系与农业体系；第五篇论君主或国家的收入，具体说明哪些是君主或政府的必要费用，有哪些不同的方法可以让一般社会成员为整个社会应该承担的费用做出贡献，究竟是什么理由使几乎所有现代政府都举债度日以及其债务对整个社会的真实财富，亦即对整个社会土地与劳动每年的产出会造成什么影响。《国富论》的基本思想包括以下七个方面。①

第一，劳动分工。斯密在开篇就提出："劳动生产力上的最大增进，以及运用劳动时所表现出来的更大的熟练、技巧和判断力，似乎都是劳动分工的结果。"② 斯密认为，各种生产力的最大改善起因于分工，并运用制针厂的例子对专业分工的作用进行了说明。斯密认为，分工提高产出数量的原因在于以下三个方面：一是每个工人重复完成一项工作提高了熟练程度；二是工人不需要从一项工作转向另一项工作，节省了劳动时间；三是各项工作由于分工而被简化和程序化，有可能产生提高生产率的机械发明。

---

① 白永秀、任保平：《影响世界的20位西方经济学家思想述评》，中国经济出版社，2011，第46~49页。

② 〔英〕亚当·斯密：《国民财富的性质和原因的研究》（上卷），郭大力、王亚南译，商务印书馆，1988，第5页。

第二，经济利益的和谐。斯密认为经济生活的参与者倾向于追求个人的利益，商人追求利润、工人追求工资。但表面混乱的经济生活中隐藏着一种自然秩序，有一只“看不见的手”引导着个人的自利行为，从而促进社会福利。“看不见的手”的关键是竞争，雇主为了得到最好的工人而竞争，工人为了最好的工资而竞争，消费者为了消费商品的权利而竞争，竞争的结果是资源被配置到最有价值的方面，使经济运行充满效率。从经济和谐的目标出发，斯密主张国际贸易中的自由放任。

第三，有限政府。在斯密看来，利益的和谐意味着政府对经济的干预是不必要的和不受欢迎的，政府是浪费的、腐败的和无效的，并且是对整个社会有害的垄断特权的授权者。斯密认为，政府应该主要行使好以下三个职能：一是保护社会免受外来入侵，二是建立司法机构，三是建立和维护私人企业家不能有效供给的公共工程和机构。

第四，价值理论。价值理论在《国富论》中占有极其重要的地位，是斯密其他经济理论的基础。斯密提出了两种价值理论：第一种是劳动价值论。斯密认为“在资本积累和土地私有尚未发生以前的初期野蛮社会，获取各种物品所需要的劳动量之间的比例，似乎是各种物品相互交换的唯一标准”；第二种是三种收入价值论。斯密认为“工资、利润和地租是一切收入和一切可交换价值的三个根本源泉”，这也构成了斯密分配思想的理论基础。

第五，市场价格和自然价格。斯密区分了市场价格和自然价格，认为市场价格是指商品出售时的实际价格，自然价格是低于市场价格时企业家不再出售这种商品的长期价格。市场价格取决于短期供给和需求的偏差，而自然价格取决于长期成本，并且市场价格围绕着自然价格而波动。

第六，工资理论。斯密认为工资有三个层面：工资的总水平、工资随时间的增长和工资的结构。对于前两个方面，斯密用工资基金理论加以说明。工资基金从短期来看是固定的，而从长期来看是逐步增长的。年平均工资=工资基金/工人人数。最低的工资率必须使一个工人和他的家庭生存下去，并且能不断地提高劳动供给。与此同时，斯密提出了效率工资的问题，将工资与工作表现结合起来，认为高工资可以增强工人们的健康和体力，激励工人尽力工作。

第七，经济增长和经济发展。斯密将经济看作一个整体，并强调经济增长和经济发展。斯密将劳动分工和资本积累看作推动国民财富不断增长的基本因素，认为经济增长和发展是一个前进的过程。

（三）《道德情操论》与《国富论》之间的关系："亚当·斯密问题"

斯密不仅是一位经济学大师，而且是一位杰出的伦理学家，《道德情操论》与《国富论》之间的关系问题吸引着学者深入研究。早在19世纪中叶，德国历史学派的经济学家就提出了所谓的"亚当·斯密问题"（das Adam Smith-Problem），即斯密在《道德情操论》中提出的同情心（sympathy）原理与在《国富论》中提出的利己心原理相互矛盾。具体来说，斯密在《道德情操论》中把人们的行为归结于同情，把同情作为社会行为的基础；而在《国富论》中，则把人们的行为归纳为自私，从利他的理论转向利己的理论。对于"亚当·斯密问题"的研究，经济学界大体可以分为两类观点：第一种观点认为，斯密在《道德情操论》中强调同情与利他，而在《国富论》中则力陈利己与自私，两者存在不可克服的内在对立，是自相矛盾的。第二种观点认为，《道德情操论》和《国富论》两大著作之间、伦理学与经济学的两大体系之间没有根本对立，它们具有内在的联系和一致性，都是斯密"道德哲学"庞大体系的组成部分。[①] 我们同意后一种观点，认为两者在根本上是一致的，主要理由如下。

第一，从斯密的学术研究历程，以及《道德情操论》与《国富论》的写作与修订来看，两部著作的学术思想体系在本质上是一致的。《道德情操论》与《国富论》都是斯密在道德哲学讲稿的基础上完成的，并按照统一的思路来修订的。而且这两部著作的出版、修订和再版始终是交替进行的，斯密始终坚持两种人性的观点，其道德哲学与经济思想是融为一体的。《道德情操论》于1759年出版，《国富论》于1776年问世，直到斯密逝世。《道德情操论》再版五次，《国富论》再版四次，每次再版，亚当·斯密都进行了修订工作。如果他认为利己心与同情心矛盾的话，肯定早做修改了。对此只能得出这样的答案：斯密认为"理应如此"[②]。

---

① 聂文军：《亚当·斯密与"亚当·斯密问题"》，《哲学动态》2007年第6期，第18~25页。

② 王莹、景枫：《经济学家的道德追问——亚当·斯密伦理思想研究》，人民出版社，2001，第17页。

第二，从学科分类来看，《道德情操论》和《国富论》是融为一体的。按照现在的学科分类，《道德情操论》属于伦理学，《国富论》属于经济学，两者分属不同的学科。而在斯密时代，按照当时苏格兰的学科分类法，两者同属于"道德哲学"学科。斯密在格拉斯哥大学正式讲授这门课程，包括神学、伦理学、法学和政治学四大部分，而政治学这一部分，又包括了当时所称的政治经济学。在同一课程讲义的基础上，斯密形成了学术思想体系的基础和出发点，也奠定了《道德情操论》和《国富论》在学术思想体系上的统一性。

第三，《道德情操论》和《国富论》都是从人的利己本性出发的，利己心和同情心是统一的。两部著作所倡导的同情心和利己心分别是斯密道德论和经济论的起点，他是在充分肯定利己心的基础上讲人的同情心。首先，斯密在两部著作中都认为利己是人的本性。在《国富论》中，斯密提出自私是人的本性，认为在经济社会中人都是理性的，决定他们行为的是自己所能获得的利益。在《道德情操论》中，斯密也常常提到人的利己本性，如在第二卷第三章中提到"毫无疑问，每个人生来首先和主要关心自己；而且，因为他比任何其他人都更适合关心自己"。只要讲到同情心，斯密都是将其与人性的另一面——利己心连在一起的，并且他先肯定利己心。其次，在斯密关于人性的一系列论述中，我们可以看到，他所提出的利己心和同情心指的是同一个人的人性，是人性中的两个方面。也就是说，利己心和同情心在人性中是并存的，只不过人性中的主导倾向是利己心。也正是因为如此，人性中还必须有同情心，通过同情心来抑制利己心。[①]

第四，《道德情操论》和《国富论》通过"看不见的手"有机连接起来。"看不见的手"在《道德情操论》和《国富论》中各出现过一次，但是斯密并没有明确阐明它的含义。从斯密的著作中，我们可以抓住这只"手"的实质——市场机制，进一步说是客观经济规律。在《国富论》中，人们在这只"看不见的手"的指引下追求狭小的私人目的时，却始料未及地实现着增进人类福利的更大社会目的；在《道德情操论》中，这只"看不见的手"是具有伦理性的，平衡了富人和穷人的利益关系。

---

① 王莹、景枫：《经济学家的道德追问——亚当·斯密伦理思想研究》，人民出版社，2001，第18~22页。

三 古典经济学的第一次革命

斯密是古典经济学的杰出代表，《国富论》的发表被称为经济学说史上的"第一次革命"（即对重商主义的革命）。《国富论》将经济学研究的重心由流通领域转向了生产领域，研究国民财富的增长问题，使经济学成为一门有独立体系的科学。①

（一）分工理论

在经济学说史上，斯密最早全面地考察和论述了分工对提高劳动生产率的作用。他以制针手工工场为例，详尽分析了制造业内部的分工。在一个典型的制针工场中，有 10 个工人，从事 18 种操作，平均每人每天可制 4000 枚针，但如果没有分工，一枚针也难制出。他叙述了毛织外套的生产，认为毛织外套是牧羊者、剪羊毛者、梳羊毛者、染工、粗梳工、纺工、织工、漂白工、裁缝、商人、运输工人和造船工人等许许多多人联合劳动的产物。斯密认为："劳动生产力上最大的增进，以及运用劳动时所表现的更大的熟练、技巧和判断力，似乎都是分工的结果。"② 分工可以使劳动者的技巧由于专业化而提高，可以节省变换工种的时间，可以使操作简单化，从而易于改良和发明机械。斯密以他的分工理论，否定了重商主义和重农学派关于财富来源的错误思想。根据斯密的观点，财富的源泉不仅在于劳动，还在于已形成分工之下的劳动，从而否定了重商主义关于财富来源于流通领域或商业活动的错误观念，也否定了重农学派只把农业劳动看作财富唯一来源的错误思想。

（二）货币理论

斯密在讨论分工后，说明了货币的起源及其各项职能。斯密认为，出现分工以后，每个人所需的物品只有极少部分靠自己的劳动提供，其他极大部

---

① 姚开建主编《经济学说史》，中国人民大学出版社，2003，第 110~117 页。

② 〔英〕亚当·斯密：《国民财富的性质和原因的研究》（上卷），郭大力、王亚南译，商务印书馆，1988，第 5 页。

分要靠别人的劳动供给，这样，随着交换商品种类的增多，交换的困难也越来越大。比如，某甲要用自己的布换取食盐，而持有食盐的某乙却不需要布，而需要小麦。于是，某甲要得到食盐，必须先以自己的布交换小麦，再以小麦去换取食盐。这种交换的困难使人们常常携带某种可以交换其他任何商品的物品去市场，这种物品就成为最初的交换媒介物或解决交换困难的"共同衡量标准"。斯密以这样的方式说明了货币就是在交换过程中分离出来的一种人人都愿意接受的特殊商品。斯密分析了历史上不同经济时代曾有许多物品充当过这种"共同衡量标准"，他列举了牛、羊、盐、贝壳、烟草、兽皮等。他指出，由于贵金属的特殊性质，贵金属成为主要的货币材料。另外，为避免称量和检验成色的麻烦，又出现了铸币。斯密探讨了货币的各种职能，在货币各种职能中，他更注重价值尺度和流通手段的职能。他指出："货币是交易的媒介，又是价值的尺度。"① 货币之所以能实现价值尺度的职能，原因是货币作为一种商品，它本身具有价值；货币作为流通的一种工具，就像大车的车轮，对一切文明国家的商业起着很大的作用。

斯密论述了货币流通的规律和纸币流通的规律。他说："无论在哪一个国家，铸印量都受国内借铸币而流通的商品的价值的支配；商品的价值增加了，立刻就会有一部分商品被运到有金银铸币的外国，去购买为流通商品所必须增加的铸币量。"② 对于纸币流通规律，他说："任何国家，各种纸币能毫无阻碍地到处流通的全部金额，不能超过其所代替的金银的价值，或（在商业状况不变的条件下）在没有这些纸币的场合所必须有的金银币的价值。"③ 如果超过这个界限，过剩的数额，将全部回到银行要求兑现；如果银行"表现困难或迟缓"，回到银行的钞票还会更多。斯密对世界货币及其流通规律也做了深入的分析。

（三）价值理论

斯密在《国富论》第一篇中，是在讨论了货币之后才讨论价值的，这种

---

① 〔英〕亚当·斯密：《国民财富的性质和原因的研究》（下卷），郭大力、王亚南译，商务印书馆，1988，第12页。

② 〔英〕亚当·斯密：《国民财富的性质和原因的研究》（下卷），郭大力、王亚南译，商务印书馆，1988，第12页。

③ 〔英〕亚当·斯密：《国民财富的性质和原因的研究》（上卷），郭大力、王亚南译，商务印书馆，1988，第275页。

顺序安排说明他对货币的本质、货币同价值的关系还缺乏深刻认识。在他看来，说明了分工和交换的重要性，又说明了交换的工具——货币，接下来自然就该讨论交换的价值。他说："我现在要讨论人们在以货币交换货物或以货物交换货物时所遵循的法则。这些法则决定所谓商品相对价值或交换价值。"①

1. 使用价值和交换价值

为了阐明支配商品交换的规律，斯密首先对价值的意义进行了解释。他说："价值词有两个不同的意义。它有时表示特定物品的效用，有时又表示由于占有某物而取得的对他种货物的购买力。前者可叫作使用价值，后者可叫作交换价值。使用价值很大的东西，往往具有极小的交换价值，甚或没有；反之，交换价值很大的东西，往往具有极小的使用价值，甚或没有。"② 在这里，斯密在经济学说史上第一次明确区分了使用价值和交换价值的概念，同时也把价格同交换价值区分开来，这是斯密在价值理论上的一大贡献。不过，斯密的论述还存在缺陷。第一，他把使用价值和交换价值看作"价值"一词的两重意义，而没有认识到使用价值和交换价值是商品范畴的两个因素。正确认识这一点，是科学地认识和理解商品范畴的关键。第二，斯密认识到使用价值和交换价值的区别，有些东西使用价值很大而交换价值很小，有些东西具有使用价值却没有交换价值（比如水）。斯密还以钻石为例，说明交换价值很大的东西往往只有极小的使用价值。斯密在用钻石和水进行比较时，力图证明物品的交换价值与使用价值是不相干的，却忽视了二者之间的联系，认为交换价值很大的东西可以没有使用价值。这说明他还不明白，使用价值是价值或交换价值的物质承担者，没有使用价值的东西不可能有价值或交换价值。

2. 劳动价值论及其两种价值规定

在区分使用价值和交换价值之后，斯密着重讨论支配商品交换价值的原则。他说："为了探讨支配商品交换价值的原则，我将努力阐明以下三点：第一，什么是交换价值的真实尺度，换言之，构成一切商品真实价值的，究竟是什么？第二，构成真实价格的各部分，究竟是什么？第三，什

---

① 〔英〕亚当·斯密：《国民财富的性质和原因的研究》（上卷），郭大力、王亚南译，商务印书馆，1988，第25页。

② 〔英〕亚当·斯密：《国民财富的性质和原因的研究》（上卷），郭大力、王亚南译，商务印书馆，1988，第25页。

么情况使上述价格的某些部分或全部，有时高于其自然价格或普通价格，有时又低于其自然价格或普通价格？”[①]

在回答第一个问题时，斯密说：“一个人是贫是富，就看他能在什么程度上享受人生的必需品、便利品或娱乐品。但自分工完全确立以来，各人所需要的物品，仅有极小部分是依靠自己的劳动，绝大部分必须要仰仗于他人的劳动，所以，他是贫是富，要看他能够支配多少劳动，换言之，要看他能够购买多少劳动。一个人占有某货物，但不愿意自己消费，而愿用以交换他物，对他说来，这货物的价值，等于使他能购买或能支配的劳动量。因此，劳动是衡量一切商品交换价值的真实尺度。”[②] 斯密是从劳动分工出发来研究交换价值的真实尺度的，他认为，商品交换不过是体现在商品中的劳动量的交换，因此，商品交换价值的真实尺度是劳动。确认劳动是一切商品价值的源泉，是衡量一切商品交换价值的真实尺度，这是斯密在政治经济学上的重大贡献。

斯密虽然提出了劳动价值论，但他在说明劳动价值论时提出了两个自相矛盾或对立的价值规定。斯密曾说：“任何一个物品的真实价格，即要取得这物品实际上所付出的代价，乃是获得它的辛苦和麻烦。”[③] 他认为，“在资本积累和土地私有尚未发生以前的初期野蛮社会，获取各种物品所需要的劳动量之间的比例，似乎是各种物品相互交换的唯一标准”，“在这种社会状况下，劳动的全部生产物都属于劳动者自己。一种物品通常应可购换或支配的劳动量，只由取得或生产这物品的一般所需要的劳动量来决定”。[④] 斯密实际上提出了商品价值由生产商品所耗费的劳动量决定的规定。斯密已经意识到，商品价值取决于劳动量的规律在资本主义产生前后存在着重要的差别，即在资本主义以前，物品可购买或支配的劳动量等于生产该物品所需（或耗费）的劳动量；而在资本主义以后，这二者已不相

① 〔英〕亚当·斯密：《国民财富的性质和原因的研究》（上卷），郭大力、王亚南译，商务印书馆，1988，第25页。

② 〔英〕亚当·斯密：《国民财富的性质和原因的研究》（上卷），郭大力、王亚南译，商务印书馆，1988，第26页。

③ 〔英〕亚当·斯密：《国民财富的性质和原因的研究》（上卷），郭大力、王亚南译，商务印书馆，1988，第26页。

④ 〔英〕亚当·斯密：《国民财富的性质和原因的研究》（上卷），郭大力、王亚南译，商务印书馆，1988，第42页。

等了。所以，斯密在说明劳动价值论时，把可购买或支配的劳动作为更一般的规定，强调在资本主义以后，物品通常可购买或支配的劳动量不仅仅包括生产该物品一般所需要的劳动量，或者说，一个物品的真实价格除了应能补偿劳动者的工资之外，还要能提供土地的收入地租和资本的收入利润。这就出现了商品价值由购买或支配的劳动量决定的规定。

之所以出现两种价值规定，是因为斯密不了解劳动和劳动力的区别，不了解劳动的价值可以表现为一个既定的物化劳动量，而这个既定的物化劳动量可以支配更大的活劳动量，这正是资本主义生产方式的特点。斯密已经认识到劳动和劳动力之间的数量上的差别，但他在不能区分两者时，不可能做出正确的理论说明。

3. 工资、利润和地租三种收入价值论

斯密在提出的问题中，不仅要说明交换价值的真实尺度是什么，还要说明构成商品价格的各个部分是什么。斯密认为它们是两个不同的问题，他在回答第一个问题时指出衡量商品交换价值的真实尺度是劳动，然后据此说明商品价值最终都要分解为三种收入。

斯密认为，在文明社会，资本所有者是为了得到利润而将资本投到劳动者身上的。因此，劳动者的劳动对原材料追加的价值就要分为两个部分：一部分支付劳动者的工资，另一部分支付雇主的利润。否则，资本家就不会有兴趣投资办厂、雇工生产了。这样，商品的价格构成就与社会初期不同了，它不仅包括劳动者的工资，还要加上一个资本的利润。斯密还认为，一旦土地变为私有财产，土地所有者也要"不劳而获"，对土地的经营者收取地租。这样，在大多数商品的价格构成中，就有了第三个构成部分，即土地的收入——地租。因此，斯密说："必须指出，这三个组成部分各自的真实价值，由各自所能购买或所能支配的劳动量来衡量。劳动不仅衡量价格中分解成为劳动的那部分价值，而且衡量价格中分解成为地租和利润的那些部分的价值……无论在什么社会，商品价格归根结底都分解成为那三个部分或其中之一。在进步社会，这三者都或多或少地成为绝大部分商品价格的组成部分。"①

---

① 〔英〕亚当·斯密：《国民财富的性质和原因的研究》（上卷），郭大力、王亚南译，商务印书馆，1988，第44~45页。

（四）分配理论

在资产阶级政治经济学中，斯密第一次比较正确地描述了资本主义社会的阶级结构。在斯密以前，魁奈曾把资本主义社会划分为地主阶级、生产阶级与不生产阶级；杜尔哥又从生产阶级和不生产阶级中区分出资本家和雇佣工人，但他还未摆脱魁奈三个阶级划分的结构。斯密根据年产品价值可分解为工资、利润和地租，并分属于三种人的情况，明确地把资本主义社会第一次划分为工人、资本家和地主三大阶级。斯密说："一国土地和劳动的全部年产物，或者说，年产物的全部价格，自然分解为土地地租、劳动工资和资本利润三部分。这三部分构成三个阶级人民的收入。即以地租为生、以工资为生和以利润为生这三种人的收入。此三阶级，构成文明社会的三大主要和基本阶级。"① 他认为，其他收入都是由这三种收入派生而来的。他说："工资、利润和地租，是一切收入和一切可交换价值的三个根本源泉。一切其他收入归根到底都是来自这三种收入中的一个。"②

马克思说："斯密正确地下定义说，地租是'为使用土地而支付的价格'，斯密非常明确地强调，土地所有权即作为所有者的土地所有者'要求地租'。斯密因此把地租看作土地所有权的单纯结果，认为地租是一种垄断价格，这是完全正确的，因为只是由于土地所有权的干预，产品才按照高于费用价格的价格出卖，按照自己的价值出卖。"③ 根据马克思的观点，当从劳动价值论出发，斯密把地租看作劳动所创造的价值的一部分，是劳动产品或价值由于土地所有权的干预必然缴给地主的一部分，是工资和利润以外的一种扣除或余额时，就说明了一种关于地租的正确观点：地租与利润一样，来源于工人的无偿劳动。

---

① 〔英〕亚当·斯密：《国民财富的性质和原因的研究》（上卷），郭大力、王亚南译，商务印书馆，1988，第240页。

② 〔英〕亚当·斯密：《国民财富的性质和原因的研究》（上卷），郭大力、王亚南译，商务印书馆，1988，第47页。

③ 《马克思恩格斯全集》（第二十六卷）（第二册），人民出版社，1973，第388~389页。

四　斯密经济思想的当代价值

斯密在《国富论》中所提出的许多结论或观点在当今的市场经济中仍然发挥着积极的作用。人们对斯密的经济理论的研究随着现实条件的变化而不断创新或修正。斯密著作中所包含的有时甚至是相互矛盾的理论观点是现代经济学得以发展的源泉，因而，对于斯密的经济理论的研究历经200多年仍然绵延不绝。

（一）"看不见的手"的经济自由思想

斯密关于"看不见的手"的论述，不仅揭示了资本主义经济发展的动力与运行机制，还阐发了他关于经济发展的基本政策主张——自由放任。他说："完全自由是使这种每年再生产能以最大程度增进的唯一有效方策。"①

关于自由放任的政策主张，斯密以前的思想家，特别是重农主义者虽也做过论证，但斯密为这一政策主张奠定了理论基础，其突出贡献主要表现在以下两点：第一，他提出"看不见的手"会使个人追求自利的行为达到促进社会公益的结果；第二，他具体地描绘了资源配置的负反馈机制。西方的一些自由主义经济学家，把斯密对市场机制的卓越分析喻为"《国富论》王冠上的宝石"。现代货币主义的主要代表米尔顿·弗里德曼（Milton Friedman）认为，斯密对市场机制的分析"是一种极其成熟而敏锐的见解"。

斯密对自由放任这一政策主张的论述，有一个突出的优点，就是直接反对各种形式的封建特权和重商主义的独占经营。斯密在《国富论》第四篇中，着重批判了重商主义的垄断独占政策。由于这种垄断独占经营往往受到政府法规的保护，因此，他把批判的矛头直接指向政府的不合理干预。斯密认为，每个人都比政治家或立法者能更好地选择运用自己资本的产业部门，政府不必干预私人的经济活动。如果本国产业的产品在国内市场上的价格同外国产业的产品一样低廉，那么，政府的管制显然是无用的。如果比外国进口产品贵，那么，这种管制就是有害的了，因为"那种

① 〔英〕亚当·斯密：《国民财富的性质和原因的研究》（下卷），郭大力、王亚南译，商务印书馆，1988，第244页。

管制的直接结果，是减少社会的收入，凡是减少社会收入的，一定不会迅速地增加社会的资本；要是听任资本和劳动寻找自然的用途，社会的资本自会迅速地增加”。斯密认为，推行重商主义的奖励贸易、生产和贸易上的垄断、市场独占、关税保护等政策措施，扰乱了“看不见的手”的正确引导，从而破坏了资本主义经济内部的自动机制，这是阻碍国民财富增长的。

（二）关于政府在经济发展中的作用

斯密从他的自由放任主张出发，要求废除一切特权和限制，建立一个“最明白最单纯的自然自由制度”。[①] 斯密认为，在这样一个制度的社会里，为了维护自然的自由制度，需要国家的必要职能，即国防、司法和某些公共设施或工程等三项职能。“第一，保护社会，使不受其他独立社会的侵犯。第二，尽可能保护社会上各个人，使不受社会上任何其他人的侵害或压迫，这就是说，要设立严正的司法机关。第三，建设并维持某些公共事业及某些公共设施（其建设与维持绝不是为着任何个人或少数人的利益），这种事业与设施，在由大社会经营时，其利润常能补偿所费而有余，但若由个人或少数人经营，就决不能补偿所费。”[②] 仅就前两项来看，其目的在于向国民提供自由和安全的环境。第三项职能中，斯密所谓的“公共事业”和“公共设施”，首先是指为履行前两项职能所需的事业和设施，其次是指为“便利社会商业”所需的事业和设施。他甚至建议强制推行教育：“国家可在各教区各地方，设立教育儿童的小学校，取费之廉，务使一个普通劳动者也能负担得起，这样，人民就容易获得那基本教育了。”[③] 总之，在斯密看来，政府应对人民的教育加以最切实的注意，“人民有了教育，国家可受益不浅呢”[④]。由此可见，斯密所主张的自然的自由制度，

---

① 〔英〕亚当·斯密：《国民财富的性质和原因的研究》（下卷），郭大力、王亚南译，商务印书馆，1988，第 252 页。

② 〔英〕亚当·斯密：《国民财富的性质和原因的研究》（下卷），郭大力、王亚南译，商务印书馆，1988，第 253 页。

③ 〔英〕亚当·斯密：《国民财富的性质和原因的研究》（下卷），郭大力、王亚南译，商务印书馆，1988，第 342 页。

④ 〔英〕亚当·斯密：《国民财富的性质和原因的研究》（下卷），郭大力、王亚南译，商务印书馆，1988，第 344 页。

并非全然否定政府的一切介入，有时甚至用“应尽的义务”来说明介入的必要性。

（三）斯密与中国

斯密既是经济学领域的一位巨匠，也是一个思想深刻而细致的伦理学家。伦理学的教学与研究在斯密一生中占有相当重要的地位，而且在其有生之年，即使在出版了《国富论》这一巨著后，他依然继续进行伦理学的研究，对《道德情操论》的六个版次的修订增补也表明了伦理思想研究在斯密心目中的重要性。况且，斯密的经济思想与伦理思想的关系、《道德情操论》与《国富论》之间的关系是经济学说史上争论不断的问题。经济学家的经济伦理思想不仅构成了经济思想发展史的一个组成部分，而且对他们所处时代的经济决策和经济生活产生着程度不同的影响。研究经济学家的经济伦理思想，已逐步成为当代西方经济学的一个重要领域。只有深入、细致、完整地把握了斯密的伦理思想，特别是其经济伦理思想，才能更深刻完整地理解斯密经济理论的精髓。这对研究中国社会主义市场经济的现实，具有一定的理论意义和现实意义。

斯密在《道德情操论》中立足于利他主义，从伦理道德的角度，阐明了具有利己本性的个人怎样自觉控制自私的感情或行为，以及如何自发建立有高尚行为的道德社会。他指出：“富人尽管他们的天性是自私的和贪婪的，但是他们还是同穷人一起分享一切改良的成果。一只‘看不见的手’不知不觉地增进了社会利益。”[①] 马克思主义认为，人是社会关系的总和，个人离不开社会，道德随着社会的发展变化而不断发展变化。而斯密在分析人的道德感形成的过程中，非常重视人与人之间的联系，以及社会风气在道德形成中的决定性作用。其观点与马克思主义的观点是契合的，斯密从“公民的幸福生活”入手，而马克思主义着眼于无产阶级以及全人类的解放。从根本上说，社会道德要适应其所在社会时代的经济发展水平。这对处于转型期的中国社会的和谐发展、中国社会主义思想道德的建设，无疑具有十分重要的借鉴意义。

---

① 〔英〕亚当·斯密：《道德情操论》，蒋自强、钦北愚、朱钟棣、沈凯璋译，商务印书馆，2015，第 234 页。

斯密的时代，正是资本主义经济与资本主义道德的创建时期，斯密在为资本主义发展开辟道路、进行理论辩护的过程中，不仅在经济理论上，而且在伦理思想上均提出了诸多有价值的观点。把握和区分不同历史条件下、不同所有制基础上的市场经济及其伦理道德的普遍性与特殊性，对于我们社会主义新时代的伦理文明建设，尤其是经济伦理建设具有重要的现实意义。斯密的经济伦理思想为新时代的经济伦理研究提供了初始的理论资源。《国富论》虽然源自英国，却多次提到中国。斯密对中国的判断可以归纳为以下三点。

第一，中国是当时世界上最富有的国家之一。根据马可·波罗的游记，古代的中国、埃及和印度是世界上最富有的国家，主要优势为农业和制造业，他称中国是土地最肥沃、耕种技术最好、人口最多、人民最勤劳的充分富裕的国家之一。

第二，中国当时处于停滞不前的状态。斯密认为，与西欧国家充满活力的市场经济相比，当时的中国已然陷入了停滞状态。他指出，在国家变得富裕时，绝大多数人的生活应是舒适幸福的；当国家处于停滞状态时，生活资料贫乏，人民生活也较为艰难。而在当时的中国“耕作者终日劳作所得报酬若够购买少量稻米，也就觉得满足。技工的状况就更恶劣。欧洲技工总是漫无所事地在自己工场内等候顾客，中国技工却是随身携带器具，为搜寻或者说为乞求工作而不断地在街市东奔西走。中国下层人民的贫困程度远远超过欧洲最贫乏国民的贫困程度”。这就是说，低廉的劳动价格决定了当时中国人民生活资料的贫乏，这是国家停滞的自然征兆。

第三，中国是一个闭关锁国的国家。在斯密的认知中，中国停滞不前的根源是重视农业而忽视对外贸易。重视发展农业，是因为君主的大部分收入来自地租或地税，而农业的兴衰将直接影响他们收入的增减。轻视外贸，表现为“在很长时期忽视或者鄙视国外贸易，只允许外国船舶驶入到中国的一两个港口进行极为有限的贸易”，这使得中国经济近似于一潭死水，不仅“大大限制了中国通过国外市场的销售来大大提高本国制造品的产量，也失去了学习和模仿他人先进技术的机会”。

《国富论》一书中总结的经济原理和经济思想对于今天的中国仍然具有重要的启发和指导意义，发展市场经济，要充分发挥“看不见的手”的作用，还要合理界定市场和政府两只“手”的关系，正确把握市场与政府的关系。

参考文献

《马克思恩格斯全集》（第二十六卷）（第一册），人民出版社，1972。

《马克思恩格斯全集》（第二十六卷）（第二册），人民出版社，1973。

《马克思剩余价值理论（第二册）》，人民出版社，1975。

〔美〕斯坦利·L. 布鲁：《经济思想史》，机械工业出版社，2006。

〔英〕杜格尔德·斯图尔特：《亚当·斯密的生平和著作》，商务印书馆，1983。

〔英〕亚当·斯密：《道德情操论》，蒋自强、钦北愚、朱钟棣、沈凯璋译，商务印书馆，2015。

〔英〕亚当·斯密：《国民财富的性质和原因的研究》（上、下卷），郭大力、王亚南译，商务印书馆，1988。

白永秀、任保平：《影响世界的 20 位西方经济学家思想述评》，中国经济出版社，2011。

聂文军：《亚当·斯密与“亚当·斯密问题”》，《哲学动态》2007 年第 6 期。

王莹、景枫：《经济学家的道德追问——亚当·斯密伦理思想研究》，人民出版社，2001。

姚开建主编《经济学说史》，中国人民大学出版社，2003。

第二章

大卫·李嘉图

古典经济学的高峰

David Ricardo

大卫·李嘉图（David Ricardo，1772~1823），英国资产阶级古典政治经济学的主要代表人物之一，也是成功的商人、金融和投资专家。影响最久远、最广泛的著作是《政治经济学及赋税原理》。李嘉图批判地继承了亚当·斯密的劳动价值论，论述了工资、利润和地租理论，说明了工资和利润、利润和地租的对立关系，揭示了无产阶级和资产阶级、资产阶级和地主阶级之间的对立和斗争，使古典经济学达到了高峰。

一 成功的投资者和难懂的经济学家

李嘉图于 1772 年 4 月 18 日出生于英国伦敦一个资产阶级犹太移民家庭，是犹太人，有学者说，他之所以在后来的著作中喜欢抽象的演绎推理，跟他的犹太血统有关。李嘉图在 17 个孩子中排行第三。童年所受正规教育不多，12 岁时被父亲派到荷兰留学，14 岁时回到英国随父亲从事证券交易活动，16 岁时成为英国金融界的知名人物。然而，李嘉图爱上一个跟自己家的宗教信仰不同的姑娘，这门亲事遭到父亲的坚决反对，21 岁那年，李嘉图被父亲赶出家门，从此开始独立开展证券交易活动，很快便获得成功，25 岁时已经拥有 200 万英镑财产。他的一个得意之作是在滑铁卢战役前 4 天，成功地买进大量政府债券，结果英军打败拿破仑，由此大赚一笔。此时的李嘉图深感早年教育不足，因此在经济生活有了保障以后开始自学，在一次乡村度假时，李嘉图偶然阅读了亚当·斯密的《国民财富的性质和原因的研究》，这是他第一次接触经济学，从此对政治经济学产生了兴趣并开始研究经济问题。当时英国突出的经济问题是“黄金价格”和“谷物法”，他热心参与这两个问题的辩论，37 岁时完成了他的第一篇经济学论文，题为《黄金的价格》。27岁到37岁，是李嘉图学习研究政治经济学的时期。李嘉图虽然是天才，但搞经济学还得学会研究问题，尤其是得学会写文章，这对于没有系统上过学的李嘉图来说，这方面的训练是痛苦的，但又是绝对必要的，否则，我们也不会看到他那11卷著述了。这中间，他得到了当时英国著名学者、功利主义的创始人詹姆斯·穆勒（James Mill）的无私帮助。

李嘉图和穆勒的友谊对于他来说十分重要。正是在穆勒的再三催促下，李嘉图开始竞选国会议员，并于1819年2月当选，担任这个席位直到去世。作为议员，李嘉图支持自由贸易并废除旨在保护英国国内农业的《谷物法》。《黄金的价格》一文引起了“金价论战”，论战分为“金属派”和“反金属派”，李嘉图是金属派的代表，他以货币数量论为依据，认为金价上涨的原因是银行券发行过多，从维护工业资产阶级利益出发，要求有一个稳定币值的货币制度。也是在穆勒的帮助下，他完成了自己的名著《政治经济学及赋税原理》，这本书于1817年4月出版。李嘉图相当自负，他说，他的观点和学术权威亚当·斯密及托马斯·罗伯特·马尔萨斯（Thomas Robert Malthus）不同，在英国，能读懂他的书的人，不会超过25个。但不管人们是否读懂，反正他已经很有名了，一举成为当时最著名的经济学家。1823年9月11日李嘉图去世，年仅51岁，他死得很突然，一只耳朵的小小感染就夺取了这位天才的生命。

二　从反对《谷物法》到“李嘉图革命”

李嘉图长期从事证券交易活动，熟悉金融领域的实际业务，因此，当英国货币问题成为公众关注的重点时，他很自然地被卷入关于货币的论战之中。英国是近代银行制度发展最早的国家之一，随着产业革命的进行，资本主义信用不断扩展。但法国大革命以后，英国在反拿破仑战争中军费开支浩大，财政收支失去平衡，国库空虚。1799年英国政府实行《银行限制法》，宣布停止银行券兑现，并不断增加纸币发行，引起纸币贬值和物价上涨。李嘉图站在工业资产阶级的立场上，对这种混乱状况进行了分析与抨击，提出了他关于货币方面的观点与理论，《黄金的价格》奠定了他的货币理论基础。此后，他又发表了一系列关于货币问题的论文和小册子，受到公众的关注，成为当时非常有影响力的货币问题专家。后来，李嘉图对货币问题又进行了进一步研究，于 1823 年写了《建立国家银行的计划》一书。

在英国产业革命的迅速发展中，《谷物法》问题成为当时重要的经济和政治问题。1815 年，英国社会在地主阶级占优势的情况下通过了一项保护谷物交易的法律，该法律规定，在 1 夸特谷物的价格低于 80 先令时，禁止进口外国谷物，以维持国内谷物的高价。《谷物法》有利于地主阶级而不利于工业资产阶级，因而成为当时英国地主阶级和工业资产阶级斗争的热点之一。在当时关于《谷物法》的辩论中，李嘉图和马尔萨斯是两个不同意见的代表，马尔萨斯曾先后发表了《地租的性质与发展及其支配原则的研究》和《对限制国外谷物输入政策的意见的根据》，为地主阶级的利益辩护。李嘉图则发表了《论低价谷物对资本利润的影响》（副标题为"对马尔萨斯最近两篇文章的评论"）一文，代表了工业资产阶级的利益。

《政治经济学及赋税原理》作为政治经济学经典研究方法的基础，是经济学说史上一部真正的辉煌巨著，被誉为继亚当·斯密《国富论》之后的第二部最著名的古典政治经济学著作。这部巨著包含着李嘉图的思想精粹，成为《资本论》的重要思想源泉。他的比较成本学说深入人心，形成了 19 世纪关于自由贸易和保护性税收的讨论基础，而他的货币理论，则是现代货币理论的基础。

《政治经济学及赋税原理》所处的时代背景是 19 世纪初，英国工业革命已经波及各个行业，机器大工业生产普遍发展，怎样使资本主义经济更上一层楼，成为当时经济学的主要研究目标。日益壮大的工业资产阶级强烈要求为自身的发展扫清道路，但由于 17 世纪英国资产阶级革命的不彻底性，政权实际上落在了资产阶级化的土地贵族手中。长期以来他们维护旧的政策法令，保护甚至扩大自身的经济利益，限制工业资本的发展，一度存在于资产阶级和土地贵族间的妥协终于破裂了。《政治经济学及赋税原理》正是在这一历史条件下写成的，书中的经济思想反映了工业资产阶级与封建残余势力做斗争，以发展生产力和扩大自身利益的要求。实际上，李嘉图的政治经济学理论完全体现在该书前六章中。论若干具体的赋税的十二章和论对外贸易的两章都是对理论原则的运用，而其余涉及这些原理的实际运用、解释和补充的各章只能算该书的附录。就前六章来说，其逻辑结构也是不严谨的。第一章论价值，本应只涉及价值问题，其他范畴只有在对价值分析的基础上才可能进一步说明。但本书在这一章里不仅假定了商品的存在，论述了价值原理，而且假定了工资、资本、利润甚至一般利润的存在，并对这些范畴一并进行了论述。第二章论地租，第三章论矿山租金只是对第二章的补充。在这两章里又是以对整个资本主义生产关系的全部见解为前提论述的。第四章论自然价格和市场价格，第五章论工资，第六章论利润只是对第一、二章的补充。可见全部经济理论又可以说都包含在头两章里了。以后各章除个别地方有新的见解外，都是对这两章阐述的原理的运用和补充。

《政治经济学及赋税原理》以杰里米·边沁（Jeremy Bentham）的功利主义为出发点，把个人利益看作经济活动的出发点和准则。在李嘉图看来，资本家发展生产时追求的是个人利益，是利润。利润又是资本积累的源泉和扩大生产的条件，只有利润增加才能保证生产力发展、财富增加。因此，资本的利益不仅代表资本家自身的利益，同时也代表了全社会的利益。但是他认为地主阶级的利益和社会的利益是矛盾的。李嘉图的主张实际上是资产阶级的功利主义，其功利主义原则服从于资本扩大自身利益和反对地主阶级的要求。

《政治经济学及赋税原理》在研究方法上继承了由古典政治经济学发展起来的抽象方法。李嘉图批评亚当·斯密理论中的矛盾，自己坚持研究经济现象内在联系的方法，坚持在耗费劳动决定价值的基础上去考察各个经济范畴。但他把资本主义生产方式看作永恒的自然的生产方式，把资本主义经济规律当作生产的一般规律。这种非历史的观点，使他的抽象方法同时表现出严重的缺陷。他运用抽象方法时，不仅忽视了经济现象外部的偶然联系，也忽视了资本主义经济关系的本质；在分析经济范畴时，不关心其社会本质，只考察它们之间的数量关系；不研究经济范畴的起源和发展，不考虑中间环节，把简单地反映本质的范畴直接与复杂地反映现象的范畴等同起来，造成了理论中不可克服的矛盾。

三　李嘉图的价值、货币、分配、赋税理论

（一）价值理论

1. 对斯密价值理论的批评

李嘉图的《政治经济学及赋税原理》是从评论亚当·斯密的价值理论

开始的。这表明，李嘉图很清楚，要搞清资本主义的分配关系，必须以价值理论为基础。李嘉图继承了亚当·斯密关于劳动决定价值的观点，同时也指出了亚当·斯密价值理论中的混乱与错误。

李嘉图接受了亚当·斯密关于使用价值和交换价值的区分，并比亚当·斯密更前进了一步。亚当·斯密在区分使用价值和交换价值时，认为使用价值指商品的实际作用价值，而交换价值指商品的交换价值，也就是交换时的价格。使用价值很大的东西，往往具有极小的交换价值，甚或没有；反之，交换价值很大的东西，往往具有极小的使用价值，甚或没有。亚当·斯密的论述表明，他注意到了使用价值和交换价值二者的区别，但没有看到二者之间的联系。李嘉图弥补了这个不足，认为有些使用价值很大的东西，如空气、水等，可以没有交换价值。一方面，使用价值无法用任何已知的标准加以衡量，不同的人对它有不同的评估，所以，使用价值不能作为交换价值的尺度。另一方面，没有使用价值的东西，或者无论从哪一方面说都无益于人们欲望的满足的东西，无论怎样稀少，也无论获得时需要花费多少劳动，都不会具有交换价值。在这里，李嘉图已认识到交换价值必须以使用价值为前提条件，实际上指出了使用价值是交换价值的物质承担者。李嘉图批评亚当·斯密同时用耗费劳动和购买劳动两种规定说明价值决定，他指出，亚当·斯密在论述价值决定时既用耗费劳动又用购买劳动，实际上是提出了两个不同的价值标准尺度。李嘉图坚持认为，商品的价值只能由耗费的劳动决定，价值的大小与这种劳动量成正比。李嘉图对亚当·斯密同时确立两种规定或标准的批评是正确的。但李嘉图并不真正了解亚当·斯密的错误。李嘉图认为耗费劳动和购买劳动是不等的，事实上亚当·斯密也并未说二者相等，相反，亚当·斯密意识到了劳动决定价值的原理在前资本主义社会和资本主义条件下的表现有所不同。在亚当·斯密看来，在资本主义生产方式之前，商品交换价值只由劳动者所耗费的劳动构成，而在其后，商品交换价值不仅包括工人劳动的工资收入，还包括利润与地租。所以，亚当·斯密认为在资本主义生产方式产生之前，商品价值由耗费劳动决定，而在其后就要由能购买或支配的劳动决定。亚当·斯密的错误在于不能区分劳动和劳动力，不了解与劳动力价值等量的商品可以支配一个更大数量的活劳动。李嘉图认识到耗费劳动和购买劳动在量上的不等，但他同亚当·斯密一样，也不能区分劳动与劳动力，所以，他并未真正指出亚当·斯密的错误所在。[①]

2. 劳动价值论

李嘉图自始至终坚持劳动价值论。李嘉图把商品分为两大类，其中一类商品的交换价值只由它们的稀有性决定，如罕见的雕像、图画、古书和古钱币等，这些商品不能由人类劳动增加它们的数量，所以它们的价值不因供给增加而降低。另一类是价值取决于劳动时间的商品。在李嘉图看来，前者只是极少数，后者是大多数，而他所要研究的是后者。他说："说到商品、商品的交换价值以及规定商品相对价格的规律时，我们总是指数量可以由人类劳动增加，生产可以不受限制地进行竞争的商品。"[②] 马克思说，李嘉图实际上指出了"价值规律的充分发展，要以大工业生产和自由竞争的社会，即现代资产阶级社会为前提"[③]。对于可以由人类劳动增加其数量的商品，李嘉图认为，它们的价值取决于生产它们所耗费的劳动，他说："我的价值尺度是劳动量"[④]，"耗费在一件商品上的劳动……是商品实在价值的尺度……交换价值是由实在价值来调节的，因而是由耗费的劳动量来调节的"[⑤]。

李嘉图用劳动说明价值时，也在努力把价值从交换价值中分离出来。李嘉图在谈论价值时，曾使用过许多概念，其中使用比较多的一个概念是"相对价值"。不过，他在使用"相对价值"时，曾赋予它两种不同的含义：一是指由劳动时间决定的交换价值，二是指一件商品的交换价值表现在其他商品的使用价值上。前者是真正意义上的价值，李嘉图也称之为"绝对价值""真实价值""实在价值""价值一般"。后者则是名副其实的交换价值，李嘉图又称之为"比较价值"。李嘉图在 1823 年写了《绝对价值与交换价值》一文，在文中他谈到绝对价值时说："衡量一种商品的贵贱，除了为取得这种商品而做出的劳动的牺牲以外，我不知道还有什么别

① 姚开建主编《经济学说史》，中国人民大学出版社，2003，第 140~150 页。
② 〔英〕彼罗·斯拉法主编《李嘉图著作和通信集（第一卷）：政治经济学及赋税原理》，郭大力、王亚南译，商务印书馆，1962，第 8 页。
③ 《马克思恩格斯全集》（第十三卷），人民出版社，1962，第 50 页。
④ 〔英〕彼罗·斯拉法主编《李嘉图著作和通信集（第一卷）：政治经济学及赋税原理》，郭大力、王亚南译，商务印书馆，1962，第 301 页。
⑤ 〔英〕彼罗·斯拉法主编《李嘉图著作和通信集（第一卷）：政治经济学及赋税原理》，郭大力、王亚南译，商务印书馆，1962，第 301 页。

的标准。任何东西原来都是用劳动购买的；没有它，就没有一样具有价值的东西能够生产出来……投入商品的劳动量的或多或少，是其价值变动的唯一成因。”在谈到交换价值时，李嘉图说：“交换价值的意义是，一件商品所具有的能够换取另一商品的任何某一定量的力量。”① 应该说，李嘉图已经初步把价值和交换价值区分开了。②

（二）货币理论

李嘉图研究经济问题是从货币开始的，他一直十分关注当时英国关于货币的争论，并且发表过许多看法，也提出过货币改革方案。李嘉图对货币的论述中，既有科学合理的因素，也有错误的内容。

李嘉图是从劳动价值论出发研究货币的。他肯定了货币的商品性质，认为铸造货币的金银，同其他商品一样也有价值，其价值取决于所耗费的劳动量。他说：“黄金和白银像一切其他商品一样，其价值只与其生产以及运上市场所必需的劳动量成比例。”③

根据货币价值取决于所耗费的劳动的观点，李嘉图研究了决定流通商品所必需的货币量的规律。李嘉图认为，作为流通手段的货币的数量首先取决于货币本身的价值，所需要的货币量同货币的价值成反比。他说：“一国所能运用的货币量必然取决于其价值。如果只用黄金来流通商品，其所需的数量将只等于用白银流通商品时所需白银数量的十五分之一。”④而且，李嘉图已认识到一国流通手段的数量取决于流通中的商品额，二者成正比。另外，货币流通速度也影响流通中的货币数量，二者成反比。李嘉图的思想可以用以下公式来表示：

$$\text{货币流通数量}=\frac{\text{商品价值}\times\text{商品总量}}{\text{货币价值}\times\text{流通速度}}$$

① 〔英〕彼罗·斯拉法主编《李嘉图著作和通信集（第一卷）：政治经济学及赋税原理》，郭大力、王亚南译，商务印书馆，1962，第3页。

② 姚开建主编《经济学说史》，中国人民大学出版社，2003，第141～142页。

③ 〔英〕彼罗·斯拉法主编《李嘉图著作和通信集（第一卷）：政治经济学及赋税原理》，郭大力、王亚南译，商务印书馆，1962，第301页。

④ 〔英〕彼罗·斯拉法主编《李嘉图著作和通信集（第一卷）：政治经济学及赋税原理》，郭大力、王亚南译，商务印书馆，1962，第301页。

当李嘉图沿着正确的思路研究决定流通所必需的货币数量的规律时，他对纸币流通规律也有所认识。李嘉图赞成使用纸币，认为纸币具有节约贵金属材料、可随时改变数量等优点。同时，他也看到，纸币与金银币有很大区别。一般来说，金银币不会超过流通需要，但纸币有可能超过流通需要，纸币过多会引起货币贬值或通货膨胀。李嘉图区分了可随时兑换金属硬币的纸币和不能兑换的纸币，认为前者不会引起通货膨胀，而后者可能引起通货膨胀。他意识到，纸币流通规律是从纸币代替的金银价值这一关系中形成的，因此他赞同纸币数额绝不能超过它所代替的金银的价值的观点，并以此作为检验英国纸币流通量是否过剩的标准。①

（三）分配理论

在李嘉图经济理论体系中，分配理论是核心。李嘉图认为，产品要在地租、利润和工资的名义下分配给各个阶级，而“确立支配这种分配的准则，乃是政治经济学的主要问题”②。资产阶级政治经济学研究财富性质及其增长的任务已由亚当·斯密基本完成，但财富如何分配的问题并未得到足够的重视和令人满意的说明。李嘉图说：“这门科学虽然已经由杜尔哥、斯图亚特、斯密、萨伊、西斯蒙第等人的著作而得到了很大的改进，但这些著作对于地租、利润和工资的自然过程没有提供令人满意的资料。”③ 所以，他把分配问题确立为自己研究的主要问题。

在亚当·斯密时代，资本主义生产方式刚刚确立，人们的关注焦点是资本积累和财富增值之间的相互关系；到李嘉图时代，资本积累对于财富分配比例的影响已成为十分重要的问题。李嘉图通过对各阶级之间的分配，确立最有利于资本主义生产发展的条件，他并未把分配与生产割裂开来。他所研究的问题主要包括工资、利润和地租之间的数量关系，各种收入的大小是由什么因素决定的，各种收入的数量比例又是如何决定的。④

---

① 姚开建主编《经济学说史》，中国人民大学出版社，2003，第 145~146 页。

② 〔英〕彼罗·斯拉法主编《李嘉图著作和通信集（第一卷）：政治经济学及赋税原理》，郭大力、王亚南译，商务印书馆，1962，第 3 页。

③ 〔英〕彼罗·斯拉法主编《李嘉图著作和通信集（第一卷）：政治经济学及赋税原理》，郭大力、王亚南译，商务印书馆，1962，第 3 页。

④ 姚开建主编《经济学说史》，中国人民大学出版社，2003，第 147~153 页。

1. 工资理论

李嘉图和亚当·斯密一样意识到，工资是影响利润的首要的、直接的和明显的因素。不过，比亚当·斯密更进一步的是，他始终把工资与雇佣工人的收入而不是与一般劳动收入相联系。李嘉图把劳动看作一种商品，因而也有其自然价格和市场价格。他通过对劳动的自然价格或价值的探讨说明决定工资数量的基础。李嘉图认为："劳动正像其他一切可以买卖并且可以在数量上增加或减少的物品一样，具有自然价格和市场价格"，"劳动的自然价格是让劳动者大体上能够生活下去并不增不减地延续其后裔所必需的价格"，"取决于劳动者维持其自身与其家庭所必需的食物、必需品和家用品的价格。食物和必需品涨价，劳动的自然价格也会上涨，这些东西跌价，劳动的自然价格也会跌落"。① 李嘉图虽未区分劳动和劳动力，但他把劳动的"自然价格"（或价值）用工人得到的生活资料所耗费的劳动量来说明，事实上这已正确地确定了工资的自然基础。

李嘉图由于从相对工资角度考察工资发展趋势，从而得出了与亚当·斯密不太相同的看法。亚当·斯密把国民财富增长的提高同工资提高相联系。而李嘉图认为随着社会发展，工资会有下降的趋势，原因在于，资本增长率赶不上工人人数的增加，货币工资的增加赶不上生活必需品价格的上涨。

2. 利润理论

李嘉图认为，商品的价值取决于生产商品所必需的劳动时间，利润是劳动耗费的结果，工人以工资形式得到的是他所创造的价值的一部分，其余部分被资本家占有成为利润。他说："商品的全部价值只分成两部分：一部分构成资本利润，另一部分构成劳动工资。"② 在这里，李嘉图实际上把利润看作工人剩余劳动创造的剩余价值。

李嘉图还研究了利润量的变化规律。他断定利润的变化取决于工资的变化，后者是原因，前者是结果，变化的方向相反。在他看来，由于商品价值分成工资和利润两部分，那么，在商品价值不变的情况下，工资上涨，利润就下降；工资下降，利润就上升。工资的变动受生产生活资料的

---

① 〔英〕彼罗·斯拉法主编《李嘉图著作和通信集（第一卷）：政治经济学及赋税原理》，郭大力、王亚南译，商务印书馆，1962，第 77 页。

② 〔英〕彼罗·斯拉法主编《李嘉图著作和通信集（第一卷）：政治经济学及赋税原理》，郭大力、王亚南译，商务印书馆，1962，第 92 页。

劳动生产率所影响，劳动生产率提高时，生活资料价值下降，工资也下降，这会引起利润上升；劳动生产率下降时，生活资料价值上升，工资也上升，这会引起利润下降。根据李嘉图的观点，劳动生产率是利润变动的最终原因。他是从生产出发研究分配的，同时又把工资看作关键的环节。马克思高度赞扬了李嘉图对工资的分析，认为李嘉图特别指明了工资与利润按相反方向变化，实际上揭示了工人与资本家之间的矛盾与对立。

李嘉图把工资与利润按相反方向变化看作资本主义生产的普遍的唯一的规律，忽略了绝对剩余价值的生产。实际上，只有在劳动时间和劳动强度不变的条件下，工资和利润才可能按相反方向变化，或者说李嘉图研究的只是相对剩余价值生产。另外，李嘉图仍是在利润名义下研究剩余价值的，还没有把剩余价值从利润中单独抽离出来加以研究。马克思说："李嘉图从来没有考虑到剩余价值的起源。他把剩余价值看作资本主义生产方式固有的东西，而资本主义生产方式在他看来是社会生产的自然形式。他在谈到劳动生产率的时候，不是在其中寻找剩余价值存在的原因，而只是寻找决定剩余价值量的原因。"①

3. 地租理论

李嘉图的地租理论是他整个经济理论体系中十分出色的一部分。他虽然没有研究利润的起源，却认真地研究了地租的起源，并且他坚持以劳动价值论为基础说明地租的来源，从而使古典政治经济学的地租理论达到顶峰。

李嘉图认为，地主的名义地租收入中不全是地租，也可以存在土地资本的利息和资本家的利润，就是说，其中有一部分是因改良土地、修建必要建筑设施而投入资本所获得的。真正的地租"是为使用土地的原有和不可摧毁的生产力而付给地主的那一部分土地产品"②。马克思指出，李嘉图说土地存在"原有和不可摧毁的生产力"是不正确的，因为土地没有不可摧毁的和原有的生产力，而是自然历史过程的产物。但李嘉图指出地租是地主不劳而获的收入，是农民为使用土地而支付给地主的产品则是正确的。

李嘉图的地租理论实际上是级差地租理论，因而他还有一个级差地租

---

① 马克思：《资本论》（第一卷），人民出版社，1975，第563~564页。

② 〔英〕彼罗·斯拉法主编《李嘉图著作和通信集（第一卷）：政治经济学及赋税原理》，郭大力、王亚南译，商务印书馆，1962，第55页。

下的地租定义："地租总是由于使用两份等量资本和劳动而获得的产品之间的差额。"[①] 李嘉图认为，地租的存在必须具备两个条件，即土地的有限性以及土地在肥沃程度和位置上的差别性。他说："如果一切土地都具有相同的特性，数量是无限的，质量也完全相同，那么，使用时就无须支付代价，除非是它在位置上具有特殊便利。"[②] 这就产生了级差地租Ⅰ。他还考察了级差地租Ⅱ，他认为，在同一块土地上增投等量资本和劳动，产量并不以相同比例增加，而总是递减的，因此，"地租总是由于追加的劳动量所获报酬相应地减少而生产的"[③]。李嘉图在论述级差地租Ⅱ时，正确地指出了它是由于追加投资而获得的超额利润，并且指出级差地租Ⅱ在租约期满之前可以留在租地农场主手中，只有在租约期满后地主提高租额时才落入地主手中。但他毫无保留地接受了土地收益递减的观点，并把它作为说明级差地租Ⅱ的基础。他曾说："假使土地的肥力是没有限度的，假使在同一土地上，资本一笔接着一笔地投入，可以取得同样的产量，这就不会产生地租。"[④] 实际上，李嘉图认同关于土地耕作从优到劣顺序的观点，也就是土地收益递减观点，因为他认为，随着社会的发展，越来越差的土地投入耕种必然使农业劳动生产率递减。他总结说："每当我们有必要在土地上追加一份生产报酬较少的资本时，地租就会增加。"[⑤] 这包括了扩大劣等地的耕种，也包括了在同一土地上追加投入。

李嘉图的地租理论中没有绝对地租，他认为最差的土地是不需要提供地租的。李嘉图否认绝对地租的存在是有深刻原因的。他既没有生产价格、资本有机构成理论，又没有注意土地私有权垄断，因此，在他的体系中，如果承认农产品价格在补偿生产费用和平均利润之外还提供绝对地租的话，就要承认农产品价格高于农产品价值，从而承认农业中除劳动创造

---

① 〔英〕彼罗·斯拉法主编《李嘉图著作和通信集（第一卷）：政治经济学及赋税原理》，郭大力、王亚南译，商务印书馆，1962，第59页。

② 〔英〕彼罗·斯拉法主编《李嘉图著作和通信集（第一卷）：政治经济学及赋税原理》，郭大力、王亚南译，商务印书馆，1962，第57页。

③ 〔英〕彼罗·斯拉法主编《李嘉图著作和通信集（第一卷）：政治经济学及赋税原理》，郭大力、王亚南译，商务印书馆，1962，第59页。

④ 〔英〕大卫·李嘉图：《李嘉图著作和通信集（第二卷）》，蔡受百译，商务印书馆，1979，第208页。

⑤ 〔英〕彼罗·斯拉法主编《李嘉图著作和通信集（第一卷）：政治经济学及赋税原理》，郭大力、王亚南译，商务印书馆，1962，第64页。

价值外，自然要素也创造价值，这将推翻劳动价值论。另外，李嘉图在论述级差地租理论时把从优到劣的耕种顺序和土地收益递减作为地租形成的前提条件或原因也是片面的。实际上，只要存在土地在肥力和位置上的差别，不论耕作顺序是从优到劣，还是从劣到优，都可以形成级差地租；地租的增长也不一定与农产品价格上涨相联系，只要土地差别增大，同时最劣等土地劳动生产率提高，那么，农产品价格下降时地租量也可以同时上升。

（四）赋税

李嘉图相信资本主义具有自行调节的功能，主张实行各行业自由竞争、国家不予干预的自由放任的政策。他说："在没有政府的干预时，农业、商业和制造业最为繁荣。需要国家做的全部事情，就是避免一切干预，既不要鼓励生产的一个源泉，也不要抑制另一个源泉。"① 同时，李嘉图也强调了国家在保障私有财产、刷新政治和振兴教育等方面的作用。他认为，国家应为资本主义创造或提供经济发展的良好环境，提倡节省开支的廉价政府。李嘉图把政府开支归属于非生产性开支，他认为，"凡属赋税都有减少积累能力的趋势"，"有些赋税所引起的结果可能比另一些赋税严重得多。但是赋税的巨大危害倒不在于课税目的的选择，而在于整个赋税的总效果"。②

李嘉图并没有像亚当·斯密那样比较系统和全面地对税收原则进行分析，但在一些论述分析中也体现出他的税收原则思想，其中主要是税收公平和税收对生产的影响。李嘉图认为，社会一切收入都应征税，人们应按自己的财力来负担税收；政府税收只要负担合理，至于落在哪项收入上面是无关紧要的，"如果以非常公平的平均比例征收从事积累和节约这个阶级的赋税，那么它是直接由利润支出，还是间接由农业品或自己的制造品来支出已经没有多大的区别。假设我每年的收入有 1000 英镑，要征税 100 英镑。我是从收入中直接支付 100 英镑，而实际收入 900 英镑，还是在购买农产品或工业品时多付 100 英镑，确实是无关紧要的问题。如果我对国家的费用理应承担一份，假定 100 英镑，征收的最关键是确保我付税款

---

① 〔英〕大卫·李嘉图：《李嘉图著作和通信集（第八卷）》，寿进文译，商务印书馆，1987，第 95 页。

② 〔英〕彼罗·斯拉法主编《李嘉图著作和通信集（第一卷）：政治经济学及赋税原理》，郭大力、王亚南译，商务印书馆，1962，第 129 页。

100英镑，不多也不少。要能做到真实无欺，最好的方法就是征收工资税、利润税和农产品税”。[①] 李嘉图认为为了公平地征收税收，应该建立以工资税、利润税和农产品税组成的税收制度。同亚当·斯密一样，李嘉图也同意政府财政支出是非生产性的，政府税收用于政府支出，因而也具有非生产性。税收具有妨碍生产和耕种的通病，给生产带来负担。“所有的赋税都有某一方面的弊端，它不是影响利润或者其他收入来源，就是影响支出。只要平均承担，不妨碍再生产，那么赋税加在哪一项内容上就不那么重要了。和他种赋税相比较，生产税、利润税不论是直接从利润上征收，还是间接从土地或其他产品上征收，都比其他赋税更妥当。如果一切其他收入都要征税，那么社会上每个阶级都不能逃避赋税，而且每个阶级都要按照自己的资本能力来支付。”[②] 因此，李嘉图认为“不论我们能够采用什么样的方法，也不论我们所采用的这种方法的具体形态如何，如果我们想获得价值，那么就只有两个方法，如果不是由创造产生的，那么也一定是从他人创造的东西中取得的。最好的财政计划是消费数量的减少，最好的赋税制度是最小的赋税数额”。[③]

四　李嘉图劳动价值论的贡献与矛盾

李嘉图是英国古典经济学家，古典学派的最后代表人物，他坚持与发展劳动价值论，在继承亚当·斯密研究成果劳动价值论的基础上，对劳动价值论进行了“资产阶级经济学在其不可逾越的发展界限内的虽不充分但是最好的分析”，将古典的资产阶级政治经济学推向了顶峰。

（一）在亚当·斯密劳动价值论基础上的批判发展

李嘉图作为古典政治经济学理论的发展者，在吸收亚当·斯密劳动价值论的基础上，对其理论进行分析与研究、批判与发展，从而形成了自己的劳动价值理论。李嘉图认为使用价值是交换价值的前提条件，又进一步

① 〔英〕大卫·李嘉图：《赋税原理》，人民日报出版社，2009，第109页。
② 〔英〕大卫·李嘉图：《赋税原理》，人民日报出版社，2009，第108页。
③ 〔英〕大卫·李嘉图：《赋税原理》，人民日报出版社，2009，第177页。

对这两者进行区分与界定。李嘉图批判了亚当·斯密在劳动决定价值问题上的错误观点，指出亚当·斯密把商品的价值由生产商品所耗费的劳动和在交换中所能购买或支配的劳动混在一起，衡量商品价值的尺度不一致。李嘉图批判地继承了亚当·斯密关于劳动决定价值这一观点。他在继承亚当·斯密关于交换价值源泉的观点的同时，对亚当·斯密在这一观点上的二重性进行了批判，他认为商品的价值应由生产时所耗费的劳动来决定。李嘉图还批判了亚当·斯密的三种收入决定价值的观点。他承认亚当·斯密关于价值可以分解为三种收入的观点，但对于亚当·斯密所说的三种收入决定价值的观点，他是不赞同的，坚决反对亚当·斯密对于资本和土地成为私有财产之后商品价值是由三种收入决定的理论。李嘉图在对亚当·斯密劳动价值论进行批判的基础上明确了自己的劳动价值理论，并取得了进一步发展。

（二）充实了劳动价值论的内容

李嘉图在继承和发展亚当·斯密的劳动价值论的同时，充实了劳动价值论的内容。他指出使用价值是交换价值的必要条件，虽然使用价值不能成为交换价值的尺度，但对于交换价值而言是不可缺少的。对于价值源泉的问题，在李嘉图看来，亚当·斯密关于价值源泉的论述前后不一致，对价值的决定标准有两个。在价值源泉问题上，李嘉图把商品分为两种。一种是以劳动作为商品交换价值的真实尺度，在这里的劳动是指生产时所耗费的劳动。另一种商品的价值是由它们的稀有性决定的，主要是指稀有的古董等，这些商品的数量不会因为人类劳动的增加而增加，它们的价值也不会因为供给的增加而减少，这些商品的稀有性决定了商品的价值，但这只是商品中的极少部分。在劳动价值论中，劳动决定商品的价值，李嘉图认为决定商品价值的劳动虽然是生产时所耗费的劳动，但他所指的是必要的劳动，是在最不利的条件下进行生产的人所必须投入的较大量劳动。李嘉图区分了复杂劳动和简单劳动，同时在分析价值形成的过程中，还区分了直接劳动和间接劳动。他在《政治经济学及赋税原理》中提到商品的价值包括工人直接劳动，也就是商品在直接生产时的劳动和其他工人的间接劳动，即在生产该商品中需要的机器和厂房以及把它运到市场上所必需的劳动。

（三）在分配理论中十分重视利润的分析

在分配理论中，李嘉图十分重视利润的分析，因为在他看来，只有利润迅速增长，国家才会处于最佳的境地。在研究利润时，李嘉图是从两种含义上进行的，有时他把利润同全部垫付资本相比较，有时只把利润同可变资本相比较，前者是本来意义上的利润，后者实际上则是剩余价值。古典政治经济学家事实上都在地租、利润等具体形式上考察了剩余价值，不过，各个古典政治经济学家的认识存在一定的差别。威廉·配第和魁奈把地租看作剩余价值的基本形式，亚当·斯密把利润和地租一起看作剩余价值的基本形式，而李嘉图则把利润看作剩余价值的唯一的基本形式，把地租看作利润的一个部分。李嘉图发展了亚当·斯密利润理论中的科学因素。亚当·斯密已把利润看作由劳动生产出来的价值的一个部分，实际上认识到了剩余价值的起源。李嘉图比亚当·斯密更进了一步，他在分析利润时常常撇开不变资本，把工资与利润相联系。所以，马克思说李嘉图有真正的剩余价值理论。

（四）奠定了货币中性理论的基础

李嘉图认为货币像其他商品一样，它的价值也和其他商品的价值一样，都是由生产所耗费的劳动量决定的。李嘉图曾在伦敦交易所工作，熟谙货币金融行业，他涉足经济研究时首先就是研究货币问题，他和亚当·斯密一样，认为黄金是价值比较稳定的金属，适合作为一般等价物，但黄金本身也属于商品，它的价值也会因各种因素而变动。所以李嘉图认为黄金作为金属货币只是一种衡量其他商品的可变尺度。他认为："如果有另一种商品的价值是不变的，那么我们把鱼和猎物的价值与这种价值商品相比，就可以确定这种变动有多少是由于影响鱼的价值的原因而来的，有多少是由于影响猎物的价位的原因而来。"① 他假定有一种商品的价值不变，在任何时间和条件下获取它都需要相等的劳动，他把货币作为这种商品，认为货币和其他商品一样，价值也是由耗费的劳动决定的，而且货币作为

① 〔英〕彼罗·斯拉法主编《李嘉图著作和通信集（第一卷）：政治经济学及赋税原理》，郭大力、王亚南译，商务印书馆，1962，第21页。

一种商品是用来衡量另一种商品的价值尺度。

李嘉图认为在商品与货币交换的过程中，如果商品的价值不变，货币的价值上升了，那么商品换取货币的量就减少了，说明商品的价格下降了；相反，如果商品价值不变，货币的价值降低了，那商品换取货币的量就变多了，这说明商品的价格上涨了。但当货币价值不变，商品的价值上涨了，那货币换取的商品减少了，说明商品的价格是上涨的；反之，当货币价值不变，商品的价值降低了，那么货币换取的商品就变多了，说明商品的价格是下降的。按照李嘉图的观点，我们可以看出他所说的当流通中的货币数量多于正常的需要水平时，商品的价值就会下降，于是商品的价格上涨；相反，当流通中的货币数量少于正常的需要水平时，商品的价值就会上升，于是商品的价格降低。但李嘉图所提到的货币数量论同劳动时间决定价值这一原理相冲突，作为货币的黄金的价值本应由生产时所耗费的劳动来决定，但在货币数量论中由货币在流通过程中的数量决定，显然这两者是矛盾的。但李嘉图的货币数量论在货币政策理论中起着重要的作用，也是他经济理论的重要组成部分。

（五）李嘉图价值理论的缺陷与矛盾

李嘉图的价值理论也存在一些缺陷与矛盾。他虽然把生产商品的劳动看作价值的唯一源泉，却从没有研究这种劳动的性质，而是把注意力几乎完全放在了价值量的分析上，把劳动只当作价值量的尺度来考察。在他看来，劳动创造价值、价值量由劳动时间衡量是十分自然的事，完全忽略了价值是一种社会关系。由于这个原因，也由于李嘉图方法论上存在的缺陷，他在价值理论上遇到了两大难关，这也形成了李嘉图理论体系的两大矛盾，并最终导致了李嘉图体系及李嘉图学派的解体。

马克思说："李嘉图体系的第一个困难是，资本和劳动的交换如何同'价值规律'相符合。第二个困难是，等量资本，无论它们的有机构成如何，都提供相等的利润，或者说，提供一般利润率。实际上这是一个没有被意识到的问题：价值如何转化为费用价格。"①

要解决第一个困难，就要摆脱一种两难境地：如果资本与劳动的交换

① 《马克思恩格斯全集》（第二十六卷）（第三册），人民出版社，1974，第 192 页。

是按价值规律进行的等价交换，那么，工人的工资应等于他在生产中创造的新价值，在这种情况下，资本家的利润等于零；如果工人的工资小于他在生产中创造的新价值，二者的差额也即利润就得到了说明，但资本与劳动的交换就不是按价值规律进行的等价交换了。李嘉图坚持用劳动说明价值的决定，但无法解决资本与劳动相交换如何同“价值规律”相符合的困难。李嘉图的困难在于不能区分劳动和劳动力，这个难题只有在劳动力和劳动区分之后才能解决。要解决第二个困难，就要说明在资本有机构成不同（不变资本和可变资本比例不同）的情况下，为什么等量资本一般都能获得等量利润。在资本有机构成相同的情况下，或在可变资本也即工资的比例相同的情况下，按照劳动价值论，等量资本获得等量利润是与价值规律相符合的。但是，如果可变资本即工资的比例不一样，在等量资本中劳动所创造的价值会有差别，从而等量资本所获得的利润也会出现差别，等量资本就不应该获得等量利润。李嘉图已在探讨工资涨落对于商品相对价值的影响时发现这个矛盾了。亚当·斯密曾指出商品价值取决于收入，工资上涨会引起一切商品价格提高。李嘉图反对亚当·斯密这种用收入说明价值的观点，坚持劳动价值论。但他也看到，在资本有机构成不同时，在商品价格不变的情况下，工资的涨落必然使同量资本得不到同量利润，而要使同量资本得到同量利润，工资变动必然引起商品相对价值或价值的变动。李嘉图无法解决这个矛盾，只好把它看作对价值规律的必要修正，它称工资变动虽会影响商品价值量的变动，但影响是小的，所以，劳动价值论仍是主要的。实际上，李嘉图的困难在于，他没能把价值和生产价格区分开来，他不了解，在资本主义条件下，价值已在竞争过程中由于平均利润率形成而转化为生产价格，市场价格不再围绕价值而是围绕生产价格上下波动了。在生产价格形成条件下，在资本有机构成不同时，等量资本仍可以获得等量利润。

参考文献

《马克思恩格斯全集》（第四卷），人民出版社，1958。

《马克思恩格斯全集》（第十三卷），人民出版社，1962。

《马克思恩格斯全集》（第二十六卷）（第三册），人民出版社，1974。

《资本论》（第一卷），人民出版社，1975。

〔法〕萨伊:《政治经济学概论》,陈福生、陈振骅译,商务印书馆,1982。

〔美〕E. K. 亨特:《经济思想史——一种批判性的视角》,颜鹏飞总译校,上海财经大学出版社,2007。

〔美〕史蒂夫·普雷斯曼:《思想者的足迹——五十位重要的西方经济学家》(第一版),陈海燕、李倩、陈亮译,江苏人民出版社,2001。

〔美〕斯坦利·L. 布鲁:《经济思想史(原书第 6 版)》,焦国华、韩红译,机械工业出版社,2003。

〔美〕约瑟夫·熊彼特:《经济分析史》(第一版),商务印书馆,1994。

〔英〕彼罗·斯拉法主编《李嘉图著作和通信集(第一卷):政治经济学及赋税原理》,郭大力、王亚南译,商务印书馆,1962。

〔英〕大卫·李嘉图:《赋税原理》,人民日报出版社,2009。

〔英〕大卫·李嘉图:《李嘉图著作和通信集(第二卷)》,蔡受百译,商务印书馆,1979。

〔英〕大卫·李嘉图:《李嘉图著作和通信集(第四卷)》,蔡受百译,商务印书馆,1980。

〔英〕大卫·李嘉图:《李嘉图著作和通信集(第八卷)》,寿进文译,商务印书馆,1987。

〔英〕大卫·李嘉图:《李嘉图著作和通信集(第九卷)》,胡世凯译,商务印书馆,1986。

何正斌译著《经济学 300 年》(第一版),湖南科技出版社,2010。

胡寄窗主编《西方经济学说史》(第一版),立信会计出版社,1991。

杨小凯:《经济学原理》(第一版),中国社会科学出版社,1998。

姚开建主编《经济学说史》,中国人民大学出版社,2003。

尹伯成主编《西方经济学说史——从市场经济视角的考察》,复旦大学出版社,2005。

第三章

西蒙德·德·西斯蒙第

法国古典政治经济学的完成者

Simonde de Sismondi

让·沙尔·列奥纳尔·西蒙德·德·西斯蒙第（Jean Charles Léonard Simonde de Sismondi，1773～1842）是法国著名的经济学家、历史学家，和李嘉图是同时代人。李嘉图是英国古典政治经济学的完成者，西斯蒙第是法国古典政治经济学的完成者。但是，西斯蒙第和李嘉图的经济理论是对立的，西斯蒙第的经济理论是建立在批判英国古典政治经济学的基础之上的。他们之间的分歧和对立反映了英、法两国经济发展的不同状况。《政治经济学新原理》用新的方式考察了经济活动的水平，从而对亚当·斯密的经济学说进行了扬弃。西斯蒙第采用了大量的图表和脚注的方式，运用数学方法来说明自己的观点。100 年后，现代经济学巨匠约翰·梅纳德·凯恩斯（John Maynard Keynes）被西斯蒙第的著作所吸引并达到了痴迷的程度。

一　西斯蒙第对亚当·斯密的追随与背离

西斯蒙第原籍意大利，出生于瑞士日内瓦一个普通的牧师家庭。其祖先原是意大利庇隆城的显贵，到他父亲这一辈家道中落，成为没落贵族。西斯蒙第的童年是在保守的宗法式的环境中度过的。他在一所新教中学毕业后，曾在巴黎上大学，后因家境困难而辍学，到里昂一家银行任小职员。后来里昂发生革命，西斯蒙第逃回瑞士。不久，瑞士也发生革命，西斯蒙第和他的父亲因同一些贵族有密切往来而被捕入狱。出狱后西斯蒙第一家移居英国。在英国居住的一年半时间内，西斯蒙第考察工业和学习英语。1794 年返回日内瓦，不久，又受革命形势的发展所迫迁居意大利。他在意大利生活了五年，在佛罗伦萨附近的柏石西亚购置了一所小农场，作为农庄的主人经营起来，并开始了经济理论的研究。1800 年，西斯蒙第返回瑞士，此后一直到他去世，基本上是在恬静的著述生涯中度过的。这期间他曾两度随旅游团赴意大利、德国、奥地利等地游历，也参加了一些政治活动，曾任日内瓦政府成员并写过一些政治论文。1803 年出版《论商业财富》时，他还宣传亚当·斯密的学说。但法国大革命后小生产者的破产分化和英国的经济危机使他成为英国古典政治经济学的激烈反对者。1833 年，由于学术上的成就，他被选入法兰西道德与政治学科学院。1842 年，法国政府授予他十字勋章。同年他因患胃癌去世。死后，他的一批信件被他的夫人和遗嘱执行人所焚毁，这为研究他的生平和政治学术观点留下了空白。西斯蒙第的前半生因欧洲革命风暴而颠沛流离。他抨击奴隶贸易，积极为赞助自由主义运动的拿破仑辩护，在“百日政变”期间还曾受到拿破仑的接见。在学术上，他一生勤于著述，受到同时代著名古典学者如李嘉图的尊敬。

西斯蒙第是法国古典政治经济学的完成者，也是经济浪漫主义的创始人，还是人本主义经济学的先驱。他的主要经济著作有《托斯卡纳农业统计表》（1801）、《论商业财富》（1803）、《政治经济学新原理》（1819）、《社会科学研究》［第 1 卷《自由人民之宪制的研究》（1836）、第 2 卷和第 3 卷《政治经济学研究》］等。西斯蒙第在出版《论商业财富》时，详尽介绍了亚当·斯密的经济学说，主张自由竞争和自由贸易。在出版《政治经济学新原理》时，他已转变为英国古典政治经济学的反对者。

二　生产过剩理论的雏形

西斯蒙第的主要经济学著作《政治经济学新原理》从小资产阶级的利益出发，对资本主义经济和英国古典政治经济学进行了批判。他认为，资本主义不以人的享受而以财富作为经济活动的目的，从而造成贫者愈贫、富者愈富的现象，英国古典政治经济学把财富作为政治经济学的研究对象，完全无视了人。在他看来，政治经济学应从政府事业的角度，把人们的物质福利作为研究对象。也因此，他反对经济自由主义，主张依靠国家政策来调节社会生活。西斯蒙第指出了经济危机的必然性。他认为，个人进行生产是为了满足自己的消费，消费决定生产。在交换经济中，消费决定生产表现为社会需求先于并决定供给。由于人的消费依赖他所分配到的收入，因此，收入最终决定着生产。他指出，生产决定收入，但生产出的产品只有在实现交易以后才能变为收入，收入决定支出，支出决定消费，如果支出不能购买全部生产物，就会出现过剩生产物。所以，收入虽由生产决定，但它决定着下一轮再生产，也即最终决定着生产。他认为，在资本主义制度下，生产的目的是追求利润，生产者应用机器，相互竞争，造成生产的无限扩张；而资本主义不公平的分配制度，使财产集中到少数人手中，小生产者和工人即广大劳动者收入不足，收入不足导致消费不足，从而使国内市场日益狭窄，生产和收入比例遭到严重破坏，产品实现问题最终会导致生产过剩的经济危机爆发，西斯蒙第对资本主义经济危机必然性的论述是他的科学贡献。但他仅把它归为消费不足，并仅仅是个人消费品的消费不足，并不能真正揭示经济危机的原因。西斯蒙第受小资产阶级眼界限制，不能找到消除资本主义弊端的正确道路。西斯蒙第虽不想回到中世纪状态中去，但他仅能在过去的社会中找寻其理想社会的原则，因而他要求用宗法和行会原则组织社会经济，以节制资本主义，建立一种符合小生产者利益的社会。

西斯蒙第揭露了资本主义生产关系中的矛盾。他觉察到资本主义生产是自相矛盾的，它一方面刺激生产力和财富的自由发展和积累，另一方面又限制了它们。他指出，在资本主义制度下存在使用价值和交换价值的矛盾、商品和货币的矛盾、买和卖的矛盾、生产和消费的矛盾、资本和雇佣劳动的矛盾等，随着生产力的发展，这些矛盾也将发展。他还觉察到一种根本性的矛盾：一方面是生产力和财富的无限发展，另一方面劳动群众只能获得最低限度的生活必需品。因此，在他看来，生产过剩的经济危机必然会发生，它是资本主义矛盾的必然结果。

三　西斯蒙第的经济浪漫主义

西斯蒙第把自己的学说称为“政治经济学新原理”。他认为，英国古典学派只把国民财富作为研究对象是有缺陷的，人们用劳动创造财富的目的是满足自己的愿望和需要，而不是为财富而创造财富。英国古典学派单纯追求财富的增加，无视人们的享受，不了解“财富正是属于人而且为人所享受的"[①]，结果在英国造成贫者愈贫、富者愈富的状况，国家财富虽急剧增加，人民却更加贫困了。所以，西斯蒙第认为应该对英国古典学派理论进行"修正"或补充，他说："我们同亚当·斯密都一致认为：劳动是财富的唯一源泉，节约是积累财富的唯一手段；但是，我们还要补充一句：享受是这种积累的唯一目的，只有增加了国民享受，国民财富才算增加。"[②] 他的"新原理"就是要阐述与英国古典学派不同的理论，不仅要研究财富，而且要研究人的享受。他的《政治经济学新原理》一书的副标题是"论财富和人口的关系"，他认为："财富既然是人的一切物质享受的标志，我们就应该使它给所有的人带来幸福；我们必须使财富的增长跟人口的增加相互一致；在这些人口之间进行财富分配时必须按照这样一个比例，即如果没有特大的天灾人祸，他们不会为生活所苦。"[③] 西斯蒙第的主要贡献包括以下几个方面。[④]

（一）价值学说

西斯蒙第与亚当·斯密、李嘉图在论述政治经济学理论上有很大不同。亚当·斯密研究国民财富从分工出发，论及交换、货币并直接分析商品的价值，在价值理论基础上分析工资、利润、地租，进而分析资本。西斯蒙第则直接把财富作为研究的出发点，他的基本理论以"财富的形成和发展"的形式阐述出来，因此，亚当·斯密运用抽象法能在一定程度上揭示资本主义生产关系中的内在联系，而西斯蒙第则仅仅从整体上揭示了资本主义社会经济的矛盾现象。不过，作为古典经济学家之一，他在说明财富的形成与发展中论述了价值理论、剩余价值理论、生产劳动与非生产劳动等，并提出了自己的独到见解。

西斯蒙第认为，人满足自己需要和欲望的技能、本领是财富的源泉，财富是为满足人们的需要和欲望而存在的，因为消费劳动所创造的东西需较长时间，所以，财富是积累起来不予消费的劳动果实。在离群独居的条件下，劳动直接满足消费，消费直接决定生产。在交换经济中，个人需要

---

① 〔瑞士〕西斯蒙第：《政治经济学新原理》，何钦译，商务印书馆，1977，第 47 页。
② 〔瑞士〕西斯蒙第：《政治经济学新原理》，何钦译，商务印书馆，1977，第 45 页。
③ 〔瑞士〕西斯蒙第：《政治经济学新原理》，何钦译，商务印书馆，1977，第 10 页。
④ 姚开建主编《经济学说史》，中国人民大学出版社，2003，第 164~170 页。

须经过交换满足，消费决定生产表现为需求决定供给。这样，在资本主义以前的社会，产品的价值，只用它对人的效用来衡量，而在交换经济条件下，效用概念被交换价值所代替了，从而克服了英国古典经济学家把商品看作自然形态的非历史观点。他认为，财富是劳动创造的，物品的交换价值是由劳动时间决定的。[①] 在交换时，"每个人都要估计一下自己生产自己所提供的那件物品花去多少劳动和时间，这就是售价的基础；他也要把自己要给别人的物品所需要的劳动和时间和自己需要的物品所付出的劳动和时间做比较，这是确定买价的计算根据"[②]。他还指出，不是一切劳动耗费都能创造交换价值，只有为社会所承认的满足社会需要的必要劳动才能创造交换价值。他说："交易上的价值是经常固定了的，通过最终的分析，知道价值决定于提供被估价物品所必需的劳动数量……一磅银子代表一定数量的劳动日，它是从银矿中取得银子以及将它运送到交易地点所需要的平均劳动日：劳动日的数量虽然是交易双方所不知，但在出赁者和需要者双方的相互努力下，社会是能够给予估量的。"[③] 这个见解与李嘉图的最大劳动量决定社会必要劳动量的见解是有区别的。他还继承了李嘉图的绝对价值和相对价值区分的思想，同时更强调消费（需求）对决定价值量的重要性。他指出："在政治经济学中，价值通常被分为两种：一种是内在价值，另一种是相对价值……前者是生产品和取得这种产品的劳动之间的比例，后者是生产品与需要这种产品的人们的需求之间的比例。"[④] 在他的定义中，不仅更接近于区分了价值和交换价值，而且还接触到了马克思所说的第二种社会必要劳动的含义，从而对古典政治经济学价值理论做了新的补充。但是，价值理论不是西斯蒙第研究的重点，所以他的价值思想是零散的，而且，在分析社会再生产时，仍沿用了亚当·斯密关于三种收入构成商品价值的错误观点。

（二）生产劳动与非生产劳动的区分

马克思指出，西斯蒙第是亚当·斯密关于生产劳动见解的拥护者，接

---

① 姚开建主编《经济学说史》，中国人民大学出版社，2003，第 165 页。

② 〔瑞士〕西斯蒙第：《政治经济学新原理》，何钦译，商务印书馆，1977，第 54 页。

③ 王亚南主编《资产阶级古典政治经济学选辑》，商务印书馆，1979，第 740 页。

④ 〔瑞士〕西斯蒙第：《政治经济学新原理》，何钦译，商务印书馆，1977，第 187 页。

受了亚当·斯密区分的正确解释。西斯蒙第认为，财富必须同时具备三个条件才能成为财富，即财富必须是通过直接或间接的劳动创造的；财富必须对人有利，能直接或间接为人所使用；财富必须是能积累、能保存以备日后消费的东西，“如果这些劳动的果实是永远不能保存起来以备日后消费，它就是非生产性的劳动”。同时，他还指出，社会不仅需要生产财富的生产劳动者，还需要有行政人员、立法者、法官、律师、武装力量等，他们不从事任何生产，不能积累，但因为他们的工作是必要的，所以也应该得到报偿。[①]“作为保卫国家的人来说，他们是从事劳动，是工人，他们的收入就是他们劳动的年产值。可是，这种收入不像其他工人阶级的收入那样由国家资本项下支出”，“因此，为了供应保卫国家人员的生活，不能动用资本，而要动用社会收入”。[②] 这样，西斯蒙第就正确地指出了同资本交换的劳动是生产性劳动，而同收入相交换的劳动是非生产性的。

（三）资本和收入

西斯蒙第在政治经济学上的最主要贡献，在于他批判了李嘉图学派和让-巴蒂斯特·萨伊（Jean-Baptiste Say）否定经济危机的理论。他研究了资本和收入、生产和消费等概念，实际上研究了国民收入或年产品的生产、流通与分配，因而也是资产阶级宏观经济理论的先驱者之一。西斯蒙第认为，分工出现以后，世界上人们所能从事的工作更加多样化了。文明和进步提高了消费的要求，但是，人们的消费只能通过交换来实现。例如，富人不能用既得财富去交换，如果那样，他很快就会把积蓄花光，他只能用资本产生的收入来交换。这样，西斯蒙第从消费是目的、消费先于生产的前提出发，论证了资本和收入。

西斯蒙第认为：“资本和收入之间的区别就是社会繁荣的基础。一旦生产不能和收入交换，生产就会陷于停顿。”[③] 因此，资本和收入之间的区别对于社会是极重要的。英国经济学家不考虑这种区别，于是产生了消费是无限的错误认识，鼓励生产无限扩张，造成了文明社会的灾难。关于什

① 姚开建主编《经济学说史》，中国人民大学出版社，2003，第 166 页。

② 〔瑞士〕西斯蒙第：《政治经济学新原理》，何钦译，商务印书馆，1977，第 52～53、95 页。

③ 〔瑞士〕西斯蒙第：《政治经济学新原理》，何钦译，商务印书馆，1977，第 62 页。

么是收入，他采用了亚当·斯密、萨伊的观点，认为收入有三种：地租、利润和工资，它们分别来源于土地、资本和劳动。关于什么是资本，他认为，单个农民的产品可以分为两部分：一部分小麦作为来年收获以前的粮食；另一部分保存起来作为种子，来年再生产小麦。“社会的形成和交换的发生，使这项种子积累起来能够产生收入的部分大大增加，这就是人们所谓的资本。”在这里，他把资本与生产资料等同。但在接下去的论述中，他实际上又把资本看成一种生产关系。他说，把多余的小麦作为工人的食粮，用这部分小麦换取劳动以生产产品，“那么，这部分小麦的价值就变成永久的、逐渐增多而不会再消耗的东西，这就是一种资本”①。他还指出，这种价值可以在外表形式上变化，在交换中时而变成货币，时而变成小麦或劳动，但都不会离开最初节约它的人的手。在资本与收入的关系上，他认为，一个人的资本可以成为另一个人的收入。比如，工人用劳动换来的小麦就是他们的收入，他们可以消费这些小麦，可是工人的劳动却变成了主人的资本。他为了区分资本和收入，把社会总产品分为固定资本（工厂、机器等）、流动资本（种子、原料、工资等）和收入。固定资本是间接为人类需要服务的，帮助人们进行消费品的再生产；流动资本则可以变为工人工资，转化为工人的消费基金。

西斯蒙第虽然重视资本和收入的区分，但是他在资本和收入方面的观点是不彻底的。他不了解劳动的二重性，所以，他一方面把社会总产品分为资本和收入，另一方面又把社会总产品都划分为收入，这表明了他的观点是混乱的。他说：“国民收入和年生产是相等的，是等量。全部年生产在一年中消费掉，其中一部分由工人消费，他们以自己的劳动来交换，从而把劳动变成资本，并且再生产劳动；另一部分由资本家消费，他们以自己的收入来交换，从而把收入消耗掉。”② 这实际上是接受了“斯密教条”，把社会产品中不变资本的价值部分丢掉了。③

（四）生产和消费

西斯蒙第认为，在生产和消费之间，消费起着决定性的作用。他说：

---

① 〔瑞士〕西斯蒙第：《政治经济学新原理》，何钦译，商务印书馆，1977，第 65~66 页。

② 〔瑞士〕西斯蒙第：《政治经济学新原理》，何钦译，商务印书馆，1977，第 75 页。

③ 姚开建主编《经济学说史》，中国人民大学出版社，2003，第 166~168 页。

“人一生下来，就给世界带来要满足他生活的一切需要和希望得到某些幸福的愿望，以及使他能够满足这些需要和愿望的劳动技能和本领。这种技能是他的财富的源泉……他所创造的一切，都应该用于满足他的需要或他的愿望。”[①] 在离群索居条件下如此，在商品经济中也是如此，生产以消费为前提，生产应该服从消费；不过，在商品经济中，生产服从消费的原则转化为供给服从于需求。在这种生产与消费的关系中，收入与支出是重要环节。他指出：“国民收入应该调节国民开支，国民开支则应在消费基金里吸收全部生产；绝对的消费决定一种相等的或者更高的再生产，再生产又产生收入。”[②] 绝对的消费指资本家和工人消费的绝对量，从量上说，不论资本家还是工人，他们的消费即支出都不能超过收入（国民收入调节国民开支），所以，支出决定了消费，国民开支消耗国民的全部生产物（国民开支在消费基金里吸收全部生产）。西斯蒙第认为工资只是维持工人生活的生活资料的数量，与劳动的绝对量是不相等的，同样多的生活资料将在下一年产生更大的劳动量；由于这两种价值之间的比例的波动，引起了国民财富的增加或减少、生产阶级的富裕或穷困、人口的增多或减少。因为消费是由支出或最终是由收入决定的，所以，消费决定生产也可以被看作收入决定生产。他依据这种观点批评英国古典经济学家，认为他们把生产和收入等同，以为增加生产必然增加收入是完全错误的，在他看来，收入虽从再生产中产生，但生产本身不是收入，生产只有在收入实现以后，即“只有在每一件产品找到需要它或享受它的消费者，因而把它从流转中抽出来使它变成消费基金之后，才能获得这一名称，才能具有这种性质”[③]。所以，不是生产决定收入，而恰恰是收入决定生产，收入通过消费决定了生产。这便构成了西斯蒙第特有的再生产理论。[④]

（五）经济危机理论

西斯蒙第在收入决定生产理论基础上论证了资本主义必然产生经济危机的观点。根据收入决定生产的观点，年收入的总量必须用来交换年生产

---

① 〔瑞士〕西斯蒙第：《政治经济学新原理》，何钦译，商务印书馆，1977，第49页。
② 〔瑞士〕西斯蒙第：《政治经济学新原理》，何钦译，商务印书馆，1977，第80页。
③ 〔瑞士〕西斯蒙第：《政治经济学新原理》，何钦译，商务印书馆，1977，第84页。
④ 姚开建主编《经济学说史》，中国人民大学出版社，2003，第168~169页。

的总量；通过这项交换，每个人都可以得到自己的消费品，都要取得一笔再生产的资本，要为一项再生产而进行投资，并提出新的要求。因此，西斯蒙第认为："如果年收入不能购买全部年生产，那么一部分产品就要卖不出去，不得不堆在生产者的仓库里，积压生产者的资本，甚至使生产陷于停顿。"① 这种情况表明生产超过了收入，也即生产超过了消费，生产和消费的这种矛盾的发展必然导致经济危机。在他看来，收入是决定消费的，收入不足就是消费不足，经济危机产生的根本原因就是消费不足。

西斯蒙第指出，资本主义经济危机不是偶然的，而是资本主义内在矛盾的结果，这在经济学说史上是一大功绩。马克思说："西斯蒙第深刻地感觉到，资本主义生产是自相矛盾的；一方面，它的形式——它的生产关系——促使生产力和财富不受拘束地发展；另一方面，这种关系又受到一定条件的限制，生产力愈发展，这种关系所固有的使用价值和交换价值、商品和货币、买和卖、生产和消费、资本和雇佣劳动等等之间的矛盾就愈扩大。他特别感觉到了这样一个基本矛盾：一方面是生产力的无限制的发展和财富的增加——同时财富由商品构成并必须转化为货币；另一方面，作为前一方面的基础，生产者群众却局限在生活必需品的范围内。因此，在西斯蒙第看来，危机并不象李嘉图所认为的那样是偶然的，而是内在矛盾的广泛的定期的根本爆发……他确实有这样一种模糊的猜测：对于在资本主义社会内部发展起来的生产力，对于创造财富的物质和社会条件，必须有占有这种财富的新形式与之适应；资产阶级形式只是暂时的、充满矛盾的形式，在这种形式中财富始终只是获得矛盾的存在，同时处处表现为它自己的对立面。这是始终以贫困为前提、并且只有靠发展贫困才能使自己得以发展的财富。"②

但是，西斯蒙第的危机理论又有根本的缺陷。生产扩大归根结底要受个人消费的限制。他强调个人消费是不无意义的，但他不了解社会总产品价值包括不变资本、可变资本和剩余价值三个部分，不了解除了个人消费还有生产消费，所以，他仅仅强调个人消费及生活资料实现问题，而忘记了生产消费及生产资料的实现问题，这样就不能正确分析资本主义再生

① 〔瑞士〕西斯蒙第：《政治经济学新原理》，何钦译，商务印书馆，1977，第76页。

② 《马克思恩格斯全集》（第二十六卷）（第三册），人民出版社，1974，第55页。

产。他用生产与消费的矛盾来解释危机，并未揭示危机的实质，生产和消费的矛盾并不是资本主义的基本矛盾，资本主义的基本矛盾是生产的社会性和生产资料的私人占有之间的矛盾，因此，仅用消费不足并不能完全解释危机。事实上，劳动人民消费不足在一切有阶级社会是共有的现象；在资本主义条件下，即使消费有所增加，危机仍然不可避免。西斯蒙第不能从生产关系中去找寻危机的根源，就不可能建立科学的经济危机理论。①

（六）税收原则

西斯蒙第处于欧洲国家产业革命后经济发展的时期。他在肯定亚当·斯密提出的税收原则理论的基础上，在《政治经济学新原理》中补充和发展了该理论，并增加了四条：一是一切税收应该以收入作为课税对象，不应以资本作为课税对象，对资本课税就是毁灭用于维持个人和国家生存的财富。二是不应该以每年的总产品作为课税标准，因为总产品中除了年收之外，还包括全部流动资本。三是不能对纳税人维持生活所必需的那部分收入课税。四是绝不可以因为征税而使应纳税的财富逃到国外。西斯蒙第是从资本主义经济发展的角度来研究税收的，认为如果对资本课税，“国家就会很快地陷于贫困、破产，甚至灭亡”。此外，为了适应资本积累的要求，他着力倡导轻税的原则。他的第三条、第四条原则补充了亚当·斯密在这方面的空白，是一种新的贡献。

（七）经济浪漫主义

经济浪漫主义是把小生产理想化并企图限制资本主义发展的一种经济思想，其代表人物便是西斯蒙第。经济浪漫主义产生于 19 世纪初期的法国和瑞士，代表了小生产者的思想感情和经济要求。它从小生产者的破产和工人的贫困中看到了经济危机的必然性，指出了资本主义制度下生产和分工的破坏作用、无产者的贫困、生产无政府状态、财产分配的极度不平衡，继而否定“自然秩序”理论，主张要消灭经济发展中的矛盾，唯一的途径是使现代社会重新回到理想化的小生产方式中，他认为中世纪宗法式的农业和行会手工业是最美好的生产方式，呼吁国家采取措施，在资本家

---

① 姚开建主编《经济学说史》，中国人民大学出版社，2003，第 169~170 页。

和工人之间实现宗法式的合作关系，以求得财富分配的平等和实现普遍的社会福利。列宁曾把西斯蒙第的小资产阶级经济理论称为经济浪漫主义。

四　人本主义经济学的先驱

亚当·斯密开创的英国古典学派所关心的是财富怎样生产、流通和分配，认为政治经济学就是为了研究国民财富问题；而西斯蒙第所关心的则是政府应该怎样指导和管理财富的生产、流通和分配以满足人的需要，认为政治经济学的目的是研究财富和国民享受的关系。西斯蒙第对自由放任政策进行批判，并重新把经济学的研究方向转换到提高人的福利上来，一方面，他把消费提到了首要地位，强调生产是为了消费；另一方面，他把收入分配或分配问题作为政治经济学的研究中心。在西斯蒙第看来，政治经济学研究的对象虽然是人们的物质福利，但它的最终目的是人的幸福，因此，政治经济学是关于如何为人类谋福利的理论，在理论上应研究如何为满足人的需要寻求道德依据。从这个意义上说，政治经济学应当从属于伦理学。正是由于西斯蒙第关心人的最终幸福，因而成为人本主义经济学和福利经济学的先驱。

（一）西斯蒙第揭露了资本主义的矛盾

西斯蒙第既是法国古典政治经济学的完成者，又是小资产阶级政治经济学的创始人。西斯蒙第的学说代表了处在产业革命和经济危机下受到灭亡威胁的小生产者的思想感情和经济要求。李嘉图从发展社会生产力的角度出发，把工业革命看作生产力飞跃发展的标志，在他眼中，资本主义制度是绝对进步的制度，经济危机的出现仅是局部和偶然的现象。西斯蒙第从小生产者的破产和工人的贫困中发现了资本主义矛盾和危机的必然性。西斯蒙第在价值、利润、工资和货币等方面接受了英国古典政治经济学的观点，并做了一些补充，但他又得出了与英国古典经济学家不同的结论，否认资本主义是合理的和自然的制度。因而，马克思指出：“如果说在李嘉图那里，政治经济学无情地作出了自己的最后结论并以此结束，那么，西斯蒙第则表现了政治经济学对自身的怀疑，从而对这个结束作了补充。”[1]

西斯蒙第揭露了资本主义的矛盾，指出了在资本主义制度下，一方面是生产力和财富的无限增长，另一方面是劳动群众只能获得最低限度的生活必需品，因此，生产过剩的经济危机必然发生。这在经济学说史上是一个重要贡献。马克思认为，资产阶级经济学家“不断地在绝对的矛盾中运动而毫不觉察”时，“西斯蒙第由于觉察到了这种矛盾而在政治经济学上开辟了一个时代”。[2] 但是，西斯蒙第没有去分析资本主义矛盾的起源、发展及趋势，而是把它们看成反常和错误的偏向，看作学说、政策和措施等矛盾和错误的结果。同时，他也不了解资本主义矛盾的解决过程，因而反对革命，反对社会主义，而试图通过国家干预、改革分配等办法消除资本主义的矛盾。他虽然极其同情广大的劳动群众，赞同资本主义科学技术生产力的发展，希望依“正确比例”进行社会生产，却并不主张返回到中世纪旧有的制度中去。但是，他的思想却始终没有超越出小资产阶级的生活界限，因此，他对资本主义大生产的攻击所造成的恶果，对中世纪行会、宗法制和农民小生产的描绘使他事实上只是成为小资产阶级的代表，反映了既要保存资本主义生产的基础，又要消灭资本主义生产矛盾的小资产阶级的社会心理和经济要求。

（二）西斯蒙第对自由放任政策的反思

对古典经济学的政策进行全面反思的先驱人物是西斯蒙第，他不仅对古典经济学的自由放任政策进行批判，而且对政治经济学把研究对象集中在物质财富上的主流传统进行反思，重新把经济学的研究方向转换到提高人的福利上来。在某种意义上，这实际上是向亚当·斯密传统的复归，并与穆勒的思路非常相似，但西斯蒙第的批判更全面、更强烈，也更深入。究其原因：一是西斯蒙第生活在不同于亚当·斯密、约翰·穆勒（John Mill）的社会发展时期，对自由放任政策的危害有更强烈的体验。事实上，西斯蒙第从来到这个世界到离开这个世界时，这个世界一直充满了革命暴动和武装冲突：美国独立战争、法国革命、拿破仑战争和引起 1848 年革命

---

① 《马克思恩格斯全集》（第十三卷），人民出版社，1962，第 51 页。

② 《马克思恩格斯全集》（第二十六卷）（第三册），人民出版社，1974，第 299 页。

的欧洲紧张的社会形势。二是西斯蒙第具有不同于英国学者的社会文化，站在英国传统之外从而更容易看清英国社会问题的实质。事实上，由于他比较倾向于对小私有者的关注，提出了对政府作用的重视以及对制度的改革，因而又被誉为法国古典政治经济学的完成者。约瑟夫·熊彼特（Joseph Schumpeter）把他和安东尼·奥古斯丁·古诺（Antoine Augustin Cournot）、萨伊看成法国古典时期的一流人物。三是西斯蒙第也具有非常广博的历史和社会学的知识，从而能够更全面和更长远地剖析社会现实。事实上，他是一个生活不那么宽裕，但自得其乐的世俗知识分子和历史学家，他的历史著作有 16 卷的《中世纪意大利诸共和国史》、29 卷的《法兰西人史》以及《罗马帝国衰亡史》等。其实，在经济学方面，西斯蒙第起初继承了亚当·斯密和李嘉图的思想，他在 1803 年撰写的《论商业财富》就着重向欧洲大陆介绍了《国富论》的观点；同时，他还发展了亚当·斯密和李嘉图的分工思想，将物品的国际交换归因于国家间要素禀赋和要素价格的差异。正因如此，西斯蒙第的经济学更多的是英国的而不是法国的，早期的西斯蒙第甚至是亚当·斯密和李嘉图的狂热信徒。但是，法国革命后的一系列暴乱迫使西斯蒙第到英国避难，从而能够了解到英国的经济学大观和社会的实际情况。在这个动荡时期，也正是工业革命时期，产生了一种完全不同于亚当·斯密所说的新经济形势：一方面，拿破仑战争以后大量的士兵返乡加入求职大军中，造成了工人阶级的普遍贫困；另一方面，西方社会开始出现周期性的经济危机，最严重的时期是 1816～1822 年、1825～1831 年、1839～1842 年。正是受这些现状的触动，西斯蒙第的观点发生了巨大转变，因为他发现，亚当·斯密对前景的乐观估计与当时每况愈下的严峻现实格格不入，工业对财富的追求愈来愈成功，但它带给大多数人的是苦难。

西斯蒙第清晰地看到了不同阶级之间的利益分歧，从而开始对社会不公正现象进行更为广泛和激烈的思索，在他看来，恰恰是掠夺和贪婪的富人和权贵应该对广大劳动阶级的贫困处境负责，从而成为在英格兰出现的产业资本主义的早期批判者，并在经济学领域引起了巨大反响。事实上，西斯蒙第在 1819 年出版的代表作《政治经济学新原理》中就开始“背叛”“自由放任”的教条，并着重展开对古典经济思想的批判；当然，他不是否定其原理，而是反对其目标、方法和结论。在西斯蒙第看来，政治经济学研究的对象虽然是人们的物质福利，但它的最终目的是人的幸福，因此，政治经济学是关于如何为人类谋福利的理论，在理论上应研究如何为满足人的需要寻求道德依据。从这个意义上说，政治经济学应当从属于伦理学。正因如此，西斯蒙第对抽象的理论研究不感兴趣，甚至断言“每个抽象都是一个欺骗”；而是更愿意从人的需要和愿望出发，诉诸道德和感情，把人的需要及其满足视为经济活动的第一也是唯一的目标。同时，西斯蒙第又警告经济学不是数学科学而是道德科学，因而如果想完全用数字来解释经济，必然会误导经济；相反，只有把人类感情、需要和激情考虑进来，才能达到预期的目的。其实，西斯蒙第对政治经济学的兴趣和研究主要是基于对人的关爱，认为经济学家的任务就在于使人人都有可能过上最佳质量的生活。正是这种高度的历史使命感，不仅赋予了西斯蒙第确立原理的兴趣，还使他产生了对历史描述的兴趣，从而对社会变化作了深刻的洞察。正因如此，西斯蒙第往往被视为以人为本的社会经济学的创始人，或者说是人本主义经济学的先驱，其最大特点就在于对人的关注，认为对是非判断和对敬佩、道德谴责的反应不仅是文化和社会的协议，还依赖广泛的理性和良知。正是自由放任的市场竞争造成了社会的分化和人性的自私，西斯蒙第揭示了对人性培养的重要性。

（三）西斯蒙第对消费和分配的重视

早期资本主义的发展表明，古典经济学家提出的自由放任政策，促进了社会财富的急速增长，却没有促进绝大多数人的福利提高。为此，西斯蒙第指责英国古典学派舍去人而谈财富是完全忽略了占有财富和应该享受财富的人，指责他们把无限制地增加财富作为政治经济学的目的。西斯蒙第还从人的需要出发来探讨社会生产过程，反对李嘉图的“为生产而生产”，主张“生产服从消费”；攻击李嘉图主义不过是“理财学”，并且还是不现实的理财学。

在西斯蒙第看来，人首先是消费者，人仅仅是按照自己的需要来生产，消费决定生产，而决定消费的是消费基金即收入的多寡。西斯蒙第把消费提到了首要地位，强调生产是为了消费。他认为，政治经济学的目的不在于财富的增加，而是国民享受的增加。因此，消费才是政治经济学的核心问题，物质幸福构成了政治经济学的目的，物质福利是政治经济学的研究对象。正是从生产和消费的平衡及消费先于生产的思路出发，西斯蒙第对亚当·斯密“看不见的手”造成的实际后果进行了剖析，从而成为最早发现商业周期的人之一。西斯蒙第认为，产品不是用产品购买的，而是用收入购买的，收入虽然是由生产形成的，但生产本身并不等于收入，产品只有卖掉以后才成为收入。而问题正在于产品找不到那么多的销路，其中的原因是，当年产品并不是用当年生产所形成的收入来购买的，而是用上年生产所形成的收入来购买的。显然，如果只顾追求利润而年年扩大生产，那么就会使得当年的生产总是超过上一年的收入，因而就会存在经常性的产品卖不掉的现象；特别是如果资本主义竞争使财产不断集中，就会降低小生产者和工人的收入和消费，从而导致国内市场萎缩。这意味着当生产超过收入即生产超过消费时，就必然造成危机。因此，西斯蒙第将危机的根源归结为生产和消费的矛盾，将生产过剩归结为大量小生产者的破产和工人阶级贫困所造成的需求不足，即日益扩大的不平等使得不断扩大的工人阶级的购买力日益下降。至于矛盾的根源，西斯蒙第认为，这一切都是由于资本主义自由竞争引起的扩大再生产造成的。大机器的引进造成了生产者和生产资料的分离，工人不得不忍受十分低微的工资，而资本家的生产规模也不再取决于需求，而是取决于资本数量；工人只能实现工资这部分价值，而资本家和地主不可能消费全部剩余价值。为此，西斯蒙第否认古典经济学基于理性经济人假设所得出的信条：每个人的利益就是社会全体利益。相反，他清醒地意识到，个体利益与社会利益之间存在矛盾。针对存在矛盾，西斯蒙第转而诉诸公共政策来解决那些在他看来市场机制不能克服的经济问题，从而转向了强调适当干预的新自由主义。

西斯蒙第认为，无论个人或全社会的幸福，都不在于生产和生产力的发展，而在于所创造的财富的合理使用和公平分配。然而，社会现实的分配却不是公正合理的，为此，西斯蒙第寄希望于国家站在公正的立场予以人道主义的救助和干预，来“医治”资产阶级社会的“重病”。西斯蒙第提出了一系列经济干预主义的政策主张，比如通过立法的手段赋予工人新的有尊严的地位，有保障的工资里也包括这样一些补贴——疾病、失业和老年赡养，并把这些都看成企业产生成本的一部分；实行利润分享以促进劳动阶级向上流动，通过累进税制进行财富再分配。归结起来，西斯蒙第的改革意见主要体现为：一是实行国家干涉政策，财产权应该由法律严格监督，法律应该限制长子继承制而鼓励遗产平均，采用累进税制来阻止大量财富集中，限制竞争以防止经济危机和生产过剩的恶性循环；二是劳动立法以保障劳动阶级的利益，建立各种劳动改良措施以保障弱者的利益，缩短劳动时间，取缔童工劳动，提高工资收入，实行劳动保险，施行农业改良，通过牺牲大农经济发展一定数量的小农经济。

参考文献

《马克思恩格斯全集》（第十三卷），人民出版社，1962。

《马克思恩格斯全集》（第二十六卷）（第三册），人民出版社，1974。

〔美〕E. K. 亨特：《经济思想史——一种批判性的视角》，颜鹏飞总译校，上海财经大学出版社，2007。

〔美〕史蒂夫·普雷斯曼：《思想者的足迹——五十位重要的西方经济学家（第一版）》，陈海燕、李倩、陈亮译，江苏人民出版社，2001。

〔瑞士〕西斯蒙第：《政治经济学新原理》，何钦译，商务印书馆，1977。

王亚南主编《资产阶级古典政治经济学选辑》，商务印书馆，1979。

姚开建主编《经济学说史》，中国人民大学出版社，2003。

第四章

让－巴蒂斯特 · 萨伊

“政治经济学王子”

Jean-Baptiste Say

18 世纪到 19 世纪初，古典经济理论占据着世界经济理论体系的主导地位，崇尚自由贸易，强调市场的作用。让-巴蒂斯特·萨伊（Jean-Baptiste Say，1767~1832）是亚当·斯密的继承者，被誉为"政治经济学王子"和"法国的亚当·斯密"。萨伊的一生为重新解释并推广亚当·斯密的学说和推动经济学实证化研究做出了巨大贡献。他伟大的经济思想为众多经济学者所高度评价，其中最著名的便是萨伊定律。[①] 他创立了法国资产阶级庸俗政治经济学，提出了政治经济学研究对象、三分法、效用价值论、生产三要素、三位一体分配论和销售论等一系列理论，对政治经济学产生了深远的影响。即使在两百多年后的今天，萨伊的经济思想仍旧焕发出强大的生命力，深刻地影响着世界经济。

一　忤逆拿破仑、婉拒杰斐逊的大学者

萨伊是一位富有争议的经济学家。马克思曾批判萨伊的思想模糊了简单商品流通和物物交换的界限，将资本主义经济和原始经济混为一谈，从而得出一切商品都不会发生供给过剩的荒谬结论。凯恩斯也大力批判其漠视有效需求。但还是有不少人称赞其在经济学理论方面的成就，并认为萨伊定律是中国现行经济政策的重要源泉之一，甚至将萨伊视作"供给侧改革"的鼻祖。那么，萨伊究竟是一个什么样的人？他对世界的影响是怎样

① 20 世纪初经济学家弗雷德·曼维·泰勒将萨伊的宏观经济思想命名为萨伊定律。萨伊所处的时代没有萨伊定律这一说法。本书为了行文方便，对萨伊的宏观经济思想和萨伊定律不做区分。

的呢？

萨伊成长在法国资产阶级革命和第一次产业革命的时代中。1767年他出生在法国里昂的一个资产阶级家庭。由于政治方面的原因，十岁辍学并在其父亲开设的银行里当学徒。受到家庭环境的影响，萨伊很早就开始接触经济金融方面的知识，这使得他从小就养成了良好的经济学思维，逐渐了解国民经济的规律和运行方式。成年后，他前往英国伦敦附近的商业学校留学，在此期间他深刻地感受到工业革命对英国产生的巨大影响。在一次偶然的机会中他接触到古典经济学的开山之作——《国富论》，并在随后的学习和研究中深受亚当·斯密学说的影响。在英国留学后，萨伊便开始发表文章和出版书籍，在当时的文学界小有名气。

1792年，25岁的萨伊携笔从戎，加入法兰西革命军队参加了瓦尔密战役。法军成功抵挡了奥普联军的入侵，消灭了企图恢复君主专制的反抗势力。战争结束后，萨伊开始担任《哲学、文艺和政治旬刊》的主编，并在该刊物上发表经济文章，批评国民大会的活动。

正是因为萨伊发表的经济文章十分精彩，他开始受到拿破仑的重视。1799年，仅32岁的萨伊就被拿破仑任命为法兰西法治委员会委员，主要职责是提出议案，揭露政府的违宪行为，随后又被派往财政委员会工作。我们不可否认，拿破仑是一位骁勇善战的将军，在治理军队方面也颇具才能，但是他并不善于观察民生，也不了解世界潮流的大势所向，凭借一腔热情和野心就想要逆历史潮流而为，企图称帝并让法国称霸欧洲。萨伊很清楚拿破仑给他安排的工作只不过是为了掩人耳目。视野开阔的他也意识到今时不同以往，欧洲工业经济已经繁荣，民主共和的观念已深入人心。因此，萨伊一边对安排的工作假意相待，一边发愤写书企图向世人阐述拿破仑政府一系列祸国殃民的保护关税政策。萨伊三年写完了两卷《政治经济学概论》，大力宣扬亚当·斯密的自由贸易、自由经济、反对政府干预的思想。《政治经济学概论》是他一生中最重要的代表作品，奠定了萨伊在经济思想史上的巨人地位。

拿破仑政府在读到他这本书的手稿后，十分担心民众的思想会因此受到启迪进而阻碍自己称霸欧洲的进程，便开始对萨伊威逼利诱，希望他“悔过”并收回他的“谬论”，最好能为自己的政府服务。拿破仑还威胁萨伊如果他能顺从自己的意思，便可前途无量，否则只能是穷途末路。萨伊自然不会屈服。由于此时拿破仑政府势力正强，萨伊便称自己才能不足，辞去了拿破仑安排的职务。拿破仑为了宣泄心中的不满，便查封了萨伊的一切著作，终身禁止萨伊从事一切学术活动。倔强的萨伊辞去职务后便去了乡村创办实业。1805~1813年，他和朋友合伙创办了纺织厂，吸纳了当地大量的闲置劳动力。由于管理得当，公司蒸蒸日上，促进了当地经济的发展。1815年，波旁王朝复辟，拿破仑政府垮台，包括萨伊在内的法国人民也得到了解放，萨伊再次受到重用，并被派往英国考察工业。

1816年，年近50岁的萨伊同边沁、马尔萨斯等著名经济学家共同探讨经济理论体系的创新和发展，并开始在法国阿森尼大学和工艺学院执教政治经济学。在此期间，他将其手稿整理为《实用政治经济学全教程》并出版，法国大学的经济学课程也正是从这开始的。在对现实社会背景和实际教学情况深入分析与研究后，萨伊对他所教授的课程不断改进。1820年开始，萨伊将其课程名称改为产业经济学，他成为法国乃至人类社会历史上的第一位产业经济学教授。63岁时，萨伊还担任了法兰西学院的经济学教授，一直执教到1832年在巴黎逝世，享年65岁。

萨伊在法国国立大学执教期间不断改写其编著的《政治经济学概论》。该书受到了社会的广泛好评，几度脱销。同时，该书也被翻译成多国文字，一度成为欧美大学里最受欢迎的经济学教材。英国、美国、意大利、希腊等多国的学子曾专程赴法国学习，就是为了能听萨伊先生授课。美国第三任总统托马斯·杰斐逊也曾亲赴法国请萨伊到美国的大学授课，但萨伊以法国更需要自己为由婉拒了杰斐逊的请求。

萨伊是第一个在欧洲系统地宣传古典经济理论的经济学家。萨伊在经济学教学和研究上均做出了卓越的贡献。中国改革开放40多年来，我们可以看到市场经济在增强综合国力和提高人民生活水平等方面所发挥的重要作用，萨伊的思想也逐渐得到越来越多的重视和讨论。

二 萨伊的经济思想

在经济学史上，李嘉图曾高度称赞萨伊是“（欧洲）大陆著作家中首先正确认识并运用斯密原理的人”，“功绩大于所有其他（欧洲）大陆著作家的全部功绩”。[①] 不难看出，萨伊的著作颇具盛誉并对当时社会产生了重大影响。萨伊一生最主要的著作有《政治经济学概论》（1803）、《政治经济学精义》（1817）、《关于政治经济学各方面的问题，特别是商业普遍萧条的原因给马尔萨斯先生的信》（1820）和《政治经济学杂录和通讯》（1833）四本。其中，《政治经济学概论》奠定了他经济学巨人的地位。

《政治经济学概论》内容丰富、包罗万象。该书运用散文式的写作手法，将亚当·斯密的经济思想系统化和条理化呈现，通过恰当的论述和案例使读者能很透彻地了解亚当·斯密深奥的经济思想，1817 年出版的《政治经济学精义》是其缩写版。在《政治经济学概论》中，他建立了政治经济学的三分法，将政治经济学分为财富的生产、财富的分配和财富的消费三个部分。《导论》介绍了政治经济学的研究对象和研究方法。第一篇《财富的生产》讲述了生产过程中不可或缺的生产要素、商品流通，以及货币与贸易。第二篇《财富的分配》首先介绍了财富分配的对象，进而介绍了价值、收入的来源和价格的变化，接着讲述了分配的过程，最后阐述了劳动、资本和土地三种生产要素及其对应的收入。第三篇《财富的消费》提及了个人消费并重点介绍了公共消费。在各部分研究的基础上，萨伊通过严格的归纳递推，全面透彻地分析了财富现象，提出了他关于生产、分配和消费的理论。在这本书里，他还对政治经济学方法论做了较为详细的阐述，将政治经济学方法论细化为现象描述法、归纳法和演绎法。他也因此成为首位系统论述政治经济学方法论的学者。此外，该书《财富的分配》这部分内容还对西方经济学产生了重大的影响，正是他创造了按生产要素分配的理论。他提出劳动、资本、土地和企业家才能的报酬分别是工资、利息、地租和利润这一整套分配理论，至今仍是西方经济学理论体系的重要组成部分，并在实践中得到了广泛而深入的应用。

亚当·斯密作为政治经济学的鼻祖，其创作的《国富论》标志着古典经济学理论体系的建立，但并未提出政治经济学的研究对象是什么。而萨伊通过对社会现实的深入分析，深刻把握了社会生活的各个方面，明确提

---

① 〔英〕大卫·李嘉图：《政治经济学及赋税原理》，郭大力、王亚南译，商务印书馆，2021，第 2 页。

出"政治经济学是研究社会财富的生产、分配和消费的科学"①，这也就是著名的政治经济学"三分法"。此外，萨伊还提出了具有深远影响的"萨伊定律"。萨伊对经济学做出的贡献，不仅为政治经济学之后的深入发展指明了科学道路，而且对西方经济及理论发展产生了重要影响。

（一）萨伊定律

在 18 世纪和 19 世纪的欧洲，由于市场的不完善和经济体制的不健全，经济波动频繁发生，失业现象大量存在。萨伊通过对社会现实的深入分析，提出了"生产给产品创造需求"② 的思想，这个思想后来被命名为"萨伊定律"。那么萨伊定律的提出是为了解决什么问题呢？在萨伊写给马尔萨斯的信中，他明确指出想要解决由于产品普遍过剩所引起的经济萧条和失业问题。对此问题萨伊给出的解决方法是生产，而所生产出来的产品必须是他人需要的或者该生产建立在相互合作的基础之上。如果生产出来的产品不被社会所接受或者出现合作失败，生产就不会给产品创造需求。那么，生产如何解决这些问题呢？或者说生产是怎么为产品创造需求的呢？在研究该问题时，萨伊认为货币是中性的，其作为转移价值的手段只起媒介的作用。对于个体来说，他们持有货币的机会成本较高。比如在通货膨胀的情况下，货币会出现大幅贬值，而在一般情况下，持有货币意味着失去从事借贷所带来的利息。而作为理性人，在获得货币时更倾向于立即购买商品或者投资于借贷领域，所以在生产与消费之间就不存在时滞问题。因此，在货币中性的假设下，增加社会所需要的商品的生产，就能自动创造需求，就可以解决生产过剩所导致的经济萧条和失业问题。

萨伊认为购买效用或价值的手段同样也是由劳动、资本和土地所创造的其他产品所组成，于是，生产就给产品创造需求。他认为货币并非一切交易的目的，只不过是媒介而已，在交换中，它只起"一瞬间"的作用。如果一种产品难以脱售而产生过剩，那么并非由于缺乏货币，而是由于某些产品生产过少。萨伊由此得出几个结论：生产越多，销路会越广；一个企业的成功，有利于其他企业，全体企业利害与共；进口外国货物会给本

---

① 马涛：《经济思想史教程（第二版）》，复旦大学出版社，2018，第 134 页。

② 〔法〕萨伊：《政治经济学概论》，陈福生、陈振骅译，商务印书馆，2017，第 152 页。

国开辟销路；鼓励消费无益，重要在于激励生产。萨伊这一理论被称为“萨伊定律”，即“生产创造自己的需求”的市场法则，它被用来论证资本主义普遍生产过剩的经济危机是不可能存在的，根本否认资本主义存在供求脱节和普遍生产过剩的可能性。

（二）财富的生产理论

财富的生产理论从内容上可以划分为两部分。第一部分首先从财富与价值的关系开始，说明了生产的意义；接着讲述了进行生产所必不可少的三个要素，又进一步指出生产三要素的作用；最后阐述了劳动的分类以及劳动分工的利弊。第二部分研究了对生产起作用的各种外部的和偶然的因素。

1. 生产三要素论

萨伊认为生产创造效用而不是创造物质，他把“满足人类需要的内在力量叫效用”①，且认为“创造具有任何效用的物品，就等于创造财富，这是因为物品的效用就是物品价值的基础，而物品的价值就是由财富所构成的”②。很显然，生产不创造物质，生产是通过改变物质现有状态，提供了此前不具备的效用或扩大了原有效用，但这种效用在不同的生产方式下有不同的含义。在自给自足的生产方式下，效用是为了满足生产者及其家人的需要，而在商品生产的过程中，效用主要是为了满足其他人的需要。对生产者来说是为了追求交换价值或价值，在资本主义条件下，还必须生产剩余价值，所以在讨论生产创造效用时，要考虑不同的生产方式。

在此基础上，萨伊认为生产是由劳动、资本和土地这三个生产要素协力完成的。在他看来这三个要素不具备历史和社会阶级的特征，无论在什么时期，在什么地方，只要进行生产就必须具备这三个要素。他认为“事实已经证明，所生产出来的价值，都是归因于劳动、资本和自然力这三者的作用和协力，其中以能耕种的土地为最重要因素但不是唯一因素。除这些外，没有其他因素能生产价值或能扩大人类的财富”③。由此可知，价值

① 〔法〕萨伊：《政治经济学概论》，陈福生、陈振骅译，商务印书馆，2017，第59页。
② 〔法〕萨伊：《政治经济学概论》，陈福生、陈振骅译，商务印书馆，2017，第59页。
③ 〔法〕萨伊：《政治经济学概论》，陈福生、陈振骅译，商务印书馆，2017，第76页。

不全由劳动决定，生产三要素分别通过提供"生产性服务"，创造了效用和价值。

2. 影响生产的外部和偶然原因

萨伊认为影响生产的因素有：财产的所有权、产品需求、货币流通和政府政策。其中财产所有权不受侵犯是使生产要素发挥最大生产力的前提条件；他在产品需求部分提出了生产自动创造需求的观点，后来被称为"萨伊定律"；在货币流通方面，他认为货币只起"一瞬间"的作用，不会影响产品的需求；他继承了亚当·斯密的观点，反对政府对经济的干预，大力支持经济自由发展。

财产的所有权作为财富积累最重要的因素，萨伊认为"只在财产是权力和现实的场合下，生产的源泉即土地、资本和劳动才能发挥其最大生产力"[①]。所以，所有权受到侵犯势必会影响产品的生产。此外，他还指出拥有土地、资本和劳动的权利，是使这些生产要素投入生产用途的最有力的动机；拥有财产所有权的人会比其他人更有效地利用他的财产。所以，萨伊反对一切侵犯财产权利的行为，比如阻碍人们自由地运用生产手段、限制个人的才干、政府强行课税等。但是在社会安全受到严重威胁或其他一些极端情况下，如果不得不对个人的权利进行必要的侵犯，那么他并不反对这种行为。

大部分资本家认为产品滞销、利润不足，是产品的需求不足和货币缺乏所致，需要政府通过增加销路来刺激消费。萨伊对该问题进行了深入分析之后，提出了具有深远影响的"萨伊定律"。该定律的内容为"一个人通过劳动创造某种效用，从而把价值授予某些东西。除非别人掌握有购买这价值的手段，便不会有人鉴赏，有人出价购买这价值。上述手段由什么东西组成的呢？由其他价值组成，即由同样是劳动、资本和土地的果实的其他产品组成。这个事实使我们得到一个乍看起来似乎很离奇的结论，就是生产给产品创造需求"[②]。基于此定理，我们就可以得出，产品的生产是为了购买其他产品，即生产会自动创造需求。那么，货币在产品购买过程中起到什么作用呢？萨伊认为"在以产品换钱、钱换产品的两道交换过程

① 〔法〕萨伊：《政治经济学概论》，陈福生、陈振骅译，商务印书馆，2017，第146~147页。
② 〔法〕萨伊：《政治经济学概论》，陈福生、陈振骅译，商务印书馆，2017，第152页。

中，货币只起一瞬间的作用。当交易最后结束时，我们将发觉交易总是以一种货物交换另一种货物”①。而且在购买过程中我们需要的是产品，比如原料、货物以及维持生活的食物等，而不是货币，货币作为转移价值的手段，只起到了交换媒介的作用。所以说销路不畅是因为其他产品生产不足，而不是因为对该产品的需求不足或者货币缺乏。关于萨伊对货币作用的理解，不少经济学家对此给予批评，认为货币的职能不能仅局限于交换媒介，还有流通手段、价值尺度和储藏手段等，由于萨伊对货币作用的认识存在不足，因而将有货币参与的商品交换错误地与物物交换相等同。基于物物交换的理念，萨伊认为全部产品过剩的危机是不存在的，只会存在某些产品过剩的短暂局面，这也是由于其他产品生产不足。“萨伊定律”得到了李嘉图、穆勒和马歇尔等经济学家的肯定，成为古典经济学和新古典经济学的理论基石，认为在资本主义条件下供求会自动实现均衡，不存在所有产品过剩的危机。但在20世纪20年代末到30年代初期，西方经济大危机使该理论遭到了许多经济学家的质疑，尤其是凯恩斯对其进行了深入批判，认为政府应该对经济进行适当的干预，并提出了以有效需求为核心的管理政策。

政府的政策不可避免地影响生产，萨伊认为政府通常通过决定人们生产什么以及在生产过程中使用什么方法而对经济产生影响。他指出“如果政府当局出来干涉，阻碍事态的自然趋势，告诉生产者说，你正要生产的那种产品是人们最需要的东西，却不十分适合你的环境，你们须生产别的东西。政府的这种行动显然将把国家的一部分生产力引到次要东西的生产，使人们所更迫切需要的东西的生产大吃其亏”②。在农业生产方面，农民比政府更关注自身的利益，所以更懂得哪种农作物具有更好的收成，可以获得更好的利润。同样，在工业领域，生产者比政府更懂得该生产什么产品以及该采用什么样的生产方法。此外，某种产品出现生产过剩，必定会使该产品价格下降和利润减少，进而导致该产品的生产逐渐减弱，而其他一些生产不足的产品，会出现价格上升和利润增加的现象，随之会吸引更多的生产者投入生产，所以其他产品的生产增加，最终会使各种产品的

① 〔法〕萨伊：《政治经济学概论》，陈福生、陈振骅译，商务印书馆，2017，第154页。

② 〔法〕萨伊：《政治经济学概论》，陈福生、陈振骅译，商务印书馆，2017，第166页。

供求趋于平衡，产品过剩的局面会消除。萨伊通过对"利己主义是最好的教师"[①] 和"政府干预本身是坏事"[②] 的论证，极力反对政府在经济活动中所实施的干预措施，认为经济会自动趋于平衡，政府的干涉是无效甚至有害的，但他并不反对政府在军事、教育、文化以及国民安全方面适当地行使职能。

（三）财富的分配理论

在财富的分配理论部分，萨伊认为分配的对象是价值，他论述了价值的本质，阐述了财富是如何进行分配的，并对与生产三要素相对应的三种收入进行了分析。

1. 价值的本质

萨伊认为财富分配的对象是价值，下面我们将对价值的本质进行分析。萨伊所强调的价值是一个相对的概念，即不同商品之间通过比较而产生（任何有价值的物品都可作为比较的对象），也就是说要获得商品必须要付出代价，而这种代价由生产中土地、劳动和资本共同付出的努力组成。萨伊也指出，商品的这种价值是通过可以与其相互交换的其他商品的数量所体现的，但更为常见的是以所交换的货币量来表示，这个货币量就是商品的市价。此外，萨伊认为这三个要素协力生产出物品的效用，这种效用就成为该物品价值的基础，也就是说市价是基于生产力的价值，而价值是基于商品的效用。在此基础上，萨伊进一步指明收入来源于土地、劳动和资本的市价。

2. "三位一体"分配公式

萨伊的分配理论是以他的生产三要素理论为基础的。根据他的理论，作为生产三要素的劳动、资本、土地，在生产过程中协力发挥作用来进行生产。而这三个要素的所有者，由于他们在生产过程中通过提供"生产服务"创造效用、创造价值，因而也创造了自己的收入，所以应该得到相应的报酬。其中劳动的报酬是工资，资本的报酬是利息，土地的报酬是地租，后来马克思将这种分配方式称为"三位一体"。萨伊的"三位一体"

---

① 〔法〕萨伊：《政治经济学概论》，陈福生、陈振骅译，商务印书馆，2017，第 212 页。

② 〔法〕萨伊：《政治经济学概论》，陈福生、陈振骅译，商务印书馆，2017，第 215 页。

公式说明在资产阶级社会中，资本、土地、劳动的所有者有权从三要素共同生产的价值中分得相应的报酬，不存在剥削，这也就忽略了剩余价值的存在。

关于一件产品的价值如何在这三种要素之间分配，萨伊以制表业为例进行了说明。他认为对于生产力的报酬，大部分是在产品完成之前就发生了给付，而其他部分的报酬则是在产品完成以后进行给付的，但总的来说是以该产品的总价值去酬报完成这项工作的全部生产力。在制表的过程中，作为原材料金、铜和钢的开采商收到劳动的工资、资本的利息和土地的地租，他们将原材料交换给金属商；金属商将加工的金属转卖给表匠，收到之前所垫付的款项及其利息；同样的，表匠与其他商人再进行交换；最后，消费者得到表并偿还表匠所垫付的款项及利息和劳动所得的利润。由此可知，每个生产商为了使自己的生产得以进行，必须购买前面生产商的产品或原材料，而交换的条件是所支付的款项必须足够补偿前面生产商的生产费用和“利润”，而作为消费者，在购买产品时所支付的价格必须足够补偿产品在生产过程中所产生的全部生产费用和“利润”，所以产品的价值在各生产要素之间得到了分配。

关于工资、利息和地租是如何决定的，萨伊的论述可以归纳为以下几点。在分析劳动收入的过程中，他把人类的劳动分为三大类：第一类为哲学家或科学家的劳动，其任务在于提出理论；第二类为资本家的劳动，其任务在于将理论应用于实践；第三类为一般工人的劳动，其任务在于执行。所以科学家和资本家的劳动报酬较高，因为他们的培训费用较高，人才相对稀缺，而一般工人的劳动报酬较低，因为这些劳动者的供给大于需求，而且他们所从事的工作对技术和知识的要求相对较低。根据这种分类方法，我们可知萨伊认为科学家、资本家和工人之间没有本质的区别，他们的身份都为劳动者，只是“创造理论”和“应用”比“执行”更困难，所以有劳动报酬的高低之分。萨伊认为可以将利润划分为“资本的利润和使用资本的劳动的利润”①。其中“资本的利润”是指“对于资本的效用或使用所付的租金”②，也就是资本通过提供生产性服务所得到的报酬，即

① 〔法〕萨伊：《政治经济学概论》，陈福生、陈振骅译，商务印书馆，2017，第438页。

② 〔法〕萨伊：《政治经济学概论》，陈福生、陈振骅译，商务印书馆，2017，第431页。

利息；而后者是指企业家通过从事经营管理活动所得的报酬。萨伊的这种划分"巧妙地"将资本家和工人之间的剥削关系以及资本家瓜分剩余价值的行为掩盖了起来。

（四）财富的消费理论

在财富的消费理论部分，萨伊首先将消费分为生产性消费和非生产性消费，接着分析了这两种消费的结果，最后研究了个人消费的动机、结果以及政府消费，并指出无论是个人消费还是公共消费都应该遵循节约的原则。

1. 消费的种类和结果

消费与生产相对应，生产是指效用和价值的创造，而消费则意味着效用和价值的消灭。萨伊认为消费可以是一瞬间发生的也可以是逐渐发生的，比如我们对食物、衣服和房屋的消费；消费还可以是局部发生的，比如我们在出售一件物品时，会收到等价物作为交换，即为该物残余的价值；消费也可以是出于不情愿的，比如突如其来的自然灾害会损失财物；对于土地这种不损失价值的东西我们不能对其进行消费，但它所提供的生产力可以被我们消费。此外，萨伊认为"国家总消费可分为公共消费和私人消费两种。前者是社会所做的消费或为社会利益而做的消费，后者是个人或者家庭所做的消费。这两种消费可以是生产性的消费，也可以是非生产性的消费"①。

各种物品消费的直接结果是该物品的所有者失去价值和财富，但其他结果要根据消费的情况和性质来决定。根据性质可以将消费分为生产性消费和非生产性消费，萨伊认为"如果消费是非生产性消费，通常能满足某种欲望，但没再生产什么价值。如果消费是生产性消费，那就不能满足什么欲望，但却创造新的价值，这价值等于或少于或多于所消费的价值，因而对冒险者或是有利或是无利"②。所以说，生产性消费的最终结果是冒险者创造出新的产品，该产品可以弥补所消费产品的价值，并且为冒险者带来利润，而非生产性消费除了用现有财富换取某种个人欲望的满足之外，

---

① 〔法〕萨伊：《政治经济学概论》，陈福生、陈振骅译，商务印书馆，2017，第483页。

② 〔法〕萨伊：《政治经济学概论》，陈福生、陈振骅译，商务印书馆，2017，第485页。

不会有任何其他的结果。

2. 个人消费

一个国家总的消费由个人消费和政府用作公共目的的那部分消费所组成，其中个人消费是指个人或家庭用作衣食住行以及娱乐部分的消费，个人或家庭的收入作为其消费的来源。关于消费，萨伊认为“阔绰与吝啬是两个应当避免的过失”[①] 和“节约只不过是经过深思熟虑的消费——晓得我们的收入是多少，并晓得使用收入的最好方法是什么”[②]。由此可知，萨伊提倡节约，反对奢侈浪费和吝啬，认为节约不仅可以满足现阶段的欲望，而且会为未来做好计划，能实现一生的效用最大化。阔绰和吝啬作为两个极端，前者的消费只是为了享乐，对资源造成了浪费，而后者作为守财奴只是为了积蓄而积蓄，对生产的发展与进步没有做出任何贡献。

个人消费的动机有很多种，萨伊认为奢侈在个人消费中起显著的决定性作用。那么我们该如何理解奢侈呢？有人将对非必需品的消费定义为奢侈，但对于必需品与非必需品之间的差别我们很难去辨别。在法国，有人将奢侈定义为“主要是指目的在于炫耀的纵态，但过度地耽于肉欲和处心积虑地耽于肉欲，是同样不合理并产生完全相同的结果”[③]。所以，这种对奢侈的定义含有贬义的色彩，那么奢侈将会对国家秩序和经济产生什么影响呢？首先，那些只看事物表面而不分析事物本质的人很容易受到奢侈浪费行为的影响，不仅如此，就算那些能清楚地认识到铺张浪费危害性的人也会沉溺其中，而认清铺张浪费的严重性后果并勇于实行节约主张的人可谓凤毛麟角，所以说国家的政治体制会陷入瘫痪状态、国家秩序也会变得混乱不堪。其次，奢侈与贫困是分不开的，鼓励奢侈不仅不利于一个国家的繁荣，而且会使贫富差距拉大，不利于经济健康有序地运行。

3. 公共消费

公共消费是为了满足社会需要而作的消费，与个人消费一样都有价值的消失和财富的减少。纳税者以货币的形式向政府缴纳一定的税款，政府则将这些税款用于扩建军队或者购买一些其他必需品，在这个交换过程中

---

① 〔法〕萨伊：《政治经济学概论》，陈福生、陈振骅译，商务印书馆，2017，第 499 页。
② 〔法〕萨伊：《政治经济学概论》，陈福生、陈振骅译，商务印书馆，2017，第 500 页。
③ 〔法〕萨伊：《政治经济学概论》，陈福生、陈振骅译，商务印书馆，2017，第 504 页。

整个国家的财富并没有减少，只是价值发生了转移。而当这个价值被消费掉之后，从纳税者手中转移到收税人手中的价值才会被消灭。那么有人会认为，政府所收取的这些税款又会通过政府花费归还给人民，很显然这种观点是错误的，纳税者转移给政府的价值并没有得到等值的补偿，这是因为政府会用这笔收入购买私人物品。

政府的公共消费同个人消费一样，要遵循节约的原则，不能为了消费而消费，更不能故意浪费，萨伊认为"公共浪费和私人浪费比起来更是犯罪行为，因为个人所浪费的只是那些属于他的东西，而政府所浪费的却不是它自己的东西，他事实上仅是公共财富的托管人"①。政府所实行的消费制度，将会对国家的繁荣或者衰退产生很大的影响，所以政府在做决策时要更好地权衡利弊。无论是公共消费还是个人消费，在消费之前我们要权衡因为消费所牺牲的价值和所产生的利益之间的关系，二者相等时的消费才是适当的消费。

三　萨伊的经济思想是解决法国当时问题的良方

长期以来，西方经济学者对供给管理和需求管理的历史地位和经济效果问题争论不休。萨伊经济思想所受到的抨击主要来自以马尔萨斯和西斯蒙第为代表的古典经济学者，以及以凯恩斯为代表的凯恩斯学派和供给学派。除此之外，由于阶级立场的原因，过去很长一段时间里，萨伊定律在中国都没能引起足够的重视，以至于到现在仍有部分人对萨伊和萨伊定律还持有消极、狭隘和全盘否定的看法。在发展中国特色社会主义市场经济的过程中，全面和客观地分析和评价萨伊定律既是经济思想发展的内在要求，也对指导中国更好地进行社会主义经济建设具有现实意义。因此，我们有必要正确解读萨伊的经济思想并对其做出客观评价。在本部分我们将从经济背景出发来还原萨伊的经济思想，对各派争议以及"供给侧改革"所体现的萨伊经济思想做出简要评论。

第一，萨伊定律是解决当时法国经济危机的一剂良方，它的提出是对当时社会现实和时代背景做出的反应。萨伊定律是在1803~1815年拿破仑

① 〔法〕萨伊：《政治经济学概论》，陈福生、陈振骅译，商务印书馆，2017，第514页。

统治法国的时期提出的。首先，当时的法国正遭受着非常严重的经济危机。一方面，法国与欧洲多国发生战争，连年战乱使法国的国际环境极其恶劣；另一方面，拿破仑政府的重心并不在社会生产上，恶性通货膨胀和生产萧条是当时法国的状态，货币急剧贬值，经济严重下滑，市场上产品严重供不应求。其次，法国东西部贫富差距大，工业革命让法国东部率先富裕了起来，这部分地区金融资本雄厚，购买力极强，而法国西部仍旧以落后的农业生产为主，产业单一，购买力弱。但是，在第一次工业革命后，新技术的传入使法国工业技术得到极大的提升，产业革命蔓延到各个行业，机器大工业生产逐渐代替了工厂手工业生产并占据了主导地位，法国供给能力显著增强。

萨伊定律还有一个十分重要的基础就是萨伊的货币理论。在古典经济学诞生之前，英国重商主义认为只有金银货币才是真正的财富。从亚当·斯密开始，学术界对货币的看法发生了转变，他们认为货币是中性的，不会对实际经济产生影响。萨伊同众多古典经济学家一样，赞同货币中性并认为货币没有任何价值。这一点在萨伊的著作中体现了出来，他在《政治经济学概论》中曾写道："在以产品换钱、钱换产品的两道交换过程中，货币只一瞬间起作用，当交易最后结束后，我们将发觉交易总是以一种货物交换另一种货物。"① 由此可知，人们进行生产不是为了能得到并持有货币，而是为了能够借助货币得到自己需要的东西。一方面，当时处于恶性通货膨胀时期，货币的价值会很容易被毁灭；另一方面，持有货币是具有机会成本的，会失去从事资金借贷所产生的利息，作为理性人，要么将储蓄立即用于投资，要么立即用于消费。所以货币只是一层面纱，本身没有价值，是用于交换的手段，存在于流通领域，对经济不产生实质性的影响。

《政治经济学概论》中还指出，甲愿意将商品出售给乙，必须以乙卖出其他商品获得收入为前提，而甲出售商品所获得的货币也是为了去购买其他商品。生产者完全没有必要担心商品会销售不出去，因为商品一旦生产出来就总会有一种价值与之对应的另一种商品为它的销售开辟道路。

这样，萨伊在货币中性的基础上认为，只要增加社会生产，生产便能

① 〔法〕萨伊：《政治经济学概论》，陈福生、陈振骅译，商务印书馆，2017，第 154 页。

创造出需求，从而解决当时法国所面临的经济危机。总供给恒等于总需求，资本主义经济永远不会出现生产过剩的问题。又因为商品的生产和消费具有很强的关联性，所以生产与消费之间还能形成稳定的相互促进关系。正是在这样的前提下，萨伊才认为商品的过剩是引起经济危机和失业的原因。如果生产出来的商品不能够被他人需要，不能得到市场的认可，那么这些产品就不能成功地创造出需求。

因此，萨伊定律在解决当时法国经济危机的问题上，可以被简单地概括为两点：一是供给创造出需求，二是供给创造等量的需求。他认为资本主义经济总是能借助市场供求双方的力量自动达到充分就业的市场均衡状态，不会有经济危机的发生。所以在解读法国供给能力和需求能力之间的矛盾时，萨伊认为法国应该从供给入手，提高生产能力，扩大生产规模，进而增加产品需求，这是符合发展需要的。此外，结合法国经济危机，萨伊还对"生产供给创造需求"理论做了四个推论。第一，生产商品的人越多，产品越多样化，产品的销售速度就越快，生产者也能获得越多的利润。第二，每一个人都和整个社会的经济利益息息相关。第三，进口外国商品不会损害本国的利益。第四，单纯地鼓励消费并没有意义，重点不是提升消费的欲望，而是改变供给的结构与方式。进一步，萨伊还就法国摆脱危机，提出了三点看法。首先，萨伊认为市场的作用而非政府的调控，推动了资本主义经济的长期发展。他在《政治经济学概论》中指出："政府干涉生产的大危害，并非起因于偶然违反既定的准则，而是起因于对自然法则的不正确看法以及根据这些看法所设立的不正确原则。于是弊政层出不穷，灾祸紧随着原则而产生。"① 其次，各地区和各行业都必须均衡发展，法国是一个农业落后且占主导地位的国家，农业的发展能有利于工商业的繁荣发展。第三，实行贸易自由也是基于政治考虑，即为了反对拿破仑政府所实行的贸易保护政策。因此，萨伊定律及其推论很大程度上是为了帮助法国尽快走出经济危机而提出的，具有特定的时代背景。萨伊定律应当是不断发展的理论。

第二，对生产过剩产生的原因和解决办法的解释是萨伊定律和古典经济学家争论的焦点。马尔萨斯、查默斯和西斯蒙第等古典经济学家认为，

① 〔法〕萨伊：《政治经济学概论》，陈福生、陈振骅译，商务印书馆，2017，第165~166页。

并不是所有商品的供给都能创造出自己的需求，仅有一部分商品可以创造出自己的需求，那些无法创造出自己需求的产品便会过剩。有效需求的不足会导致生产过剩，并且随着生产的不断扩大，生产过剩的问题会变得越来越严重，甚至会阻碍资本主义经济的发展，造成经济不景气和失业。马尔萨斯认为此时就应当增加非生产性消费。西斯蒙第进一步认为生产力的进步必然会带来生产的剩余，生活必需品是有限的，奢侈品是无限的，所以多余的资源必须投入到奢侈品的生产中去。萨伊与马尔萨斯等古典经济学家的不同之处在于他认为生产过剩是由于供给结构所导致的。只要供给结构和需求结构相匹配，在价格机制的调整下，就不会出现生产过剩的问题。萨伊定律承认现实生活中的确存在需求冲击，比如税收和政府支出的变化等人为冲击与地震、洪涝等自然灾害冲击，但是需求始终会和产品预算约束相一致，而且这些需求冲击不能增加（减少）有效总需求，只不过是让人们产生了跨时期的需求。此时需求的增加（减少）会导致彼时需求减少（增加）。不可否认，马尔萨斯等古典经济学家说法存在一定的合理性，但没能意识到消费是多样的，没有意识到需求是能跨时期转移的，人们会因为预算约束平衡其需求。

第三，萨伊定律对宏观经济运行的思考更具全局性和根本性，尤其是其思考的视角十分独特。当提及萨伊和凯恩斯，人们常常会想到政府和市场关系的问题。这也让我们过于重视经济总量而忽视了萨伊定律最独特的地方，即对经济结构的思考。1929 年，世界经济危机的爆发使得很多人都开始质疑萨伊定律的有效性，凯恩斯的经济思想取代了萨伊定律登上了历史舞台。凯恩斯学派对萨伊定律进行了强烈的批判并论证了政府干预经济的必要性。罗斯福政府采纳凯恩斯的政策主张使得美国摆脱了经济萧条并实现了经济增长，这也使得凯恩斯的经济思想红极一时，受到众人的追捧。虽然这些能够佐证凯恩斯主义的有效性和合理性，但并不能证明凯恩斯对萨伊定律的解读就是正确的。凯恩斯对宏观经济供给的探讨是基于经济总量的视角。凯恩斯当时所处的时代背景为，实际利率比较低，金融机构很难获取存款，所以私人投资和公共投资的水平较低，存在大量失业。在他看来，当实际产出偏离均衡产出时，可以通过人为的作用来达到市场出清的状态。如果存在超额供给，此时政府就可以人为地创造需求来消耗掉这部分超额供给。萨伊却认为扩大生产增加总供给从而解决失业也是可行的。萨伊的经济思想并没有否认供求总量上实现均衡的重要性，而萨伊则认为供给和需求结构一致时，生产才能给产品创造需求。在这样的前提下，资本主义经济在价格机制的调整下，才能实现长期均衡和长期经济增长。

从以上分析中，我们可知凯恩斯主义认为有效需求不足引起了失业和经济不景气等问题。萨伊却与之相反，认为是经济危机引起了有效需求的不足。双方在因果方面的认识完全相反。有效需求不足并不意味着商品的数量和种类少，而是商品的供给结构与需求结构不协调，从而产生了供给过剩的问题。解决这一问题的方法便是，调整生产和供给结构使得其与需求结构相匹配，从而更好地促进经济的增长。我们没有充分的理由赞成凯恩斯对萨伊的批判，但值得肯定的是，在"治愈"经济危机这个"疾病"的讨论上，凯恩斯的主张只能"治标"，更能够"治本"的，还是萨伊的主张。

20 世纪 70 年代，大部分资本主义国家都开始出现经济停滞和通货膨胀并存的"滞涨"。这也充分证明凯恩斯的需求管理政策并不能完全治愈危机，增加财政赤字实行扩张性财政政策会"挤出"私人投资。经济要想长期实现高质量的发展，必须把重点放到供给结构上，用有效供给激发出有效需求。如果供给结构没有调整好，再好的需求管理政策，也将难以发挥作用。

供给学派的观点则主要集中在供给总量方面，这与萨伊的经济思想有很大的区别。萨伊定律和供给学派唯一的共同之处在于都强调供给是促进经济增长的主要因素。萨伊定律仍旧强调供给创造出自己的需求，供求结构要相匹配。供给学派的观点始终围绕着如何提高劳动生产率，认为减税是增加总供给的核心因素，通过改变相对价格增加资本形成和提高劳动生产率，最终增加总供给。

2015 年我国首次提出"供给侧结构性改革"，就是要提高供给的质量而不是数量，用改革的办法来调整供给结构，合理配置生产要素，增加有效供给，以使供给结构更好地匹配需求，更平衡更充分地发展经济，从而更好地满足人民美好生活的需要。这其中也吸收了萨伊定律的思想。现在我们实行"供给侧结构性改革"就是为了调整供给结构，解决过去高速增长所遗留下的问题。这项改革实施以来，效果明显，中国经济逐渐由高速增长转化为高质量发展。

参考文献

〔法〕萨伊：《政治经济学概论》，陈福生、陈振骅译，商务印书馆，2017。

〔英〕大卫·李嘉图：《政治经济学及赋税原理》，郭大力、王亚南译，商务印书馆，2021。

郭晓庆：《浅议萨伊定律的历史地位及对宏观调控的启示》，《中国证券期货》2013 年第 6 期。

金鑫：《对萨伊定律的解读》，《中央财经大学学报》2016 年第 5 期。

马涛：《经济思想史教程（第二版）》，复旦大学出版社，2018。

叶德磊：《萨伊定律新探》，《南开经济研究》1988 年第 6 期。

袁乐平：《论萨伊定律的历史命运》，《中南工业大学学报》（社会科学版）1999 年第 4 期。

张长春：《古典与现代：假如萨伊还活着》，《中国投资》2012 年第 6 期。

赵磊：《对“供给学派”的政治经济学分析》，《政治经济学评论》2016 年第 2 期。

赵平：《萨伊定律批判》，《江汉论坛》2007 年第 1 期。

钟祥财：《萨伊经济思想再议》，《贵州社会科学》2010 年第 4 期。

第五章

托马斯·马尔萨斯

人口理论的创立者

Thomas Malthus

托马斯·罗伯特·马尔萨斯（Thomas Robert Malthus，1766~1834）是英国古典政治经济学的重要代表人物，他的著作《人口论》开辟了人口理论的先河。在马尔萨斯所处的时代，工业革命的负效应和法国大革命的刺激，使英国充斥着贫困与失业两大难题，马尔萨斯在《人口论》中论证了人口与资源之间的不平衡，从人口过剩的角度提出了人口增殖原理和人口抑制原理。《人口论》出版后引发了广泛争论，其中的诸多问题至今仍为学术界所深入讨论。

一　马尔萨斯的生平

1766年2月14日，马尔萨斯出生于英格兰萨里郡杜金附近的沃顿教堂，其父丹尼尔·马尔萨斯（Daniel Malthus）是一位思想进步的新兴地产贵族，曾就读于牛津的女王学院，与当时的许多著名知识分子私交甚好。1766年3月，让-雅克·卢梭（Jean-Jacques Rousseau）和休谟两位大思想家来丹尼尔·马尔萨斯家做客，见到了刚出生不久的小马尔萨斯。卢梭曾在《爱弥尔》一书中主张儿童的身心不该受到任何束缚，要随其本性自由发展。丹尼尔·马尔萨斯作为卢梭虔诚的追随者，十分赞同书中的教育理念。

1768年，两岁的马尔萨斯随父母迁到埃塞克斯郡的赫德斯托克村，其父开始依据《爱弥尔》的观点跟一位家庭教师共同在家中教导他。1782年，16岁的马尔萨斯来到沃灵顿市学习，他的老师威克菲尔德是卢梭的信徒，他自然随意的教学方式引导着马尔萨斯通过感官的感受去学习知识，让他在生活和实践中充分发挥自身的天赋。

1784 年，18 岁的马尔萨斯成为剑桥大学基督学院的一员，主修数学。本科期间，马尔萨斯就表现得与众不同，多次在辩论及语言类课程中获奖。1788 年，马尔萨斯以数学考试甲等第九名的成绩获得了剑桥大学学士学位，同年还取得了牧师职位，三年后又获得剑桥大学硕士学位。在剑桥就读的几年中，马尔萨斯跟他的父亲频繁通信，讨论未来社会的平等与幸福。丹尼尔・马尔萨斯是一位乐观主义者，为人类社会的未来勾勒出美好的前景，但是马尔萨斯并不同意父亲的看法，经常回信抨击这种理想主义观点。父子二人的辩论，使马尔萨斯逐渐确立了日后的研究方向即关于人口理论的研究。1793 年，27 岁的马尔萨斯被任命为研究员，担任剑桥大学基督学院的教师。

1796 年，马尔萨斯在剑桥担任副牧师职务。两年后，他匿名发表了初版《人口论》，讨论了人口增长对未来社会进步的影响，引起了广泛的关注。1800 年，马尔萨斯开始关注具体的经济问题，他在分析商品供应价格过高的原因时提出了“有效需求”的概念，指出资本主义社会会出现有效需求不足的现象，存在生产过剩的危机。1804 年，时年 38 岁的马尔萨斯和自己的表妹哈丽特女士结婚，并在婚后育有三个子女。

1805 年，马尔萨斯就职于东印度公司所设的黑利伯瑞学院，担任现代历史与政治经济学教授，性情温和的他被学生们称为“人口”马尔萨斯。1814 年，英国迎来了和平，这使得之前由于战争等因素哄抬上去的粮食价格下跌，土地占有者为了避免地租也随之下降，要求采取保护性关税政策并实行《谷物法》，马尔萨斯作为《谷物法》的拥护者，随后出版了《关于谷物法的影响》，翌年又出版了《地租的性质和发展研究》。1820 年，正值资产阶级同土地贵族阶级的残余势力开展激烈斗争的时期，马尔萨斯为了抨击资本主义社会不可能出现生产过剩这一观点，出版了另一本著作《政治经济学原理》。古典经济学派的领袖人物大卫・李嘉图是马尔萨斯的密友，两人经常进行学术交流，共同探讨感兴趣的问题。李嘉图十分推崇人口理论，但是在其他经济思想上往往与马尔萨斯产生分歧。1821 年，马尔萨斯与李嘉图、詹姆斯・穆勒共同创立了政治经济学俱乐部。马尔萨斯在其晚年享有很多荣誉，还当选为英国皇家统计学会的会员。1834 年，马尔萨斯去世，终年 68 岁。

二　马尔萨斯的著作

马尔萨斯的著作包括《人口论》(1798)、《关于谷物法的影响》(1814)、《地租的性质和发展研究》(1815)、《经研法》(1817)、《政治经济学原理》(1820)、《价值的尺度》(1823)、《政治经济学定义》(1827)等。其中，最具代表性的是《人口论》和《政治经济学原理》。

(一)《人口论》

马尔萨斯于1798年匿名出版《人口论》，这本书由于文风大胆，语句通俗，很快便拥有了大量读者，影响十分广泛。翌年，马尔萨斯为了搜集资料，访问了许多北欧国家，随后又去了俄罗斯和法国的一些地方。1803年，《人口论》第二版出版，与初版相比较，新版的思想主张并无变化，只是将初版中通过提高人口死亡率从而控制人口数量的观点转变为降低人口出生率，并对初版进行了全面扩充。《人口论》在28年间总共出版六次，这部著作是对人类及其所处社会的反思与研究，具有重要价值，它确立了马尔萨斯不朽的声望。

《人口论》全书分为19章，开篇针对理性至上的改革思潮提出批判，分析人口增加可能引起的灾难，然后围绕人口以及食物增加率的不同这一命题展开，考察人类当前的生存状态，分析未来社会的前途命运。马尔萨斯以“土地肥力递减规律”作为《人口论》的理论基础。他在书中强调了要重视农业，认为商人和制造业者所从事的劳动不仅有损健康，还不能生产出最具价值的产品即食物。马尔萨斯在《人口论》中指出：一方面，人口增殖的速度远超物质资料增加的速度，人口增加促进了经济的增长；另一方面，人口又必然会受到物质资料的限制，人口增加受到经济的制约。

马尔萨斯认为，自然环境恶劣的地区往往人烟稀少，人们一旦迁至土壤肥沃、食物来源丰富的地方，人口便会迅速增加。由此可见，一方面，生活资料的匮乏限制了人口增长；另一方面，人口随着生活资料的增加而增加。自然惩罚、贫困、罪恶等因素能够抑制过快的人口繁殖速度，使人口增殖的速度与生活资料的增长速度保持平衡。马尔萨斯的历史观即“波动思想”，他认为社会并不会始终保持进步，人口数量以及人们的生活水平总是呈现不规则的来回波动状态。

马尔萨斯在《人口论》中指出，当有限的土地无法给过多的人口供应食物时，如果人类只受繁殖本能的支配不加克制地生育，就会陷入严厉的自然惩罚和罪恶中。为了控制人口数量，马尔萨斯在《人口论》中提出了两个应对措施：积极抑制和预防性抑制。积极抑制也被称为现实抑制，马尔萨斯认为对于那些已经出生的过剩人口只能采取现实抑制，比如战争、灾难、饥荒、瘟疫等因素会使大量人口死亡，从而腾出新的生存空间。也就是说，积极抑制是通过提高人口死亡率，使人口数量与生活资料的数量保持在同一水平。预防性抑制是对积极抑制的道德替代，在道德约束下，人类的本能会受到理性的干预。作为一个无法给自己子女提供生存所必需的生活资料的人，应该推迟自己的结婚时间直到他有能力承担家庭责任，并且在单身期间克制欲望，遵守道德规范。但马尔萨斯并不赞同使用一些避孕工具去人为预防性地抑制人口，他认为这不仅是不道德的，还会对控制人口和刺激勤劳这两个目标产生反作用。

（二）《政治经济学原理》

《政治经济学原理》于1820年出版，该书分为上、下两卷，主要围绕地租、财富的增长等经济问题展开。书中阐述了财富、生产性劳动以及劳动工资的定义，区分出价值的不同种类，并且梳理了它们之间相互依存的关系。通过分析供给和需求对交换价值与生产费用的影响，马尔萨斯认为，商品生产中耗用的劳动以及商品所能换取的劳动，都是衡量交换价值的尺度。马尔萨斯在书中描述了地租的性质以及产生地租的原因，严格区分了地租与工资利润的不同，论证了文明社会正常发展过程中地租上涨和下降的原因。马尔萨斯认为，地租是基于农产品价格与成本（工资、利息和利润）之间的差额的剩余，地主对地租的消费可以增加有效需求而不增加生产成本。[①] 地主利益和国家利益之间存在紧密联系，如果地主错误地出租土地必然会损及公私利益。

---

① 〔美〕斯坦利·L. 布鲁、兰迪·R. 格兰特：《经济思想史》（第8版），邸晓燕译，北京大学出版社，2014，第82页。

《政治经济学原理》围绕利润的性质，提出了利润的估算方法、利润的限制原理和调节原理，并对李嘉图的利润理论做出评价。该书提出促使财富增长的四种刺激因素，分别是人口增殖、收入结余转化为资本、土地肥力以及创新技术。同时还提出，为保证财富不断增长，生产能力和分配手段必须结合。

《政治经济学原理》的出版是马尔萨斯向李嘉图的公开挑战，他在书中以诙谐的口气指出，自己的好友李嘉图先生作为一个收取高额地租的人，却一直在低估地租的重要性。在《政治经济学原理》下卷中，马尔萨斯提出了他的“有效需求不足”理论，批判了李嘉图的经济自由论，阐述了资本主义经济有效需求不足，因此存在出现普遍生产过剩危机的可能性。

三 “宴席上的后来者不受欢迎”

1789年《人权宣言》发表，法国大革命爆发，法国的动乱很快蔓延到相邻各国的贫民阶层。马尔萨斯认为，人口增长过快是一切苦难的根源，他以人口过剩作为依据，开始挑战当时流行的威廉·葛德文（William Godwin）和马奎斯·孔多塞（Marquis de Condorcet）的思想主张。

（一）人口思想的缘起

马尔萨斯的著作《人口论》缘于他对葛德文和孔多塞思想的反对。葛德文是英国政治学家和小说家，早年曾投身于宗教事业做过牧师，后来他深受启蒙运动和法国大革命的影响抛弃宗教事业，成为一名无神论者。葛德文是一名极端厌恶各类组织的个人主义者，他反对集会行为和政府干预，他批判资本主义私有制带来的不公平问题，认为愈演愈烈的贫富分化最终会造成社会动乱。在葛德文的理想世界中，人口膨胀、资源紧缺等问题根本不用忧虑，因为人类是理性的，理性驱使人与人之间自由平等、亲善互助，社会和人类最终会完善。葛德文一生著述众多，《政治正义论》是他的代表作，该书受到了当时英国很多激进分子的推崇。《政治正义论》的思想主题包括：第一，推崇理性和公正的原则，认为实现政治正义的前提是推翻私有制；第二，人人生而平等，用天赋人权的观念抨击封建专制下的宗教迷信，尽管每个人的天赋和智慧不尽相同，但人们对于生活资料的获取拥有平等的权利；第三，与无政府主义接近，政权是政府和贵族为自身谋利的有害手段，政权的存在违背了少数服从多数的原则，只有把非正义的政府推翻，理性法则才能指引人类及社会趋于完善。

孔多塞是法国杰出的数学家、哲学家，启蒙运动的代表人物。孔多赛提出了著名的“投票悖论”，即投票人在偏好呈现多峰形的情况下，会出现循环投票的现象而无法取得政治均衡。孔多塞还宣扬男女具有平等的地位，女性也拥有投票和选举权。孔多塞在其著作《人类精神进步史表纲要》中，提出了“人类不断进步”这一概念，把科学看作人类利用理性改进出来的工具。该书的思想主张有：第一，各国和平结盟可以保证各国的独立，国与国是平等的；第二，人与人是平等的，不论男女都享有同等的社会保障、受教育、投票以及选举的权利，财富应当被平等分配；第三，人性的可完善性，法律和制度只会造成不公，而自然秩序最终会带来平等使社会完善，完善的社会将创造出完美的人类，物资的供给会超过人口的增长。

马尔萨斯从根本上否定人类和社会的可完善性，他批判改革派的这种理性至上思潮是一种虚妄的不合理的空想。葛德文将人类的弱点、社会的罪恶以及贫困的难以消除都归咎于不平等的社会和政治制度，他认为精神可以控制物质，人类可以依靠理性的力量在文明社会中建立起平等的财产制度，从而摆脱罪恶。但在马尔萨斯看来，贫困陷阱同社会制度、环境以及结构并无多大关系，而与人类的特质紧密相关。马尔萨斯认为，充满理性和仁爱心的平等社会只会使人类越来越堕落，而不平等的社会能激发人的潜力和斗志。自圈地运动和工业革命以来，英国许多农民的土地使用权和所有权被剥夺，大量手工业者失业，城市人口膨胀导致住房资源紧缺，这些负面效应使英国贫富差距逐渐增大，社会矛盾日益尖锐，法国大革命的爆发直接点燃了英国底层人民的斗争热情。为了压制民众的动乱，解决贫困和失业这两大社会难题，英国思想界展开了两大论战，即关于《济贫法》和《谷物法》实施与否的论战。这两大论战吸引了马尔萨斯的注意力，他个人坚决反对《济贫法》，拥护《谷物法》。马尔萨斯认为一个不能为其后代提供生存所必需的生活资料的家庭，必须严格限制生育，否则这个家庭所承受的贫困与苦难，就是大自然对其不抑制人口生育的惩罚。从长远来看，政府对这些家庭的救济是徒劳无益的，只会带来更加严重的贫困问题。人类本性懒惰，一旦某些人可以不去承担相应的社会责任就可以享受到社会救助，那么这些人就感受不到来自贫困的恐惧和压力，从而也就没有任何动力去自力更生地摆脱贫困。长此以往，人口数量将不断增加，越来越多的人依靠救济生活，人们勤劳节俭生活的动力和储蓄倾向都将被削弱。总之，马尔萨斯认为《济贫法》不会使社会上的生活资料有任何增加，只会使那些优秀且勤劳的人们应该得到的生活资料被重新转移分配，因此《济贫法》不是在救助贫民而是在创造贫民。正是基于以上主张，马尔萨斯提出了他的人口理论。

（二）人口理论的主要内容

马尔萨斯人口理论的内容大致可以概括为：一条规律、两个公理、人口增殖原理、人口抑制原理以及三点结论。其中，一条规律和两个公理是理论基础，人口增殖原理和人口抑制原理是人口理论的内核。

1. 一条规律

马尔萨斯认为，土地的投资收益存在边际递减规律。一方面，土地作为大自然的赋予物，面积是固定不变的，其供给量不会随着人类需求的增加而扩大；另一方面，土地的生产潜力有限，随着资本的不断投入，单位土地在达到一定产量后，继续追加投资其产量的增幅会减少，因此会出现收益递减的现象。

2. 两个公理

马尔萨斯从生物学和自然属性的角度，提出了生命持续存在的两个前提：第一，食物为人类生存所必须；第二，两性间的情欲是必然的。从这两个亘古不变的法则出发，他进一步提出两个级数公理：人口以几何级数增长，生活资料则最多按照算数级数增长。如果不控制人口数量，若干年后人口同生活资料的数量就会产生巨大差额。

3. 人口增殖原理

在人类的生物本性以及社会经济、法律、政治、文化等因素的共同作用下，人口规模处于不断变化之中。人类总是不停地改变居住地进行空间迁移，同时社会阶层和社会结构也总是不断转变，人口规模围绕着一个平衡点来回波动，这个所谓的平衡点就是人口数量与生活物质资料相适应的点。这样一来，在增殖和限制的共同作用之下，人口规模陷入了发展和倒退的来回波动之中。一定区域内的人口密度和数量会受到土地承载力以及经济环境的制约，自然社会中存在的贫困、灾害、罪恶、疾病等客观因素制约着人类的增殖。纵使人类具有强大的繁殖力，但是通过种群调节的负反馈，人口数量并不会无限增长。

4. 人口抑制原理

马尔萨斯提出的人口抑制原理包括积极抑制和预防性抑制。马尔萨斯主张用人口抑制原理控制人口增势，鼓励个人储蓄，从而使社会由贫困走向繁荣。

积极抑制也是现实抑制，战争、灾难、饥荒、瘟疫等因素会使大量人口死亡，提高了人口死亡率，从而使人口数量与生活资料的数量保持在同一水平。在马尔萨斯看来，战争、灾难、饥荒、瘟疫等是不以人的意志为转移的客观实在，与其用悲观、恐惧等情绪看待这些天灾人祸，不如换一种积极的心态将其视为大自然帮助人类走向繁荣的一种调节手段。但这并非意味着马尔萨斯鼓励统治阶级去制造矛盾、发起战争、传播瘟疫等，马尔萨斯认为，由于人口增殖原理的存在，人口增殖速度远远超过生活资料的增加速度，社会中总有一部分人处于难以生存的状态，而诸如战争、灾难、饥荒、瘟疫这些“罪恶”，正是人口走向平衡的过程中无法避免的事情。

预防性抑制是指无法给子女提供生存所必需的生活资料的社会成员，必须推迟自己的结婚时间，并在此期间要严格克制欲望，洁身自好遵守道德规范。马尔萨斯反对使用避孕工具，因为人为避孕存在很多弊端，在他看来这是一种不道德不自然的行为。马尔萨斯认为，假如男女不顾理性的警告，放任自己的欲望，那么两性的交往将不再神圣，青春的时间将会缩短，人们的道德水平和人格尊严将逐步丧失。人为避孕使人类缺失了对于勤劳的刺激，人类贪婪懒惰的本性将会充分显现，以至于陷入贫困和灾难的旋涡之中。

5. 三点结论

马尔萨斯人口思想的结论如下①：第一，在人口法则的作用下，贫困、失业、战争、饥荒等都是不可避免的。对此，马尔萨斯指出：“促起北方

① 〔英〕马尔萨斯：《人口论》，郭大力译，北京大学出版社，2008，第5~6页。

大移民潮的真正原因，使其继续推进而侵袭中国、波斯、意大利及埃及的真正原因，却是食物缺乏，人口的增加超过生活资料的增加。”[①] 第二，平等主义不过是虚妄的空想，平等状态只会加剧人类懒惰的天性，从而陷入生活资料急剧匮乏的贫困与罪恶中。相反，财产私有制的社会制度是合理的，因为它是遵循人口的自然法则而产生的制度。第三，不能对穷人进行救济，政府的济贫政策是没有意义的，只会使贫困问题更加恶化。马尔萨斯在《人口论》中写道：“如果救济法从来不曾制定，极严重的贫困事件，也许要多发生几次，但普通人民间的幸福总量，却会比现在更大得多。”[②]

（三）有效需求不足理论

在青年时代，马尔萨斯将“人口增殖过快”视作失业、贫困等问题的根源；而老年时，马尔萨斯则把目光从“人与自然的关系”转移到了“人与人之间的关系”，认为失业、贫困等问题是由于有效需求不足，即社会总需求与社会总供给无法达到均衡。马尔萨斯在《政治经济学原理》一书中提出了市场供给过剩、社会有效需求不足等问题，认为这些问题存在引发经济危机的可能，经济将陷入萧条，导致大量人口失业。

资本家以发放工资的形式雇用大量的工人进行劳动，生产社会所需的产品和劳务。资本家只支付了劳动力本身的价格，包括维持劳动者本人及其家庭生存所必需的生活资料的价值，以及劳动者接受教育所支出的费用。但劳动力作为一种特殊的商品，在其生产过程中创造了比自身价值更大的价值，即资本家雇用工人所获得的剩余价值。马尔萨斯在《政治经济学原理》下卷指出，只有当这些剩余价值转化为利润的时候，资本家才会继续生产。那么剩余价值如何才能转化为利润，这些商品和劳务最终又是谁来购买呢？显然，工人不可能将自己生产出来的全部产品全盘接受，即使他们存在购买愿望，但是由于缺乏购买能力，最终也不会形成有效需求。而以资本积累为目标的资本家虽然具备购买能力，但是缺乏购买动机，因此也不能形成有效需求。那么，为了打破市场上产品供过于求的局面，防止由存货堆积所造成的经济停滞，地主阶层的消费就显得尤为重

---

① 〔英〕马尔萨斯：《人口论》，郭大力译，北京大学出版社，2008，第 22 页。

② 〔英〕马尔萨斯：《人口论》，郭大力译，北京大学出版社，2008，第 39 页。

要。因为地主的收入就是通过出租土地所获得的地租，地主无须投入任何生产成本就可以获得收入即地租。地主阶层靠这种收入进行消费，不仅可以有效缓解市场上产品供给过剩的状况，而且不会带来任何生产成本的增加，因此马尔萨斯对地租的重要性给予了极高的肯定。

（四）马尔萨斯在世时的争议

马尔萨斯《人口论》发表后，立刻引起了来自各方面的激烈争论。反对者认为马尔萨斯反对济贫、反对社会改革、主张道德抑制的理论是违背人性且完全服务于权贵阶层的刻毒言论。葛德文指责马尔萨斯的悲观论调是在粉饰罪恶、贫困、冷漠以及权贵阶层的压迫。同时，葛德文认为马尔萨斯提出的道德抑制实属无稽之谈，因为道德的约束相对于两性之间的情欲实在微不足道。但是抛开立场和这些悲观论调，葛德文十分敬佩马尔萨斯本人的正义直言，认为他是一位真正致力于研究的学者。

马尔萨斯的密友李嘉图虽然十分推崇人口理论，但并不赞同《政治经济学原理》中的思想主张。李嘉图认为从长远来看，资本家能否获得财富取决于劳动者是否实现了对产品和劳务的消费，而消费方式可以是劳动价值的等价交换，所以劳动者群体是十分必要且有用的，长期失业可能并不存在。

相对于葛德文和李嘉图的包容，同时代的法国经济学家西斯蒙第则对马尔萨斯进行了非常尖刻的反驳。他认为所谓的“增殖原理”是一个谬论，“两个级数”完全忽略了现实因素，只是抽象地描述了人口可能会增加。西斯蒙第通过比较人类、动物、植物三大类别，得出人口的增长速度相对比较缓慢，因此人口的数量永远不可能达到生存资料的最大限度。“两个级数”长期以来都是争议的焦点，被抨击为滥用数学的迷信思想，是一种虚假的杜撰。马尔萨斯并未对此做出直接回应，而是强调生活资料与人口数量之间的函数关系并不重要，二者之间的相对增长趋势才是我们需要关心的问题。

马尔萨斯的《人口论》尽管饱受非议，但也赢得了一些支持者。当时的地主阶层十分拥护该理论，因为这使得他们的财富和地位更加稳固，并且有理由不去救济穷人。生物学家阿尔弗雷德·拉塞尔·华莱士（Alfred Russel Wallace）、查尔斯·罗伯特·达尔文（Charles Robert Darwin）等人都支持马尔萨斯的观点。其中，达尔文吸取了人口“增殖原理”的思想，在《物种起源》中提出，一切生物都有快速增加其个体数量的倾向，所以在自然条件限制下就不得不为了生存而斗争。“物竞天择，适者生存”，适宜的变种将得以存在，不适宜的变种将会消亡。当时的英国首相小威廉·皮特（William Pitt the Younger）之前一直倡导公民多生育孩子，从而为国家注入新鲜血液使国家更加富足。但当他阅读了马尔萨斯的著作后，一改之前的观点，放弃了新济贫法。

专栏 1　现代马尔萨斯主义和“人口零增长理论”

许多支持马尔萨斯的学者继承了他的理论并不断发展、深化。19 世纪初，英国社会学家弗朗西斯·普雷斯（Francis Place，1771～1854）积极宣扬马尔萨斯的理论，但他认为应通过避孕来控制人口增长，这是马尔萨斯所反对的，因此以避孕手段来控制人口增长的思想被称为新马尔萨斯主义。在此影响下，出现了一些人口普查和节育运动。第二次世界大战之后，现代马尔萨斯主义开始兴起，许多经济学家和人口学家对马尔萨斯的理论加以改造并进行传播。其中比较著名的有“人口危机论”“适度人口论”“人口过渡论”“人口零增长论”等。1968 年，美国学者保罗·埃尔里奇（Paul R. Ehrlich，1932～）出版了《人口爆炸》一书，提出人口增长速度加快，人口数量翻番时间缩短，人类应当适度减少人口，这符合“人口危机论”中人类已经面临末日，除非停止人口增长的论调。19 世纪末，英国经济学家埃德温·坎南（Edwin Cannan，1861～1935）提出适度人口论，认为人口过剩和人口不足都会影响社会进步，只有人口适度才能实现社会福利最大化，适度人口理论是马尔萨斯主义的又一个分支。

20 世纪 70 年代中叶，世界人口增长率有所下降，马尔萨斯人口论又有进一步的发展与深化，著名经济学家保罗·萨缪尔森（Paul A. Samuelson）提出了“人口零增长理论”。他在肯定马尔萨斯理论的同时提出了修正意见，他认为马尔萨斯的观点是以收益递减规律为基础的，现在仍然适用，只是马尔萨斯在论及收益递减时未预料到工业革命的奇迹，即使科学技术延长了人类的寿命，减少了人口的积极抑制，但技术革命也可能使生产边界向外移动，使更多的人享受更高的生活水平。而“人口零增长理论”是指尽管生育率下降了，但世界总人口仍在增加，所以目前依然要限制多余生育，使人口增长达到零增长的全球性均衡。上述这些理论都没有脱离马尔萨斯学说的轨道，并在马尔萨斯的理论基础上进行了改进和创新，可见马尔萨斯理论影响之深远。

资料来源：陈功、张如菡：《国外学者对马尔萨斯人口理论的研究与发展——纪念马尔萨斯诞辰250周年》，《人口与发展》2016年第6期。

四　人口理论的先声

《人口论》的出版在马尔萨斯生前引发了持续30年的争议，而在其逝世后来自各方面的争议仍然不绝于耳，主要分为两大阵营：其一是以弗里德里希·哈耶克（Friedrich Hayek）、阿尔弗雷德·马歇尔（Alfred Marshall）、马克思和恩格斯为代表的经济学家和思想家，他们通过研究《人口论》和《政治经济学原理》，对马尔萨斯本人及其思想主张和政策建议进行了批判与反驳；其二是马尔萨斯忠实的门徒，他们对其思想进行发展和改造，形成了新马尔萨斯主义和现代马尔萨斯主义，代表人物主要有约翰·穆勒、弗朗西斯·普雷斯（Francis Place）、凯恩斯、埃德温·坎南（Edwin Cannan）、保罗·埃尔里奇（Paul Ehrlich）、保罗·萨缪尔森（Paul Samuelson）等。进入21世纪以来，学者更加注重马尔萨斯理论在实际问题中的应用，将其与科学技术、生态环境、人口政策、劳动工资以及政治制度等多个领域相结合，对马尔萨斯理论进行全面扩充。

（一）批判和探索

批评者认为，马尔萨斯高估了人口较之于生活资料的相对增长率。英国经济学家马歇尔指出，《人口论》只是马尔萨斯为其所处时代的普遍贫困现象所提出了一个看似合理的解释，却忽略了技术进步和人的心理等重要因素，因此这个理论并不具备普适性，只是一种孤立的、片面的、形而上学的观点。

马克思和恩格斯也对马尔萨斯理论进行了系统的论证。马克思认为，虽然人口是一个抽象的概念，但人口的生存需要一定的空间和时间，所以描述一个关于人口的规律必然要考虑社会制度和历史因素。而马尔萨斯的人口原理过于抽象，这种超越了社会只遵循自然规律的理论，只适合去描述动植物的世界或是原始的未开化的野蛮社会。马克思指出，马尔萨斯关于有效需求不足引起长期失业的观点，同他的人口理论自相矛盾；马尔萨斯在《政治经济学原理》中忽视了过剩人口在政治经济等方面发挥的作用，错误地界定了商品的价值，使其所蕴含的劳动力和劳动量并不对应。但马克思和恩格斯认为，马尔萨斯提出了一些与人类发展和社会改革相关的重要问题，而这些问题本身就是向真理迈进的重要步骤。同时，马克思指出《人口论》中存在的合理见解同样值得我们借鉴，比如经济的增长受到供求关系的影响，资本主义生产方式存在着不可调和的矛盾。

（二）宣扬和发展

马尔萨斯思想的支持者接受了他的人口理论，给予马尔萨斯充分的肯定，并为其受到的歪曲和误解进行了辩护。约翰·穆勒把马尔萨斯的人口理论看作改良现实的伟大公理，他指出："这个伟大的理论最初是作为反对人类有无限的可改良前景的说法提出来的，我们极为热情地采纳其相反的意义，即自愿限制人口的增长来保障全体劳动者的高薪充分就业，是实现这种改良的唯一手段。"① 凯恩斯在1930年人口锐减之时，仍然对马尔萨斯的人口理论深信不疑，他坚定地认为经济萧条的原因就是人口增长，后来他又进一步完善和发展了马尔萨斯的"有效需求不足理论"。

普雷斯作为新马尔萨斯主义的开拓者，他驳斥了葛德文的观点，保留了人口原理中的基本观点。但在晚婚和道德抑制这两点上，他与马尔萨斯产生了分歧。普雷斯出身于底层，对贫民和工人的品行有着深刻的了解。他认为晚婚会使年轻人因为缺少婚姻的束缚和家庭的责任而走向堕落；而且对于已婚夫妇，通过一些不损害身体健康的生理上的防护措施来避孕，并不是一种不道德的事情。新马尔萨斯主义诞生后，节育政策开始实行，避孕工具开始推广。第二次世界大战后，埃尔里奇开创了现代马尔萨斯主

① 〔英〕约翰·穆勒：《约翰·穆勒自传》，郑晓岚、陈宝国译，华夏出版社，2007，第78页。

义，他认为世界大战的根本原因在于人口危机和自然资源枯竭，因此只有减少人口数量才能避免战争的再次爆发。

19世纪末，英国经济学家坎南提出适度人口论，他引入了时间的因素，考虑技术进步等内生增长因素，指出人口应该稳定在一个可以获得最大利益的数量上，而且这个数量将以适度的人口增长速率增加。人口零增长论的代表人物是萨缪尔森，他将马尔萨斯的人口原理视作正确的真理，他结合当代人口发展的新特点对人口原理做了补充和修正。自工业革命以来，科技的发展使人们的生活水平和素质修养得到了极大的提高，人口生育率明显下降。但是由于积极抑制作用的减弱，即使生育率下降，世界总人口仍在不断递增。因此，人口零增长论认为必须限制多余的生育，否则将与全球性的均衡状态越偏越远。

总之，马尔萨斯提出了重要的问题，开辟了人口理论的先河。虽然在他之前，已有先驱者提出了相似的思想观点，但马尔萨斯将人口同政治与经济的发展联系起来，把人口原理放在一个更大的体系中讨论，推动了人类思想史的进步。马尔萨斯提出了有效需求的重要性，并提出了普及教育的观点，他的思想推动了科学的发展。

专栏2　争鸣中前行：马尔萨斯人口论在中国的传播与发展

马尔萨斯人口论传入中国时正值晚清半殖民地半封建社会的特殊时期，伴随着一百多年来中国动荡的社会发展，其人口论的发展与传播深受各时期社会背景的影响。整体上，马尔萨斯人口论在中国的发展大致经历了三个阶段。

1. 清朝末期至民国时期：褒贬参半

1880年，《富国策》第一次向国人介绍了马尔萨斯的人口理论，在这之后以梁启超、严复等人为代表的知识分子都在著作中提到过马尔萨斯，对他的人口理论表示赞赏。而到了民国时期，受西方政治思想制度和马克思主义学说的影响，一部分知识分子开始摆脱这种思潮，认为是社会制度而非人口过剩导致国家的落后。批判马尔萨斯主义学派兴起，视马氏人口学说为合理化帝国主义侵略的谬论，代表人物有李大钊、陈独秀、孙中山等。

2. 新中国成立后至20世纪80年代中期："左"倾思想批判

1949年，我国进入建设社会主义的探索时期，制度、经济、文化建设也开始逐步恢复。其间社会几经动荡，对马尔萨斯人口论的传播与发展也产生了一定影响。特别是20世纪50年代后期，以马寅初发表的《新人口论》为代表，马尔萨斯人口论开始遭遇到"左倾"思想的批判。这一时期的学术观点更多是站在阶级的角度去批判马尔萨斯的学说，阶级斗争的意味胜过学术思想的争鸣，马尔萨斯的人口学说受到了不公正的待遇，因而在这动荡不安的30年里，其传播与发展受到了一定阻碍。

3. 20世纪80年代后期至今：客观辩证看待

经历了系列社会变动，自20世纪80年代起马尔萨斯人口论作为重要的人口学术思想开始重新被拿出来讨论。特别是1979年马寅初的《新人口论》平反后，对马尔萨斯人口论的讨论一直不断。学者们既肯定其理论和历史的贡献，又客观地指出其立场或历史局限性。马尔萨斯人口论在中国的发展与社会各时期的历史背景息息相关。其人口理论的思想价值和历史贡献不容置疑，但也有其固有的时代和阶级局限性。抛开历史、阶级等因素，我们要客观辩证地看待马尔萨斯人口思想。

资料来源：陈功、张吴璠：《争鸣中前行：马尔萨斯人口论在中国的传播与发展》，《人口与发展》2016年第4期。

参考文献

〔美〕斯坦利·L. 布鲁、兰迪·R. 格兰特：《经济思想史》（第8版），邸晓燕译，北京大学出版社，2014。

〔英〕马尔萨斯：《人口论》，郭大力译，北京大学出版社，2008。

〔英〕约翰·穆勒：《约翰·穆勒自传》，郑晓岚、陈宝国译，华夏出版社，2007。

曹树基、陈意新：《马尔萨斯理论和清代以来的中国人口——评美国学者近年来的相关研究》，《历史研究》2002年第1期。

陈功、张如菡：《国外学者对马尔萨斯人口理论的研究与发展——纪念马尔萨斯诞辰250周年》，《人口与发展》2016年第6期。

陈功、张吴璠：《争鸣中前行：马尔萨斯人口论在中国的传播与发展》，《人口与发展》2016年第4期。

侯荣仙:《重读马尔萨斯的〈人口原理〉》，硕士学位论文，河南大学，2007 年。

姜涛:《马尔萨斯：重要的是提出了问题——为马尔萨斯〈人口原理〉发表 200 周年而作》,《人口研究》1998 年第 4 期。

蒋文立:《马尔萨斯人口思想与英国社会》，硕士学位论文，复旦大学，2009 年。

李中清、王丰、纪南:《马尔萨斯模式和中国的现实：中国 1700~2000 年的人口体系》,《中国人口科学》2000 年第 2 期。

王存同:《再论马尔萨斯》,《中国人口科学》2008 年第 3 期。

原荣华:《“马尔萨斯革命”和“适度人口”的“终结”——“小人口”原理》(第 1 卷)，中国环境出版社，2013。

第六章

约翰·斯图亚特·穆勒

古典政治经济学的集大成者

John Stuart Mill

约翰·斯图亚特·穆勒（John Stuart Mill，1806~1873）是古典政治经济学的集大成者，是19世纪后期英国最为重要的经济学家之一，同时也是一位著名的哲学家和心理学家。穆勒所著的《政治经济学原理及其在社会哲学中的某些应用》（以下简称《政治经济学原理》），对之前的古典政治经济学进行了系统综合，被誉为19世纪下半叶无可争议的经济学圣经。

一　经济学家与社会改革家

1806年，穆勒出生于英国伦敦，是英国哲学家、经济学家、功利主义伦理学家詹姆斯·穆勒的长子。作为一个与众不同的思想家，穆勒广博的思想在很大程度上来自他所受的独特的早期教育。很多后来的经济思想史学者都会惊叹于穆勒幼时所受的超乎常人的教育，这主要是由于他的父亲詹姆斯·穆勒从穆勒儿时便开始对他的学习进行引导和启发。正如穆勒在《自传》中描写的父子散步的经历："由于父亲的身体需要持续地作相当多的锻炼，因此他习惯在早餐前散步于通往霍恩塞的林荫小道上。在散步时我总是陪着他，因而在我最早对绿茵野花的回忆中总交织着我每天向他复述前一天所学内容的情景。就我记忆所及，这是一项自愿而非规定的练习。在读书时，我在纸片上做笔记，每天清晨散步时，我就把这些笔记讲给他听。"①

就像穆勒后来总结的那样，父亲"在我身上倾注了非凡的精力、关心和执着，这在其他教育孩子的父母身上极为少见，他按照自己的想法，尽

---

① 〔英〕约翰·穆勒：《约翰·穆勒自传》，郑晓岚、陈宝国译，华夏出版社，2007，第6页。

力给我一个最高标准的知识教育”①。从三岁起，穆勒开始学习希腊文及算数；八岁后，又开始学习拉丁文、初等几何、代数、微积分以及诗的写作。穆勒自身也兴趣广泛，除了父亲要求他学习的课程外，他还很钟爱自然科学，尽管他的父亲批评其中某些书籍的推理过程；穆勒亦分外钟情于历史，阅读过希腊史、罗马史、英国史等相关著作，并且成功地尝试对其中一些进行摘录和汇编。12岁以后，穆勒开始接触逻辑学，这一部分是父亲的要求，但他自身亦十分赞赏逻辑学的价值。13岁起，穆勒在父亲的要求下学完了当时政治经济学的所有课程，研读了包括大卫·李嘉图及亚当·斯密在内的经济学家的著作，并且自行整理笔记和解决学习中遇到的问题。詹姆斯·穆勒培养穆勒独立思考的能力，希望他成为逻辑学和经济学领域真正的思想家。毫无疑问，穆勒能够成为19世纪英国经济学的集大成者，有赖于父亲的教导，但这种高强度的训练，一定程度上造成了穆勒青年时期的心理抑郁。如他所说，父亲在早期着意培养的分析能力以及过早而来的荣誉剥夺了他的快乐，所幸最终他找到了平衡的方法，并从这种困境中解脱出来。

一些与父亲政见相投的朋友常常来穆勒家里拜访，使得他颇感有趣且深受启发，这些朋友中很多是闻名后世的学者，如大卫·李嘉图、边沁、约翰·奥斯汀（John Austin）、萨伊等。穆勒曾在萨伊家中住过一段时间，由此接触了后来空想社会主义奠基人之一的克劳德-昂利·圣西门（Claude-Henri de Rouvroy），这使他对自由主义产生了极大的兴趣。在穆勒所受的诸多影响之中，不得不提到边沁及他的功利主义思想。在父亲的引导下，穆勒青年时就阅读了边沁的著作并深深为之折服。1822~1823年，穆勒成立了一个名为功利学会的青年学会来宣传边沁主义。1823年，边沁本人出资创办了一份宣传他个人思想的激进党报刊《威斯敏斯特评论》，穆勒也是热情洋溢的撰稿人之一，他们希望把边沁的观点与政治经济学融合起来，同时融入托马斯·马尔萨斯关于限制人口的著名论点，企图实现制度和经济上的改良。1824~1825年，穆勒为边沁所著《司法论据的理论基础》担任编者，为书中的理论加入了一些自己的见解。可见在穆勒青年时，是边沁主义的主要支持者之一。但后来，受到奥古斯塔·孔德（Auguste Comte）等

---

① 〔英〕约翰·穆勒：《约翰·穆勒自传》，郑晓岚、陈宝国译，华夏出版社，2007，第4页。

人的影响，穆勒愈来愈不能接受边沁主义者的教条主义，他认为这种对快乐-痛苦的计算不能用来分析大部分人类行为，尤其是它忽略了人类很多独有的特性。

1823年，穆勒在父亲所在的东印度公司工作。两年后，由于公司的解散，穆勒失去了这份工作。他本人对从事公职工作颇为满意，认为这是一个难得的作为理论家去学习实践的途径。穆勒在为杂志撰稿时已初步展现他的商业思想，譬如为《议会历史与评论》写就的讨论商业中互惠原则的论著——《论1825年的商会危机和货币争论》。穆勒成年后，深受奥古斯塔·孔德著作的影响，把经济学仅视为人类社会行为的一个方面。经济学将人抽象为利己的理性人，而穆勒意识到尽管这种抽象是合理的，但它需要与复杂的人类社会模型加以结合；穆勒的妻子兼多年的挚友哈里特·泰勒（Harriet Taylor）也对穆勒影响颇深，她使穆勒更加自然地接受了那个时期存在的人文社会主义思想，也使穆勒确信对生产法则与分配法则进行区分的必要性和重要性。穆勒开放的思想以及对经济学以外的社会科学的关注，使他超越李嘉图并在一个更加广泛的领域中发展经济学理论，因此他既是一位古典经济学家，又是一位先进的社会改革家。穆勒最大的成就，即他能够以开放的思想来诠释及修正古典主义经济学说，他的经济学标志着经济思想发展过程中一个新的阶段。

二　“19世纪下半叶无可争议的经济学圣经”

穆勒广博深刻的思想散落在他的著作中，包括《政治经济学原理》《论政治经济学的若干未定问题》《代议制政府》《功利主义》《论自由》等。《政治经济学原理》是穆勒的代表作，因此我们着重对其做简要介绍。

《政治经济学原理》共分为五个部分。在第一编《生产》中，穆勒详细地论述了生产要素（劳动力、资本及土地）以及它们对于生产所发挥的作用，并对促进生产及要素增长的规律做了较为科学的总结。

在第二编《分配》中，穆勒详尽描述了涉及要素分配的各个方面，包括他本人对不同所有制（资本主义及共产主义）的看法；对影响产品分配的两方面因素（竞争与习俗）的分析；对当时存在的不同经济制度（奴隶制度、自耕农制度、分益佃农制度、投标佃农制度）的评述；最后也是最重要的一点，他对涉及不同要素的收入分配（工资、利润及地租）做了比较系统的分析。

在第三编《交换》中，穆勒对产品的交换价值、货币的价值（货币所能交换到的物品的数量）、信用的作用等涉及交换和价值的概念做了细致剖析；同时，他对国际贸易的开创性见解也被涵括其中，弥补了李嘉图国际贸易理论的不足。

在第四编《社会进步对于生产及交换的影响》中，穆勒预见性地描述了经济增长以及它对产品价值、要素收入所带来的影响。他甚至大胆地提出设想，包括利润最小化的趋势、经济进步到一定程度时的停滞状态以及劳动者未来的状况。从今天来看，穆勒的很多预测是比较符合现实的。

在第五编《论政府的影响》中，穆勒展示了他对政府的职能、其适用性及界定的分析，尽管穆勒的大部分思想偏向于古典自由主义，但他并不忽视政府的作用，认为政府的某些职能对于维护民众的自由甚至是不可或缺的。穆勒首先讨论了政府行使得到公认的职能所产生的影响，包括政府为获取收入所行使的职能（税收及国债），政府为规范财产及契约所实行的法律，以及政府司法审判机关的职能；其次讨论了政府在什么时候行使了被称为“可选择的”政府职能，以及由此所产生的经济后果；最后分析了在那些可选择的政府职能中，哪些是真正需要的。

《政治经济学原理》首次出版于1848年，此后再版七次，该书一直被视为19世纪末之前权威的经济学著作。穆勒耗时不到两年就完成了该书初版的写作，由于写就的时间并不太长，穆勒认为这说明经济学科获得了健康的发展，少有问题亟待解决。在这本书中，穆勒运用逻辑的、历史的观点，论证了政治经济学的相关理念，比较系统地展示了前人的理论贡献及穆勒本人的经济学思想。由于李嘉图的《政治经济学及赋税原理》自出版后一直争议不断，《政治经济学原理》也是对李嘉图学说及古典经济学理论的修正与综合。同时，穆勒也希望在这本书中能对经济理论的政策应用加以论述，正是在这样的背景下，《政治经济学原理》代表了古典经济学的顶点，被世人称为19世纪下半叶无可争议的经济学圣经，相信读者亦可以从中一窥这位巨人的思想。

三　穆勒的主要贡献

虽然穆勒称他的贡献只是将李嘉图等经济学家的思想进行系统性论述，同时糅合进 1825~1850 年出现的新的经济学观点，但我们在梳理他的思想、总结他本人的贡献时不得不提到他对经济学理论的原创性贡献，包括他对生产与分配原则所做的重要性的区分，以及他对经济学中“供给-需求”分析所做的宝贵贡献，还有他在李嘉图的理论基础上对于国际贸易理论的拓展。

（一）生产思想

穆勒将生产中需要的要素划分为劳动力、资本以及土地三类。穆勒认为，生产的概念必须是物质财富。劳动被区分为生产性劳动与非生产性劳动，消费被区分为生产性消费和非生产性消费。由于“非生产性”的产出对个人有益而对增加国家的生产性资源无益，因此穆勒视之为一种纯粹的浪费。

1. 劳动力要素

在论述作为生产要素的劳动（生产性劳动）时，穆勒认为，对劳动的估量是困难的，任何一种商品所耗费的劳动涉及的项目都如此之多，以至于难以准确计量。他举例说，仅仅对面包的生产，就包括面包师、磨坊工、耕种者、制犁匠以及木匠和瓦匠的劳动。穆勒还关注维持生产物品的劳动者生存所需的劳动，他认为这种劳动并不从生产者的产成品中获得报酬，而是从前期的粮食中得到酬劳。于是穆勒将生产性劳动者生产粮食和其他必需品所需的劳动中剔除出去，把其余促进生产的劳动作了细致的划分，分别是生产原材料的劳动、为提供劳动所用的辅助性工具而进行的劳动、防止天灾人祸及物品损害而进行的劳动、为将产品提供给所需的人而进行的劳动、以人为对象的劳动和发明者的劳动，这些劳动都对产品的生产发挥作用。

2. 资本要素

对于生产而言，另一个重要因素是资本所发挥的作用。穆勒对于资本的定义如下：“无论以何种形式而存在，但用于维持生产的那一部分，即是他的资本；其形式不能直接满足劳工需要的那一部分资金，甚至全部资金，是与资本无关的。”① 因此，闲置资本也是资本的一种，只是目前还未找到合适的生产性用途而已。资本被用于生产性支出，例如购买工具；也用来购买非生产性开支，例如对土地的支付。穆勒认为，产业的发展受制于资本，这并不像重商主义者认为的那样，只要禁止进口就可以增加产量。对此，穆勒指出：“这一事实显然被人们忽略了，人们长期相信法律和政府在没有创造资本的前提下可以创立产业。在没有使人民更加勤劳或者使他们的劳动更加富有效率的情况下，政府可以在某种程度上间接地达到这些目标。即使不提高劳动者的生产技能和奋斗精神，或者让更多的游手好闲的人参加劳动，仍然有人相信，政府无须提供更多的资金就可以创造更多的就业机会。政府通过颁布禁令就可以终止某种商品的进口；而当这种商品在国内生产之后，政府往往自吹自擂，认为已经成功地为国家增添了一个新兴产业，并且会在统计报表中展示由此而增加的产量与就业的人数，并将国家所获得的全部利得均归功于禁令的颁布。虽然这种政治算术在英国已经失去了一定的市场，但是在欧洲大陆却仍然长期盛行。可是，如果立法者意识到产业的发展受制于资本的话，那么他们就一定会看到，国家的资本总量并没有增加，在法律的作用下，任何投放于新兴产业的资本，都是从原有的其他产业的资本中提取或者扣减而来的；这些资本在其他产业中可能维持或者已经维持的就业量，与在新兴产业中所维持的就业量不相上下。”②

由于增加资本可以为产业发展提供更多支持，于是穆勒认为资本的增加在当时远远不用施加限制。而在生产的规模扩张时，总有一部分会转换为资本，使资本也得到扩张。更重要的是，其中用于供养劳工的那部分资本也是可以无限增加的。关于供养劳工的来源，穆勒点明了并不是来自消费者购买产品的需求，而是使劳动进行下去的资本。穆勒关于资本的另一个论点是“资本是节省的产物”，认为节省使社会及个人变得富有，即使国家经历大的灾难，这种节省也可以使损失迅速被弥补回来。

在关于劳动与资本的相互关系中，穆勒认为，资本的一部分用来购买

---

① 〔英〕约翰·穆勒：《政治经济学原理》，金镝、金熠译，华夏出版社，2017，第 33 页。
② 〔英〕约翰·穆勒：《政治经济学原理》，金镝、金熠译，华夏出版社，2017，第 41 页。

作为生产性支出的劳动，这是劳动得以维持的关键。在穆勒之前，很多政治经济学家对此怀有误解，认为对于商品的需求而不是资本才是劳动进行的原因；因而购买商品的人（购买劳动力的产品的人）就是劳动力的雇主，创造了对劳动力的需求。穆勒明确地指出了这一错误，他谈道："对于商品的需求并不是对于劳动的需求。对于商品的需求决定了劳动和资本应该投放于哪一个特定的生产部门，它确定了劳动的方向，而不是劳动本身的数量的多少，或者对于劳动的补偿和支付的数额的大小。这些完全取决于资本的额度，或者其他直接用于维护以及补偿劳动的资金的额度。"①这一原理揭示了当时的流行观点和学说的谬误，是极其深刻的洞见。

3. 土地要素

穆勒认为，土地是指自然界提供的原材料和动力，自然界提供的原料包含自然存在的或者生长的适合用来满足人类需要的物品；而自然界的动力，包括风力、水的重力、纤维的黏性等自然界的力量，可以与人类的劳动结合，甚至替代人类的劳动而为生产提供帮助。

在讨论生产要素的基础上，穆勒认为决定生产力水平的因素既包括自然环境的影响，亦包括劳动者的自身素质及社会制度和环境的影响。他将有利的自然条件、劳动者较强的生产能力、社会现有的技能和知识水平、知识在大众间的普及与传播、安全保障（包括政府所提供的保护及对于反对残暴政府的保护）视为影响生产力水平的因素。同时，生产的水平与前期积累密切相关，在积累水平一定时，才可以客观地探讨产量与力量、技能、机器设备的完善程度，以及利用联合劳动的优势的精细程度等因素之间的关系。

穆勒意识到劳动联合（合作）对生产的促进作用，这种联合包括更多的人对同一项生产的简单合作，还包括被称为劳动分工的复杂合作，并且由此论证了一国农业发展的条件及产业分工的重要性。对此，他指出："一个国家除非拥有大量的城镇人口，或者唯一可以作为替代的另一种情况是，除非将大批量的农产品出口给其他国家，否则，该国就几乎不可能拥有生产力水平较高的农业。"②

---

① 〔英〕约翰·穆勒：《政治经济学原理》，金镝、金熠译，华夏出版社，2017，第55页。

② 〔英〕约翰·穆勒：《政治经济学原理》，金镝、金熠译，华夏出版社，2017，第93页。

（二）分配思想

关于财富的分配问题，穆勒认为这是纯粹与制度有关的问题。无论处于任何一种社会形态中，物品的处置并不取决于辛勤的生产者，而取决于社会的认可与否。“财富的分配取决于社会的法律与习俗。占据社会统治地位的那一部分人的观点和情感，决定了这些规则；同时，在不同的时代和不同的国家，这些规则是极不相同的；而且，如果人类愿意的话，那么，这种差别还可能会更大些。”[①] 关于不同的所有制（共产主义和私有制）究竟何种最优，穆勒认为，需要将两者所能达到的最佳状况进行对比。但当时并没有实际的试验结果来支持某一项制度。

穆勒认为，生产法则是一种自然规则，如同自然科学的其他理论一样，不因人的意志或制度的规定而发生改变；但分配法则来自特定的社会制度安排。这一观点与之前的古典经济学理论大相径庭，之前的经济学家认为，分配是由固定的法则所规定的，因此那些用来改善大众生活的再分配法则是无效的。穆勒强烈反对正统的古典学派的看法，他认为分配法则完全可以通过社会的干预得到改善，使更多的人生活得更好。基于此，他赞成对某些分配制度进行改革，例如实行高的遗产税制；他提倡生产者间的合作，认为如果工人不仅获得工资，同时能从合作中取得利润，那么生产力将进一步提高。事实上，穆勒认为，社会发展得越高级之后，对于一种更好的分配法则的需求也会越强烈。随着生产的放缓，更多的注意力会放在个体及其福利上，而物质财富并不是度量个人幸福的唯一因素，此时经济更需要一种好的分配法则。

1. 生产要素的收入分配

在穆勒看来，虽然分配制度如此重要，但它绝不可被单独地考量，分配与要素之间有着密不可分的关系。穆勒认为，自然要素的使用之所以需要支付价格（例如地租），是因为该资源实际上是有限的，或是存在获取的难度，不能无限量地被使用。而实际上可以无限使用的自然要素，除非受到垄断的影响，是不具有市场价值的。

关于工资，穆勒认同“工资由供给和需求决定”这一古典经济学的论

---

① 〔英〕约翰·穆勒：《政治经济学原理》，金镝、金熠译，华夏出版社，2017，第170页。

点，但这并不同于现代经济学中关于供给与需求的概念。正是出于对工资的认识，穆勒赞成马尔萨斯关于限制人口的主张，认为这才能够提高工人的福利水平。穆勒后来放弃了原先关于工资的主张——短期工资率取决于资本积累中用于支付给劳动的那一部分以及劳动市场上的人口总数，如果二者在短期中是固定的，短期工资率就等于后者与前者的差值。虽然穆勒并未在他的著作《政治经济学理论》中进行改动，但他的思想已发生转变，穆勒对这一学说的否定被后来的经济学家赋予相当的重要性。

关于地租，穆勒言明这是一种自然垄断的产物。对一块土地的使用是否需要交租，其界限是由已经耕作的所有土地中产出最少的那一部分土地决定的。由于那一部分土地只能提供正常的劳动及资本报酬，不会有任何剩余给予地租，而其他优于最贫瘠土地的地方，才有剩余支付给地主。对于地租支付，农民最终都可以从产品中得到补偿。穆勒本人支持土地私有，他认为，由于土地所带来的收益主要来自劳动，且改良土地并获取收益需要较长时间，如果土地的占有者和受益人不是同一人，那么占有者将不会花费心力进行改良。同时，穆勒并不支持不以耕种为目的的对土地的独占权。穆勒强调对地租中的全部增加额征税，这表明他认识到了经济运作中存在的不和谐及冲突。

关于利润的组成，穆勒将其分为四部分：首先，资本家因为节省而得到的报酬，使用现行的最优利息率加以计算；其次，资本使用过程中发生的损耗；再次，对于风险的补偿；最后，当资本家同时投入自己的时间及劳动时，利润还应包括对于这一部分的报酬。利润是很容易发生波动的，即使这样，所有行业资本的报酬率总是趋向于均等化，在这个过程中，伴随着要素在行业之间的转移。

2. 分配的决定因素

穆勒认为产品的分配取决于竞争和习俗两个方面，通过考察历史，他论证了习俗在当时的分配中所占有的重要地位。而竞争似乎只在大的市场及商业中心中才会发挥较大的作用。当竞争的确发挥作用时，也只是作为一种带有偶然性的干扰因素；习俗往往才是分配方式的关键，它还会由于人们的价值判断而发生变化。在《政治经济学原理》“竞争与习俗”这一章中，穆勒提到竞争与习俗对于收入分配的决定性力量，但他只是对使用习俗与竞争的场景做了一个大致的区分。那么穆勒本人如何衡量个人的收入分配呢？经济史学家哈利·兰德雷斯（Harry Landreth）等人对此做了一个假想：“正统理论家不愿意考察与个人收入分配相关的问题，原因在于，它涉及规范性问题和价值判断。如果穆勒对生产法则与分配法则的区分，被转换成现代经济理论术语（一种假定的转换，因为穆勒在边际生产力分析法得到发展之前，就做出了这种区分），那么，穆勒将会主张在不同要素的边际生产力与个人收入分配之间，只存在一种松散的联系。社会不能修正生产函数，但是，社会确实有能力实现一种与其自身价值判断相一致的个人收入分配。”①

（三）交换思想

在关于交换的问题上，穆勒想要阐明的是在怎样的条件下，商品以怎样的比例在个人及国家间进行交换。一件物品想要具有交换价值，它需要具备两个条件：一是具有某种用途，二是对于物品的获取存在困难。由于物品具有某种用途所产生的效用是其交换价值的极限，而物品的价值由其效用决定的情况一般是处于绝对垄断的情形，在其他情形下，获取物品的难度决定了物品的价格。有时，物品的价格是由供给的有限性造成的；有时是生产物品所付出的劳动和费用造成的；更为复杂的情况是物品在一定的成本下只能生产有限的产量，提高产量则成本也会随之增加。

1. 价值理论

穆勒认为价值是一个相对的概念，是一件物品能够交换到其他物品的数量，因此所有物品的价值不会同时升高或降低。穆勒还探讨了市场价值与自然价值间的区别及联系。一般来说，商品的市场价值总是围绕着它们的自然价值进行变化。对一些商品来说，自然价值是稀缺性价值，具有稀缺性的物品是指那些供给无法增加，或者其成本价值不能满足全部需求的物品，但同时也可以采取垄断的手段使物品具有稀缺性价值。对绝大多数物品来说，由于可以通过劳动和资本的消耗无限增加供给，其自然价值是它们的成本价值，且是由供给中成本最大的那部分商品所必需的那部分成

---

① 〔美〕哈里·兰德雷斯、大卫·C. 柯南德尔：《经济思想史》（第 4 版），周文译，人民邮电出版社，2014，第 182 页。

本价值决定的。

关于绝大多数商品生产中的成本，穆勒认为其中一些要素成本是不变的、普遍的，如劳动的工资和资本的利润；另外一些要素成本则是偶然的，例如税赋以及源于某些生产要素稀缺性价值的额外成本。而地租只有在体现为稀缺性价值时才成为生产成本的一部分。在这些要素中，生产所必需的劳动数量最为重要。如果两种物品的生产需要相同的劳动量，且以相同的比率支付工资，同时，工资的预付时间也相同，并且行业的性质不要求它们的利润率保持永久性的差异，那么这两种物品平均来说是等价的。利润越低，商品的价值与其生产所需要的劳动价值的背离程度也就越小。利润的每次减少，均会在某种程度上降低大量使用机器生产的物品的成本，并提高人工生产的物品的成本；而利润的每次增多，则会产生相反的作用。

穆勒还讨论了相对量在价值理论中的作用。工资的相对量部分取决于所需要的劳动的相对量，部分取决于它的相对报酬率。相对利润率部分取决于资本占用期限的相对长短，部分取决于不同行业中的相对利润率。对于两种物品而言，一件物品的价值高于另一种物品，是因为它们所用劳动的相对量、资本相对使用期限或者相对利润率存在差异。

2. 市场供求与商品价格理论

穆勒明晰地阐述了供给和需求两方面的因素对商品价格的影响，当需求等于供给时，均衡的状态就实现了。虽然穆勒并没有使用现代经济学框架中的供求曲线，他提出的理论却同供求曲线所表达的内容相一致，因此他对于价值的分析已经远远超越了李嘉图。从那时起直至现在，我们对于竞争性市场中“供给-需求”对于价格影响的认识并未发生较大改变。

在分析价格时，穆勒根据供给的不同分为几种情形：一是在供给保持不变的情况下价格的决定，穆勒认为在这种情形下主要是效用而非成本决定了价格，这一情形的例子包括处于垄断中的物品、珍稀的艺术品等；二是要素和供给可以不断增加的情形，穆勒认为这部分的物品价值由其不变的生产成本来决定，这种情形适用于边际成本保持不变的制造业产品；三是随着产出增加成本会明显升高的物品，此时物品的价值取决于最不利条件下的生产成本，例如农产品。他唯一未予考虑的一种情形，是拥有向下倾斜的供给曲线的商品。另外，穆勒关于价格的分析仅限于竞争性市场，而对于不完全竞争市场的分析直至20世纪30年代才被学者真正完整地表述出来。但是，穆勒并未使用任何数学分析工具即形成了对供给-需求理论的认识，并且这一分析基本上是准确的，实属难能可贵。

3. 国际贸易理论

穆勒对于国际贸易理论的完善也是他备受瞩目的成就之一，在这一领域，他对贸易所得如何在贸易国之间分割做出了严谨的分析。同样的，在这一方面他也未使用任何数学工具，但他对国际贸易领域做出了极为重要的贡献。

李嘉图的比较优势理论开拓性地得出了贸易有利性的结论，但他并未指明，国际价格究竟处于什么位置。穆勒考虑了这一问题，断定商品的国际价格取决于两国对于进口商品的需求。例如英国需要从法国进口葡萄酒，而法国需要从英国进口布匹，如果英国人对于酒的需求远大于法国人对于布的需求，那么国际交换将会对法国人有利，反之则对英国人有利，而这种需求取决于两国消费者的效用及约束。这一开创性的分析充分显示了穆勒的分析能力，而在他之后，国际贸易理论几乎经历了上百年的时间才迎来新的重大变动。

（四）社会进步的影响

穆勒在分析了有关生产、分配、交换的有关规律后，将视角转向某种动态的变化中，他认为世界上绝大多数国家都将面临产出及人口的不断增加，他假定这种增长甚至会保有相同的速度。与此同时，伴随着社会进步而来的变化还有：自然科技的进步、人民财产安全的提升以及合作原则的不断发展，尤其是在此基础上的股份合作形式的发展。穆勒试图分析这种变化对于价值与价格，以及地租、利润与工资的影响。穆勒进一步基于较高发展程度上的静止状态的设想，预想了劳动者阶级的未来。

穆勒认为事物的发展特别是科技的发展，必然使一个国家以更低的实际成本获得本国产品及外国产品，但是也存在改变生产成本递减趋势的因素，例如粮食及原材料成本的变化。由于人口的增加，粮食生产的成本也会增加。由此，这些产品的成本是否增加，取决于人口与技术两方面抗衡的结果。特别的，穆勒还探讨了增长中价格的波动趋势，他认为社会进步会抑制这种波动，这很大程度上是由于投机者的存在。

在关于人口增长对于地租、利润及工资的作用中，穆勒分四种情形加以讨论：一是人口增长而资本和技术保持不变；二是资本增加，人口和技术保持不变；三是人口和技术同时增长，技术不变；四是资本和人口保持不变，技术改进。他得出以下结论：人口和资本的增长会使利润率降低、地租增加以及劳动成本上升；农业技术的改良趋向于降低地租；降低消费品价格的因素都趋向于降低劳动成本以及提高利润率。

在增长所带来的影响中，穆勒尤为关注它对于利润率所造成的影响。他认为，如果资本按照当时的速度不断增长，利润率会逐步降至最低水平，而能够阻止利润率降低的因素包括：投机活动、生产的改进、得到新的从外国获取廉价商品的能力，以及不断向殖民地和外国输出资本。

穆勒认为，在经济和人口经历持续的增长之后，它最终将无法避免进入停滞的状态，但穆勒并不认为这种停滞是坏的，相反，他寄希望于在这种状况下人类精神世界及道德的进步，只有人类能够控制并很好使用自己的力量，才能真正地升华人类的命运。

（五）政府职能思想

政府的权力应该拓展到哪些领域，以及政府执行职能所带来的影响，是穆勒极为关注的部分。穆勒认为如果在某一个范围内需要政府承担责任，那就是因为这样做能够提升整体的便利性，或者这样做可以带来巨大的利益。除此之外，其他因素不能成为政府行使职能的依据（见专栏1）。

专栏1　约翰·穆勒折中主义的国家适度干预理论

约翰·穆勒拓宽了政府的职能和政府干预的范围。他把政府职能区分为“必要职能”（或“一般职能”）与“任选职能”。前者具有很广的范围，而行使这些职能所依据的共同理由是增进普遍的便利，亦即政府在所有社会都行使的，并且大家都赞成政府行使的职能。主要包括税收、财产和契约、司法和执法等制度。后者是指跨越公认职能界限之外的政府职能，其特点是“政府有时执行这些职能，有时不执行这些职能，而且人们对于是否应该执行这些职能，也没有取得一致意见”，“但这并不意味着，后一种政府职能是无关紧要的，政府行使不行使这些职能纯粹出于任意的选择”。无疑，约翰·穆勒比他之前的古典经济自由主义者大大扩展了政府干预的权力和范围以及政府职能的作用。他强调政府最必不可少的职能是“禁止个人在行使自己的自由权利时明显侵害他人利益，并惩罚这种行为”，在他看来，政府最理想的职能是采取措施把人类现在用来相互侵害或用来保护自己不受侵害的力量用于正道，即用来征服自然，使其在物质和精神两方面日益造福于人类。

约翰·穆勒还阐述了自由放任与国家干预这二者的关系。他认为自由放任是一般原则，他说：“一般说来，生活中的事务最好是由那些具有直接利害关系的人自由地去做，无论是法令还是政府官员都不应对其加以控制和干预。那些这样做的人或其中的某些人，很可能要比政府更清楚采用什么手段可以达到他们的目的。即便政府能够最全面地掌握个人在某一时期内积累的有关某一职业的全部知识（这实际上是不可能的），个人也要比政府对结果具有更强烈得多、更直接得多的利害关系，因而如果听凭他们选择，而不加以控制的话，则手段会更有可能得到改进和完善。”他列举了反对国家干预的五条具体理由：(1) 干预本身是强制性的，从而限制个人自由；(2) 政府职能的增加会增加政府的权力和影响，从而限制了政治自由；(3) 增加了政府的工作和责任，从而导致了官僚主义；(4) 个人是自身利益的最好判断者，没有政府干预的私人自由经营具有较高的效率；(5) 政府干预的扩大化会扼杀人民的主动性和创造性，无法使人民养成共同行动的习惯，从而习惯听命于政府的监督和指导，从而导致专制主义。综上所述，这是一种早期形态的政府缺陷论。

同时，他又指出“自由放任有许多例外”，换而言之，“不干预原则在一些情况下不一定适用，或不一定普遍适用。”约翰·穆勒概括了七种例外情况。其一，应该由政府向人民提供教育，社会才能得以不断向更高的文明前进。其二，保护低能儿、儿童和青少年，政府应禁止招募童工，反对虐待儿童，因为后者未能或暂时未能对自身利益做出最好的判断。其三，对签订永久性契约进行限制，法律应允许在一定条件下解除这种契约。其四，政府应对某些在实际上存在着很大程度垄断的私人公司（如公共服务行业以及从事道路、运输和铁路经营的企业）的经营方式进行干预，因为在许多与此相类似的最适宜于私人经营的领域，光有经营者的利益尚不足以确保社会得到适当的服务，还需要有另外的保障；政府应从一般利益着想，使这些领域中的经营活动遵守合理的规定，或保留控制这类经营活动的权力，如国家对于这类公共事业应保留将来收回的权力，或保留并自由行使规定最高收费的权力和经常变动最高收费的权力。其五，政府可通过立法手段实现某一阶级或阶层的愿望，如通过工厂法缩短雇佣工人的劳动时间。其六，政府为他人利益进行干预，如救贫事业属于一种公共救济的利他行为，政府为此制定济贫法。相类似的还有殖民事业和公共工程、公益服务或公共事业。其七，凡人民无力承担的需要大量投入人力和财产的事情，政府应真心实意地承担，旨在最大限度地增进国民的幸福。穆勒的结论是："在某一时期或某一国家的特殊情况下，那些真正关系到全球利益的事情，只要私人不愿意做（而并非不能高效率地做），就应该而且也必须由政府来做。"

资料来源：颜鹏飞、张青：《论约翰·穆勒的国家适度干预学说——早期形态的市场缺陷论和政府缺陷论的混合体》，《经济评论》1996 年第 6 期。

四　谨慎的折中主义者

客观地讲，早期的社会主义者无疑影响了穆勒的思想，事实上，他们影响了大卫·李嘉图之后的很多古典经济学者的研究方向，但穆勒本人并不是共产主义的拥护者。在很长一段时期内，他认为政治经济学家的主要目标是去改进私有制度，以使所有的社会成员分享其中的利益，而非去废除它。他也并不赞同李嘉图关于静止状态的预测，尤其是关于工人工资将会停留在维持最低生活标准上的预测。他乐观地认为，只要社会的分配制度做出有益的改进，更加公正及平等，社会将向更加进步的方向发展，他同时乐观地认为，这一时刻总会到来。在短暂评述资本主义原始积累的非正义后，他认为资本主义社会中财富分配不均等的状况可以得到改善。在公共政策方面，一种较为客观的观点是，穆勒站在了古典自由主义与社会主义的折中位置，事实上，穆勒偏爱于哲学社会主义者的进化观点。

一方面，穆勒的某些主张显示出他的古典自由主义倾向。如穆勒所认为的，政府的横征暴敛会挫伤生产者的积极性，也是造成这种后果的唯一原因，而这样做的结果是使国家陷入贫困。如他所说："可以预期，劳动效率的高低与劳动者所获得的劳动成果的多少成比例；社会机制整体上所调动的劳动的积极性，取决于社会分配给每个人的劳动的报酬，是否尽可能地与劳动的产品所带来的利益成比例；有利于某一阶级或者某一类人而不利于其他人的所有法律和惯例，均将阻碍社会的其他成员对于自身利益的追求，或者使他们的劳动与劳动的自然成果相互背离。这违背了经济政策最基本的原则（姑且不论所有其他触犯法律的因素），它必将导致社会生产力的整体水平远远低于它本来应该达到的水平。"① 从中我们可以窥见西方政治政策中关于保护私有财产及有产者的逻辑基础：这并非出于某种非常高尚的动机，而是促进整个国家的生产力水平的必要条件。在穆勒的思想中我们可以看到某些西方资本主义政治理念的雏形，例如保护私有财产、遏制垄断（财富的集中）等。

另一方面，穆勒又对政府的干预表示赞成，因为即使对于自由而言，也要施加某些限制才行。正如穆勒对实施初等教育的观点："我认为，自由放任的基本原则尤其不适用于初等教育。某些基本知识是来到人世的所有的人在儿童时代无论如何都应该加以掌握的，如果子女的父母或者监护人有能力使子女得到这种教育，但是却没有这样做的话，那么，他们就在两个方面有所失职：对子女失职；对一般的社会成员失职，因为一般的社会成员很可能会遭受缺少教育的同胞的严重伤害。因此，政府应该运用自己的权力规定父母在法律上负有保证子女接受初等教育的责任。不过，要使父母能够承担起这种责任，政府就必须采取措施确保人们能够免费或者以极低的费用接受初等教育。"② 事实上，穆勒察觉出市场运行中存在的冲突，尽管他并不刻意强调劳动者与资本家，土地的使用者与地主之间的阶级冲突，但他所提倡的社会政策，例如由政府提供教育资源、对遗产征税、成

---

① 〔英〕约翰·穆勒：《政治经济学原理》，金镝、金熠译，华夏出版社，2017，第88页。

② 〔英〕约翰·穆勒：《政治经济学原理》，金镝、金熠译，华夏出版社，2017，第886页。

立工会等，都暗示着他力图采取措施以改变社会阶层间的冲突状况。

穆勒的伟大在于他没有不加思索地全盘接受他之前的那些经济学巨擘的观点，尽管他从幼时就受到古典自由主义的教育，并且他也同意李嘉图学说的观点，但他认识到了其中的问题并加以修正；他将自己的思想置于前人所做的努力之上：他使用亚当·斯密的分析方法，也接受了奥古斯塔·孔德的学说，将经济学的研究置于更加宽广的领域之中，尤其是涉及公共政策方面，他的理念远远超越亚当·斯密与李嘉图，他更加受到哈里特·泰勒等社会主义者的影响并提出自己的改进方法。正是这种折中与综合使穆勒不仅成为独一无二的经济学家，更成为超越那个时代的一位伟大的思想家。

参考文献

〔美〕哈里·兰德雷斯、大卫·C. 柯南德尔：《经济思想史》（第4版），周文译，人民邮电出版社，2014。

〔英〕约翰·穆勒：《约翰·穆勒自传》，郑晓岚、陈宝国译，华夏出版社，2007。

〔英〕约翰·穆勒：《政治经济学原理》，金镝、金熠译，华夏出版社，2017。

颜鹏飞、张青：《论约翰·穆勒的国家适度干预学说——早期形态的市场缺陷论和政府缺陷论的混合体》，《经济评论》1996年第6期。

第七章

卡尔·马克思

千年第一思想家

Karl Marx

卡尔·海因里希·马克思（Karl Heinrich Marx，1818～1883）作为“千年第一思想家”[①]，其思想理论源于那个时代又超越了那个时代，是整个人类精神的精华，指引着中国特色社会主义的改革与发展。马克思既是顶天立地的伟人，也是有血有肉的常人，为人类指明了从必然王国向自由王国转型的路径，为中国特色社会主义建设提供了理论源泉。

一 马克思的生平

1818年5月5日，马克思出生在普鲁士莱茵省[②]特里尔城，其父亲为犹太法律学家，思想开明，母亲为荷兰人。1835年，17岁的马克思在波恩大学法律系就读，次年，移居柏林并转入了柏林大学法律系继续攻读学位，同时他十分关注历史、艺术史与哲学相关问题，并加入了“黑格尔左派”小组。[③] 1841年3月，23岁的马克思凭借博士论文《论德谟克利特的自然哲学和伊壁鸠鲁的自然哲学之间的区别》获得耶拿大学哲学博士学位，却由于政治环境的压迫，未能如愿入职大学担任讲师。

1842年4月，马克思开始为科隆思想较为进步的报纸《莱茵报》撰稿并随后（1842年10月）担任主编一职。在《莱茵报》工作期间，为批评莱茵议会、反对《林木盗窃法案》等，马克思“第一次遇到要对所谓物质

① 1999年9月，英国广播公司（BBC）评选“千年第一思想家”，在全球互联网上公开征询投票一个月。汇集全球投票的结果，马克思位居第一，爱因斯坦第二。

② 1871年1月18日，以普鲁士为主导的德意志诸国联邦统一为德意志帝国，现称为德国。

③ 本刊资料组：《马克思生平事业简表》，《科社研究》1983年第1期，第42～49页。

利益发表意见的难事”[①]，这推动了其对政治经济学的研究。马克思根据1841年第六届莱茵省议会会议记录，在1842年10月写下《关于林木盗窃法的辩论》一文，指出立法机构为偏袒林木所有者的利益，剥夺贫民捡拾枯枝等权利的错误性。

1843年1月《莱茵报》被查封。[②] 同年6月，25岁的马克思与燕妮·冯·威斯特华伦（Johanna von Westphalen，1814~1881）[③] 完婚，同年10月底移居巴黎以出版一份名为《德法年鉴》的杂志[④]，并于1843年秋至1844年1月撰写了《论犹太人问题》和《〈黑格尔法哲学批判〉导言》，标志着其从唯心主义向唯物主义的转变，这两篇文章于1844年2月在《德法年鉴》上发表。

1844年4月~8月，马克思在巴黎撰写《1844年经济学哲学手稿》[⑤]，批判古典政治经济学、黑格尔唯心主义与资本主义社会制度，并将哲学领域中“异化”问题与政治经济学的研究相结合，这标志着马克思思想理论的升华。1844年8月28日左右，26岁的马克思在巴黎与之前多次通信的恩格斯会面，并成为终身挚友。

1845年1月中旬，法国迫于普鲁士政府的压力，将27岁的马克思逐出法国，并随后（2月初）在比利时布鲁塞尔定居3年。1845年2月下旬，马克思与恩格斯合著的《神圣家族》出版，该书批判了青年黑格尔派的唯心主义哲学观点，阐明了人民群众是历史的创造者这一历史唯物主义基本原理。[⑥]

1845年在比利时，马克思写下了《关于费尔巴哈的提纲》[⑦]，批判了以费尔巴哈为代表的旧唯物主义的主要缺陷，强调革命的实践在认知与改造世界中的决定作用。1845年4月，恩格斯也来到比利时，7月他们一同

① 〔德〕马克思：《〈政治经济学批判〉序言、导言》，中共中央马克思恩格斯列宁斯大林著作编译局译，人民出版社，1971，第1页。

② 魏峙：《马克思生平大事纪要》，《唯实》1983年第2期，第42~51页。

③ 燕妮·冯·威斯特华伦的父亲是一位男爵，任普鲁士政府派驻特里尔的枢密顾问官。

④ 《德法年鉴》于1844年8月停刊。

⑤ 该著作于1932年后才得以问世，此数据转引自《马克思生平事业简表》，《科社研究》1983年第1期，第42~49页。

⑥ 《卡尔·马克思生平简介》，《实事求是》1983年第Z1期，第58~60页。

⑦ 1888年以附录形式首次发表于恩格斯的《路德维希·费尔巴哈和德国古典哲学的终结》一书中。

到英国伦敦与曼彻斯特旅游，直接考察英国的经济、政治与工人运动。

1846 年 5 月，马克思恩格斯共同撰写完成了《德意志意识形态》一书的主要章节。该著作第一次系统地阐明了“唯物主义历史观”的主要原理，即社会存在决定社会意识，并进一步批判青年黑格尔派的唯心主义，第一次提出了无产阶级夺取政权的任务。

1847 年 7 月，29 岁的马克思出版了著作《哲学的贫困》（法语版）。在进一步阐释历史唯物主义原理的基础上，论述了马克思政治经济学的初步原理。1848 年 2 月，受共产主义者同盟的委托，马克思、恩格斯合著的《共产党宣言》发表，成为国际共产主义的第一个战斗纲领。恩格斯说我们的世界观“首先在马克思的《哲学的贫困》与《共产党宣言》中问世”①。

1848 年 6 月，30 岁的马克思被驱逐出比利时，重新回到了普鲁士，马克思、恩格斯在科隆创办《新莱茵报》。1849 年 4 月，马克思的《雇佣劳动与资本》在《新莱茵报》上发表，揭露无产阶级与资产阶级间不可调和的矛盾对立关系，阐述资产阶级剥削的本质。1849 年 5 月，由于政府当局查封，马克思再次受到驱逐；1849 年 8 月，31 岁的马克思辗转到英格兰伦敦定居，并在那里度过了余生的大部分时间，直到逝世。

1883 年 3 月 14 日，马克思在其住所安乐椅上静静地长眠了。随后，恩格斯发表讲话，“这个人的逝世，对于欧美战斗的无产阶级，对于历史科学，都是不可估量的损失”，“他的英名和事业将永垂不朽！”②

二　马克思政治经济学的发展脉络

马克思一生著作众多，且其思想一直在不断地探索、深化与拓展。程恩富③对马克思的主要著作、研究方法与核心观点，分别按照历史条件、初创时期（19 世纪 40 年代）、发展时期（19 世纪 50~60 年代）、成熟时期（19 世纪 70 年代）与完善时期（19 世纪 80~90 年代）予以详细解读。

---

① 本刊资料组：《马克思生平事业简表》，《科社研究》1983 年第 1 期，第 42~49 页。

② 《马克思恩格斯全集》（第二十五卷），人民出版社，2001，第 594~598 页。

③ 程恩富：《中外马克思主义经济思想简史》，东方出版中心，2011。

林岗[1]详述了《资本论》出版与传播的历史过程。刘德中[2]梳理了马克思主义基本著作。特别是以北京大学哲学系聂锦芳教授为代表的团队以一套12卷本600万字的《重读马克思：文本及其思想》，对马克思本人的著述进行了相对集中、系统与大篇幅的探索，为深入解读与探索马克思文本、文献提供了翔实的梳理、阐释与评论。以上文献对我们客观、准确地了解并探究马克思政治经济学相关著作，提供了难得的参考素材。

马克思的著作可以用卷帙浩繁来形容，仅《资本论：政治经济学批判》就有242.5万字多，其中《资本论》第一卷、第二卷、第三卷分别对应《马克思恩格斯文集》（2009年中文版）中的第五卷、第六卷、第七卷；其中，第五卷94万字，第六卷53.4万字，第七卷95.1万字。[3] 其手稿、文本与著作按照基本的写作时间顺序如下。

《巴黎手稿》是马克思在1843年10月至1845年1月旅居法国巴黎期间创作并抄录的相关笔记，包括《1844年经济学哲学手稿》的“三个笔记本”和《詹姆斯·穆勒〈政治经济学原理〉一书摘要》，初步探讨了劳动异化、交往异化及其扬弃之路径。

《神圣家族》作为马克思与恩格斯第一次的理论合作，成为学者深入研究《1844年经济学哲学手稿》《关于费尔巴哈的提纲》《德意志意识形态》的重要切入口。作为一部建构之作，《神圣家族》在扬弃哲学家黑格尔相关思想的基础上，批判了青年黑格尔派布鲁诺·鲍威尔（Bruno Bauer）及其伙伴。在这些著作写作的过程中，马克思初步形成了以历史与实践的视角观察并剖析世界的逻辑。《德意志意识形态》论著中被大众与学界熟悉的章节是《费尔巴哈》，是马克思在批判中构建“新哲学”的重要文本之一。

1847年的《哲学的贫困》被认为是马克思最重要的文献著作之一，因为其针对政治经济学的“形而上学”，通过辨析比埃尔-约瑟夫·蒲鲁东（Pierre-Joseph Proudhon）的“形而上学方法→政治经济学→社会主义学说

---

① 林岗：《不朽的〈资本论〉——纪念马克思195周年诞辰之际为〈资本论〉的初学者而作》，《政治经济学评论》2013年第3期，第3~38页。

② 刘德中：《论马克思主义基本著作》，《重庆社会科学》2019年第5期，第43~50页。

③ 相关统计与数据转引自杨志选编《〈资本论〉选读》（第三版），中国人民大学出版社，2019，序言。

（社会革命理论）”的研究路径，将马克思的政治经济学、唯物史观与社会主义学说的相关思想体系整合并阐明。

1848 年的欧洲革命是解析马克思理论生涯中非常关键的节点。马克思在 1848~1852 年写下了大量手稿，表达了其革命思想与理论。1848 年 2 月 24 日，《共产党宣言》在伦敦出版[①]，是马克思主义哲学、政治经济学与科学社会主义的系统论述，标志着马克思主义的诞生。[②]

1857 年 8 月至 1858 年 2 月，马克思完成了一系列文稿的研究与撰写，它们被认为是马克思政治经济学相关理论与思想的核心重要文献。从《〈政治经济学批判〉导言》开始，到《〈政治经济学批判〉序言》为止，马克思在总结并提炼过去 15 年的政治经济学批判的基础上，开始构建基于历史唯物主义世界观与方法论的政治经济学，这些文稿被认为是《资本论》的初稿。作为概念体系相对完整而独立的著作，这些文章全面、系统地解读了政治经济学的整体思路与研究方法、将“商品”作为研究的逻辑起点的原因、商品的交换与流通中的货币辩证法、“资本一般”的界定与形式规定性及资本生产总过程等，标志着马克思政治经济学的创立。

马克思在 1861~1863 年撰写了篇幅最大的手稿，构成了随后《资本论》著作的重要内容，包括 23 个笔记本（1472 页）。马克思在黑格尔哲学的基础上，超越其思想并对“剩余价值学说史”予以细致梳理，以“资本一般”为切入点进一步推动其政治经济学的研究。

《资本论》作为马克思最重要的著作，是其一生政治经济学思想的高峰。其中，《资本论》第一卷出版后，由于身体原因马克思未能完成其他各卷的修订与出版工作；在马克思逝世后，恩格斯编辑并出版了《资本论》的后两卷。《资本论》先后出版了德文一版、德文二版、法文版、德文三版与德文四版，并随后被翻译成日文。该著作审视了资本社会的结构与发展的逻辑，形成了一系列非常经典的政治经济学理论，包括劳动价值论、剩余价值论、资本、资本的运动、利润率下降规律、经济危机的必然性等。

---

① 高放：《〈共产党宣言〉是何日出版的?》，《马克思主义与现实》1997 年第 6 期，第 31~34 页。

② 程广云：《马克思的三大批判：法哲学、政治经济学和形而上学》，中国人民大学出版社，2018，第 104 页。

在马克思生命的最后时期，他撰写了长篇读书笔记——《人类学笔记》《历史学笔记》，翔实地梳理了从史前社会到19世纪下半叶现代社会的人类历史，和该时期的文化人类学与历史学的相关研究成果。

三 马克思的主要贡献

马克思曾说“哲学家们只是用不同的方式解释世界，而问题在于改变世界”①，马克思不仅以创新的理论体系解释资本主义生产方式与一般规律，还为现实建设与改革实践指明了前进的方向，并进而改变了世界。

（1）政治经济学的创立与发展层面：马克思与恩格斯在批判继承古典政治经济学的基础上，确立了马克思政治经济学的研究对象、研究方法、基本范畴与基本原理。伴随着资本主义生产关系的产生与发展，政治经济学逐渐具备了成为独立学科的社会经济与政治的条件。1776年，亚当·斯密的《国富论》的出版标志着古典政治经济学的建立；而1867年，《资本论》第一卷的出版，则标志着马克思主义政治经济学理论体系的创立。

（2）方法论层面：马克思揭示了科学的经济学的发展规律，他的学说是方法、是行动的指南。马克思开创了辩证唯物主义与历史唯物主义的世界观与方法论，基于该方法论研究“资本主义生产方式以及和它适应的生产关系和交换关系”②，进而得出资本主义必然灭亡的结论。

很多学者从理论框架入手，解析马克思主义政治经济学的相关理论贡献，如关注马克思关于社会经济发展的一般原理、关于资本主义经济的基本原理、关于世界经济的理论、关于前资本主义经济形态的理论、关于经济发展的具体理论等；③ 关注劳动价值论④、剩余价值论、地权地租论、经济增长论、持续发展论、经济危机论、产权制度论、公平分配论、经济调节论、内外开放论、竞争垄断论、制度趋势论等，比较并研判资本主义与

① 《马克思恩格斯全集》（第三卷），人民出版社，1960，第6页。

② 《马克思恩格斯全集》（第二十三卷），人民出版社，1972，第8页。

③ 张宇：《论马克思主义经济学的本质与理论框架》，《学习与探索》2012年第3期，第89~94页。

④ 张宇、孟捷、卢荻主编《高级政治经济学（第3版）》，中国人民大学出版社，2012，第121页。魏埙教授于2001年所著《价值理论——资本主义经济理论体系的基础》文稿，被收录至书中，该文从横向、纵向、深化三个方面解析马克思的价值理论。

社会主义的共存与演化；[①] 以及分工批判、商品批判、货币批判、劳动批判、资本批判、时空批判等。[②] 这些研究在马克思基础理论探索方面进行了卓有成效的工作，限于篇幅，本文暂不采用此逻辑框架展开。

把握马克思的主要贡献，不能将思路局限于某一个或几个政治经济学的理论中，更需要从逻辑脉络入手，从整体结构出发把握其本质。熊彼特就曾经忠告经济学家：

> 读读马克思著作的选录，或者甚至是单单读读《资本论》第一卷，都是没有什么意思的。任何一个想要对马克思稍稍进行研究的经济学家，必须定下心来仔细阅读整个的《资本论》和《剩余价值学说》三卷。[③]

杨志等[④]用直面现象的“碎片”与回到事物自身的“整体”做比喻，张旭[⑤]从对象、结构、方法与体系上，对马克思经济学体系进行了较为全面的论述。受前人研究的启发，本文拟从发展脉络、经济学体系的结构、基本框架的构成、理论创新、思想演变的角度切入，进而阐释马克思的主要贡献。

（一）辩证唯物主义历史观：马克思政治经济学理论的“硬核”与精髓

马克思政治经济学本质上是建立在唯物主义历史观的基础上的[⑥]，“辩证唯物主义说：人的理性不是历史的动力，因为它本身是历史的产物”，“行动（人们在社会生产过程中的合规律的活动）向辩证唯物主义者说明社会人的理性的历史发展”，所以，“全部它的实践哲学归结为行动。辩证

---

① 程恩富等：《马克思主义政治经济学基础理论研究》，北京师范大学出版社，2017。

② 付文军：《面向资本论：马克思政治经济学批判的逻辑线索释义》，人民出版社，2019。

③ 〔美〕约瑟夫·熊彼特：《经济分析史》（第二卷），杨敬年译，商务印书馆，2001，第24~25页。

④ 杨志、马艳等：《经济学方法论比较：基于〈资本论〉的视角》，中国人民大学出版社，2015，第6页。

⑤ 张旭：《马克思经济学体系研究》，中国人民大学出版社，2002。

⑥ 《马克思恩格斯选集》（第二卷），人民出版社，1995，第37~38页。

唯物主义是行动的哲学”。[①] 历史唯物主义世界观与方法论是马克思政治经济学理论的“硬核”与精髓。

1. 唯物主义历史观的方法原则

“马克思的整个世界观不是教义，而是方法。它提供的不是现成的教条，而是进一步研究的出发点和供这种研究使用的方法。”[②] 马克思在《〈政治经济学批判〉导言》中曾对历史唯物主义的基本原理予以详细表述。[③]

林岗、张宇曾基于马克思历史唯物主义方法论，将马克思政治经济学的方法原则归结为具有严密内在结构与逻辑的五大基本命题：“（1）从生产力和生产关系的矛盾运动中解释社会经济制度的变迁；（2）在历史形成的社会经济结构的整体制约中分析个体经济行为；（3）以生产资料所有制为基础确定整个社会经济制度的性质；（4）依据经济关系来理解和说明政治法律制度和伦理规范；（5）通过社会实践实现社会经济发展合规律与合目的的统一。”[④]

2. 逻辑与历史相统一的方法

马克思的政治经济学相关理论与思想，之所以成为“长期标志着经济学和社会理论发展的高标准”[⑤]，与其采用逻辑与历史相统一的方法论不无关系。恩格斯曾在《卡尔·马克思“政治经济学批判”》中写道：

---

① 〔俄〕普列汉诺夫：《论一元论历史观之发展》，生活·读书·新知三联书店，1961，第198页。

② 《马克思恩格斯选集》（第四卷），人民出版社，1995，第742页。

③ 《马克思恩格斯选集》（第二卷），人民出版社，1995，第32~33页。原表述为：“人们在自己生活的社会生产中发生一定的、必然的、不以他们的意志为转移的关系，即同他们的物质生产力的一定发展阶段相适合的生产关系。这些生产关系的总和构成社会的经济结构，即有法律的和政治的上层建筑竖立其上并有一定的社会意识形式与之相适应的现实基础。物质生活的生产方式制约着整个社会生活、政治生活和精神生活的过程。不是人们的意识决定人们的存在，相反，是人们的社会存在决定人们的意识。社会的物质生产力发展到一定阶段，便同它们一直在其中运动的现存生产关系或财产关系（这只是生产关系的法律用语）发生矛盾。于是这些关系便由生产力的发展形式变成生产力的桎梏。那时社会革命的时代就到来了。随着经济基础的变更，全部庞大的上层建筑也或慢或快地发生变革。”

④ 相关研究很多，但大多参考林岗、张宇主编《马克思主义与制度分析》，经济科学出版社，2001；林岗：《论〈资本论〉的研究对象、方法和分析范式》，《当代经济研究》2012年第6期，第1~7页。

⑤ 〔英〕杰弗里·M. 霍奇逊：《经济学是如何忘记历史的：社会科学中的历史特性问题》，高伟、马霄鹏、于宛艳译，中国人民大学出版社，2008，第53~64页。

> 历史从哪里开始，思想进程也应当从哪里开始，而思想进程的进一步发展不过是历史过程在抽象的、理论上前后一贯的形式上的反映；这种反映是经过修正的，然而是按照现实的历史过程本身的规律修正的，这时，每一个要素可以在它完全成熟而具有典范形式的发展点上加以考察。①

政治经济学的研究通常有两种途径（或称两条道路）②，马克思选择第二种途径，从抽象上升到具体，基于逻辑与历史相统一这一“科学上正确的方法”构建政治经济学的理论体系。从而：

> 就像弗洛伊德教会我们透过个人行为的外观而把握人们的心理过程，或者像柏拉图教会我们透过未证实的表象来把握所掩盖起来的哲学问题一样，马克思也教会我们洞察历史，而不是观看历史。③

（二）政治经济学批判的逻辑建构 1：从“苦恼的疑问”到异化劳动

马克思在《〈政治经济学批判〉序言》中对政治经济学研究经过曾做过说明④，“对所谓物质利益发表意见的难事”构成了马克思研究经济学相关问题的最初动因。虽然此阶段尚不是马克思政治经济学的真正开端⑤，但马克思对林木盗窃法和摩塞尔河地区农民处境的研究，推动他由纯政治研究转向研究经济关系，并从而走向社会主义。⑥

在《1844 年经济学哲学手稿》中，马克思初步探讨了异化劳动、私有财产与共产主义，被认为是其开始思考政治经济学理论体系构建的开端。

---

① 《马克思恩格斯全集》（第十三卷），人民出版社，1962，第 532~533 页。

② 顾海良：《马克思经济思想史研究的两种形式及其意义》，《马克思主义研究》2015 年第 12 期，第 45 页。

③ 〔美〕罗伯特·L. 海尔布罗纳：《几位著名经济思想家的生平、时代和思想》，蔡受百、马建堂、马君潞译，商务印书馆，1994，第 159~160 页。

④ 《马克思恩格斯选集》（第二卷），人民出版社，1995，第 31 页。

⑤ 学界认为马克思相对系统的政治经济学研究始于 1847 年的《哲学的贫困》，之前的政治经济学思想较为零星。

⑥ 《马克思恩格斯全集》（第三十九卷），人民出版社，1974，第 446 页。

“异化”是德国古典哲学的习惯用语，“异化劳动”是马克思首先提出的概念。马克思从四个方面的规定提出了“异化劳动”的重要范畴。①

异化劳动的出现源自管理活动与直接生产劳动的分离，这是一种特殊的分工形式：被雇佣的工人“自由地一无所有”，他们可以摆脱个别资本家，但无法摆脱整个资本家集团。资本家占有生产资料、购买劳动力、用死劳动（物）来统治活劳动（人）；被雇佣的工人不断地生产和再生产剩余价值，也就不断地生产和再生产异己对象（客体）——资本家。

马克思从“异化劳动”出发，探讨劳动因何异化、怎样异化和异化的后果，通过对物的关系的分析来研究人与人的关系（社会生产关系），进而探究社会的构成及其演进。即马克思在阐释“异化劳动”的基础上，对私有财产的起源与本质予以研究，并指出共产主义是对异化劳动与私有财产的扬弃。

（三）政治经济学批判的逻辑建构2：从异化劳动到剩余价值论

马克思政治经济学批判思想的形成与写作的过程不断夹杂着新的思考，其对资本主义制度的剖析因此不断深化。他曾写道：“我想把我的经济学著作的进展情况告诉你。事实上，最近几个月来我都在进行最后的加工。但是进展很慢，因为多年来作为主要研究对象的一些题目，一旦想最后清算它们，总是又出现新的方面的问题，引起新的考虑。”②

1857~1859年，马克思完成了被称为《资本论》最初草稿的《1857~1858年经济学手稿》的创作，出版了被恩格斯称为“他多年研究政治经济学的最初成果”③ 的《政治经济学批判第一分册》。进而，马克思确立了资本主义制度研究的基本顺序：“我考察资产阶级经济制度是按照以下的顺序：资本、土地所有制、雇佣劳动；国家、对外贸易、世界市场。”④ 这成为马克思政治经济学体系形成的标志。

---

① 《马克思恩格斯全集》（第三卷），人民出版社，2002，第272、274页。

② 《马克思致斐迪南·拉萨尔（1858年2月22日）》，载《马克思恩格斯文集》（第十卷），人民出版社，2009，第149页。

③ 《马克思恩格斯全集》（第十九卷），人民出版社，1963，第119页。原话是：“在这部著作中第一次有系统地阐述了马克思的价值论，包括货币学说在内。”

④ 《马克思恩格斯全集》（第三十一卷），人民出版社，1998，第411页。

《1857~1858年经济学手稿》中包含着剩余价值论的“雏形”，“异化劳动”被升华为剩余价值理论。所谓“剩余价值”，是由雇佣劳动创造而被资本家无偿占有的那部分价值，是资本家所有活动的驱动力。通过对资本主义生产方式及其种种异化关系的考察，马克思将早期“异化劳动”的分析进一步具体化，进而将“异化劳动”理论拓展为“剩余价值理论”。

（四）《资本论》：唯物史观与剩余价值理论的有机结合

《资本论》是将马克思一生两大科学发现——唯物史观与剩余价值论有机融合的著作，彻底地揭示了人类社会的发展规律，“所谓彻底，就是抓住事物的根本。而人的根本就是人本身”①。从广义上看，《资本论》以剩余价值的生产、流通与分配为主要研究内容，整部《资本论》就是以唯物史观为方法论指导的关于剩余价值的理论。

1.《资本论》的研究对象、方法和分析范式

马克思对《资本论》的研究对象有自己明确的表述，在其第一卷的序言中，马克思写道：“我要在本书研究的，是资本主义生产方式以及和它相适应的生产关系和交换关系。”②

由研究对象、方法与分析范式所决定，《资本论》的逻辑主线是生产力与生产关系相互作用，该逻辑主线贯穿于马克思政治经济学的理论体系中。生产力与生产关系的辩证统一，表现为《资本论》中的经济规律：商品是使用价值与价值的统一、社会劳动是具体劳动与抽象劳动的统一、资本主义生产是一般劳动过程与价值增殖过程的统一、资本构成是资本的技术构成与资本的价值构成的统一、资本的积累是物质资料的再生产与生产关系的再生产的统一等。③

2. 马克思政治经济学理论体系

参照顾海良、张旭的相关文献列出马克思政治经济学的理论体系（见图1）。

批判与建构是马克思政治经济学研究的主线。马克思以“资本一般”

① 《马克思恩格斯文集》（第一卷），人民出版社，2009，第11页。

② 《资本论》（第一卷），人民出版社，2004，第8页。

③ 张宇：《论马克思主义经济学的本质与理论框架》，《学习与探索》2012年第3期，第89~94页。

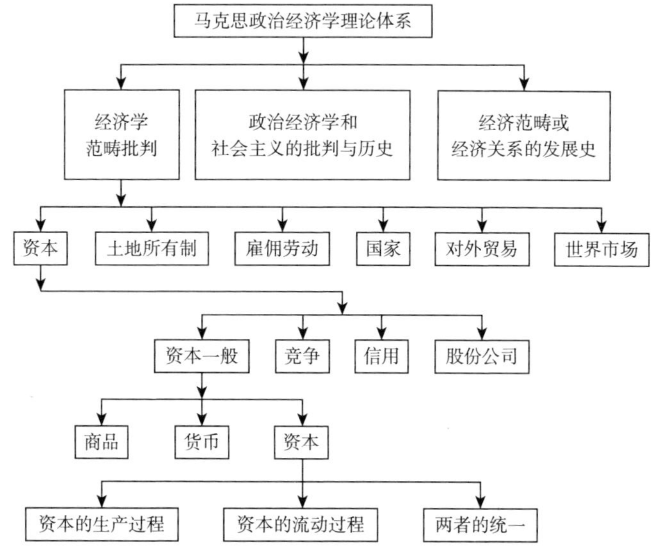

图 1　马克思政治经济学理论体系

统率“资本特殊”与“资本个别”，并由此构建了有着内在联系和必要关联、有着一定层次与结构的复杂的理论体系。

3.《资本论》三卷的主要内容①

《资本论》第一卷研究资本的生产过程，共七篇，可以分为三个部分：第一部分即第一篇，阐述商品和货币理论；第二部分从第二篇到第六篇，阐述剩余价值生产理论；第三部分即第七篇，阐述资本积累理论。

（1）商品和货币理论。

①商品交换的前提条件；

②商品的二因素；

③体现在商品中的劳动二重性；

④货币的产生、本质和职能；

⑤价值规律；

---

① 关于《资本论》三卷的主要内容相关总结文献较多，此处参考了较为有代表性的文献：（1）杨志选编《〈资本论〉选读》（第三版），中国人民大学出版社，2019；（2）李旭章：《中国特色社会主义政治经济学研究》，人民出版社，2016；（3）林岗：《不朽的〈资本论〉——纪念马克思 195 周年诞辰之际为〈资本论〉的初学者而作》，《政治经济学评论》2013 年第 3 期，第 3~38 页。

⑥商品拜物教。

（2）剩余价值生产理论。

①剩余价值生产的前提条件；

②剩余价值的生产过程；

③资本的本质和构成；

④剩余价值的生产方法；

⑤剩余价值规律；

⑥资本主义工资。

（3）资本积累理论。

①剩余价值转化为资本；

②资本积累的实质及其必然性；

③资本积累的一般规律；

④资本积累的历史趋势。

《资本论》第二卷研究资本的流通过程，共三篇，可以分为两个部分：第一部分是第一篇和第二篇，研究资本循环和周转理论；第二部分是第三篇，研究社会资本再生产理论。

（1）资本循环和周转理论（研究单个资本的流通）。

①资本循环的定义；

②资本循环的条件；

③资本周转及其影响因素。

（2）社会资本再生产理论。

①社会资本再生产的核心问题；

②社会资本再生产的实现条件。

《资本论》第三卷研究资本主义生产总过程，共七篇，可以分为五个部分：第一部分从第一篇到第三篇，研究平均利润和生产价格理论；第二部分是第四篇，研究商业资本和商业利润理论；第三部分是第五篇，研究借贷资本和信用理论；第四部分是第六篇，研究地租理论；第五部分是第七篇，考察各种收入及其源泉。

（1）平均利润和生产价格理论（揭示剩余价值在产业资本家之间的分配）。

①剩余价值转化为利润；

②利润转化为平均利润；

③价值转化为生产价格。

（2）商业资本和商业利润理论（揭示资本家参与剩余价值的分配过程）。

（3）借贷资本和利息理论（揭示借贷资本家参与剩余价值的分配过程）。

①借贷资本的形成和本质；

②利息和利息率。

（4）地租理论（揭示土地所有者参与剩余价值的分配过程）。

（5）各种收入及其源泉（第三卷与全书的总结）。

①对三位一体公式的分析；

②分配关系与生产关系；

③阶级。

在 200 多万字的《资本论》巨著中，“资本”不单是一个概念或某个范畴，而是具有系统论、演化思想、辩证唯物主义的理论系统。该理论系统“从抽象上升到具体”，基于逻辑与历史相统一的科学方法，构建并承载了特殊的生产方式、经济结构、经济制度、交换规则、法律规定的权利体系及意识形态。[①]

第一，《资本论》第一卷从抽象层面揭示商品、货币、资本、剩余价值之间的关系。商品、货币、资本、剩余价值这些概念范畴的界定，以及范畴间的相互联系构成相关理论，如商品与货币之间的联系构成了“商品货币理论”、货币与资本之间的联系构成了“剩余价值生产理论”、资本与剩余价值之间的联系构成了“资本再生产（抽象的资本积累）理论”等。在第一卷的理论系统中，“商品不只是当作商品来交换，而是当作资本的产品来交换”[②]，资本表现为一种特殊的、能够增殖的价值，剩余价值则表现为隶属于资本的剩余劳动的货币形式。

第二，《资本论》第二卷从中介层面，以产业资本为例，阐释资本运动过程中的各种形态。在第二卷的理论系统中，资本的运动过程本质上是剩余价值的实现过程。在该理论系统中，资本不仅仅表现为一种持续性的、需要借助社会运行机制实现增殖的运动，还表现为增殖运动的第一推动力与持续推动力。

第三，《资本论》第三卷从具体层面，再现资本在现实经济运动总过

---

① 杨志选编《〈资本论〉选读》（第三版），中国人民大学出版社，2019。

② 《资本论》（第三卷），人民出版社，2004，第 196 页。

程中的各种具体形态。在第三卷的理论体系中，资本不仅具有多样的形式，而且还表现为一种占有、分配、获取相关利益的社会权利体系。

《资本论》的独特魅力在于，它科学地阐释了“资本”存在的客观必然性，同时以讲述类似于古希腊悲剧的方式证明了资本具有历史过渡性的趋势。

（五）创新驱动内生增长思想的源头[①]

马克思以唯物史观与唯物辩证法为研究方法研究资本主义经济运行规律，将经济社会形态的发展理解为一种自然史的过程，从而其创新驱动发展思想表现为技术创新、制度创新与观念创新等多种层次，是以科学世界观与方法论贯之的有机体系。将科学技术划入生产力范畴由恩格斯在 1844 年《政治经济学批判大纲》中最早提出，之后马克思在《资本论》《政治经济学批判手稿》等著作中深入阐述了“科学技术是直接生产力”这一思想，指出“科学作为独立的力量被并入劳动过程”，不仅肯定了科技对生产力发展的原始作用，也揭示了资本主义生产方式下科学技术从属于资本、为相对剩余价值生产服务的本质。马克思从创新驱动发展内核、过程与动力等多角度相对系统地阐述了创新驱动内生增长思想[②]，并将其确认为经济发展的核心。

1. 创新驱动发展内核：解决经济发展深层次问题

在创新概念的表述方面，“机器”“技术”“发明”“以机器为基础的生产方式的变革”“劳动资料的革命”“资本有机构成的变化”等都曾被马克思用于指代技术进步与创新，而“劳动生产率”的提高与“资本有机构成”的变化则被用来衡量技术创新的程度。技术创新包括多种类型与形式，包括“劳动节约型创新”（由于工资上升侵蚀了利润率从而导致节省劳动的创新方式）与“资本节约型创新”（即“不变资本要素贬值”以阻碍利润率下降的创新方式），后者则可采用机器的逐步改良（《资本论》（第三卷）第五章，论蒸汽机）、废弃物的利用（第四节）以及由于机器

---

① 王聪、何爱平：《创新驱动发展战略的理论解释：马克思与熊彼特比较的视角》，《当代经济研究》2016 年第 7 期，第 57～65 页。

② 关于内生增长思想，任力在借鉴 Roberts 和 Setterfield 的基础上，将早期内生增长思想与理论分为四大类：斯密－马歇尔－杨类型（SMY）的劳动分工与内生增长、雷－马克思－熊彼特类型（RMS）的内生创新增长思想、卡莱茨基－卡尔多－瑟尔沃尔类型（KKT）的凯恩斯主义内生增长思想、哈罗德－多马－阿罗－福兰格尔（HDAF）早期的 AK 模型。

更耐用而产生的年修理与维护费用减少等多种形式；此外，马克思还通过对燃料、动力、照明与建筑的支出不随产量成比例上升的分析，评论并阐述了创新导致的规模报酬递增的倾向。

"创新"这一概念的表述之所以呈现多样化，源于马克思以系统性视角解读经济社会要素的分析方法，其将每个政治经济学概念理解为社会本身的一个构成要素，且每一个要素都具有一定的社会关系。马克思在《资本论》中通过区分劳动过程一般与资本主义劳动过程，论证了资本主义生产方式下，作为物化在生产资料、生活资料、商品与货币中的生产关系，资本不仅会"唤起科学和自然界的一切力量"[①]，推动技术进步与创新，从而全面发展生产力；而且，生产力作为资本生产财富的手段，一切以能否提高剩余价值增殖为目标，因此必然会导致对生产力源泉（劳动力与自然资源）的滥用与过度使用。进而，马克思指出创新是解决生产力与生产关系、经济基础与上层建筑间基本矛盾的基本手段与方式。一方面，劳动生产力随着科学和技术的不断进步而不断发展，而社会生产力发展水平及其可获得的技术性质决定了其经济结构的特征，正如手推磨产生了封建主的社会、蒸汽磨产生了工业资本家的社会；另一方面，当生产力发展受到原有生产关系束缚时，就要求突破旧的生产关系，建立起与其相适应的新的生产关系，经济体制制度创新在发展劳动生产力的同时推动了经济社会的自我完善，生产关系反作用于生产力。

由此，区别于其他西方经济学学者，马克思从解决经济发展深层次问题的角度，阐述了创新驱动发展的内核。具体地，在资本主义生产方式下，生产力的发展符合资本逻辑，技术创新以价值增殖为目的，但这一需求未必符合作为社会生产力的人与自然和谐、人与社会和谐的需要。内生、可持续增长与发展，不仅需要技术创新推动生产力的发展，还应适当地主动去引导生产力的发展方向，在发展过程中减少对环境的破坏，避免对资源的过度掠夺与开发。面对资源枯竭、环境污染问题，马克思相关理论思想为澄清技术创新与自然资源间关系的错误看法，提供了重要的文献来源，也为厘清我国自主创新驱动发展战略的内核与特征提供了基本的理论分析框架。

---

① 《马克思恩格斯文集》（第八卷），人民出版社，2009，第197页。

2. 创新驱动发展过程："创造性破坏"的思想理念

在制度创新层面，马克思从哲学角度阐述了技术创新（现实生产力的发展）与制度创新（社会生产关系的调整与变革）间的辩证关系，影响并推动熊彼特形成了"创造性破坏"理论。马克思的"创造性破坏"理念虽然没有像熊彼特那样对其内涵、意义及属性等做出清晰的界定，但通过对生产力与生产关系、竞争与合作等资本主义重要矛盾的阐述，相对系统地提出并论证了创造性破坏的理念。

首先，生产力与生产关系的矛盾演化形成"创造性破坏"。早在 1848 年，在《共产党宣言》中马克思就将"创造性破坏"的理念表述在对资本主义危机的描述中："在商业危机期间，总是不仅有很大一部分制成的产品被毁灭掉，而且有很大一部分已经造成的生产力被毁灭掉……因为……社会所拥有的生产力已经不能再促进资产阶级文明和资产阶级所有制关系的发展；相反，生产力已经强大到这种关系所不能适应的地步，它已经受到这种关系的阻碍。"生产力与生产关系相互作用的微观机制，构成了经济发展的主要演化动力。

其次，相对剩余价值的生产必然导致"创造性破坏"。资本主义内在竞争推动技术进步与创新是资本主义发展的必然逻辑，因为"资产阶级除非对生产工具，从而对生产关系，从而对全部社会关系不断地进行革命，否则就不能生存下去"。为了追逐更多的相对剩余价值，内在动力与外部竞争使得资本家不断改进现有技术，推进生产方式变革；技术创新最初以细节改进等形式出现，随后一个部门的创新会沿着产业链对其他部门产生扩散，"有了机器纺纱，就必须有机器织布，而这二者又使漂白业、印花业和染色液必须进行力学和化学革命"，机器生产的创新是以牺牲旧有的手工业为代价的。

3. 创新驱动发展动力：企业创新的源泉与动力

马克思认为企业创新活动是协调生产力与生产关系、经济基础与上层建筑间矛盾的重要机制，其根本动力与源泉来自资本家追求剩余价值的最大化。首先，资本追求剩余价值有两种表现形式：一方面，资本使用机器以通过缩短工人的必要劳动时间，"延长他无偿地为资本劳动的工作日部分"，使得资本能够占有更多的剩余价值。使用新机器而能够占用更多的

“相对剩余价值”，可实现“变革劳动过程的技术条件和社会条件”并进而“变革生产方式本身”。另一方面，通过技术创新以生产出更能符合市场需求的商品，消费既是创新的目的又是其源泉之一。“资本家只有出售时，才能实现这种剩余劳动时间，或者说，实现这种剩余价值”。总之，“资本人格化”的资本家或企业家有着强烈的创新动机，其创新行为是社会经济客观规律的外在表现；在经济的循环发展中，信用资本进一步有效地保障了创新生产的正常运行。

其次，在追求剩余价值最大化过程中，竞争成为推动创新的重要外在压力。马克思指出竞争促使企业采用新的技术创新，“采用机器的工厂中的必要劳动时间相对地缩短了”，而“使暂时还受旧生产方式支配的工人的必要劳动时间（相对）延长了”，企业的劳动生产力提高使其能够获得超额利润；对超额利润的追求加剧了企业间的竞争并使利润率平均化，在推动创新扩散的同时推动了整个资本主义的生产。总之，“创新—创新扩散—新的创新”这一过程会不断持续，新机器的采用必将“刺激资本家采用日益翻新”的更新的机器。创新通过创造性破坏的过程导致产业升级，从内部推动经济结构的变化。

再次，创新的动力在社会基本矛盾运动中展开。马克思以历史发展视角阐述创新，它以技术创新为基础，创新空间从生产力扩展到经济基础再到上层建筑，技术的进步、创新的发生都与社会生产关系及其他历史条件紧密相关。一定的社会制度是决定科学技术发展方向的基本前提，而当社会的物质生产力与现存的生产关系发生矛盾时，随之而来的是习惯、规范、所有制形式等方面的创新与变革。

4. 系统的内生创新增长观

由于马克思从社会演变与人类解放的高度对社会如何运行、如何发展及其发展方向展开研究，因此其对内在关系的论证及辩证的研究方法，使经济增长理论与社会发展理论相互交织成为有机整体。在对社会发展的研究中，马克思将创新理念贯穿始终，指出科学技术创新推动生产力发展、制度创新带动生产关系变革、文化观念等创新则有助于实现人与自然的和谐发展，并通过“异化”理论阐述社会主义替代资本主义的必然性。

首先，技术存在于一定的社会文化中，创新主体的人也是社会关系的总和，从而生产力是历史的与具体的。资本主义制度下的生产力符合资本逻辑，以价值增殖为根本目的必然形成劳动与技术的异化，人被简化为“机器上的一颗螺丝钉”，人的机器化与资本的垄断地位必然形成技术异化。马克思进而指出，人类社会面临两大变革，人同自然的和解以及人同人本身的和解，社会异化表现为人与自然、人与人的不和谐。其次，在“人-自然-社会”有机系统中考察内生增长与社会发展的动力，生产力的发展需要生产关系的引导。人类社会是四种生产的统一的有机体，即物质生产、精神生产、人类自身再生产与社会关系再生产的内在动态平衡。“人是自然界的一部分”，马克思在扬弃卢梭、黑格尔与费尔巴哈异化思想的基础上，从微观层面的劳动分工、产品分配角度，以及宏观层面的产权体制、社会制度视角，探究作为创新主体的人的本质，并最终提出共产主义观。在共产主义社会中，人们协调与自然间的物质变换，从根源上预防与解决环境问题；在生产关系引导下的技术创新不仅是推动经济内生增长的动因，也是减少环境污染、降低工业与生活废物排放的有效机制。

四　马克思的经济思想评论

“在今天的世界上，对马克思一无所知，就等于半文盲。”[①] 马克思经济思想的形成依赖其科学的方法论，其不仅分层次地揭示了资本的内在本质、中介属性和外在形态，从而能够阐释资本主义产生、运行与发展的规律，而且也能预测当代资本主义新变化，进而指导并推进中国特色社会主义经济建设，其思想在本质上主张改革、发展与创新，这是“闪耀着真理之光”的理论地位与时代价值。

（一）理论地位

作为与亚当·斯密、凯恩斯一起被称为“历史上最伟大的经济学家”[②]

---

① 〔美〕阿尔温·托夫勒：《预测与前提——托夫勒未来对话录》，粟旺、胜德、徐复译，国际文化出版公司，1984，第199页。

② 〔美〕小阿尔弗雷德·马拉伯：《迷惘的预言家：当代经济学家的历史》，高德步等译，海南出版社，1997，第110页。

的马克思，不仅在方法论层面我们提供了科学的信念，也从多层面推动了西方经济学的现代发展。

1. 解构马克思经济学的本质与精髓：历史唯物辩证的世界观与方法论

“观念的东西不外是移入人的头脑并在人的头脑中改造过的物质的东西而已”，“辩证法对每一种既成的形式都是从不断的运动中，因而也是从它的暂时性方面去理解；辩证法不崇拜任何东西，按其本质来说，它是批判的和革命的”。①

以历史唯物辩证方法论，马克思概括出人类历史活动的三大特征：现实的物质性、能动的创造性与时间的延续性。② 他提供了科学的信念与方法，实现了具体与抽象、分析与综合、一般与特殊、逻辑与历史、内容与形式的统一，为正确理解急剧变化的世界经济现象提供了重要的方法论指导。

2. 西方经济学相关理论先驱

西方现代主流的政治经济学是在亚当·斯密、马克思与凯恩斯的“研究成果的基础上”③ 发展起来的。马克思的政治经济学思想，被认为是投入-产出分析法理论的渊源之一，经济增长理论的思想来源之一，是报酬递增理论的先驱者思想之一。④

（二）时代价值

进入21世纪后，资本主义与社会主义之间的本质区别被全球化浪潮冲击得不再清晰⑤，马克思政治经济学思想不仅解析了资本的增殖之道，也揭示了资本存在的必然性与历史过渡性的特征；不仅有利于解读当代资本主义现象，也为中国特色社会主义建设与高质量发展提供了直接的理论源泉。

---

① 《资本论》（第一卷），人民出版社，2004，第22页。

② 付文军：《论马克思政治经济学的历史本质及其意义》，《社会科学战线》2019年第7期，第70~82页。

③ 〔美〕保罗·萨缪尔森：《中间道路经济学》，何宝玉译，首都经济贸易大学出版社，2000，第4~6页。

④ 颜鹏飞、贺静：《西方经济学家对于马克思主义及其经济学的评价》，《马克思主义研究》2009年第1期，第70~78页；郭广迪：《诺贝尔经济学奖获得者与马克思经济学》，《当代经济研究》2013年第12期，第44~49页。

⑤ 杨志、马艳等：《经济学方法论比较：基于〈资本论〉的视角》，中国人民大学出版社，2015，第5页。

1. 当代资本主义现象的解读

"在资产阶级社会的胎胞里发展的生产力，同时又创造着解决这种对抗的物质条件"①，2008 年始于美国的全球性金融危机再一次证明了《资本论》的科学价值②。当代人工智能的迅猛发展依然可以用马克思的政治经济学思想来解读。③ 人工智能、大数据与云计算推动生产过程的网络化、协同化与生态化，不仅加速了物化劳动对活劳动的替代，也由此进一步加剧了社会再生产过程的非均衡性。④

2. 中国特色社会主义发展的理论源泉

马克思在历史形成的社会经济结构的整体制约中探析人的经济行为，其关于共产主义的基本经济特征的概括为中国特色社会主义建设指明了方向。高质量经济发展的内生动力、主要源泉与发展路径可从马克思的政治经济学思想中得到启示⑤，也可为人工智能背景下如何推进"一带一路"建设的提质升级提供有益的理论支撑。⑥

参考文献

《卡尔·马克思生平简介》，《实事求是》1983 年第 Z1 期。

《马克思恩格斯全集》（第三卷），人民出版社，1960。

《马克思恩格斯全集》（第十三卷），人民出版社，1962。

《马克思恩格斯全集》（第十九卷），人民出版社，1963。

《马克思恩格斯全集》（第二十三卷），人民出版社，1972。

《马克思恩格斯全集》（第二十五卷），人民出版社，2001。

---

① 《马克思恩格斯选集》（第二卷），人民出版社，1995，第 33 页。

② 林岗：《不朽的〈资本论〉——纪念马克思 195 周年诞辰之际为〈资本论〉的初学者而作》，《政治经济学评论》2013 年第 3 期，第 3~38 页。

③ 韩海雯：《人工智能产业建设与供给侧结构性改革：马克思分工理论视角》，《华南师范大学学报》（社会科学版），2016 年第 6 期，第 132~138 页；何玉长、宗素娟：《人工智能、智能经济与智能劳动价值——基于马克思劳动价值论的思考》，《毛泽东邓小平理论研究》，2017 年第 10 期，第 36~43 页；李珂：《从当代人工智能的发展看马克思的人机关系思想》，《自然辩证法研究》，2019 年第 4 期，第 71~75 页。

④ 王梦菲、张昕蔚：《数字经济时代技术变革对生产过程的影响机制研究》，《经济学家》，2020 年第 1 期，第 52~58 页。

⑤ 朱方明、刘丸源：《马克思的经济发展理论与西方经济发展理论比较——兼论中国经济高质量发展的路径》，《政治经济学评论》2019 第 1 期，第 54~72 页。

⑥ 卫玲：《以人工智能推进"一带一路"建设的提质升级——基于马克思政治经济学的思考》，《西北大学学报（哲学社会科学版）》，2019 年第 3 期，第 151~158 页。

《马克思恩格斯全集》(第三十一卷), 人民出版社, 1998。

《马克思恩格斯全集》(第三十九卷), 人民出版社, 1974。

《马克思恩格斯文集》(第一卷), 人民出版社, 2009。

《马克思恩格斯文集》(第八卷), 人民出版社, 2009。

《马克思恩格斯文集》(第十卷), 人民出版社, 2009。

《马克思恩格斯选集》(第二卷), 人民出版社, 1995。

《马克思恩格斯选集》(第四卷), 人民出版社, 1995。

《马克思致斐迪南·拉萨尔》(1858 年 2 月 22 日),《马克思恩格斯文集》(第十卷), 人民出版社, 2009。

《资本论》(第一卷), 人民出版社, 2004。

《资本论》(第三卷), 人民出版社, 2004。

〔德〕马克思:《〈政治经济学批判〉序言、导言》, 中共中央马克思恩格斯列宁斯大林著作编译局译, 人民出版社, 1971。

〔俄〕普列汉诺夫:《论一元论历史观之发展》, 生活·读书·新知三联书店, 1961。

〔美〕阿尔温·托夫勒:《预测与前提——托夫勒未来对话录》, 粟旺、胜德、徐复译, 国际文化出版公司, 1984。

〔美〕保罗·萨缪尔森:《中间道路经济学》, 何宝玉译, 首都经济贸易大学出版社, 2000。

〔美〕罗伯特·L. 海尔布罗纳:《几位著名经济思想家的生平、时代和思想》, 蔡受百、马建堂、马君潞译, 商务印书馆, 1994。

〔美〕小阿尔弗雷德·马拉伯:《迷惘的预言家: 当代经济学家的历史》, 高德步等译, 海南出版社, 1997。

〔美〕约瑟夫·熊彼特:《经济分析史》(第二卷), 杨敬年译, 商务印书馆, 2001。

〔英〕杰弗里·M. 霍奇逊:《经济学是如何忘记历史的: 社会科学中的历史特性问题》, 高伟、马霄鹏、于宛艳译, 中国人民大学出版社, 2008。

本刊资料组:《马克思生平事业简表》,《科社研究》1983 年第 1 期。

程恩富等:《马克思主义政治经济学基础理论研究》, 北京师范大学出版社, 2017。

程恩富:《中外马克思主义经济思想简史》, 东方出版中心, 2011。

程广云:《马克思的三大批判: 法哲学、政治经济学和形而上学》, 中国人民大学出版社, 2018。

付文军:《论马克思政治经济学的历史本质及其意义》,《社会科学战线》2019 年第 7 期。

付文军:《面向资本论: 马克思政治经济学批判的逻辑线索释义》, 人民出版社, 2019。

高放:《〈共产党宣言〉是何日出版的?》,《马克思主义与现实》1997 年第 6 期。

顾海良:《马克思经济思想史研究的两种形式及其意义》,《马克思主义研究》2015 年第 12 期。

郭广迪：《诺贝尔经济学奖获得者与马克思经济学》，《当代经济研究》2013 年第 12 期。

韩海雯：《人工智能产业建设与供给侧结构性改革：马克思分工理论视角》，《华南师范大学学报》（社会科学版），2016 年第 6 期。

何玉长、宗素娟：《人工智能、智能经济与智能劳动价值——基于马克思劳动价值论的思考》，《毛泽东邓小平理论研究》，2017 年第 10 期。

李珂：《从当代人工智能的发展看马克思的人机关系思想》，《自然辩证法研究》，2019 年第 4 期。

李旭章：《中国特色社会主义政治经济学研究》，人民出版社，2016。

林岗：《不朽的〈资本论〉——纪念马克思 195 周年诞辰之际为〈资本论〉的初学者而作》，《政治经济学评论》2013 年第 3 期。

林岗：《论〈资本论〉的研究对象、方法和分析范式》，《当代经济研究》2012 第 6 期。

林岗、张宇主编《马克思主义与制度分析》，经济科学出版社，2001。

刘德中：《论马克思主义基本著作》，《重庆社会科学》2019 年第 5 期。

王聪、何爱平：《创新驱动发展战略的理论解释：马克思与熊彼特比较的视角》，《当代经济研究》2016 年第 7 期。

王梦菲、张昕蔚：《数字经济时代技术变革对生产过程的影响机制研究》，《经济学家》，2020 年第 1 期。

魏峙：《马克思生平大事纪要》，《唯实》1983 年第 2 期。

颜鹏飞、贺静：《西方经济学家对于马克思主义及其经济学的评价》，《马克思主义研究》2009 年第 1 期。

杨志、马艳等：《经济学方法论比较：基于〈资本论〉的视角》，中国人民大学出版社，2015。

杨志选编《〈资本论〉选读》（第三版），中国人民大学出版社，2019。

张旭：《马克思经济学体系研究》，中国人民大学出版社，2002。

张宇：《论马克思主义经济学的本质与理论框架》，《学习与探索》2012 年第 3 期。

张宇、孟捷、卢荻主编《高级政治经济学（第 3 版）》，中国人民大学出版社，2012。

第八章

阿尔弗雷德·马歇尔

新古典学派的集大成者

Alfred Marshall

在经济学的荣誉殿堂中，阿尔弗雷德·马歇尔（Alfred Marshall，1842~1924）就是一颗璀璨耀眼的恒星，他与亚当·斯密、大卫·李嘉图比肩，阿瑟·塞西尔·庇古（Arthur Cecil Pigou）、凯恩斯向他致敬。他是新古典经济学的集大成者。他怀着消除人类贫困、增进社会福利的伟大志向投身于经济学，并凭借着扎实的数学功底和渊博的历史学基础，将经济学推向了与自然科学并驾齐驱的地位。

一　马歇尔的生平

马歇尔出生于英国萨里郡柏孟塞市的一个中产阶级家庭。他的父亲威廉·马歇尔是一名英格兰银行的职员，同时也是一个非常虔诚的基督教徒。早年良好的古典教育和宗教氛围浓厚的家庭环境，使马歇尔最初立志在英国的教堂担任神职。而随后在泰勒商业学校进行的六年学习改变了他的人生道路。尽管这所学校提供的主要是传统的古典教育，但该校在19世纪五六十年代是以高质量的数学教学而著称的。在这一时期，马歇尔已展现出其在数学学习上的天赋和极大的热情，这也促使他最终放弃了去牛津大学圣约翰学院接受古典教育进而成为一名牧师的机会，选择到剑桥大学的圣约翰学院学习数学和自然科学。

在大学期间优异的成绩使马歇尔于1865年被其所在的圣约翰学院聘为研究员，而大学期间所接受的系统的数学学习与训练对他后来从事的经济学研究不无裨益。不管最终的职业选择如何，这一段经历对他未来的职业生涯是十分珍贵的。在完成数学学习后的很长一段时间里，马歇尔转而研究伦理科学，也正是对实践伦理学的兴趣激发了他研究经济学的热情。他认为经济学才是解决人类社会实际问题的关键，因此全身心投入到经济学的研究中。而这一时期约翰·穆勒撰写的《政治经济学原理》无疑对马歇尔的经济学研究，尤其是早期阶段的研究，产生了重要影响。

1877 年，婚后的马歇尔被迫离开剑桥到新成立的布里斯托大学担任院长兼政治经济学教授。直到 1884 年底，马歇尔成功接替了逝世的著名政治经济学教授亨利·福塞特（Henry Fossett）的教职，才得以以经济学教授的身份重返剑桥大学。在他的就职演说中，马歇尔分析了经济学在英国的发展状况，阐述了他所理解的经济学的研究领域，以及剑桥为促进经济学未来发展应做的工作，也由此确立了他之后的工作目标。此后直至退休，马歇尔在剑桥大学担任教授一职长达 23 年。在这期间，他致力于推动经济学的发展，主张用经济学来解决当时的社会现实问题，并在教学、学院管理以及课程设计等方面进行了大刀阔斧的改革。

于 1890 年问世的《经济学原理》无疑是马歇尔经济学学术生涯的巅峰。该书一经出版就引起了极大的反响，《蓓尔美街报》《自然》《学术》等 21 家报纸杂志先后刊登了有关该书的评论。《泰晤士报》评价该书为“经济科学中一部具有重要贡献的著作”①。更有大量评论将马歇尔的《经济学原理》与亚当·斯密和穆勒的巨著相比较，甚至认为其可以与马克思的《资本论》相媲美（《观察家》，1890 年评论）。然而，马歇尔本人在某种程度上对如此高的评价持怀疑态度：“在晚年，他表达了对自己学生们的期望，希望他们通过对经济学的研究和发现，使《经济学原理》的大部分内容变成废纸。”②

马歇尔于 1908 年正式从剑桥大学申请退休，抛开了繁重的教学任务和大量的科研管理工作，有了充足的时间和精力安心著述。1919 年，《工业与贸易》正式出版，成为产业经济学研究史上的一部经典之作。从 20 世纪 20 年代早期起，马歇尔的身体便每况愈下，但直至人生最后的几年里，他仍未放弃对《经济学原理》的修订与再版，于 1923 年完稿并出版了《经济学原理》《货币、信用与商业》。

---

① 〔澳〕彼得·格罗尼维根：《阿尔弗雷德·马歇尔》，丁永健译，华夏出版社，2009，第 109 页。

② 〔澳〕彼得·格罗尼维根：《阿尔弗雷德·马歇尔》，丁永健译，华夏出版社，2009，第 123 页。

二　“不仅属于特定时代的洞见”

马歇尔的经济学写作生涯很长，从 19 世纪 70 年代早期他开始专注于经济学研究，一直到 1924 年去世，持续了近半个世纪。其间他撰写的著作除了广为人知的《经济学原理》外，还有四部著作，分别是：《产业经济学》（1879）、《产业经济学概要》（1892）、《工业与贸易》（1919）、《货币、信用与商业》（1923）。后两部作为《经济学原理》的姊妹篇，与《经济学原理》一同构成了马歇尔的主要著作，前两部著作则篇幅不长。此外，马歇尔还曾参加多个皇家委员会和政府委员会，特别是劳工委员会，并为其撰写了大量的官方咨询报告。

（一）马歇尔的主要著作

《经济学原理》被西方经济学界认为是划时代的著作，也是继亚当·斯密的《国富论》和大卫·李嘉图的《政治经济学及赋税原理》之后最伟大的经济学著作。这本书在马歇尔在世时就出版了 8 次之多，成为当时最有影响力的专著，多年后一直被奉为英国经济学的圣经，也成为许多国家大学课堂上的经济学教科书。

《经济学原理》实现了经济学从古典的“斯密-李嘉图-穆勒”模式向新古典模式的成功转换。马歇尔运用折中主义的方法，在英国古典经济学生产费用论的基础上，着重吸收了边际效用论和边际生产力论，形成了以“完全竞争”为前提，以“供求均衡”为核心的经济学体系。该著作被公认为是政治经济学发展史上的一个“里程碑”，同时也是现代西方经济学的奠基之作。

《经济学原理》主要分为六个部分：前两部分是全书的基础，概述了经济学研究范畴以及后文中会使用到的一些经济学基本概念；第三部分阐述了需求的重要作用，并从人类的欲望出发探讨了需求与活动之间的关系；第四部分对影响供给的各种生产要素进行了系统分析；第五部分是该书的核心内容，分析了价值的决定因素，从需求、供给与价值的一般关系出发，运用多达 15 个章节的内容详尽论述了均衡价格理论；第六部分是分配理论，论述了各生产要素的需求价格和供给价格的均衡形成。除正文的六部分内容外，《经济学原理》的附录部分也不容忽视。正如众多经济学家所指出的那样，马歇尔的《经济学原理》是以数学为基础的，但为了使其著作通俗易懂，他将数学这一伟大的工具隐藏在了脚注和附录中。

在《工业与贸易》中，马歇尔巧妙地将理论分析与历史事件相结合，从历史演化的视角揭示了产业技术进步对人们生活和工作条件的影响。该书由三部分内容构成：第一部分通过对四大工业强国的比较研究，探讨了国家和地理因素对产业集聚的作用；第二部分主要研究了大规模工业兴起所引发的收益递增现象；第三部分重点探讨了垄断及垄断市场问题。著名的经济思想史学家彼得·格罗尼维根（Peter Groenewegen）曾评价："《工业与贸易》这本书对商业实践的洞见不仅属于那个特定时代，而且也具有普遍意义，因此它到现在依旧值得研究。"①

《货币、信用与商业》是马歇尔的夫人玛丽·佩里·马歇尔（Mary Paley Marshall）从马歇尔早期公开和未公开的研究材料中筛选和整理出来的。这本书包括四个部分，内容涵盖了货币、商业信用、金融机构、国际贸易、外汇、就业波动、产业波动等方面，反映了马歇尔作为一个完全成熟的经济学家在货币与国际贸易理论方面的建树。

（二）马歇尔的两部简短著作和官方报告

除了上述主要著作外，马歇尔还曾出版两本较简短的著作。第一本是《产业经济学》，是由他与他的夫人共同完成的。该书的写作初衷是为当时的成人教育提供教材，内容涵盖了传统生产理论、分配理论、市场波动等。第二本是《产业经济学概要》，由马歇尔本人独立撰写完成。该书实际上是《经济学原理》的缩略版，沿袭了《经济学原理》的基本分析框架，但删除了原书中难懂的内容和几乎所有图表及数学附录，只保留了四个附录，同时还添加了一章有关同业工会的内容，作为对《经济学原理》的补充。

此外，皇家经济学会分别于1926年和1996年出版了两卷本的《马歇尔官方报告集》。前一卷由凯恩斯编辑，后一卷由格罗尼维根编辑，内容

---

① 〔澳〕彼得·格罗尼维根：《阿尔弗雷德·马歇尔》，丁永健译，华夏出版社，2009，第9页。

涵盖了马歇尔在参加多个皇家委员会和政府委员会期间撰写的大量官方报告。这些报告涵盖了他在经济学领域的诸多观点，是他丰富思想的源泉。通过这两卷官方报告，我们能够更充分地了解到马歇尔在货币、信用、商业波动、国际贸易、公共财政、教育及就业波动等方面的观点，尤其是其公开出版的著作中未涉及或是没有详细说明的部分。

三 局部均衡分析与微观经济学

（一）经济学的范围和方法

马歇尔在《经济学原理》的开篇就对经济学的研究范围做出了界定："政治经济学或者经济学，是对人类一般生活的研究，是对个人与社会活动中获得和使用保证生活安康物质必需品的最密切相关的部分的研究。"①

马歇尔对于经济学研究范围的界定是宽泛且灵活的，既包括了对财富的研究，也包括了——甚至更重要的——对人的研究。一方面，对于财富而言，传统的经济学将其视为满足需要的东西和努力的结果。马歇尔则认为，虽然财富是由人们想要得到的东西构成的，并能够直接或间接满足人类的欲望，但并非所有想要得到并通过努力获得的东西都能称得上财富。财物按照性质的不同可以分为物质商品和私人财物、外在的财物和内在的财物、可转让的财物和不可转让的财物、自由财物和可交换的财物等。而财富仅仅指外在财物中那些能够用货币衡量的东西。也就是说，经济学范围之内的财富指的是经济财物，具有归属于某人所有和直接能用货币衡量的特性。另一方面，对于人的研究，马歇尔借鉴了边际学派的理论分析，将经济学的研究范围扩展至研究人的动机，并将人类经济活动的动机划分为追求满足和避免牺牲两种类型。前者鼓励人类从事某种经济活动，后者则抑制人类从事某种经济活动。尽管人类动机的质量在性质上是无法衡量的，但这并不影响经济学以货币为标准对人类活动的动力和阻力进行数量上的衡量。

---

① 〔英〕阿弗里德·马歇尔：《经济学原理》，廉运杰译，华夏出版社，2017，第3页。

马歇尔在探讨经济学的实质时强调，以货币来度量经济行为并不代表人类的经济动机全是利己的，对金钱的欲望本身也可以出于高尚的动机，因而经济衡量的范围甚至可以扩大到众多利他的活动。马歇尔之所以会强调这一点，正是为了避免一些人对经济学的误解：经济学就是研究对财富的自私欲望。货币、购买力、物质财富等确实是经济学研究的核心问题，但这仅仅是因为货币是通用的、衡量人类动机的、唯一方便的方法，这并不代表它是经济学研究的主要目标。事实上，马歇尔早年接受的道德哲学教育和宗教氛围浓厚的家庭环境，使他有强烈的人道主义情怀，将消除贫困视为经济学研究的首要任务。他认为所谓的“上等阶级”和“下等阶级”的划分本就不应存在，任何人都应有公平的机会去享受文明的生活，不为过度机械的劳动和贫困痛苦所困。而如何实现这一愿景就属于经济学范围内的研究内容，理应受到经济学家的关注。

此外，值得注意的是，马歇尔在论述经济学的范围时使用了两个不同的词语：政治经济学和经济学。根据这样的范围界定，经济学如何能够区别于政治学、社会学、人类学以及历史学呢？马歇尔对经济学范围的宽泛界定并不是因为疏忽或随意，而是源于特定的时代背景。100 多年以前，经济学还远不是今天这样一门独立的学科，而是长期依附于哲学、历史学和伦理学等学科。以奥古斯塔・孔德和赫伯特・斯宾塞（Herbert Spencer）为代表的社会学家坚称，任何对人类社会行为有益的研究都必须和整个社会科学一样广泛。他们甚至认为，由于社会生活的各个方面都是密切相关的，因而经济学家针对经济这一社会生活的单一方面所开展的研究必然是徒劳无益的，所以应致力于发展统一的、包罗万象的社会科学研究。而马歇尔的伟大之处就在于，他没有像同一时代的其他人一样受到权威论断的绑架，而是凭借其对 17 世纪以来历史的精通和对真实世界的细致观察，提出了“统一的社会科学可望而不可即”的观点。

当卓越但性急的希腊天才们坚持寻求单一基础以解释一切自然现象时，自然科学的进步很慢；而现代自然科学之所以有了迅速的进步，是因为研究者把广泛的问题分割成几个组成部分。毫无疑问，所有自然力量都有统一的基础，但是在发现这种统一性的过程中所取得的任何进展，既取决于对整个自然领域进行的偶然性观测，也取决于对专门化知识的执着研究。而且耐心细致的研究可以为后代提供材料，使他们能比我们更好地了解支配社会组织发展的那些因素。[1]

在马歇尔看来，在社会科学这一研究人类社会行为的博大的研究领域中，对细分领域的研究有助于推动整体的进展，实现更快的进步。而经济学家对社会科学的贡献就在于专注于研究人的生活的一个方面，即研究日常生活实务中最有力、最持久地影响人类行为的那些动机。面对历史导向的经济学家所提出的经济理论缺乏普遍性的抨击，马歇尔在其当选剑桥大学教授的就职演讲中做出了回应："就经济学能够独自宣称具有普遍性这一点来说，并没有什么教条。它不是具体真理的主体，而是发现具体真理的发动机。"[2] 在提出这一观点的同时，马歇尔也以其特有的折中方式指出专门从事某一领域研究工作的人，有必要、有责任与自己研究领域之外的其他科学的进步成果保持接触。

对于经济学的方法论，马歇尔最大的贡献是在《经济学原理》中首创了经济学的"静态分析范式"，后来逐渐演变为"局部均衡分析法"，这一方法奠定了现代微观经济学分析方法的基础。熊彼特曾对此做出评价："与其说马歇尔创造了一种分析的工具，还不如说他熟练地掌握了一种分析的工具；它不是一个具体的真理，而是一个去发现真理的机械。"[3] 马歇尔认为，经济体之间相互影响的敏感关系和时间的变化无疑增加了经济学研究的复杂性和困难度，而经济学家又无法运用自然科学的实验方法来解决这一问题。为了便于对经济体中复杂的内部关系进行分析，马歇尔提出有必要通过假设条件的限定，将要分析的经济体的某一部分隔离起来，忽视但不否认经济体所有组成部分之间的相互关系，即局部均衡地分析形势。也就是说，在局部均衡的分析框架内，任何问题在分析的开始阶段均被限定得非常局限，假设某种因素发生变化时，其他条件均保持不变；随着分析的进展，为增加与现实的可比性，越来越多因素的变化被考虑在内，分析的范围得以缓慢而细致地扩展，现实性不断增强。该方法的价值在于，就既定原因的可能结果来说，取得一个最为接近现实的结果。

---

① 〔英〕阿弗里德·马歇尔：《经济学原理》，廉运杰译，华夏出版社，2017，第 675 页。

② 〔英〕亚瑟·C. 庇古：《阿尔弗雷德·马歇尔纪念集》，美国凯赖与米勒曼出版公司，1956，第 159 页。

③ 〔美〕约瑟夫·A. 熊彼特：《熊彼特选集：对十大经济学家的评析》，秦传安译，上海财经大学出版社，2010，第 89 页。

此外，作为一个拥有扎实数学基础的经济学家，马歇尔开创性地运用数学公式、几何图形以及图表来解释各种经济现象。他在《经济学原理》的附录四中提及数学工具所提供的服务对于经济学研究的意义。

数学能够运用极其简练的语言，清楚地呈现经济学推理的某些一般关系和某些简短的过程。这些虽然能用日常语言来表达，但不会如此清晰。尤其重要的是，用数学方法处理物理学问题中的经验，使我们对经济变动的交互作用的理解，比用任何其他方法所能获得的理解更深刻。[①]

更难能可贵的是，熟练掌握数学分析方法的马歇尔还清醒地认识到了数学所提供服务的局限性，认为仅仅依靠数学定理和经济学假设不大可能得到好的经济学理论，数学仅仅是一种简洁的表达，而不是探索的动力。

（二）需求理论

不同于对生产的研究在古典经济学一般著作中所占据的重要地位，对于需求或消费问题的研究始终未能得到足够的重视，这也在很大程度上制约了对需求与供给关系问题的研究。马歇尔提出了对需求问题研究的重要性，并从人类的欲望出发探讨了需求与活动之间的关系。

马歇尔对需求理论最大的贡献在于发现了需求弹性，并凭借其扎实的数学功底将其清晰且准确地表示了出来。马歇尔对于需求弹性的界定是从欲望递减这一普遍规律出发的，即如果其他情况不变，一个人对某种商品的需求会随着对拥有量的增加而递减。同时，马歇尔指出这种递减存在速度上的差异，如果这种递减是缓慢的，那么价格的小幅度下降就会引发购买量的大幅度增加，即商品只需要很小的诱惑力就会激发购买欲望，也就是说需求弹性较大；而如果这种递减是迅速的，价格的小幅度下跌只会带来购买量的小幅度增加，即价格的下跌不会激发更多的购买欲望，也就是说需求弹性较小。

根据上述观点，马歇尔所说的需求弹性即需求的价格弹性（price elasticity），指的是一定时期内一种商品的需求量变动对于该商品的价格变动的反应程度，并且马歇尔通过价格弹性系数的形式将其揭示了出来。价格弹性系数表示为：

---

① 〔英〕阿弗里德·马歇尔：《经济学原理》，廉运杰译，华夏出版社，2017，第686页。

$$E_d = -(\text{需求量的变动率}/\text{价格的变动率}) = -(\Delta Q/Q)/(\Delta P/P)$$

需要指出的是，在通常的情况下，由于商品的需求量和价格是呈反方向变动的，$\Delta Q/\Delta P$ 为负值，所以，为了方便比较，公式中加了一个负号，以使价格弹性系数 E_d 取值为正。在商品的价格变动 1%的前提下，需求量的变动率可能大于 1%，此时 $E_d>1$，即价格富有弹性；需求量的变化率也有可能小于 1%，此时有 $E_d<1$，即价格缺乏弹性；需求量的变化率还可能恰好等于 1%，此时有 $E_d=1$，即价格无弹性。而需求弹性的大小，则是由需求量在价格一定程度下跌时增加多少以及在价格一定程度上涨时减少多少而决定的。

马歇尔在阐明了需求弹性的内涵之后，紧接着对影响需求弹性大小的原因进行了系统分析，并将其归纳为以下三类。

第一类原因，即与社会阶层和贫富程度有关的原因。马歇尔提出，对于富人来说并不算什么的低价商品，对于穷人来说可能就是无力购买的高价商品。例如，富人平日随意纵饮的葡萄酒，穷人或许从未品尝过。这表明，不同的阶层对同一种商品的需求存在较大差异。因此，通过划分不同的阶层来研究需求情况，更有助于得到最清晰的需求弹性规律。同时，马歇尔也提出了几乎适用于所有商品以及每个阶层的一般需求法则。

某种商品一旦成为日常用品，价格的大幅度下跌就会使它的需求量大幅度增加。高价商品的需求弹性大，而中等价格的商品需求弹性也大，至少是相当大，但是需求弹性是随着价格的下跌而下降的，如果价格下跌到谷底，需求弹性就逐渐消失了。①

马歇尔还强调了这一需求法则存在例外的情况，这些细节上的变化是由人们对商品不同的饱和点引起的。例如，食盐、香料、廉价的药品等即使对于穷人来说也比较低价的商品，其需求弹性就很低，这些商品的价格下跌不会引起消费的大量增加。而肉类、牛奶、黄油、羊毛织品、烟草、进口水果以及普通医疗用品等商品，其价格的变动总能引起工人阶级和中下等阶层的人的消费发生很大变化。但无论它们价格如何低廉，都不会引起富人消费的大量增加，也就是说，工人阶级和中下等阶层的人对这些商

① 〔英〕阿弗里德·马歇尔：《经济学原理》，廉运杰译，华夏出版社，2017，第 98 页。

品的直接需求很有弹性，而富人并非如此。像名贵的烟酒、非应季的水果、高水平的医疗和法律服务等高价商品，除了富人之外，其他阶层的人们几乎没有什么需求，即使有需求，这种需求也往往具有很大的弹性，因为其属于对获得社会声誉手段的需求，而这种需求几乎不会达到饱和。

第二类原因，即影响需求弹性的一般原因。马歇尔认为，第一，对于小麦这一类始终供给充足的商品，在价格很高或很低时，需求几乎没有弹性；第二，对于高级物品的需求很大程度上取决于人们的感觉与喜好；第三，对于用途广泛的商品的需求往往是最具有弹性的；第四，对那些绝对必需品的需求是非常没有弹性的，且奢侈品中那些占富人收入比重并不高的东西的需求也是非常没有弹性的。

第三类原因，即与时间有关的种种原因。马歇尔认为，首先，货币购买力是不断发生变化的，价格也会根据货币的贬值或升值而进行调整，进而影响到需求弹性的变化；其次，社会总的繁荣程度和所能够支配的全部购买力也是不断变化的，经济的周期性变化必然对不同收入来源的人产生不同的影响，进而引发需求弹性的变化；再次，人口和社会财富的逐步增加也会引起消费和需求弹性的变化；最后，还要考虑风尚、爱好和习惯的变化，并对一种商品新用途的产生以及替代品的发现、改进或跌价进行考虑。

马歇尔对于需求理论的另一大贡献，在于其对消费者剩余的概念进行了详尽的阐述。

我们已经知道，一个人对一个物品支付的价格绝对不会超过而且也很少会达到他宁愿支付但又不愿得不到此物的价格。因此，他从购买此物当中所得到的满足，通常超过他为此物付价时所放弃的满足。这样，从这种购买中他就得到一种满足剩余。他宁愿付出也不愿得不到此物的价格超过他实际付出价格的那部分，是对这种剩余满足的经济衡量。这部分可称为消费者剩余。①

马歇尔在消费理论中对于消费者剩余的研究，极大地推动了福利经济学发展成为一门独立的经济学分支学科。

---

① 〔英〕阿弗里德·马歇尔：《经济学原理》，廉运杰译，华夏出版社，2017，第117页。

（三）供给理论

马歇尔的供给理论，对影响供给的各种生产要素进行了系统分析。马歇尔将生产要素划分为土地、劳动、资本和组织四大类。

首先，对第一类生产要素——土地，马歇尔提出了土地肥力的报酬递减规律，即由于资本和劳动的增加而增加的报酬，在达到最大报酬率之后，必然会出现递减倾向，只有耕作方法的改良才能使资本和劳动得到更好的应用。并且他还强调了报酬递减规律仅与所获得产物的数量有关，而与生产物的价值无关。

其次，通过剖析人口在数量、体力、性格和知识方面的发展，马歇尔对劳动的供给进行了系统分析。从数量上来看，人口的增长取决于两方面因素：一是人口的自然增加，即人口出生数超过死亡数；二是移民数。马歇尔认为，人口出生数主要取决于有关结婚的习惯。他对不同生活状况的人群的平均结婚年龄和生育情况做了细致的分析，得出以下结论：人口出生率在富裕人群中较低，而在那些为自己和家庭的将来不做过多打算并且过着忙碌生活的人群中较高。除数量因素外，物质财富的生产还取决于工业效率，而后者又在很大程度上依赖劳动力的活力，这种活力既包括了身体的力量、健全的体格，也包括了坚强的意志和奋发有为的性格。活力是一切进步的源泉，它体现在伟大的事业、伟大的思想以及感受真正的宗教的能力当中。此外，教育是生产物质财富的一个重要手段，因为真正的教育使人在业务上发挥出最好的才能，并赋予人将来取得进步的能力。

再次，对于资本，马歇尔也做了分析。他认为随着人类文明的不断进步，财富的形态也不断地变化，且随着财富的迅速增加，积累的能力也在迅速增强。在影响财富增长的众多因素中，马歇尔先是肯定了生产技术进步的重要作用。当生产技术落后时，很少有剩余，而在生产技术进步时，只要为将来生产而积累的资本进一步增加，就会增加剩余，也就能从剩余中积累出更多的财富。而要鼓励人们增加储蓄，保障是一个重要的前提条件。这是因为，如果那些为将来进行储蓄的人们不能享受到财产安全的保障，那结果只能是被迫的及时行乐。同时，马歇尔也认识到，货币经济与近代经营习惯的发展相关，如买卖制度、借贷制度以及新的需求的发展，在许多方面都能引发新的奢侈方式，并将现在的利益置于将来的利益之上，从而妨碍财富的积累。与之相反的是，对于家庭的情感和对后代的考虑成为激励储蓄的主要动机。就财富积累的源泉来看，储蓄的能力取决于超过必要开支的那部分收入，财富分配得当将促进巨额公共财产的积累，进而促进社会物质财富的增长。此外，马歇尔还深刻地认识到，储蓄与消费是在现在的满足与延缓的满足之间做选择，而利息就是延缓满足的一种报酬，并且报酬越多，储蓄率通常也就越高。

最后，在研究工业组织生产规模扩大所产生的经济时，马歇尔将其划分为以下两类：一类是内部经济，即有赖于从事此工业的个别企业的资源、组织和经营效率的经济；另一类是外部经济，即有赖于此工业的总体发展的经济。对于内部经济而言，马歇尔认为："有效率的工业组织的第一个条件，就是应当使每个受雇者都能担任力所能及和资历能使之胜任的工作，并为受雇者备好工作所需的最好的机械和其他工具。"[①] 也就是说，分工所引发的熟能生巧能大大提高效率，进而促进内部经济的产生。同时，马歇尔也强调，这种极端专门化所带来的效率提升仅限于那些只需要手工技能的低级工作，而在科学研究等高级工作中则不尽然。对于外部经济而言，总的生产规模的扩大，必然会促进不直接依赖个别企业发展的经济产生。其中最重要的经济因相关工业部门的发展而产生。一方面，这些专门工业通过集中于特定的地方，获得了地方性工业的利益，促进了辅助行业的发展和高度专门化机械的使用，并能共同利用轮船、火车、电报、印刷机等现代工具；另一方面，大量资本在个人或个别企业手中的高度集中推动了大规模生产，而大工厂的优势又表现在专门机械的使用与改良、采购与销售、专门技术和企业经营管理工作的进一步划分上。

（四）均衡价格理论

马歇尔在《经济学原理》中用大量篇幅论述了需求、供给与价值的一般关系，即均衡价格理论。在商品价值的决定问题上，马歇尔将英国古典经济学中的生产费用论和边际效用学派的边际效用递减规律进行了有机结合。他认为，在其他条件不变的情况下，商品价值是由商品的供给和需求状况共同决定的，供需双方力量相互作用，最终形成了需求价格和供给价

---

① 〔英〕阿弗里德·马歇尔：《经济学原理》，廉运杰译，华夏出版社，2017，第 235 页。

格相一致的均衡价格。

马歇尔用商品的均衡价格来衡量商品的价值，认为均衡价格和价值是一致的，而需求价格的决定和供给价格的决定有很大的区别。所谓需求价格，是指消费者对一定量商品所愿意支付的价格。在其他条件不变的情况下，市场上对某种商品的需求一般与其价格呈反方向运动，即价格上涨，需求量减少；价格下跌，需求量增加。所谓供给价格，是指生产者提供一定量商品所愿意接受的价格。在其他条件不变的情况下，商品的供给与其价格呈同方向运动，即价格上涨，供给增加；价格下跌，供给减少。当然，影响需求与供给变动的因素不仅仅是价格。影响需求变化的其他因素还有消费者收入、替代品价格、互补品价格、对未来价格的预期等；影响供给变化的其他因素还有生产技术水平、生产要素价格、相关商品价格等。这些因素的变化会导致需求曲线和供给曲线发生位移，从而使均衡价格发生变化。

对于供求均衡状态，马歇尔将其划分为两种类型：稳定均衡和不稳定均衡。对于稳定均衡而言，如果实际价格与均衡价格稍有偏离，就会有恢复的趋势，因此，在均衡状态中，需求价格高于供给价格的那些数量，恰恰也就是小于均衡产量的那些数量，反之亦然。也就是说，当供求处于稳定均衡时，如果有任何外力干扰使生产规模离开均衡点，则将有某些力量立即发生作用，经过一段时间的变动又使其回到原来的均衡位置，这种均衡为稳定均衡，否则为不稳定均衡。

在均衡价格的影响因素中，马歇尔着重考虑了时间因素。他把时间按照周期长短分为暂时、短期和长期三类，并依次剖析了需求和供给的暂时均衡、短期均衡和长期均衡。暂时均衡所对应的瞬时价格是供求暂时均衡的结果，因为时间较短，供给以市场上的存货为限，所以需求对价格起调节作用。就短期而论，现有生产设备的数量实际上是固定的，但利用率却随着需求而变化，生产者可以采用改变工作时间或机器利用程度等方法增减产量以适应市场需求，因此短期内供给和需求对价格起同等的作用。但长期而言，生产所需要的设备数量有充足的时间根据对这些设备的需求量进行相应的调整，也就是说生产量在长期内可以自由增长，商品价格主要取决于生产成本，需求只能决定交易的数量。基于此，马歇尔提出了影响商品价值的一般规则。

我们考虑的时期越短就越需要注意需求对价值的影响；时期越长，生产成本对价值的影响就越大。因为与需求变动的影响相比，生产成本的变动对于价值的影响一般需要更长的时间才能表现出来。①

马歇尔的均衡价格理论除上述静态均衡的分析外，还包括动态均衡的分析。他引进了生产率或生产报酬变动的概念，认为商品价格的变动遵循三种类型的规律：报酬不变规律、报酬递减规律、报酬递增规律。如果商品遵循报酬不变规律，那么商品的供给价格在各种产量下都不变，此时需求的增加只会增加产量，而不会改变价格；如果商品遵循报酬递减规律，该商品需求的增加会使其价格有所上升，还会使产量得到增加，但不会增加到像在报酬不变规律下那样多；如果商品遵循报酬递增规律，需求的增加会使产量有所增加（比在报酬不变规律下增加得多些），并同时降低商品的价格。因此，正常需求和正常供给在不同的生产报酬条件下对产量和价格的影响是不同的。

尽管马歇尔的均衡价格理论把价格和价值的决定混淆在了一起，并且对需求和生产要素的供给价格做了主观主义的解释，试图在分析价格均衡时把主观因素和客观因素折中起来，但是他所采用的局部均衡分析方法简单明了，注重对供求两个方面的分析，重视边际增量的作用，因此，这一价格理论至今仍然是西方经济学中价格理论的基础。

（五）分配理论

马歇尔围绕国民收入由各生产要素共同创造的认识，将分配问题理解为各生产要素在国民收入分配中的相对重要性问题。基于此，他运用均衡价格分析方法依次对各生产要素展开分析，并将分配理论阐述为生产要素的均衡价格决定理论，即各生产要素的需求价格和供给价格的均衡形成。马歇尔认为，国民收入由工资、利息、地租或生产者剩余共同构成，在其他条件不变的情况下，国民收入越高，上述生产要素各自贡献的份额也就越大。而对于国民收入如何在不同生产要素之间进行分配的问题，马歇尔的观点如下。

一般来说，劳动、资本和土地对国民收益的分配，是和人们对它们所

---

① 〔英〕阿弗里德·马歇尔：《经济学原理》，廉运杰译，华夏出版社，2017，第318页。

提供的各种服务的需要成正比的。但这种需要不是总需要，而是边际需要。所谓边际需要是在这样一点上的需求："不论人们略多购买某种要素的服务（或服务成果），还是用他们的额外资金购买某种要素的服务（或服务成果），对他们都毫无区别。"①

从马歇尔的上述观点可以看出，对各种要素提供服务的边际需要决定了它们的收入份额。而由"替代"原理可知，要素的边际生产力和要素的成本共同决定了要素收入份额的边际需要。边际生产力决定了企业家对要素的需求价格，而要素的成本取决于要素的供给价格。因此，要素的收入份额问题便归结为要素的均衡价格问题。于是分配的决定便与价值的决定一样，同样取决于供求均衡。因此，虽然工资、利息、地租和利润互不相同，但在本质上，它们都遵循共同的供求规律。

就劳动工资而言，马歇尔认为，工资作为劳动的报酬，其多少取决于劳动这一生产要素的需求和供给。类似于对一般商品价格的分析，他将劳动的需求和供给转化为需求价格和供给价格，认为工资是劳动的需求价格和供给价格在均衡点上的价格。对于需求和供给对工资产生的影响，马歇尔认为两者是不容有偏重的。一方面，劳动的需求价格取决于劳动的边际生产力，即工资有着等于劳动纯产品的趋势；另一方面，劳动的供给价格取决于培养、训练和保持有效率的劳动者所花费的成本。马歇尔从供求均衡理论出发，强调工资既不是由需求价格也不是由供给价格决定的，而是由支配供给和需求的一系列原因决定的。基于此，马歇尔否定了古典学派的工资铁律和工资基金学说，同时也不赞成某些边际主义者单纯从边际生产力的角度来说明工资的理论。

就资本利息而言，马歇尔认为，利息作为资本要素的报酬，其大小由资本供给价格（取决于资本对未来享受的"等待"）与需求价格（取决于资本的边际生产力）共同决定，该价格通常用利息率，即利息对本金的比来表示。马歇尔进一步将借款人支付的总利息划分为纯息和毛息，前者也就是现代理论意义上的利息，即纯粹使用资本的代价或称为"等待"的报酬；后者实际上属于利润的范畴，它既包括了纯息，也包括了使用资本的风险保险费和管理报酬等。马歇尔在考虑利息率的影响因素时，始终假

① 〔英〕阿弗里德·马歇尔：《经济学原理》，廉运杰译，华夏出版社，2017，第475页。

定一切价值都是用购买力不变的货币来计算的，因而他所讨论的利息率均为实际利息率。如果考虑到货币购买力的影响，则利息率可以分为名义利息率和实际利息率。他认为，如果物价上涨使货币购买力降低，对借款人有利而对放款人不利，因此借款人会增加借款；而如果物价下跌使货币购买力增加，对借款人不利而对放款人有利，借款人会减少借款。物价的变动会引起货币购买力的变动，进而会对整个经济产生影响。

就组织利润而言，马歇尔认为，利润是管理企业和组织生产的报酬，即经营管理的总收益。与工人的劳动应该获得工资一样，企业家对社会提供的管理服务同样也应该获得利润作为报酬。同工资由劳动的需求价格和供给价格共同决定一样，利润由企业组织和经营能力的需求价格和供给价格共同决定。此外，马歇尔认为，企业家利润的变动还取决于以下三个方面的因素。一是企业家的利润受到企业资本、劳动和雇工的劳动产品的价格变动的影响，于是企业家利润的变动一般先于其工资的变动，且变动幅度通常较大。在其他条件不变的情况下，产品价格的上涨将会使企业家的利润增加，而产品价格的下降则会使其利润减少。二是成功的企业家人数在企业家全体中所占的比例也会对企业家利润产生影响。三是企业家的利润还会受到天赋才能的稀少性以及担任经营所需的教育投入等因素的影响，即从相同劳作中所能预期得到的收入的剩余作为一种稀有天赋的租金，是影响企业家利润的一个特别重要的因素，具有地租的性质。

就土地地租而言，马歇尔继承了李嘉图的地租学说，认为地租是土地的收益，而土地作为资本的特殊形式，不存在供给量的变化，因而也没有供给价格。因此，地租只受土地需求的影响，即取决于土地的边际生产力。耕种者最后一次投入到土地上的资本和劳动被称为土地的“耕作边际”，总产量超出边际产量的部分即为地租。与地租理论相联系，马歇尔还提出了“准租”概念，即对各种在长期中数量可变但短期中数量固定的生产要素的报酬。生产设备、工业组织、管理技能等在短期内均无法随需求的变化而变化，因而其报酬完全取决于需求，通常高于供给价格，具有类似地租的性质；但长期内由于其数量可变，故其长期报酬由供求共同决定，趋于其供给价格，因而又不具有地租的性质。“准租”概念使马歇尔能依据时间长短的不同来说明要素收入与产品价格之间的关系，因此也成为后来研究者分析市场结构及其对社会福利影响的重要工具。

四　静态微观问题与实际问题之间的差距

马歇尔作为新古典经济学的集大成者，其经济学说在微观经济学的发展史中具有重要的地位与作用。尽管离马歇尔所处的时代已有一个世纪，但他对于西方经济学的贡献依然造福后人，他的研究至今仍为通用的大学本科经济理论提供分析框架和基本原理。

马歇尔凭借扎实的数学功底和渊博的历史学基础，满怀消除贫困的人道主义情怀开启了对经济学的研究。在此之前，经济学仅仅是人文学科和历史学科的一门必修课。马歇尔在《经济学原理》中详尽阐述了其独特的理论体系和分析方法，使经济学成为一门独立的学科，具有与物理学相似的科学性。而他本人也因此被认为是英国古典经济学的继承和发展者，他的理论及其追随者被称为新古典理论和新古典学派。

马歇尔的经济学说有着浓重的折中与调和特色。他在《经济学原理》的开篇就研究了需求理论，沿袭了奥地利学派和杰文斯等人重视消费与需求的做法，详尽地阐述了需求理论，并提出了一些全新的理论和见解。但与后者只注重消费与需求的理论倾向不同，马歇尔对需求理论的探讨重在弥补古典学派价值论的不足，其目的是建立他的供求均衡价值论。马歇尔主张要重视对消费理论的研究，他认为需求与供给同样是决定价值的重要条件，同时他又反对把消费理论置于经济学的首要地位，强调需求与供给是相互补充的关系，两者缺一不可。

均衡价值论作为马歇尔经济学说的核心，同样体现了其特有的折中思想。

在价值决定因素的研究中，马歇尔将英国古典经济学、边际效用价值理论、弗里德里希·李斯特（Friedrich List）的国家主义历史学派经济学、数理经济学派等都结合在自己的理论体系中。他以英国经济学传统的生产费用论为本，着重吸收了边际主义的原理和方法，在供求均衡的基础上，提出了需求价格、需求规律、需求曲线、供给价格、供给规律、供给曲线、边际效用、边际生产成本、消费者剩余等概念，分析了均衡价格的短期均衡和长期均衡，并建构了现代经济学的基础。

基于生物学中的进化理论和数学中的微分、增量概念，马歇尔确信，经济的变化和自然界的变化一样是缓慢的、连续的、渐进的过程，双方没有本质差别，只有数量和程度上的不同。这种指导思想使他在构造经济理论的过程中侧重于静态分析和局部均衡分析，而采用边际方法对商品价格的均衡进行量的分析，则是连续原理的必然发展和具体化。因此，在马歇尔的经济学理论中，无论是均衡价格理论还是分配理论，都有着一个共同的中心点，即从供求均衡分析出发研究商品相对价格的决定。他认为在其他条件不变的情况下，一种商品的价格是由该商品的需求和供给决定的。也就是说，商品的均衡价格是它的需求价格和供给价格相一致的价格。马歇尔还把均衡分析方法应用到分配原则上，认为一种生产要素的价格是由它的边际生产力和边际成本决定的。

马歇尔所采用的这种局部静态均衡分析方法，通过将经济体的一个部分孤立起来，并忽视该部分与经济体其余部分的相互作用，大大降低了经济问题研究的复杂性，有助于回答很多现实问题。然而，局部静态均衡分析对思路的简化和清晰度的提升，是在损害理论完整性和形式严密性的情况下实现的。当经济学家试图回答更多的问题时，诸如在一个不断引入新技术的经济中，什么决定了收入分配或什么引起了经济的持续发展，要么超越了局部均衡分析的适用性，要么违反了局部均衡分析的假设。①

而马歇尔的伟大之处就在于，当与他同时代的人完全无视对国民财富原因的研究时，他却能认识静态微观分析与实际问题之间的差距。马歇尔认识到，把经济现象看作静态均衡是一种力学的机械分析，这种分析不符合经济现象是一种“有机增长”的现实。于是，马歇尔力图摆脱静态分析的桎梏而转向对经济动态变化的研究，突破局部均衡价格分析的局限而将视野扩大到国民经济总体的发展。但是，在历史条件和世界观的限制下，他对经济发展的基本看法不过是从牛顿力学转换为达尔文生物学，正如他的静态均衡分析一样，他的动态发展分析也有其内在的庸俗性质。尽管如此，现在的局部均衡微观经济理论的基本框架仍来自马歇尔的《经济学原理》。马歇尔是新古典经济学的集大成者，并使经济学发展成为一门独立的学科，其著作《经济学原理》被看作对英国古典政治经济学的继承和发展，对现代西方经济学的发展有着深远的影响。

---

① 〔美〕哈里·兰德雷斯、大卫·C. 柯南德尔：《经济思想史》，周文译，人民邮电出版社，2014，第396页。

参考文献

〔澳〕彼得·格罗尼维根：《阿尔弗雷德·马歇尔》，丁永健译，华夏出版社，2009。

〔美〕哈里·兰德雷斯、大卫·C. 柯南德尔：《经济思想史》，周文译，人民邮电出版社，2014。

〔美〕约瑟夫·A. 熊彼特：《熊彼特选集：对十大经济学家的评析》，秦传安译，上海财经大学出版社，2010。

〔英〕阿弗里德·马歇尔：《经济学原理》，廉运杰译，华夏出版社，2017。

A. C. Pigou, *Alfred Marshall Memorial Volume* (New York: Kerry and Millerman Press, 1956).

J. C. Wood, Alfred Marshall, *Critical Assessments* (London: Routledge, 1996).

J. K. Whitaker, *The Correspondence of Alfred Marshall*, *Economist* (Cambridge: Cambridge University Press for the Royal Economic Society, 1996).

第九章

约瑟夫·熊彼特

创新理论的开创者

Joseph Schumpeter

约瑟夫·阿洛伊斯·熊彼特（Joseph Alois Schumpeter，1883~1950），是美籍奥地利经济学家，西方经济学界主要代表人物之一。他曾先后担任捷尔诺维兹大学教授、格拉兹大学教授、德国社会民主党“社会化委员会”顾问、奥地利共和国财政部长、德国波恩大学教授、哈佛大学教授、经济计量学会会长、美国经济学会会长。他以创新理论闻名于世，著有《经济发展理论》《经济周期：资本主义过程的理论、历史和统计分析》《资本主义、社会主义与民主》《从马克思到凯恩斯十大经济学家》《经济分析史》等。

一　熊彼特的生平

熊彼特于1883年出生于奥匈帝国摩拉维亚省（今捷克境内）特利希镇的一个织布厂主家庭。熊彼特幼年就读于维也纳的一所贵族中学。1901~1906年，熊彼特于维也纳大学攻读法律和经济学，是奥地利学派主要代表人物欧根·冯·庞巴维克（Eugen von Böhm-Bawerk）的学生。在维也纳读书期间的同学好友包括后来的奥地利社会民主党领导人奥托·鲍威尔（Otto Bauer）和德国社会民主党人、第二国际首领之一鲁道夫·希法亭（Rudolf Hilferding）等人。之后两年，熊彼特前往伦敦留学，求教于新古典学派大师马歇尔。1909~1918年，熊彼特先后在奥匈帝国的捷尔诺维兹大学和格拉兹大学任教授，中途以互换教授的名义前往美国哥伦比亚大学进行短期讲学，同时获得了哥伦比亚大学的名誉博士学位。1918年，熊彼特以党外“经济专家”的身份，任德国社会民主党“社会化委员会”顾问，该委员会领导人为卡尔·考茨基（Karl Kautsky）、希法亭等人。1919

年 2 月，受奥托·鲍威尔推荐，熊彼特被任命为由奥地利共和国社会民主党和基督教社会党组成的混合内阁的财政部部长。1919 年 10 月，因对英、法两国政治体制和工业国有化等方面的想法与社会民主党其他人的意见不合，熊彼特辞去财政部部长职务。1921 年，熊彼特担任维也纳私营皮达曼银行总经理，该银行于 1924 年破产。1925~1932 年，熊彼特返回学术界，应邀前往日本担任客座教授，之后担任德国波恩大学经济学教授。1932 年他受聘于哈佛大学，迁居美国。从那时起，熊彼特一直担任哈佛大学经济学教授。1937~1941 年，熊彼特担任经济计量学会会长。1948 年起熊彼特担任美国经济学会会长。1949 年，一些学者筹设国际经济学会，曾一致同意将来由熊彼特担任第一届会长。1950 年 1 月熊彼特逝世。

二　熊彼特的著作

熊彼特一生中撰写了许多专著和论文。主要代表作如下。

（一）《经济发展理论》

《经济发展理论》于 1912 年出版，为熊彼特早期成名作。《经济发展理论》以“对于利润、资本、信贷、利息和经济周期的考察”作为副标题，涉及范围极其广泛。书中最引人注目和最具特色的是他提出的“创新理论”。全书共分为六章。第一章和第二章从静止状态的“循环流转”开始，分析经济发展的根本现象，其中第二章对经济发展（包括“企业家”的特点和功能、“生产要素的新组合”、“创新”的含义和作用以及资本主义的产生）进行了开创性的精辟论述，既是理论上的探讨，也是对经济历史的概述。第三章、第四章和第五章则进一步阐述信贷和资本、企业家利润与资本利息。第六章应用“创新理论”分析了经济周期的形成和特点。

（二）《经济周期：资本主义过程的理论、历史和统计分析》

《经济周期：资本主义过程的理论、历史和统计分析》于 1939 年出版。熊彼特在该书中从理论分析、历史过程和统计资料三个方面对资本主义的经济周期进行了分析，借助他提出的“创新”理论，对经济周期的起因和过程进行了实证分析，提出了“多层次的三个经济周期理论”，认为

“创新”是影响经济波动最主要的因素。

（三）《资本主义、社会主义与民主》

《资本主义、社会主义与民主》于 1942 年出版，是熊彼特生前发表的最后一部著作。熊彼特在书中将自己对社会主义的思考、观察和研究进行了阐述，分为“马克思的学说”“资本主义能生存下去吗?”“社会主义行得通吗?”“社会主义与民主”“各社会主义政党史略”五个部分。熊彼特以创新理论为根据，提出了“资本主义将活不下去”，并且将自动进入“社会主义”的“过渡”理论。

（四）《从马克思到凯恩斯的十大经济学家》

《从马克思到凯恩斯的十大经济学家》由伊丽莎白·熊彼特（Elisabeth Boody Schumpeter）于 1951 年，根据熊彼特生前 1910 年至 1950 年 1 月以德文或英文所写的传记和评论进行翻译、整理和编辑而成，于 1952 年出版。该书阐述了马克思、里昂·瓦尔拉斯（Léon Walras）、卡尔·门格尔（Carl Menger）、阿尔弗雷德·马歇尔、维尔弗来多·帕累托（Vilfredo Pareto）、庞巴维克、弗兰克·威廉·陶西格（Frank William Taussig）、欧文·费希尔（Irving Fisher）、韦利斯·克莱尔·米切尔（Wesley Clair Mitchell）、凯恩斯的重要经济思想。

（五）《经济分析史》

《经济分析史》亦由伊丽莎白·熊彼特与多位助手整理编辑而成，于 1954 年出版。该书是西方资产阶级经济学界关于经济学说史，特别是在经济分析方法的演变方面最广泛、最详尽，且在追根溯源方面具有渗透力、分析评论多具特色的第一本巨幅专著。全书共分为五编。第一编为导论，讨论了经济学科的研究范围和研究方法。第二编到第四编按照年代顺序，分别评述了从公元前四五百年希腊、罗马时期起，到 20 世纪 40 年代末期，绵延 2400 余年的经济分析发展史，包括各个时期的重要人物、思想观点、学说体系、分析工具和方法、贡献和影响、评价等。第五编实际内容为“现代的发展梗概”，主要论述了 1925~1950 年经济学理论的发展情况。

三 围绕创新的制度理论

熊彼特的主要贡献在于围绕创新理论，深入阐述了企业家、信贷、垄断、利润对创新的影响，并以此为基础分析了经济发展的周期性变化，得出了以创新理论为核心的经济发展理论。具体包括以下几个方面。

（一）动态分析与创造性破坏理论

熊彼特在《经济发展理论》中建立了以创新为特色的动态发展理论。在该书中，熊彼特首先利用静态分析方法分析了“循环流转”。他假定在经济生活中存在一种所谓“循环流转”的均衡状态，即一种资本主义简单再生产过程，一种由一定环境制约的循环反复的经济生活。熊彼特将循环流转定义为经济主体受到习惯和经验的支配，其行为以相同的形式进行周而复始的反复。经济生活中的财物、人口、社会制度、生产组织形式、消费者品位等重要的经济变量固定不变，或仅是发生不易察觉的微小连续变化，这种微小连续变化容易被经济体系的各个部门吸收。循环流转经济始终处于一种静态均衡状态，按照边际效益相等的原则运行。一方面，生产者利用原来的生产工艺生产基本不变的产品，另一方面消费者品位不会发生变化。由于假设经济生活只有土地和劳动两个生产要素且存在完全竞争，因此劳动和土地的价值取决于两种生产要素在生产过程中的边际产出水平，两种生产要素获得的价值将会把产品的价值进行完全分配，最终形成社会总产品与劳动和土地服务的连续交换状态，这是循环流转经济的主要特点。此时，循环流转经济始终是原有经济状态的反复，不会产生资本积累，经济生活中不存在企业家，也没有创新，没有经济变动，也就没有经济发展。企业的总收入等于总支出，生产的管理者只能得到所谓的“管理工资”。整个生产过程不创造任何利润，也不存在资本和利息。此时，货币作为经济中的名义变量，仅行使流通手段的职能，经济生活也不会存在通货膨胀和通货紧缩现象。生产过程只是一种循环往返、周而复始的简单再生产过程。

在此基础上，熊彼特从动态和发展的视角分析了创新与资本主义。在他看来，经济发展是指经济本身发生的非连续的变化与移动，而经济的循环流转却是静态的过程。熊彼特认为，需要着重了解的不是某个特定时间的均衡状态，而是经济的运动怎样脱离了均衡状态，什么因素导致了均衡状态的破坏以及如何从非均衡状态返回均衡状态。熊彼特认为，经济之外的其他因素也能够破坏均衡状态，但这些因素是偶然的因素，经济自身存在某种能够破坏均衡状态而又能够恢复均衡状态的能力和力量，这种能力和力量就是创新。熊彼特认为，创新就是在原有生产函数的基础上，构建一种新的生产函数，将一种之前从未出现的生产要素和生产条件的新组合引入现有的生产体系中。这一过程包括五种情况：一是创造一种新的产品或提高一种产品的质量水平；二是采用一种新的生产方式；三是开辟一个新的市场；四是发现一种新的原材料或中间品的供给来源；五是采用一种新的企业组织形式，如建立一种新的垄断地位或打破原有的垄断地位。由此可见，创新不仅仅是一个技术概念，还是一个经济概念。只有当一种新的发明（新产品、新方法、新市场、新供给、新形式）被应用到实际的经济活动中时，才可以被称为创新。

熊彼特认为，“资本主义在本质上是经济变动的一种形式或方法，它不仅从来不是、而且也永远不可能是静止不变的”，它将“不断地从内部使这个经济结构革命化，不断地破坏旧结构，不断地创造新结构”。[1] 熊彼特将这样一种过程称为产业突变。由于创新的效果不仅包括产生了新的东西，也包括破坏了原有旧的东西，因此熊彼特认为，创新的本质是所谓的创造性破坏（creative destruction），而这种创造性破坏是经济增长的根本动力，“是资本主义的本质性的事实”[2]。熊彼特的创造性破坏理论可总结为以下三点：一是经济增长来源于创新；二是创新来源于创业投资的过程，在竞争环境下获取垄断地位和垄断利润是企业家的创新动力；三是创新的产物（包括新产品或新技术等）将从根本上替代原来的旧产品和旧技术，最终将旧产品排挤出市场，即创新是一个创造新产品和新技术的同时排挤旧产品和旧技术的过程。

① 〔美〕约瑟夫·熊彼特：《资本主义、社会主义与民主》，吴良健译，商务印书馆，1979，第146~147页。

② 〔美〕约瑟夫·熊彼特：《资本主义、社会主义与民主》，吴良健译，商务印书馆，1979，第147页。

（二）创新与企业家

在分析创新与创造性破坏对经济发展的贡献时，熊彼特引出了企业家和企业家精神的概念，以此得出实施创新活动的主体。熊彼特将企业家的概念分为广义和狭义两种。广义的企业家包括在交换经济中独立的生意人、各个厂商的所有头目、经理，这些企业家可能实现“新组合”，但不一定能够实现“新组合”。狭义的企业家是经营已建立的企业并实际履行“生产手段新组合”的人。熊彼特推崇狭义的企业家，认为真正的企业家就是能够实现“新组合”的企业家。由此可见，熊彼特所说的企业家是一个经济职能概念，而非实体概念。

熊彼特认为企业家是实现创新的主体，是“实现新组合”的灵魂，是现代经济体系区别于原有经济体系的特性，是改善经济体系运行方式的有力工具，是包含社会上层在内的各种经济要素发生连续变化的传递手段，也是经济活动中出现大量重要变革的根本动力。熊彼特强调，只有当某人实现了新组合之后才能被称为真正的企业家，一旦他建立起企业，也就是当他安定下来经营这个企业时，就失去了作为企业家的资格。因此，没有人永远是一个企业家，也不存在企业家阶级，“企业家并不形成一个从专门意义上讲的社会阶级”①。

从职能上看，熊彼特认为企业家具有经济职能和非经济职能，其中经济职能是企业家的本质任务。企业家依靠经济职能实现各种生产要素的新组合，实施创新活动，从而不断增加企业财富。在企业家发挥经济职能时，存在两种利益关系，即企业家与工人之间、企业家与银行家之间的利益关系。一方面，企业家需要雇佣工人，当他与工人谈判时，企业家是资本的代理人。另一方面，企业家需要借贷资本，当他与银行家谈判时，企业家是工人的代理人。一般而言，企业家与银行家之间的矛盾要比企业家与工人之间的矛盾尖锐。企业家的任务是处理好两种利益关系，积极履行经济职能。

与经济学中超额利润的概念类似，熊彼特将企业家利润定义为个别生产价格与社会生产价格的差额。由于个别企业家通过实现“新组合”，采

---

① 〔美〕约瑟夫·熊彼特：《经济发展理论》，何畏等译，商务印书馆，1990，第89页。

用先进的生产技术和要素组合形式，提高了劳动生产率，使自身的个别生产价格低于社会生产价格，从而获得超过平均利润的那部分利润，即企业家利润。此外，熊彼特也将企业家利润定义为一个企业收入和支出的差额，是一种超过成本的剩余。其中收入的概念与传统意义上的收入存在差异，这里的收入指的是企业家从事创新活动的全部收益；支出是企业家在生产过程中直接或间接产生的全部支出，包括企业家利用劳动和土地进行生产带来的机会成本、承担风险的额外报酬、实际支付的工人工资和土地地租。收入与支出的差额构成了利润。

“没有发展就没有利润，没有利润就没有发展，没有利润就没有财富的积累。”① 熊彼特认为，利润来源于经济发展，而经济发展的动力是企业家的创新活动，因此，归根结底，利润来源于企业家的创新。在《经济发展理论》一书中，熊彼特列举了一个纺织企业的例子。假设一个纺织企业面临手工劳动和织布机之间的选择，其中一个使用织布机的工人每天的产量是手工工人每天产量的六倍。那么，如果满足以下三个条件，则企业能够通过使用织布机这一创新手段，实现超额利润。一是使用织布机进行生产后，新产品上市不会引起产品价格的下降，即使价格下降，其下降幅度也不会使现有的织布机生产方式带来的收益比原来的手工工人生产方式带来的收益少。二是织布机的成本低于裁减掉的五名员工的工资，或者大于减去可能的价格下降额，再减去织布机生产方式所需的一名工人工资之后的产值余额。三是维持织布机正常运转以及购置织布机所花费用和地租之和与企业在转变生产方式之前的状态相符，使用织布机不会带来额外的成本。此时由于织布机生产方式相比之前手工工人生产方式，能够生产出更多的产品，且产品价格并未出现大幅下降，收入上升。同时企业的支出水平显然小于手工工人的生产方式，支出下降。两者差额上升，企业家获取纯利润。

基于利润来源的视角，熊彼特阐述了经济发展与企业家利润的关系。他认为，利润不是存在于对劳动者的剥夺和资本的收益过程，而是产生于实施创新活动的过程。创新活动使企业家能够以更低的成本与其他竞争者生产相同数量的产品，获得相同的收入，产生不同于创新之前的新利

① 〔美〕约瑟夫·熊彼特：《经济发展理论》，何畏等译，商务印书馆，1990，第176页。

润。这一新利润既不属于劳动者，也不属于土地和资本所有者，而应属于实施创新活动的企业家。利润是企业家通过实施创新活动而带来的收入支出差额中获得的剩余价值，是对企业家自身创新意识和创新活动的奖赏。

一般传统理论认为，企业利润来源于投机所获得的收益或者来源于地价上涨所获得的收益等不劳而获的部分。但熊彼特认为，利润仅仅来源于企业家的创新活动，与一般传统理论中的利润具有不同的概念。在循环流转的均衡状态下，或者说在静态经济中，经济活动的收益仅能够抵偿经济过程中的各种费用，经营者或者管理者既得不到利润，也不会亏损。而资本主义的经济活动是动态的。创新、经济发展、企业家利润和资本主义紧密联系在一起，其中创新和利润成为资本主义生存的基础。

值得一提的是，企业家通过创新活动获得的企业家利润是暂时的，不可能永远持续下去。因为在完全竞争经济中，第一批实施创新活动的企业家取得成功、获得企业家利润后，会产生大量的模仿者，产生实施创新活动的浪潮。在这一过程中，保持原来生产方式的企业因为生产方式陈旧、适应不了新变化而被淘汰和被“破坏”，成功模仿创新活动的企业则可以继续经营。因此最初开展创新活动的企业家利润逐渐下降。新的均衡状态下，收入与支出相等，企业家利润趋近于零。创新活动自身不均匀、非持续的特点导致了企业家利润不会永远持续。

（三）创新与信贷

在上文讨论纺织企业的例子时，创新活动是以织布机替代手工工人的形式出现，企业家仅需处理与工人之间的利益关系。但是在现实生活中，企业家还需处理与银行家之间的利益关系，以此导出熊彼特关于信贷的讨论。信贷对资本主义经济发展至关重要，熊彼特对信贷的含义和信贷影响经济发展的具体机制进行了深入分析，以企业家、创新活动、信贷创造为着眼点，构建了自己的信贷理论。

在信贷的构成方面，熊彼特认为信贷是一种购买力的基金，这里的购买力不仅仅履行交换手段的职能，还履行支付手段的职能。因此信贷不是由特殊种类的商品或者普通种类的商品构成的，而是一种购买力的基金。

熊彼特将银行创造的信贷分为正常信贷和非正常信贷，并在此基础上强调了非正常信贷对创新活动提供的经济支持。正常信贷以现存和流通的物品为信贷对象。此时货币仅作为流通手段，信贷和货币都在循环往复的均衡状态下运行，货币和信贷此时无助于经济发展。非正常信贷是银行以未来的劳务和商品等非现存的物品作为信贷对象。非正常信贷的创造经历以下过程。首先，企业家需要取得购买力以实施创新活动，然后以购买的物品作为抵押取得银行的信贷。这时银行信贷的出现早于实际物品的产生，即银行创造了以非现存的物品作为基础的购买力。熊彼特强调这种由“无”创造出的新购买力是实现新组合服务的唯一金融源泉。也就是说，企业家只有依赖银行提供的可自由支配的购买力，即非正常信贷，才有能力实施创新活动，实现新组合，开拓新产品和新市场，拓展新的生产方式。

熊彼特认为，在循环往复的均衡状态下，经济重复地在同一轨道上运行，此时所有消费品的价格和所有生产资料的价格相等，两者的收入之和为货币收入的总额，货币仅执行交换手段的职能。而且在经济循环往复过程中，所有的货币都严格按照原有的运行轨迹流通。因此，企业家既不需要也无法实现对生产资料和生产方式的支配和组合。动态经济则需要考虑创新活动的影响。创新意味着生产资料的新组合。因此，在进行创新活动之前，企业家首先需要实现对生产资料的占有，需要取得能按照自己意愿随时使用和支配的支付手段以及专为创新活动设立的资金，即通过一种途径获得生产资料的购买力，这一购买力的源泉是银行家，获取购买力的方式是先取得信贷。熊彼特指出，银行家通过非正常信贷可以创造出新的资本，因此银行家是企业家获取信贷的有效途径。

对于信贷创造与经济发展的关系，熊彼特认为，信贷对于新组合是首要的，因此将信贷与创新活动联系在一起。新组合或创新活动之所以能够进入循环流转，一方面是因为信贷对于旧厂商的最初建立是必要的，另一方面是因为信贷机制一旦建立也会对新组合产生积极作用。可以看出，熊彼特认为没有银行就不会实现新组合，就不会有经济发展，货币和信贷创造对于经济发展来说并非中性的，而是生产性的，并且在经济运行中占据重要的地位。熊彼特关于货币和信贷影响经济发展的阐述，蕴含着内生货币理论的思想。

熊彼特认为，资本是企业家利用信贷将具体的生产资料置于控制之下，资本主义社会中资本代表性的职能是作为创新活动的杠杆，不具备这一职能的货币就不是资本。通过信贷将货币转化为资本，就能产生利息。熊彼特认为，利息是对利润或剩余价值的课税，是利润的派生物。银行家将资本借贷给企业家，企业家获得利润时向银行家支付一笔报酬作为利息，因此利息是利润的一部分。基于这一定义，熊彼特提出静态无利息率命题，即在静态经济中，由于经济活动处于循环往复的均衡状态，全部产品的价值体现为劳动和土地两种生产要素的边际生产力之和，因此全部产品的收入将在工人和土地所有者之间进行分配，此时不存在利润，也就没有利息。这一命题受到许多经济学家的质疑和反对，但熊彼特坚持论述“利息必然流自企业家利润”①。

尽管利息是利润的一种分支，但两者也存在区别，利润是暂时的，利息则具有持续性。熊彼特通过“利息的货币基础”来解释这一看似矛盾的命题。在交换经济中，形成利息基础的利润作为一种剩余价值，通过两种货币量的比较表现出来。在货币市场中，货币购买力按照一定的价格进行交换，这个价格是本金与利息之和。也就是说，现在货币购买力的价格是以利息的形式超过未来货币购买力的价值。而由于货币市场具有持续性的特点，货币资本可以持久地向不同的企业家提供贷款，贷款者通过将他的货币资金进行转移而获得持久性收入。

（四）创新与垄断

熊彼特认为，创新、经济发展与竞争的关系是双重的。一方面，创新活动引起的竞争行为促进了创造性破坏和经济发展过程；另一方面，完全竞争状态不是市场竞争的常态，不仅不符合实际，也会阻碍创新活动和经济发展。

处于创造性破坏过程中的企业家面临质量竞争和销售竞争，具体表现为创新活动引起的新旧企业的激烈竞争。创新和适应能力较强的企业通过把握机遇实现巩固和发展，而创新和适应能力较差的企业将遭到淘汰。因此，竞争有利于扩散创新活动的影响力，推动创造性破坏过程，进而推动经济发展。但是熊彼特认为，只有在经济变量基本不发生变化的循环往复

---

① 〔美〕约瑟夫·熊彼特：《经济发展理论》，何畏等译，商务印书馆，1990，第 200 页。

的均衡状态下，完全竞争才能成为一种有效的资源配置方式。然而，资本主义经济在本质上是一个创造性破坏和经济不断发展的动态过程，此时完全竞争将阻碍创新活动的实施，不利于经济发展。也就是说，对于资本主义而言，完全竞争机制既不是现实的，也不是创造性破坏过程的理想环境。因为创新活动所引起的模仿浪潮，将导致创新活动立即被众多的企业模仿，大量企业涌入新行业，实施创新行为的企业家得不到应有的企业家利润，挫伤了自身实施创新活动的动力。所以就长期而言，完全竞争的市场机制的效率不如垄断高。

熊彼特将垄断者定义为“那些面对一定需求表的独家卖主，这种需求表与独家卖主自己的行动完全无关，也与其他公司对它的行动所做的反映完全无关”①。在熊彼特看来，短期的社会垄断不仅不会是社会的祸害，而且还将是实施创新活动和经济发展必不可少的社会条件。价格歧视、长期合同、限制产量、刚性价格等垄断行为，在静态经济中确实会损害消费者的权益，造成经济资源的浪费，无法达到资源的最优配置。但在创造性破坏的动态过程中，垄断地位和垄断行为可以使率先实施创新活动的企业家获得的利润在模仿过程中得以保持，提高了企业家实施创新活动的收益和动机，因此短期的垄断地位和垄断行为是创新活动和经济发展的推动器。这一机制对于实施创新活动的企业家而言是对未来不确定性的一种保险机制。如果没有这种保险机制，企业家实施创新活动的风险将增加，创新活动也会受阻。

熊彼特就不同类型的垄断对经济发展的影响做出了辩证分析。一方面，他赞成那些提升生产效率和实施创新活动的垄断，认为这种垄断是创新和经济发展必不可少的条件，是经济进步的推进器，以此批判大企业阻碍技术进步的观点。另一方面，他对那些缩小生产规模、与创新无关的垄断持否定态度，认为这种垄断不仅损害了消费者的利益，也限制了经济资源的最优配置，阻碍了经济发展。熊彼特利用大量统计资料论证了现代生产方式变革与垄断是并行出现的。

熊彼特还分析了垄断对创新活动和经济发展的短期影响和长期影响。

---

① 〔美〕约瑟夫·熊彼特：《资本主义、社会主义与民主》，吴良健译，商务印书馆，1979，第167页。

短期内，垄断行为和垄断地位虽然无法实现资源的最优配置，却是创新活动和经济发展的推动力，没有短期的垄断行为和垄断地位，创新活动就无从发生。而在长期内创新有利于深化竞争，消除垄断。也就是说，创新活动以企业家短期垄断行为和垄断地位为基础，但在创造性破坏过程中，任何企业都无法长期保持垄断地位。

（五）创新与经济发展理论

熊彼特将影响经济发展的因素分为外部因素和内部因素。外部因素包括战争、革命运动和天灾人祸，金钱大量供应源的发现，新领域、新国土、新市场的发现或开拓，人口年龄和数量结构的变化，经济体制下税务制度和关税制度的变化。内部因素包括消费者品位变化、生产要素数量或质量变化、商品供应方式变化。

在外部因素方面，熊彼特一方面不否认外部因素是导致经济波动的原因和条件，另一方面又主张排除外部因素的考虑。他认为，尽管外部因素是重要的，甚至有时是对经济活动产生决定性作用的因素，也是常常引起经济运行条件变化的因素。但是如果仅考虑影响经济发展的外部因素，容易给人造成一种“经济活动都是被迫的，它是自己适应于作用于它的自然和社会的影响”的错觉，因此“在解释引起经济波动的原因时应抽象掉外部因素”[①]。

在内部因素方面，熊彼特认为消费者品位变化、生产要素数量或质量变化并非影响经济活动的重要因素，他强调商品供应方式变化的重要性。首先，熊彼特认为，消费者品位是由消费品的生产者决定的。因此消费者品位变化在本质上是一种适应性变化，对经济发展本身没有决定性的影响。其次，在静态均衡的条件下，生产要素数量或质量一般保持固定不变，或仅发生微小变化。较小幅度的生产要素变化所引起的经济偏离均衡状态现象很容易被原有的经济体系吸收，经济状态重新趋于均衡，对经济发展的促进作用较小。而在动态经济条件下，尽管生产要素的质量或数量变化会在经济活动中产生巨大影响，但是由于经济状态并未出现质的自发

---

① Schumpeter J. A., *Business Cycles: A Theoretical, Historical and Statistical Analysis of the Capitalist Process*, Vol. 2 (Mc Graw-Hill, 1939): 7.

性突破，也不会对经济运行过程形成重要影响。熊彼特强调，内部因素中商品供应方式的变化，即“创新”，对经济发展具有重要作用。他认为，商品供应方式的改变实现了生产手段的新组合，意味着一种新的生产函数进入生产过程，从而实现了创新。而这种创新正是资本主义经济发展的重要力量和根本来源。

熊彼特认为，资本主义经济本质上是一个由创新推动的不断发展的过程，经济发展的根本动力来源于创新活动。熊彼特将资本主义的发展过程与创造性破坏过程相联系，认为资本主义发展过程与创造性破坏过程的根本动力均来源于创新活动。

熊彼特认为，在循环流转的均衡状态下，不存在具有创新精神的企业家，也没有创新，因此经济活动一直处于原来循环流转的均衡状态。在对创新与资本主义进行动态分析时，熊彼特将企业家创新活动的假设置于完全竞争市场的分析框架下，从而实现由一般静态均衡分析向动态均衡分析的过渡，由此来说明经济发展的来源。熊彼特认为，正是富有创新精神的企业家对于额外利润的追求，引致了创新活动的产生。此外，熊彼特还强调了促进创新活动的文化、心理因素，并将首创性、成功欲、冒险和以苦为乐、精明与敏锐、强烈的事业心五大精神要素称为企业家精神，以此突出企业家精神在推动创新活动和经济发展中的作用。

熊彼特认为，创造性破坏促进经济发展的具体过程可以分解为“创新”、“模仿”和“适应”三个阶段。企业家通过成功实现新组合的创新活动，获得额外利润。这一带来额外利润的创新活动将引起其他企业为了分享创新利润而争相开始“模仿”，并进一步使那些采用旧生产方式的企业为生存下去而进行“适应”性创新，出现一个激烈的创新竞争过程。这个创新竞争过程，会吸引许多新资本的投入，同时很多新的企业也会建立并发展，而那些创新、模仿和适应能力较差的企业将被淘汰和“破坏”。总之，创新活动引起的模仿和适应活动，通过创新生产要素的组合，推动新企业的发展，淘汰和“破坏”“旧企业”，从而带动经济增长。

（六）创新与经济周期理论

熊彼特在《经济周期：资本主义过程的理论、历史和统计分析》和《资本主义、社会主义与民主》两部著作中，以自己的创新理论为基础，解释了经济周期和经济增长。熊彼特认为，创新活动造成的原有均衡状态的破坏和新的均衡状态的出现，产生了经济周期。因为创新本身是经济的内在活动，因此产生经济周期的原因来自经济内部。资本主义就是在这种原有均衡状态不断被破坏和新的均衡状态不断出现的过程中发展的。由于创新活动并不是连续平稳的过程，而是时快时慢、时高时低的，因此产生了商业循环和商业周期。同时由于创新活动对经济的影响程度时大时小、影响时间时长时短，导致形成的经济周期有长有短。在这一理论的基础上，熊彼特认为经济增长的过程是通过经济周期的变动实现的。每次经济周期发生变化，经济便从原来的均衡状态转变为新的均衡状态。其中将经历经济高涨和经济收缩等多个阶段，产品的结构和质量水平也会发生相应变化，但是产品总产量水平将会提高。因此，创新活动导致的经济周期过程也是经济增长的过程。

四　熊彼特的经济思想评论

（一）熊彼特创新理论的理论价值与指导意义

熊彼特经济发展理论的核心是“创新”，其理论具有以下指导意义。

第一，熊彼特的创新理论特别强调生产技术革新和生产方式变革等创新活动对于资本主义经济发展的作用，并将生产要素的“新组合”这种创新看作资本主义的根本性特征。传统的西方经济学不涉及生产方式的变化，认为经济发展主要是人口、资本、工资、利润、地租等在数量上的变化。熊彼特的创新理论，用生产技术和生产方式的变革解释资本主义的基本特征和经济发展过程，试图将历史的发展和理论的分析结合起来，认为没有创新，就没有资本主义，更没有资本主义的发展。这一理论与马克思的理论具有相似之处。马克思主义政治经济学认为，生产技术和生产方式的革新在人类历史中发挥着极其重要的作用，生产力是社会发展最活跃的因素。创新是发展的根基，不仅对于资本主义社会是这样，对于社会主义社会以及整个人类社会的历史发展也仍然是这样，尤其是对新时代新格局下中国经济的创新发展具有重要的指导意义。在社会主义市场经济的建设与完善过程中，在中国继续实现工业化与现代化的过程中，应该十分重视创新的作用，凡是有利于创新和生产方式变革的改革和政策措施都要坚定不移的贯彻落实。

第二，熊彼特的创新理论非常强调企业家在资本主义经济发展过程中的独特作用，将企业家看作创新或生产要素“新组合”的主要组织者，是经济发展的推动者，也是资本主义的灵魂。这在传统西方经济学中比较少有。这与社会主义新时代企业家不断实施创新活动或实现生产要素“新组合”的功能基本类似。根据熊彼特的理论，这种创新功能或实现生产要素“新组合”的功能，是社会主义新时代的企业家，包括工厂的厂长或公司的经理等，需要推动实现的。现阶段要为企业家提供适宜创新的宏观经济环境和有利的外部条件，发挥企业家的主动性和积极性，以充分发挥其创新功能。

第三，熊彼特的创新理论强调短期垄断对于企业家实施创新活动的激励作用。传统微观经济学的分析认为，市场经济包含完全垄断、寡头垄断、垄断竞争和完全竞争四种情况。无论是完全垄断、寡头垄断还是垄断竞争，相对于完全竞争，商品的价格和成本较高，产量较低。其中完全垄断、寡头垄断的价格比垄断竞争要高。因此，许多传统西方经济学家认为完全竞争比垄断优越。熊彼特则认为，完全竞争仅是静态经济或循环往复的均衡状态下实现资源最优配置的方式，在动态经济中则无法激励企业家实施创新活动，技术创新也无从谈起。只有在垄断竞争的情况下，由于既有竞争对手的威胁促使企业家前进图存，又有一定的垄断屏障保护其未来收益，才能有效激励企业家实施创新活动，促进创新和技术进步。由此可见，只有引进市场机制和竞争因素，才能促进技术创新。在社会主义新时代中国需要引入企业间市场竞争机制，发挥市场的激励淘汰作用，发挥企业的创新功能，促使企业不断实现技术改造和技术创新。

第四，熊彼特的创新理论强调供给侧对经济发展的贡献。凯恩斯之后的西方经济学长期关注有效需求，将需求管理作为设计宏观经济政策的目标，忽略了供给对经济发展的作用。熊彼特的创新理论指出，作为供给侧的企业通过生产技术和生产方式的变革，实现生产要素的“新组合”或创新，是经济发展的主要动力。新时代背景下供给侧结构性改革是中国解决人民日益增长的美好生活需要和不平衡不充分的发展之间的矛盾的主要手段。熊彼特的创新理论对于中国调整产业结构、实现供给侧结构性改革、满足人民美好生活需要具有重要意义。

（二）熊彼特创新理论的局限性

第一，熊彼特的创新理论着重考虑生产技术和生产方式变革对经济变革的贡献，忽略了生产关系及其变动对经济发展的影响。熊彼特创新理论中的资本主义、资本、企业家利润、利息等概念都与资本主义的生产关系无关。马克思认为，生产力和生产关系的矛盾是推动人类社会发展的主要动力。缺乏生产关系方面的探讨，既限制了熊彼特创新理论对资本主义社会发展规律的解释力，忽略了资本家与雇佣工人之间的剥削关系，也成为熊彼特创新理论的根本缺陷。例如，熊彼特的经济周期理论将创新作为资本主义经济周期产生的根源，认为危机是资本主义经济发展过程中不可缺少的组成部分，也是创新和经济复苏发展的必要条件。危机或萧条是迫使企业家改进生产技术、降低生产成本必不可少的阶段，也是淘汰落后生产方式、激励先进生产方式的必要过程。萧条是紧随危机而来的一个阶段，企业家除了降低工资、提高劳动强度外，还会追求生产技术和生产设备的改进，以摆脱生产停滞状态。但是这一理论仅关注了资本主义危机的表面现象，未深入探索资本主义社会背后生产社会化与生产资料私有化的矛盾是导致资本主义经济危机的根源。

第二，熊彼特对创新主体的定义存在缺陷。熊彼特认为，企业家是创新主体，是实现生产要素“新组合”的组织者。但是在现实中，创新的主体首先是直接参与生产的生产者，包括工人、科技劳动者和经营管理者，之后才是企业家。此外，熊彼特在信贷理论中将企业家与银行家分离，认为两者是债务人和债权人的关系，是经济利益完全对立的两个经济主体。这与资本主义社会的现实情况不符。在资本主义社会，企业家与银行家的身份往往是重合的，企业家和银行家之间并不一定是熊彼特认为的对立关系。

参考文献

〔美〕约瑟夫·熊彼特：《从马克思到凯恩斯十大经济学家》，宁嘉风译，商务印书馆，2013。

〔美〕约瑟夫·熊彼特：《经济发展理论》，何畏等译，商务印书馆，1990。

〔美〕约瑟夫·熊彼特：《经济分析史》，朱泱等译，商务印书馆，1991。

〔美〕约瑟夫·熊彼特：《资本主义、社会主义与民主》，吴良健译，商务印书馆，1979。

代明、殷仪金、戴谢尔：《创新理论：1912-2012——纪念熊彼特〈经济发展理论〉首版100周年》，《经济学动态》2012年第4期。

易兰、杨历、张治河：《阿吉翁和豪伊特对熊彼特增长理论的贡献——科睿维安“引文桂冠奖”得主学术贡献评介》，《经济学动态》2018年第2期。

张培刚：《创新理论的现实意义——对熊彼特〈经济发展理论〉的介绍和评论》，《经济学动态》1991年第2期。

张延、姜腾凯：《哈耶克与熊彼特——两派奥地利学派经济周期理论介绍、对比与评价》，《经济学家》2018年第7期。

Schumpeter J. A., *Business Cycles: A Theoretical, Historical and Statistical Analysis of the Capitalist Process*, Vol. 2 (Mc Graw-Hill, 1939).

第十章

约翰·梅纳德·凯恩斯

宏观经济学的开创者

John Keynes

在继承与批判新古典经济学的基础上，约翰·梅纳德·凯恩斯（John Maynard Keynes，1883~1946）破除了实体经济与货币经济分割的局面，提出了以有效需求为核心的产量决定理论以及需求管理政策，开创了宏观经济学。凯恩斯一生著述颇丰，其有关经济萧条现象的解释对二战后经济复苏的实践具有较强的指导意义。他的代表作《就业、利息和货币通论》更是掀起了一场经济学方法、经济理论和经济政策的革命，为现代宏观经济学的创立奠定了坚实的基础。后续学者对其经济思想局限性的探讨与修正推动着凯恩斯理论的不断发展。

一　两次世界大战期间英国的经济“设计师”

凯恩斯出生在英格兰剑桥一个学者与文官相结合的家庭，于 1897 年 7 月考取伊顿公学，主修数学，曾获伊顿公学高级数学奖及托姆林奖金，并以优异成绩毕业。凯恩斯 1905 年获剑桥大学文学硕士学位，1909 年当选为国王学院院士，1929 年当选为英国科学院院士，1942 年获曼彻斯特大学名誉法学博士学位，1946 年获剑桥大学科学博士学位，1946 年 4 月 21 日因心脏病突发逝于家中。凯恩斯先后在英国政府印度事务部、剑桥大学皇家学院、英国皇家经济学会、英国财政部、英国全国互助人寿保险公司、英格兰银行、国际货币基金组织和世界银行工作，曾长期担任《经济学杂志》主编、英国皇家经济学会会长以及英国全国互助人寿保险公司董事长等职务。①

① 吴宇晖、张嘉昕编著《外国经济思想史》，高等教育出版社，2007，第 328 页。

凯恩斯一生经历了两次世界大战，对战时英国经济的正常运转以及战后经济秩序的恢复、重建做出了卓越的贡献。一战爆发后，他应征进入英国财政部，主管外汇管制、美国贷款等对外财务工作以保证英国战时经济的正常运转，战后作为英国财政部首席代表出席巴黎和会，因反对对德索取巨额战争赔款愤然辞职离会。二战期间，他出任英国财政部顾问，参与战时各项财政金融问题的决策以及国民收入统计的编制事宜。凯恩斯为帮助英国摆脱战时的金融困境，多次前往美国争取贷款援助，最终成功为英国获得6年免息贷款。同时，他还积极参与国际货币基金组织、世界银行的筹备以及布雷顿森林国际货币体系的构建工作，并于二战即将结束前随英国政府代表团出席布雷顿森林国际货币基金会议，成为国际货币基金组织与世界银行的英国理事，后当选为世界银行第一任总裁。

凯恩斯师从新古典学派集大成者阿尔弗雷德·马歇尔，并与福利经济学创始人庇古一起学习。[①] 在继承与批判新古典经济学的基础上，他率先使用总量分析方法讨论不确定环境下的供需均衡，并提出了以有效需求为核心的产量决定理论以及需求管理政策，开创了宏观经济学的研究先河，为后世经济理论研究与政策实践做出了重大贡献。

二　凯恩斯的著作

凯恩斯所处的时代背景及其特别的人生阅历决定了其独特的研究体系。他的学术著作包括：《印度通货与金融》（1913）、《和平的经济后果》（1919）、《论概率》（1921）、《货币改革论》（1923）、《货币论》（1930）以及《就业、利息和货币通论》（1936）等。

（一）《印度通货与金融》

1906~1908年，凯恩斯在英国政府印度事务部的从业经历为其处女作《印度通货与金融》提供了良好的研究准备。该书论述了包括印度货币卢比、黄金兑换标准、纸币、黄金、议会账单和汇款、准备金和现金余额、印度银行系统等在内的相关问题。在此基础上，他指出印度不应照搬英国

① 吴宇晖、张嘉昕编著《外国经济思想史》，高等教育出版社，2007，第328页。

的中央银行模式，而应基于自身在国际货币体系中所处的位置建立自己的中央银行，并通过进一步的分析提出印度必须放弃银本位制，实行没有黄金流通的金本位制以稳定卢比对英镑的汇率。[①]

（二）《和平的经济后果》

1919年，凯恩斯作为英国财政部首席代表出席巴黎和会的参会经历直接促成了《和平的经济后果》问世。基于历史的分析方法，凯恩斯在书中论述了包括一战前的欧洲情况、巴黎和会状况、合约条款、赔偿事项、和约后的欧洲情况以及相应救济方法在内的问题。他主张对德国宽容，减少协约国对德国的巨额赔款要求，实施欧洲一体化的经济政策。[②]《和平的经济后果》出版后风行世界，取得了极大的成功。

（三）《论概率》

凯恩斯在剑桥大学皇家学院执教期间完成的《论概率》论文经修改完善后，以《论概率》为书名于1921年出版。该书涵盖了关于概率的基本观点、基本定理、归纳和类比、概率的哲学应用及统计推理基础等内容。他主张从合理信念度的角度来理解概率，认为概率是描述合理信念度的工具。[③]

（四）《货币改革论》与《货币论》

凯恩斯师承马歇尔学习新古典经济学与任职英国财政部的经历促使其致力于货币理论研究，并于1923年和1930年先后发表了《货币改革论》和《货币论》。

在《货币改革论》中，凯恩斯虽未能跳出传统货币数量论的观点，但是对货币的认识已从价格关系转向产量关系，为产量货币理论的诞生奠定了基础。在书中，凯恩斯主要关注币值波动与生产及分配之间的关系，并

---

① Betancourt, "John Maynard Keynes's Indian Currency and Finance," *History of Economics Review* 58 (2013).

② John Maynard Keynes, *The Economic Consequences of the Peace* (New York: Harcourt, Brace and Howe, 1920).

③ 合理信念度反映命题之间的客观逻辑关系，独立于个人的主观意见（魏燕侠：《作为哲学家的凯恩斯提出信念概率论》，《中国社会科学报》2018年1月30日，第7版）。

主张国内币值稳定应当成为一国的追求目标。首先，他把当时的社会集团按照经济功能划分为债权人（他称之为投资者）、债务人（他称之为商业阶级即企业家）以及工资劳动者，取代了从亚当·斯密以来的传统划分方法（地主、资本家、工人）。这种划分在分析币值变动引起的财富再分配时比传统的划分更实用。他认为膨胀与紧缩都会影响生产与分配，膨胀对分配影响大，紧缩对生产影响大。随后凯恩斯提出了新的货币数量公式，$n=P(k+rk')$，其中，n 为货币流通量，P 为消费品价格，k 为公众要求以货币形式取得的消费品，k'为公众想以活期存款形式保持的消费品，r 为银行的储备金比例。他主张货币当局可以通过变动利率、银行储备金比例以及流通货币量以稳定币值，从而稳定生产与分配。[①] 同时，为了使大英帝国摆脱日渐衰落的困境，凯恩斯在已有理论分析的基础上提出建立世界两大货币区的构想，主张英美均参照内部价格水平和其他标志着内部信贷处于过度扩张或扩张不足的指标来制定银行利率和信贷政策。[②] 英镑与美元从而成为世界中心货币，别国货币直接与英镑或美元挂钩，利用银行利率、银行储备金比率等管理信贷，从而维持币值稳定。此外，凯恩斯还注意到工人的组织集团性会放大通货紧缩对生产的影响，增加失业率。[③]

与在《货币改革论》中强调消费品物价水平取决于货币流通量与银行准备金率不同，凯恩斯在《货币论》中强调物价水平更多地与投资及储蓄有关。他指出银行体系所决定的市场利率与自然利率之间的差异影响投资与储蓄之间的关系，并进一步通过影响企业的利润状况来影响效率报酬率即工资，最终影响物价水平。因此，银行体系可以通过调节市场利率使其等于自然利率，以实现物价水平的稳定。凯恩斯进一步分析了开放经济条件下宏观经济的均衡条件，他指出投资与储蓄相等、对外贸易顺差与资本净输出相等分别是内部均衡与外部均衡的必要条件。考虑到利率既可以影响投资与储蓄成为内部调节的手段，又可以影响对外贸易与资本流动成为

---

① 张旭昆：《从笃信传统到进行革命——凯恩斯的重要经济论著及其思想演化过程》，《浙江社会科学》1995年第4期，第31~39页。

② 方兴起：《西方主流宏观经济分析的微观化——一种马克思主义经济学的解析》，《中国社会科学》2007年第2期，第19~31页、第204页。

③ 张旭昆：《从笃信传统到进行革命——凯恩斯的重要经济论著及其思想演化过程》，《浙江社会科学》1995年第4期，第31~39页。

外部调节的手段，因此，银行体系可以通过调节市场利率（譬如再贴现率、公开市场业务以及银行准备金率等）来实现内外均衡。同时，凯恩斯还指出，在金本位制度下，一国均衡所需的市场利率很可能妨碍别国均衡的实现，因此应建立统一的国际货币体系①，进而提出建立“国际银行货币”的构想。他主张建立“国际银行”发行国际纸币，各国货币与国际纸币挂钩，国际纸币与黄金挂钩。国际纸币的价值由国际银行控制，国际银行在成员国监督委员会管辖范围内通过银行利率、贴现限额以及公开市场政策独立行使国际协调职能，确保成员国内外均衡的实现。

（五）《就业、利息和货币通论》

凯恩斯于1936年出版了著作《就业、利息和货币通论》，掀起了一场经济学方法、经济理论和经济政策的革命，为现代宏观经济学的创立奠定了坚实的基础。

1. 方法革命

《就业、利息和货币通论》通过引进总体分析法，破除传统“二分法”，实现了对古典经济学方法论上的革命。凯恩斯一方面通过引进国民收入、就业、消费、投资、利率以及货币供给量六大宏观变量，重新界定了经济学的研究对象为宏观经济的运行效率，研究非充分就业均衡；另一方面通过破除传统“价值论”和“货币论”分庭抗礼的局面，将货币因素纳入价值生产和分配研究中，实现了货币和实体经济的有机融合，首创了货币经济学。②

2. 理论革命

《就业、利息和货币通论》通过批判萨伊定律，提出了有效需求不足理论，坚持货币非中性原理及货币供给外生性原理，奠定了现代宏观经济学的基础，实现了对古典经济学理论层面的革命。基于对欧洲经济慢性萧条现象的持续观察与思考，凯恩斯意识到萨伊定律成立的约束条件是短缺经济，而在自己所处的时代，国民经济的有效需求不足明显。具体来说，

---

① 张旭昆：《从笃信传统到进行革命——凯恩斯的重要经济论著及其思想演化过程》，《浙江社会科学》1995年第4期，第31~39页。

② 崔建军：《剑桥的回声——凯恩斯〈就业利息和货币通论〉理论价值再探索》，《陕西师范大学学报》（哲学社会科学版）2016年第5期，第89~100页。

这一不足主要体现在消费不足与投资不足两个方面。其中，消费不足源于马尔萨斯有效需求论，投资需求不足的分析则与马克思关于利润下降导致生产不足的分析相似。基于经济环境的不确定性以及经济个体的有限理性，凯恩斯认为经济个体对未来的预期是不充分的，导致经济总产出取决于经济总需求，而经济总需求受制于边际消费倾向递减、资本边际生产力递减以及流动性偏好三大心理规律趋于不足，从而导致经济系统的有效需求内生不足。此时的供需均衡量往往低于充分就业的总产出，这就从科学层面彻底取代了萨伊定律，实现了对古典经济学的革命。凯恩斯对货币的非中性认知肇始于《货币改革论》，完成于《就业、利息和货币通论》，他明确指出“我们现在已经把货币这个东西，引入因果关系（causal nexus）中，这还是创举。货币数量之变动，如何影响经济体系，现在我们也已得一瞥。不过，我们由此推论，认为货币是一种饮料，可以刺激经济体系，促其活动，则我们必须记得，在此饮料发挥作用之前，还有几重难关”[①]。可见凯恩斯非常注重货币非中性原理的适用条件，以建立严谨的理论体系。在货币非中性原理的基础上，凯恩斯主张货币供给外生性，主张放弃金本位制，实行纸币本位制，进行适度的国家干预以稳定国内物价。他强调中央银行应以国内价格水平稳定为目标，以调控信贷进而创造货币。

3. 政策革命

《就业、利息和货币通论》首倡混合经济论。凯恩斯以有效需求理论为依据，主张政府通过货币政策与财政政策等需求管理型政策进行国家干预，引起了经济政策的革命。他一方面通过分析边际消费倾向递减、资本边际生产力递减以及流动性偏好等三大心理规律，主张经济系统内生有效需求不足，提出政府应通过减税、公共工程等财政政策刺激经济；另一方面通过分析非理性情绪、动物精神，说明市场经济存在潜在的系统性风险，主张通过政府监管措施及银行准备率、再贴现率与公开市场业务等货币政策工具实行通货管理政策。凯恩斯在《就业、利息和货币通论》中强调，“固然，现在有几件事情操之于私人手中，将由国家集中管理，但是

① 〔英〕约翰·梅纳德·凯恩斯：《就业、利息与货币通论》，徐毓枬译，商务印书馆，1983，第147页。

还有许多活动不受影响"[①]，可见他虽然主张政府干预，但是并没有完全否定市场的作用，反而强调政府与市场的合作。

三　凯恩斯的学术贡献

凯恩斯的学术贡献一方面在于其提出的有效需求理论对经济萧条现象的解释与对后期政策实践的指导意义，另一方面在于对已有经济学理论的革新与对后世经济学研究的开创性影响。

（一）对经济萧条现象的解释

与以往研究不同，凯恩斯首次从国际收支失衡、货币制度、非理性情绪以及投资与储蓄数量不等等方面解释经济萧条。学术界长期以来存在一种误解，认为凯恩斯的研究针对的是美国 1929～1933 年波及世界范围的"大萧条"现象。但是综观其一生的学术著作，不难发现，凯恩斯长期关注大萧条前后的欧洲国家特别是英国的经济萧条现象及其产生的原因、传导机制以及应对措施等。对美国"大萧条"的解释是从对英国的观察角度进行的。国内一些学者的相关研究也支持这一看法，如胡寄窗认为凯恩斯在 20 世纪 30 年代大危机之前的《货币改革论》中就已经注意失业问题了，《就业、利息和货币通论》只是对此进行了比较充分的理论阐述。[②] 刘涤源亦指出凯恩斯在《就业、利息和货币通论》出版前已形成国家干预思想，并试图向美国罗斯福政府宣传，但因罗斯福没能听懂他的宣传鼓动，也不欣赏他的理论而成效不大，而美国应对经济危机的罗斯福新政亦并非对凯恩斯理论的实践。[③]

首先，凯恩斯在《和平的经济后果》中对德国巨额战争赔款后续影响的分析暗示了国际收支失衡会导致经济萧条。凯恩斯基于从德国到英法再到美国的经济链条分析，认为协约国对德国索取巨额的战争赔款会严重阻

---

① 〔英〕约翰·梅纳德·凯恩斯：《就业、利息与货币通论》，徐毓枬译，商务印书馆，1983，第 325 页。

② 胡寄窗主编《西方经济学说史》，立信会计出版社，1991，第 314～323 页。

③ 刘涤源：《论凯恩斯"就业一般理论"思想发展过程的主要特点》，《经济研究》1986 年第 3 期，第 41～47 页。

碍德国战后的经济恢复，巨额赔款将导致德国对英法进口需求减少。英法在面临出口减少情形的同时，还会因德国战后经济恢复缓慢而难以及时收到战争赔款，无力偿还对美国的战时债务，自发投资减少，从而陷入经济萧条的陷阱。因此，他主张英法应主动减免对德巨额战争赔款的要求，或者以德国的国债作为支付手段清偿协约国之间的债务。

其次，凯恩斯在《货币论》中关注货币制度对慢性萧条产生的影响。凯恩斯认可金本位制在稳定一国物价水平，进而促进一国经济稳定增长中的积极作用，但是反对英国在一战后立即回归金本位制。这一态度与其对金本位制在经济系统运行中所扮演角色的认识密不可分。凯恩斯不仅认识到金本位制这一制度安排可以保证各国经济动向的一致性，从而保证各国汇率波动的一致性，同时他也意识到固定汇率的金本位制会将各国的经济波动与其他国家的行为联系在一起，从而制约各国的经济行为。正是基于金本位制对于国际社会系统“一荣俱荣、一损俱损”特性的深刻把握，凯恩斯才坚定地主张战后放弃金本位制，转向变动汇率的金汇兑本位制，给予各国央行一定的操作空间。①

同时，作为一名概率论学家兼股票经理人，凯恩斯把对现实经济社会的不确定性认识应用到对股票市场的观察中。凯恩斯关注不确定性环境下的股票经理，发现即使是在有组织的投资市场中，购买者在相当大的程度上也是不清楚自己所购买的资产的质量，投机者并不或很少考虑资产将来的合理收益，而更多关注市场的心理预期，从而产生“过度购买”与“过度抛售”的非理性行为。在经济繁荣时期，非专业投机者在投资者群体中所占的比重增加，一方面干扰专业投机者的判断；另一方面非专业投机者对于冲击的剧烈反应加剧了股票市场的波动，使市场风险增加。基于对人类非理性情绪的分析，凯恩斯指出了股票市场潜在的系统性风险，主张政府应对股票市场进行适当监管。

最后，凯恩斯在《就业、利息和货币通论》中将经济萧条归因于投资与储蓄的数量不对等。投资数量取决于投资收益，投资收益是“资本的边际效率”和利率，前者取决于实体经济中企业家投资活动的平均回报率或者说利润率，受市场需求、技术进步、人口结构等多方面的影响，后者由

① 张琦：《大萧条的经济学争论》，《经济学动态》2012 年第 11 期，第 36~44 页。

货币的需求与供给所决定。储蓄数量受交易、预防以及投机三大动机的影响，受交易动机驱使的储蓄数量一般相对稳定，受预防动机驱使的储蓄数量取决于社会保障状况，而受投机动机驱使的储蓄数量可以说取决于投资收益。当投资数量大于、等于以及小于储蓄数量时，经济系统就会出现繁荣、均衡以及萧条三种状况。针对经济均衡目标，凯恩斯主张投资与储蓄数量的对等化，二者主要受投资收益的影响。在影响投资收益的市场需求、技术进步、人口结构以及货币供求等因素中，货币供给量是可控因素，可以作为政策的着力点。

（二）经济理论革新

凯恩斯从前提假设、方法论、理论推演等方面对已有的经济学理论进行了革新。

他从现实世界出发，认为现实经济社会充满了波动与不确定性，而经济个体存在有限理性。不确定性与有限理性导致经济个体对未来的预期是不充分的。基于非充分信心的预期，经济个体在从事购买和出售两种活动时需要对“先购买”还是“先出售”做出选择。考虑不具有充分信心预期的经济个体“先购买”需要满足的条件是他必须先有足额的资金进行支付，然后能预期他可以出售与此购买行为相关的产品或服务。可见在不确定性环境中后者难以满足，现实经济社会中的交易者都倾向于先出售，如果没有相应的购买者，交易将无法达成，经济系统亦将无法运转。凯恩斯通过强调不确定性在经济个体预期中的作用，实现了对新古典经济学“充分信心预期”假设的革命。①

在非充分信心预期的假设下，凯恩斯关注宏观经济变量均衡。对凯恩斯理论进行深入研究与发展的阿尔文·汉森（Alvin Hansen）曾将凯恩斯全部的理论体系归纳为：最重要的不变要素是劳动和资本设备的质量和数量、现有生产技术、竞争程度、消费者的嗜好以及决定收入分配的社会结构；自变数是消费函数、投资的边际效率、灵活偏好表和货币当局规定的货币数量；依变数是国民收入、就业率以及利率。基于对宏观量的关注，

① 龚刚：《回归凯恩斯——写于〈通论〉发表70周年》，《经济学》（季刊）2008年第1期，第1~20页。

凯恩斯摒弃了新古典经济学居民个体效用最大化、企业利润最大化的微观分析方法，将高等数学广泛运用于宏观经济总体分析中，用函数关系表示总的有效需求，并进一步讨论总有效需求与国民产出及就业量之间的关系，从方法论层面对新古典经济学进行了革新。

进一步地，凯恩斯通过分析储蓄动机、三大基本心理规律、生产的货币理论对产量决定理论进行了推演。首先，他通过对经济个体三种储蓄动机的阐述提出了边际消费倾向递减规律。其次，他通过引入流动性偏好规律，分析了资本效率，提出了资本边际效率递减规律。他主张三大基本心理规律内生决定了经济系统有效需求不足，进而由供需均衡条件所决定的就业量小于充分就业量，出现非自愿失业。这与新古典经济学长期坚持的充分就业出现了根本性的理论分野。同时，凯恩斯破除了长期以来实体经济与货币经济分割的局面，主张通过货币供给量来调节利率，进一步影响投资与储蓄。他将货币经济纳入实体经济分析中，首创了生产的货币理论，终结了根深蒂固的货币媒介论，并进一步通过“乘数”理论对产量决定过程进行推演，实现了对新古典经济学的理论革新。

（三）政策实践指导

正是因为有了从假设、方法论以及理论推演方面对已有经济学理论的“大换血”，才有了凯恩斯对于固有经济政策的革新。在凯恩斯之前，古典经济学“一统天下”，古典主义自由放任的经济政策被广泛采纳，政府则很少或不被纳入经济分析框架中，相关理论也多停留在对政府作用的限制上。譬如，亚当·斯密主张最好的政府应该是小型的、节俭的和廉价的；集大成者马歇尔在其微观分析框架中也未将政府纳入考虑。凯恩斯则基于当时的经济现状与其理论分析，将政府纳入经济分析框架中，从提高居民边际消费倾向以及资本边际生产力出发，提议通过税收体制改革促进收入再分配以提高穷人的边际消费倾向，通过政府适当增加货币供给降低利率以促进私人投资，通过政府进行公共工程投资补充私人投资，主张在市场有效运行的同时加强政府的宏观干预，实现了对固有自由放任经济政策的革新。

以美国和中国为例，凯恩斯的经济理论对国际社会政策实践影响深刻。第一，美国的政策实践。从《就业、利息和货币通论》出版到二战后十年内，美国经济学家阿尔文·汉森大力传播并发展凯恩斯的经济理论，在美国业界、政界乃至平民阶层引起了广泛关注，促进了凯恩斯主义政策在美国的推行。1946 年，以充分就业为目标的《就业法》出台，同时旨在为国家干预经济出谋划策的总统经济顾问委员会成立，在法律与组织层面为凯恩斯主义政策提供了支持。之后，美国历届政府亦很赏识凯恩斯主义政策，纷纷任用凯恩斯主义者担任总统经济顾问委员会委员。沃尔特·海勒（Walter Heller）、詹姆斯·托宾（James Tobin）等凯恩斯主义者曾担任肯尼迪以及约翰逊总统经济顾问委员会委员，推行增长性充分就业政策。[①] 克林顿也主张扩大公共开支，刺激私人投资，促进经济增长，增加就业机会。进入 21 世纪以来，小布什推行扩张性财政政策，曾于 2002 年 3 月 9 日签署价值 1230 亿美元的经济刺激法案。[②] 奥巴马在任期间，美联储通过四轮量化宽松货币政策，向市场注入了大量的流动性资金。

第二，中国的政策实践。凯恩斯提出的管理通货论在顾翊群、马寅初、何廉等学者的倡导下，促进了国民政府早期的法币改革。[③] 1998 年，中国政府实施积极的财政政策应对东南亚金融危机，取得了良好成效。进入 21 世纪以来，中国政府继续实施积极的财政政策与稳健的货币政策，对拉动全社会投资和稳定经济增速发挥了重要作用。

（四）开创性贡献

凯恩斯对后世经济学研究的开创性贡献沿着两条线展开，其中一条线是支持、继承并对其经济理论加以发展的凯恩斯主义者，另一条线则是反对、批判并从对立面展开研究的反凯恩斯主义者。

凯恩斯主义者以汉森、萨缪尔森等新古典综合派及新凯恩斯主义经济学家为代表，他们对凯恩斯的经济理论从理论、方法、政策等方面进行了卓有成效的探索。《就业、利息和货币通论》出版后，凯恩斯理论传到美

---

① 刘涤源、文建东：《凯恩斯就业理论在美国的传播与发展》，《经济评论》1993 年第 3 期，第 20~27 页。

② 陈继勇、王钊：《克林顿与布什政府的财政政策比较》，《江汉论坛》2002 年第 5 期，第 5~9 页。

③ 宋丽智、邹进文：《凯恩斯经济思想在近代中国的传播与影响》，《近代史研究》2015 年第 1 期，第 126~138 页。

国，汉森在对该书进行解释、补充和订正的基础上，和约翰·希克斯（John Hicks）一起提出了“希克斯-汉森模型”，即IS-LM模型；和萨缪尔森一起提出了加速原理，补充凯恩斯的乘数原理，即“汉森-萨缪尔森”模型，也称“乘数-加速数”模型，成为颇有影响力的经济周期理论。此外，汉森还提出了补偿性财政政策，宣扬赤字预算、通货膨胀及混合经济等主张，将凯恩斯理论政策化。集宏观经济学与微观经济学的大成者萨缪尔森则将微观经济分析纳入宏观分析框架中，创立了现代凯恩斯主义——新古典综合派。劳伦斯·罗伯特·克莱因（Lawrence Robert Klein）建立了宏观计量模型，数理经济学家基德兰德（Kydland）和普雷斯科特（Prescott）建立了带有凯恩斯主义色彩的描述经济波动的动态随机模型，詹姆斯·杜森贝利（James Duesenberry）提出了相对收入假说，弗兰克·莫迪利安尼（Franco Modigliani）提出了生命周期学说，罗伯特·默顿·索洛（Robert Merton Solow）等人在其投资函数的基础上提出了新古典增长模型，托宾将其货币理论发展成q规则的资产选择理论，梅茨勒（L. Metzler）将凯恩斯理论运用到国际贸易中。同时，新古典综合派还提出了补偿性财政货币政策、相机抉择、增长性充分就业政策等，进一步使凯恩斯主义政策系统化、具体化。[①] 新凯恩斯主义者则致力于为凯恩斯宏观经济理论寻找微观基础，基于非充分信心的预期以及有限理性，提出了黏性价格模型、垄断竞争企业产量决定模型，两者分别作为价格决定与产量决定的微观基础。[②]

反凯恩斯主义者以米尔顿·弗里德曼的货币主义、罗伯特·E. 卢卡斯（Robert E. Lucas）的理性预期学派以及新自由主义为代表。他们对凯恩斯理论的批判主要从经济政策、微观基础两方面展开。弗里德曼根据自然失业率假说，对凯恩斯所言的未充分就业与半通货膨胀的关系提出质疑[③]，他领导的货币主义者反对凯恩斯主义的国家干预和财政政策。他们认为主

① 刘涤源、文建东：《凯恩斯就业理论在美国的传播与发展》，《经济评论》1993年第3期，第20~27页。

② 龚刚：《回归凯恩斯——写于〈通论〉发表70周年》，《经济学》（季刊）2008年第1期，第1~20页。

③ 方兴起：《西方主流宏观经济分析的微观化——一种马克思主义经济学的解析》，《中国社会科学》2007年第2期，第19~31、204页。

动的政策会因为经济个体的适应性预期而收效甚微，主张实行“单一规则”的货币政策稳定预期。[①] 卢卡斯等理性预期学派经济学家以凯恩斯理论缺乏微观基础为切入点，将约翰·穆勒分析微观经济问题提出的理性预期概念拓展到宏观层面[②]，并提出了理性预期学说，将弗里德曼经由总量分析所得出的短期货币非中性和长期货币中性理论、自然失业率假说以及固定的货币增长规则置于个量分析之上。理性预期学派强调经济个体预料到的货币政策趋于无效，反对凯恩斯主义相机抉择的货币政策和财政政策，主张施行固定货币增长率规则以提供稳定可预测的经济环境，将宏观经济分析微观化。新自由主义经济学家以博弈论为分析工具，基于一般的策略互动关系考虑政府与经济主体之间的策略互动[③]，认为经济主体对其与政府策略互动的理性预期导致政策无效，主张回到自由放任主义。

四　凯恩斯主义的缺陷与新凯恩斯主义的改造

凯恩斯理论自诞生以来誉满天下，也“谤满天下”。三大心理规律、非自愿失业、需求管理以及总量分析方法毁誉参半，其局限性主要集中在缺乏动态分析、分配分析、供给分析以及微观基础等方面，不过，也正是这些探讨推动了凯恩斯理论的不断发展。

（一）缺乏动态分析

雷·F. 哈罗德（Ray F. Harrod）曾在《凯恩斯先生和传统理论》中提道：“我敢于对凯恩斯先生提出的唯一批评是这一体系仍然是静态的。”[④] 可见，其批判凯恩斯分析方法的比较静态性。凯恩斯主义拥护者通过建立动态随机一般均衡模型将凯恩斯学说动态化、长期化，对此类批判加以反击。

---

① 刘涤源、文建东：《凯恩斯就业理论在美国的传播与发展》，《经济评论》1993 年第 3 期，第 20~27 页。

② J. F. Muth, “Rational Expectations and the Theory of Price Movements,” *Econometrica* 29 (1961): 315~335.

③ 方兴起：《西方主流宏观经济分析的微观化——一种马克思主义经济学的解析》，《中国社会科学》2007 年第 2 期，第 19~31、204 页。

④ 张培刚、厉以宁：《微观和宏观经济学的产生和发展》，湖南人民出版社，1986，第 413 页。

（二）缺乏分配分析

克莱因曾指出："凯恩斯经济学给了我们一套解决失业问题的工具，但它完全没有谈到其他许多也应当受到我们注意和研究的社会经济问题。……凯恩斯没有讨论资源分配问题，因为手边要讨论的迫切问题太多。但当困扰凯恩斯的问题得到解决时，资源分配问题又会成为一个迫切问题。"克莱因不仅批判凯恩斯未研究资源分配问题，还批判其关注"充分就业"而没有重视"公平就业"。[①] 事实上，凯恩斯在一定程度上探讨了公平就业，譬如，他在提高居民边际消费倾向的主张中提到进行税收体制改革以促进收入再分配，提升穷人的边际消费倾向。但是，毋庸讳言，凯恩斯的理论体系以及政策主张是为了维护资本主义的统治，其自身阶级立场限制了对资源分配以及公平就业的深入分析。

（三）缺乏供给分析

凯恩斯坚持认为实现充分就业之前货币数量的增加不会引起真正的通货膨胀，即失业与通货膨胀不可能同时存在。该理论在20世纪70年代"滞胀"时期遇到了挑战。"石油危机"下的成本推动型通货膨胀直接冲击了凯恩斯的有效需求不足内因论。供给学派认为凯恩斯主义过分注重需求，而忽略供给分析。对于此，龚刚认为凯恩斯的供给不变是建立在垄断竞争企业的基础上。在垄断竞争情况下，市场一般是供过于求的状况，供给受制于实际需求，应该说在垄断竞争企业分析框架下，市场的有效需求决定了企业的产量，在某种程度上是更符合实际的均衡分析。在生产能力过剩的情形下，根据市场有效需求决定产量；在生产能力不足的情形下，根据市场能提供的产量决定需求。产量的决定是受约束下的利润最大化。[②] 同时，我们也应该看到前提假设在经济理论推演中的重要性，忽略前提假设，利用某一理论去解释经济现象、指导政策实践是不可靠的。

---

① 崔建军：《剑桥的回声——凯恩斯〈就业、利息和货币通论〉理论价值再探索》，《陕西师范大学学报》（哲学社会科学版）2016年第5期，第89~100页。

② 龚刚：《回归凯恩斯——写于〈通论〉发表70周年》，《经济学》（季刊）2008年第1期，第1~20页。

（四）缺乏微观基础

缺乏微观基础可能是对凯恩斯宏观经济理论批评最多的方面。卢卡斯认为，“宏观经济学需要微观经济基础的看法已经成为常识。尽管人们对这一需要的本质及满足这一需要意味着什么还认识不清楚”，“但是有直接的原因把当代对于理论上健全的总量经济学的探索解释为对于前凯恩斯主义理论家理论的恢复”,① 凸显了其对凯恩斯宏观经济理论缺乏微观基础的批判。具体来说，缺乏微观基础指的是凯恩斯宏观经济理论中的行为方程不像新古典经济学那样从经济个体效用最大化、企业利润最大化导出。不过，新凯恩斯主义者对此进行了卓有成效的探索。他们从黏性价格模型、有限理性两个方面分别对传统凯恩斯理论中的价格决定过程与产量决定过程进行了微观基础的改造。

1. 价格决定过程的微观基础

新凯恩斯主义的黏性价格模型讨论了垄断或垄断竞争企业的价格决定过程，主张在非充分信心预期下，企业按所面临的市场需求曲线做决策（见图 1）。假定企业预期市场需求曲线为 D_0，根据边际成本 $MC=MR_0$ 确定产品价格为 P_0，并公布给市场中的消费者。假定在企业所选择的价格为 P_0 时，市场的实际需求曲线为 D_a，利润最大化原则下的实际最优价格为 P_1。当价格从 P_0 调整到 P_1 时，企业面临菜单成本与形象损失成本，所以，当价格调整成本增大到一定程度时企业可能不会调整价格。因此，当市场需求发生变化时，企业对价格的调整是黏性的。价格黏性模型揭示的价格决定过程更符合现实的经济情况，解释力更强。企业按所面临的市场需求曲线做决策与凯恩斯主张的产量决定受制于有效需求的观点一脉相承。

2. 产量决定过程的微观基础

新凯恩斯主义者基于有限理性分析了凯恩斯理论中的产量决定过程，同样基于非充分信心的预期，根据有效需求决定产量的决策可以理解为经济个体的理性行为（见图 2）。在黏性价格模型下，价格确定为 P，根据 $P=$

---

① 方兴起：《西方主流宏观经济分析的微观化——一种马克思主义经济学的解析》，《中国社会科学》2007 年第 2 期，第 19~31 页、第 204 页。

MC 确定最优产量为 Y^*，考虑在企业所选择的价格为 P 时，实际市场需求分别为 Y_1^d 和 Y_2^d 时企业决定的产量。当企业预期到市场需求为 Y_1^d 时，其没有理由生产 Y^*；当企业预期到市场需求为 Y_2^d 时，$MC>P$，企业选择在 $MC=P$ 处生产 Y^*。可见企业的产量决定受制于市场需求，由此，新凯恩斯主义者就为凯恩斯理论的产量决定找到了微观基础。

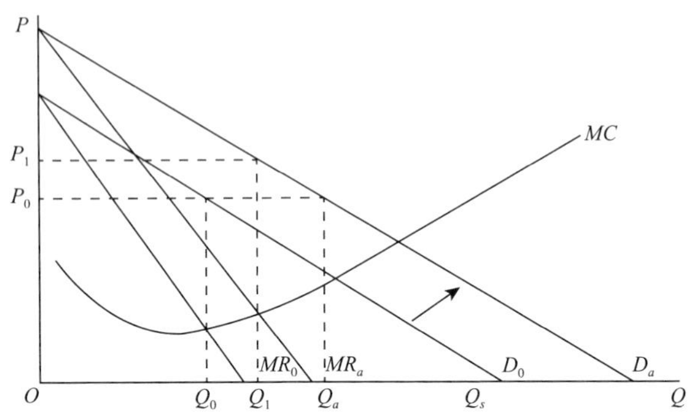

图 1　新凯恩斯价格黏性模型

资料来源：龚刚《回归凯恩斯——写于〈通论〉发表70周年》，《经济学》（季刊）2008年第1期，第1~20页。

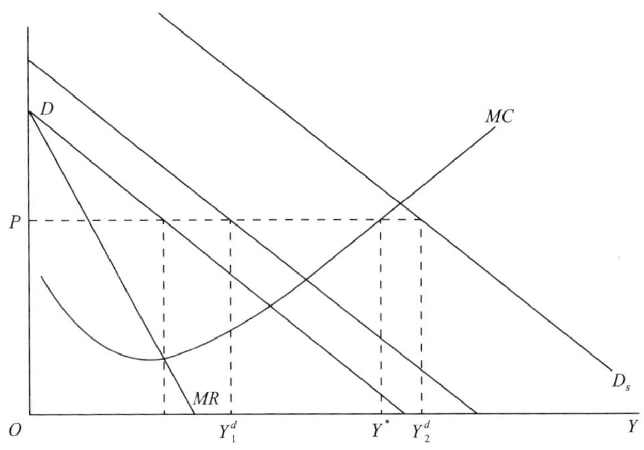

图 2　有限理性凯恩斯体系下的产量

资料来源：龚刚：《回归凯恩斯——写于〈通论〉发表70周年》，《经济学》（季刊）2008年第1期，第1~20页。

凯恩斯理论是经济学说史上浓墨重彩的一笔，其解释性、前瞻性及指导性深刻地影响并将持续影响经济社会的发展。综观凯恩斯的经济理论不难发现，其非充分信心的预期更符合现实经济生活，其垄断或垄断竞争的市场范畴亦更符合现实经济社会，有效需求内生不足论推导出非自愿性失业亦符合现实经济环境。其解释力相较于新古典经济学充分信心预期下的完全竞争市场自愿性失业更强，政策指导相对更有效，成为各国历届政府调节经济的常用手段，为经济的平稳运转做出了重要的贡献。此外，凯恩斯早在《货币论》出版时就已经设想"将货币管理托付给某一个机构"，后提出了建立国际银行发行国际银行货币的设想，① 显然建立统一货币区有助于世界各经济体的公平发展，是极具前瞻性的。需要注意的是建立统一货币区的主张并非凯恩斯为维护世界各经济体的公平发展而提出的，只是他为日趋衰落的大英帝国奔走而产生的副产品，尽管如此，其理论价值也不能因此而被忽略。

参考文献

〔英〕约翰·梅纳德·凯恩斯：《就业、利息与货币通论》，徐毓枬译，商务印书馆，1983。

陈继勇、王钊：《克林顿与布什政府的财政政策比较》，《江汉论坛》2002 年第 5 期。

崔建军：《剑桥的回声——凯恩斯〈就业、利息和货币通论〉理论价值再探索》，《陕西师范大学学报》（哲学社会科学版）2016 年第 5 期。

方兴起：《西方主流宏观经济分析的微观化——一种马克思主义经济学的解析》，《中国社会科学》2007 年第 2 期。

龚刚：《回归凯恩斯——写于〈通论〉发表 70 周年》，《经济学》（季刊）2008 年第 1 期。

胡寄窗主编《西方经济学说史》，立信会计出版社，1991。

刘涤源：《论凯恩斯"就业一般理论"思想发展过程的主要特点》，《经济研究》1986 年第 3 期。

刘涤源、文建东：《凯恩斯就业理论在美国的传播与发展》，《经济评论》1993 年第 3 期。

宋丽智、邹进文：《凯恩斯经济思想在近代中国的传播与影响》，《近代史研究》2015 年第 1 期。

魏燕侠：《作为哲学家的凯恩斯提出信念概率论》，《中国社会科学报》2018 年 1 月 30 日，第 7 版。

---

① 方兴起：《凯恩斯逝世 60 周年之际的反思》，中华外国经济学说研究会《中华外国经济学说研究会第十四次学术讨论会论文摘要文集》，2006，第 4 页。

吴宇晖、张嘉昕编著《外国经济思想史》，高等教育出版社，2007。

张培刚、厉以宁：《微观和宏观经济学的产生和发展》，湖南人民出版社，1986。

张琦：《大萧条的经济学争论》，《经济学动态》2012 年第 11 期。

张旭昆：《从笃信传统到进行革命——凯恩斯的重要经济论著及其思想演化过程》，《浙江社会科学》1995 年第 4 期。

Betancourt, "John Maynard Keynes's Indian Currency and Finance," *History of Economics Review* 58 (2013).

J. F. Muth, "Rational Expectations and the Theory of Price Movements," *Econometrica* 29 (1961).

John Maynard Keynes, *The Economic Consequences of the Peace* (New York: Harcourt, Brace and Howe, 1920).

第十一章

保罗 · 萨缪尔森

新古典综合学派的创始人

Paul Samuelson

保罗·安东尼·萨缪尔森（Paul Anthony Samuelson，1915~2009）是新古典综合派的著名代表人物、当代凯恩斯主义的集大成者、数理经济学新时代的开创者、美国第一位获得诺贝尔经济学奖的经济学家。他被称为经济学界的最后一位通才，所研究的内容涉及经济学的各个领域。他是世界经济学界罕见的多能学者，一生著作颇丰，经典著作更是不胜枚举，其中最著名、最经典的《经济学》教科书以40多种语言在全球销售超1000万册，长期以来被奉为西方经济学界的"圣经"，是全世界最畅销的经济学教科书，成为许多国家和地区制订经济政策的理论根据。

一　萨缪尔森的生平

萨缪尔森于1915年5月15日出生在美国印第安纳州加里城的一个波兰犹太移民家庭。他的父亲是一名药剂师，1923年举家搬往芝加哥居住。随后萨缪尔森开启了在芝加哥的求学之路，于1935年、1936年在芝加哥大学先后获得文学学士和文学硕士学位。1941年他在哈佛大学获得理学博士学位。在哈佛大学就读期间，萨缪尔森师从著名经济学家约瑟夫·熊彼特、瓦西里·里昂惕夫（Wassily Leontief）、戈特弗里德·冯·哈伯勒（Gottfried Von Haberler）以及阿尔文·汉森等。从萨缪尔森这一代开始，家族中的经济学人才涌现，不仅他是经济学家，他的第一任夫人玛丽昂·克劳福德（Marion Crawford）、长子威廉·弗兰克（William Frank）、弟弟罗伯特·萨缪尔森（Robert Samuelson）、弟媳安妮塔·阿罗（Anita Arrow）、侄子劳伦斯·哈里（Lawrence Henry）等均为知名的经济学家。

1940年萨缪尔森在麻省理工学院任经济学助理教授，开启了他的经济学教书育人职业生涯，1944年升任副教授。1960年，美国总统肯尼迪任命他为总统调查咨询顾问和美国国家计划局经济顾问。1966年，印第安纳大学授予萨缪尔森名誉法学博士学位。1970年，萨缪尔森获得了诺贝尔经济学奖。诺贝尔评奖委员会给出了这样的评价："在提升经济学家理论的科学分析水平上，他（萨缪尔森）的贡献要超过当代任何一位经济学家，他事实上以简单语言重写了经济学理论的相当部分。"1971年萨缪尔森获得美国国家科学院授予的爱因斯坦奖。2009年12月13日，萨缪尔森在马萨诸塞州的家中逝世，享年94岁。

二　经济学著作

萨缪尔森一生著作颇丰，经典著作不胜枚举，形成了较为全面系统的经济学分析理论体系，对西方经济学理论的不断发展和完善起到了重要的作用。其中一些经典著作更是名扬于外，在世界范围内影响力巨大、推崇者众多，例如《经济分析基础》（1947）、《经济学》（1948）、《线性规划与经济分析》（1958）、《萨缪尔森科学论文集》（1~7卷）（1966~2011）等。

（一）《经济分析基础》

完成于1947年的《经济分析基础》是为萨缪尔森赢得1970年诺贝尔经济学奖的重要理论研究成果。这本书的理论体系和架构最初源于萨缪尔森在哈佛大学撰写完成的博士论文《经济理论操作的重要性》。在此基础上，他花费了大量的精力，历时六年对前期研究做出了进一步的丰富和完善，最终完成《经济分析基础》一书。该书以数学为工具，把最大化原理和均衡原理结合在一起，使得新古典经济学的主体有了经典的数学表述形式。

《经济分析基础》中译本于1992年由商务部印书馆出版（费方域、金菊平译），该书的主要内容包括两个部分，共十二章及两个数学附录。第一部分包括：第一章《导论》、第二章《均衡系统与比较静态学》、第三章《极大化行为理论》、第四章《成本与生产理论的综合性重述》、第五章

《消费行为的纯理论》、第六章《变换、组合商品以及限量配给》、第七章《消费者行为理论的若干特殊论题》、第八章《福利经济学》；第二部分包括：第九章《均衡的稳定性：比较静态学和动态学》、第十章《均衡的稳定性：线性与非线性系统》、第十一章《动态理论基础》、第十二章《结论》。

《经济分析基础》的主要目的是论述一般化的基本原理对理论经济学和应用经济学的重要意义。在第一章中，萨缪尔森就已明确指出本书的研究目的是："各种不同理论的主要特征之间相似性的存在，意味着一般理论——它是各种特殊理论的基础，并且将各种特殊理论的主要特征统一起来——的存在。这种通过抽象而一般化的基本原理，早在30多年前就由著名的美国数学家穆尔证明了。"① 把最大化原理和均衡原理结合在一起，以数学为分析工具，使得各种理论和方法实现了较为统一的表述，也使得新古典经济学的主体内容有了经典的数学表述形式，这正是本书成为经典经济学著作的重要原因。

（二）《经济学》

在萨缪尔森众多学术著作当中，影响力最大、影响范围最广的非《经济学》莫属。该教材于1948年出版，此后大约每隔三年更新一版，至今已发行至第19版，被翻译成40余种语言，销量超过上千万册。20世纪90年代，《经济学》中文版问世中国，成为国内许多高校教授经济学课程的专业教科书。

《经济学》对经济学中的三大部分——政治经济学、部门经济学、技术经济学都有专门的论述，读过这本书的人都能看到相比前人的研究，萨缪尔森从宏观经济学到微观经济学、从生产到消费、从经济思想史到经济制度都有更多新的见地。这部著作在内容、形式的安排上，也可谓匠心独具、重点突出，每一章的开头都加上了历代名人的警句，既形象又言简意赅地概括出全章的主题，使读者不像是在啃嚼枯燥的专业理论书，更像是在读一部有文学色彩的史书。因此，这一巨著的出版，为普

① 〔美〕保罗·A. 萨缪尔逊：《经济分析基础》，甘华鸣、甘黎明、刘鹤译，北京经济学院出版社，1990。

及、推广萨缪尔森的经济学理论创造了良好的条件，成为经济学发展史上一部里程碑式的教科书。

在撰写《经济学》这样一本经济学专业的教科书时，萨缪尔森力图能够追随现实经济和国际形势不断发展和变化的浪潮，使其理论体系与观点能够与时俱进。1992年，《经济学》第12次再版时，萨缪尔森坦言："经济学就其本质来说是一种演变式的科学。它改变自己，以便反映社会和经济风向的改变。本书新版本的每一章都反映着经济学的演变性质。"① 2006年，《经济学》第17次再版时，萨缪尔森又继续强调："自1948年本书第一版问世以来，经济学的确已经发生了深刻的变化。经济学原本就是一个活生生的不断丰富和发展的有机整体。在日新月异的学界《经济学》始终保持处于前沿的需求水平。"②

时至今日，即使这部书的内容不断更新，它仍是一部深浅适度的入门级教科书。萨缪尔森在该书第一版序言的开头指出："本书主要是为那些把经济学作为综合教育的一部分读者写的。"萨缪尔森虽然是一位著名的数理经济学家，但为了使未接触过经济学的读者易于理解吸收这本教科书的内容，他在撰写时不使用数学模型，而使用当时流行的几何图式。因此，这本书十分适合大学相关专业的学生及其他初学者学习使用。除此之外，这本书突破了传统框架，对内容与结构进行了开创性的革新。在1948年之前，经济学教科书大多墨守成规，局限于说明价值与分配理论。萨缪尔森是在经济学教科书中以凯恩斯的就业理论与财政政策为重点，配合传统的价值与分配理论而取得成功的第一人。这种编写结构，即宏观经济学与微观经济学相结合的结构，曾被称为"新古典综合"，现在被称为主流经济学，已成为各家编写经济学教科书的标准模式。最后，萨缪尔森还巧妙地将一些重要的理论概念有机地结合到《经济学》教科书中。

（三）《线性规划与经济分析》

《线性规划与经济分析》是萨缪尔森、索洛以及罗伯特·多夫曼（Robert

---

① 〔美〕保罗·萨缪尔森、威廉·诺德豪斯：《经济学（第12版）》，高鸿业译，中国发展出版社，1992，第134页。

② 〔美〕保罗·萨缪尔森、威廉·诺德豪斯：《经济学（第17版）》，萧琛译，人民邮电出版社，2006，第152页。

Dorfman）三人在1958年合著的一本经济学经典著作，这本书标志着经济学界进入了数理经济领域，数理经济学成为传统西方经济学分析的重要方法。这本书也是较早地把价格理论、线性规划和增长理论结合起来的著作，此后，西方经济学的研究进入数理经济分析的时代。全球范围内的许多经济学研究者在这本书的影响下，开启了他们对数理经济学的探索和研究，为后来数理分析方法成为西方经济学研究的主流范式奠定了扎实的基础。可以说，这本书对于开启西方经济学数理分析范式具有重要的引领作用，对于数理经济学的成长和发展具有里程碑式的意义。

（四）《萨缪尔森科学论文集》

萨缪尔森对数学在经济学中的应用充满了信心和热情，开创了以数理方法作为经济学问题研究主要工具的新范式。1966~2011年连续出版了七卷本的《萨缪尔森科学论文集》（共收入597篇论文），堪称现代经济学数理分析中——无论是研究体系，还是研究范式——最为卓越和突出的经济学作品。这本论文集涵盖了萨缪尔森在不同时期对经济学不同领域和问题的研究成果，是萨缪尔森运用数学分析方法研究现代经济学理论的重要典范和参考，更是对萨缪尔森经济学研究脉络体系的总结和梳理。

三　新古典综合学派的奠基人

萨缪尔森是新古典综合学派理论的奠基人，他将凯恩斯的宏观经济理论与传统的新古典微观经济学相结合，形成了新古典综合学说。他的学术贡献可被概括为“动态理论和稳定性分析”、“消费理论和与其密切相关的指数理论”、“一般均衡理论”和“资本理论”四大领域。可以说，萨缪尔森在提高经济理论的科学水平方面，比当代其他经济学家做出了更多的贡献。这些理论的主要贡献体现在以下几个方面。

（一）创建新古典综合理论分析体系

萨缪尔森对西方经济学做出的最重要的贡献，就是他提出了新古典综合理论体系。他将凯恩斯主义和新古典经济学结合起来，形成了“新古典综合”的理论体系。在该体系中，他认为凯恩斯主义的政策可以把资本主义稳定在充分就业的水平，新古典经济学关于资源最有效的利用和消费者最大满足的结论是正确的。他在继承凯恩斯主义的同时，加入了不同时期其他学派，包括理性预期学派、货币主义理论等的代表观点，对各种经济学分析范式进行了综合，形成了完整的现代经济学理论分析体系框架，即新古典综合理论。

（二）提出静态均衡和动态均衡相结合的分析方法

在研究方法的分析中，萨缪尔森采用了静态均衡和动态过程分析相结合的方法。他认为，以往的经济理论都是建立在均衡状态下研究维持均衡条件的基础上。所谓均衡状态，就是经济函数处于极值的状态，而稳定均衡的条件是经济变量离开极值时能否回到原有均衡状态的条件。静态分析是探索外界参数的变化对均衡位置的影响，而动态分析是寻找经济变量从一个均衡点移动到另一个均衡点所经历的途径。因此，萨缪尔森认为静态分析和动态分析相结合才能建立起可行的理论研究体系。

萨缪尔森揭示了动态学中稳定性条件与比较静态中位移的计算关系，并将它称为对应原理。他运用数学工具对对应原理进行了探索和特征解析，并证明了其二重性。他认为不仅可以在对系统的动态均衡性研究中加入静态分析方法，而且可以从静态系统的已知性质中推导出关于系统的动态性质信息。他发现稳定性的条件常常与通过静态分析得出的，通常被认为是“正常”结论的条件相重合，例如需求增加导致均衡价格上升的结论。实际上，这正是著名的“对应原理”的应用。萨缪尔森用对应原理在静态和动态分析之间创造了一条纽带，而在这之前它们通常被认为是两种完全不同的分析方法。①

（三）斯托尔珀-萨缪尔森定理

生产要素报酬即生产要素的收益，等于要素的边际产品价值，要素的边际产品也就是要素的边际生产率。在短期来看，产品价格会随着国际贸易形势的变化而变化，但生产要素却来不及在部门间流动，国际贸易只能

---

① 李蓉:《经济学家保罗·A. 萨缪尔森学术思想评析》,《高等函授学报》(哲学社会科学版) 2007年第4期，第30~33页。

在短期内影响产品价格。但是从长期来看，生产要素部门是可以在各产业间自由流动的，国际贸易对生产要素报酬的影响就要通过产品价格和要素边际生产率的变化来分析。由于贸易的结果有益于出口行业的资本和劳动，报酬提高，进口竞争行业的资本和劳动就会向出口行业流动。

基于这方面的研究，斯托尔珀（Stolper）和萨缪尔森论证发现：长期来看，在出现国际贸易之后，出口产品生产中密集使用的生产要素的报酬会提高，而进口产品生产中密集使用的生产要素的报酬会下降，无论这些生产要素在哪个行业中使用亦是如此。以上结论也被称为斯托尔珀—萨缪尔森定理。另外，由于生产要素报酬是产品价格与要素边际生产率的乘积，所以生产要素的变动通常会超过产品的变动，这一结果被称为国际贸易的“放大效应”。

（四）要素价格均等化定理

要素价格均等化定理是由赫克歇尔（Heckscher）和贝蒂·俄林（Bertil Ohlin）提出的，后由萨缪尔森发展并证明，因此也被称为赫克歇尔-俄林-萨缪尔森定理（即 H-O-S 定理）。最初，赫克歇尔和俄林研究认为在一个开放的经济中，国际间生产要素自然禀赋不同引起的生产要素价格差异将通过两条途径逐步缩小，即要素价格将趋于均等。其中一条途径是生产要素的国际流动，使要素价格直接趋于均等；另外一条是商品的国际流动，使要素价格间接趋于均等。最终国际贸易会使所有生产要素在所有地区都趋于均等，但同时俄林又强调：“生产要素完全趋于均等几乎是不可能的，要素价格均等化只是一种趋势。”

在俄林研究的基础上，萨缪尔森运用数学方法证明了：“在假设特定条件下，生产要素价格均等不仅是一种趋势，还会成为现实。国际贸易将使不同国家间同质生产要素的相对和绝对收益必然相等。”这也是通常意义上讲的要素价格均等化定理。另外，要素价格均等化定理还有两层寓意：一是证明了在各国生产要素价格存在差异，并且生产要素不能在国际间自由流动的前提下，国际贸易可以代替国际生产要素流动，间接地实现世界范围内资源的最佳配置。二是说明了国际贸易利益在一国内部的分配问题，即国际贸易对贸易国收入分配格局的影响方式。

（五）乘数-加速原理

萨缪尔森的老师汉森认为凯恩斯在《就业、利息和货币通论》中提出的“投资乘数论”和“就业乘数论”不足以说明经济周期的波动现象。原因是乘数论没有说明一定量的投资是如何引起收入和就业增加的，也没有明确收入（或消费）的变化是如何引起投资变动的。因而只有把加速原理（关于收入或消费量的变化是如何导致投资量变动的理论）和乘数论有机地结合起来，才能充分估计乘数的作用，并解释经济增长中的周期波动现象。

萨缪尔森注意到乘数论和加速原理相互作用的关系，他在导师汉森的提示下巧妙地把两者结合为一体，于1939年发表了他的处女作《乘数分析与加速原理的相互作用》，并首创了经济波动的模型，指出政府开支对国民收入的重大影响。西方经济学界认为，这一理论成果在经济周期理论研究方面具有开创性，体现了萨缪尔森在经济周期理论方面所做出的重要贡献。

（六）税收理论和肯尼迪减税法案

萨缪尔森在《萨缪尔森科学论文集》中对税收理论和税收政策做出了系统论述，主要包括税收性质、税收原则及税收影响等。萨缪尔森认为政府的税收来自对私人部门的征收，这是税收的第一次再分配。政府取得税收主要用于转移支出，实现了税收的第二次再分配。同时，萨缪尔森对传统理论中的“利益原则”和“牺牲原则”两个税收原则进行了分析，认为这两个原则固然重要，但存在着选择上的困难。设想甲乙二人其他一切相同，唯一不同之处是乙的财产和收入是甲的十倍。这是否意味着乙为警察保卫缴纳的税款的绝对量应和甲一样？或者为了支付警察费用，乙应缴纳同一比例的收入？或者，由于警察需用较多的时间来保护富人的财产，境况富裕的乙必须用收入的较大比例来付税才算是偿付了他在警察费用中的公道份额？解决这个问题的办法是采用兼顾以上两个原则的公平合理原则，分别按横的公平和纵的公平征税。“对于情况相同的人征收相同的赋税；对于情况不同的人，征收不同的赋税。”为此，一国应采用比例税率和累进税率。

萨缪尔森认为税收对经济有较大的影响，主要体现在以下几个方面。一是税收对收入分配的影响。他利用并通过洛伦茨曲线来说明税收对收入分配的影响。二是税收对劳动力的影响。税率在一定程度上会影响劳动者的努力程度。三是税收对投资的影响。他认为累进税会给风险投资带来不利影响，累进程度越大，影响就越大。四是税收对消费和收入的影响。他认为税收增加会对消费产生不利影响，进而导致国民收入下降。可见，税收对消费的影响是巨大的，政府增加税收，使居民可支配收入降低，从而直接导致消费支出减少。

1953 年，萨缪尔森曾在美国预算局工作，为美国政府出谋划策。1960 年，他被美国总统肯尼迪任命为总统调查咨询顾问和美国国家计划局经济顾问。肯尼迪是在美国经历了七个月的衰退、三年半的萧条、七年的经济增长速度降低、九年的农业收入下降之后就任总统的。他所发表的第一个国情咨文就悲观地宣布："目前的经济状况是令人不安的。"萨缪尔森结合税收理论和对美国国情的判断提出了实施减税的方案。随后，肯尼迪接受并采纳了萨缪尔森的建议，使经济萧条的颓势有所扭转，这就是著名的"肯尼迪减税"政策。它增加了消费支出，扩大了总需求，并增加了经济的生产和就业。实际上，"肯尼迪减税"政策在 1964 年实施后，促成了一个经济高增长的时期，萨缪尔森也成为美国白宫决策中至关重要的智囊团成员。

（七）福利理论

在福利经济学领域，萨缪尔森在前人福利经济学研究的基础上创建了新福利经济学，为国家福利理论的建立和在实际生活中的应用做出了重要贡献。他利用数学方法把个人间的可比效用加起来形成社会福利函数。同时，他将帕累托的最优理论精密化，从商业组合的分配考虑，并用"效用可能性曲线"进行了明确表述，提出了被称为"萨缪尔森检验"的方法。要确定一种状况在社会福利条件下优越于另一种状况，必须是该种状况下每一种商品组合的分配与另一种状况的分配相比，前者至少能使一个人有利而不对任何人不利。

四　在凯恩斯的基础上更进一步

萨缪尔森被誉为"最后一个百科全书式的经济学家"，由此可见，他在经济学领域涉猎的范围之广。这一点从他的经典著作《经济学》中也能窥见一斑，该书涉及的领域包括微观经济学、宏观经济学、国际经济学、数量经济学、福利经济学等，其中更是渗透了萨缪尔森的学术思想，几乎改变了所有经济学领域的研究范式，形成了新古典综合理论分析体系，使后人受益良多。

（一）凯恩斯主义的集大成者

作为新古典经济学的代表人物，萨缪尔森首次将微观经济学和宏观经济学结合在一起进行分析。他以凯恩斯的财政政策和就业理论为重点，配合传统价值和分配理论形成了成熟的经济学分析框架，为后期经济学编写教材的结构形式提供了重要参考。回顾萨缪尔森的经济学求学经历，凯恩斯主义的理论学说对他后期学术思想的形成有着较为深远的影响。萨缪尔森在哈佛大学读书的时候曾是汉森的助手，这使他有更多的机会对各个学派的思想进行深入学习和研究，之后他沿着汉森的思想继续攻读博士学位，确立了研究的主攻方向。

1936年，自英国内阁经济顾问委员会主席凯恩斯发表了他最有影响力的《就业、利息和货币通论》以后，美国许多经济学者对凯恩斯的学说大感兴趣，萨缪尔森的导师汉森就是其中之一。他原来反对凯恩斯的国家干预政策，提倡“自由放任”，后来转而成为凯恩斯主义在美国的传播人，把凯恩斯主义移植到了美国。他不但继承了凯恩斯的经济学说，还把这种学说通俗化，并对其做了一些补充和发展，成为美国凯恩斯主义学派的权威人士之一。萨缪尔森纵观凯恩斯主义的形成和发展，感到确有可研究之处，于是师生协作，不断宣传凯恩斯主义，并对它做了进一步的补充。汉森和萨缪尔森成为凯恩斯主义在美国的主要代表人物。萨缪尔森对研究凯恩斯主义所做的贡献远比他的导师汉森大得多。他在攻读博士期间，又重新阅读了威廉·配第、亚当·斯密、李嘉图、瓦尔拉斯、马歇尔以及帕累托、庇古、凯恩斯等人的著作，在经济思想史的视野下，以新的眼光看待凯恩斯主义，进一步发扬了凯恩斯主义并对其进行了与时俱进的补充。

（二）经济学界的通才

萨缪尔森的研究领域十分广泛，涉及诸多的经济理论，他针对所考察的各种问题，采用了多种数学工具，使用了既包括静态均衡分析也包括动态过程分析的方法，这对当代微观经济学和宏观经济学中许多理论的发展都有一定的影响。萨缪尔森针对静态、比较静态、动态三者的联系和区别做了精辟的论述。在一般均衡论方面，他补充并发展了希克斯关于静态一般均衡的稳定条件，进一步发展了均衡的极大条件、均衡位移，并举出了很有说服力的经济实例，说明了数理方法的普遍适用性。

在福利经济学方面，萨缪尔森首先对所有在这一领域中创建学说的先驱者的著作进行了分析和评价。随后，他建立起自己的新福利经济学理论，并和汉森一起为国家福利政策的建立以及在实际生活中实施，做出了重大贡献，他的论述被西方经济学界认为是自庇古以来在福利经济学方面少有的经典理论之一。

在国际贸易理论方面，萨缪尔森补充了比较成本学说的“赫克歇尔-俄林定理”，对贸易国之间的生产要素价格趋向均等的条件做了严密论证，提出了西方人士公认的“赫克歇尔-俄林-萨缪尔森模型”。他论述了国际贸易对贸易国利益的影响，被各资本主义国家认为是现代国际贸易理论的重要发展。由于萨缪尔森在经济理论界全面性、开创性的研究，麻省理工学院在 1947 年升任他为经济学教授。同时，美国经济学会授予他约翰·贝茨·克拉克奖章。

（三）新古典综合学派的代表

萨缪尔森不仅是凯恩斯主义的集大成者，更是新古典综合学派的代表人物。萨缪尔森一直强调“经济学是一门动态的科学。”他认为，综合与创新的目标是一致的，在各学派思想综合的过程中就包括了创新，经济学范式也是在“综合创新”中形成的，经济学理论每次发展到一定阶段都需要进行一次综合，在综合的基础上对以往理论或知识进行整理、补充、扬弃、吸收和更新，以此孕育出新经济理论，实现创新发展。萨缪尔森之所以是新古典综合学派的代表人物，主要表现在他的理论不只是对凯恩斯主义的继承，还把凯恩斯主义的主要批评者诸如货币学派、供给学派和理性预期学派的观点进行了综合，融合吸收进自己的经济学体系之中。在《经济学》（第 12 版）中萨缪尔森宣称“有关宏观经济学的几章现在使用了具有综合性的总供给和总需求的方法”，“我们引入了总供给和总需求，作为理解价格和国民生产总值总量变动的核心方法。宏观经济学中的所有重大问题现在都用这些新工具加以分析。[1] 因此，我们把各种不同的思想流派——凯恩斯主义、古典学派、货币主义、供给学派、理性预期以及现代宏观主流经济学——综合在一起”。萨缪尔森提出“货币主义”与“凯恩斯主义”这两个不同学派的观点有明显的趋同性。目前，主要的分歧在于侧重点不同，而非基本信念存在差别。萨缪尔森通过对上述不同学派观点的综合，更好地说明了包括滞胀在内的宏观经济的波动并提出了消除波动的政策建议。

但是，作为世界著名的经济学家，萨缪尔森的贡献也绝不限于构建新古典综合派的框架，他对经济学理论与方法都有独特而影响深远的贡献。萨缪尔森的研究内容涉及新古典经济学的消费者行为理论、生产和成本理论以及福利经济学理论。在方法上他把经济学要解决的问题归纳为求极大值或极小值的问题，运用数学工具来分析经济问题，这些贡献对当代经济学都有极深远的影响。

以萨缪尔森为代表的新古典综合派，因为在经济政策上主张政府干预经济，被认为是美国的凯恩斯主义者，而且他们所主张的国家干预程度比凯恩斯主义更进了一步。凯恩斯本人实际上是把国家干预作为经济危机时的一种应急措施，而以萨缪尔森为代表的新古典综合派则是把国家干预作为调节经济的基本手段，在萧条时期采用扩张性政策刺激经济，在繁荣时期采用紧缩性政策抑制经济，以求得经济的平稳发展。在实际操作中，他们更重视用扩张性政策刺激经济。此外，凯恩斯本人重视财政政策，被称为“财政主义者”，而新古典综合派主张财政政策与货币政策并重，以更有效的刺激经济。20 世纪 60 年代，肯尼迪政府全面采用了由新古典综合派的托宾和海勒制定的刺激经济政策，实现了经济繁荣。但 20 世纪 70 年代出现的“滞胀”使这一政策受到广泛的质疑，引发了新古典综合派的全面危机。到现在“国家是否应该干预经济”仍然是一个众说纷纭、争论不止的话题。

无论如何评论萨缪尔森的国家干预经济的政策主张，他对经济学的贡献都是不容置疑的，他的研究是经济学发展里程中的丰碑。

---

① 马涛：《从萨缪尔森的经济学论经济学理论发展的范式逻辑》，《商》2012 年第 1 期，第 76~80 页。

参考文献

〔美〕保罗·A. 萨缪尔逊：《经济分析基础》，甘华鸣、甘黎明、刘鹤译，北京经济学院出版社，1990。

〔美〕保罗·萨缪尔森，威廉·诺德豪斯：《经济学（第12版）》，高鸿业译，中国发展出版社，1992。

〔美〕保罗·萨缪尔森，威廉·诺德豪斯：《经济学（第17版）》，萧琛译，人民邮电出版社，2006。

赖建诚：《萨缪尔森与辉格思想史观：文献述评及研究设想》，《河南大学学报》（社会科学版）2017年第5期。

李蓉：《经济学家保罗·A. 萨缪尔森学术思想评析》，《高等函授学报》（哲学社会科学版）2007年第4期。

卢凌：《萨缪尔森和他的经济学》，《中国黄金经济》1995年第6期。

马涛：《从萨缪尔森的经济学论经济学理论发展的范式逻辑》，《商》2012年第1期。

肖仲华、沈昊驹：《萨缪尔森经济伦理思想述评》，《金融教学与研究》2010年第1期。

第十二章

弗里德里希·冯·哈耶克

新自由主义理论的开创者

Friedrich von Hayek

弗里德里希·奥古斯特·冯·哈耶克（Friedrich August von Hayek, 1899~1992），是出生于奥地利的英国著名经济学家、政治哲学家、奥地利学派最重要的成员之一，新自由主义理论的创始者。哈耶克是1974年诺贝尔经济学奖得主之一，被誉为20世纪最具影响力的经济学家及社会思想家之一。他一生坚守古典自由主义理念、个人主义传统信念、竞争性市场社会秩序的法制观念，推崇自由资本市场、自由主义，反对集权主义、凯恩斯主义和集体主义。他的主要代表作有《通往奴役之路》《自由秩序原理》《致命的自负》等。

一　“终身的高瞻远瞩”

1899年5月8日，哈耶克出生在奥地利维也纳的一个杰出的知识分子家庭。他的父亲是一名医生，发表过植物学的论文。此外，他的表兄路德维希·维特根斯坦（Ludwig Wittgenstein）是一位著名的哲学家。哈耶克的一生经历十分丰富，他涉猎广泛，对心理学和经济学充满了热爱。他曾于1917~1918年在奥匈军队服役，上过意大利前线。1918~1921年哈耶克在维也纳大学学习，花了三年的时间获得了法学博士学位，又在两年后，即1923年获得了政治学博士学位。1921~1926年他担任奥地利临时法律顾问，在此期间又在美国纽约大学读研究生。1927~1931年哈耶克任奥地利商业循环研究所所长，1929~1931年在维也纳大学任经济学和统计学讲师。1931~1950年哈耶克在英国伦敦大学（伦敦政治经济学院）经济与统计学系任教。1950~1962年他在美国芝加哥大学任社会和道德科学教授，1962~1968年在弗赖堡大学任经济学教授。1974年哈耶克和他的理论对手纲纳·缪达尔（Gunnar Myrdal）同时获得了诺贝尔经济奖，因“他们在货币政策和商业周期上的开创性研究，以及他们对于经济、社会和制度互动影响的敏锐分析”。1984 年，在英国首相玛格丽特·希尔达·撒切尔（Margaret Hilda Thatcher）的推荐下，他获得伊丽莎白二世授予的名誉勋章，以此来表彰他对于经济学研究的贡献。1991 年，美国总统布什颁给哈耶克美国总统自由勋章，以表扬他“终身的高瞻远瞩”。1992 年，93 岁高龄的哈耶克在奥地利家中去世，被安葬于维也纳的北郊。

此外，在不同时期，他还在斯坦福大学、阿肯色大学、加利福尼亚大学、开普敦大学和萨尔斯堡大学等担任客座教授。他的一生学术声誉名扬世界，曾获得英国科学院院士、奥地利科学院通信院士、东京立教大学名誉法学博士、维也纳大学董事会名誉董事、伦敦荣誉研究员等荣誉称号。

二　自由主义思想家的五十年探索

哈耶克所涉猎的研究领域十分广泛，主要在经济学和政治哲学等方面。纵观他的研究生涯，更像是由一个专业经济学家变为一个贯通多学科思想家的过程。因此，他的一些著作于现在看来并不是严格意义上的纯粹的经济学理论著作，更多的是对经济、社会、政治、文化、制度的贯通以及哲学视角的理性思考。其中代表性著作有《通往奴役之路》《自由秩序原理》《法律、立法与自由》《个人主义与经济秩序》《致命的自负》《物价与生产》《资本的纯理论》《货币的非国有化》等。

（一）《通往奴役之路》

《通往奴役之路》是哈耶克最经典，也是影响力最大的一本书。这本书在哈耶克的学术生涯中占据极其重要的地位，也为他赢得了世界范围的广泛认可。1944 年 9 月，《通往奴役之路》由芝加哥大学出版社首次出版，面世之后立即引起社会的广泛关注。第一次印刷的 2000 本书入市瞬间就被售罄，之后在 6 个月内销售了 3 万多本，创下了当时的图书销售记录。1945 年 4 月，《读者文摘》出版了这本书的浓缩版，此后不久，月刊俱乐部将这本书分发给 60 多万名读者。该书常年畅销，仅在美国就售出 40 万册，并被翻译成 20 多种语言，成为 20 世纪最重要、最有影响力的书籍之一。因此哈耶克成为“伦敦经济学院，乃至全世界中最坚定地捍卫古典自由主义的人了”。同时他也受到了左派人士的批判和经济学家的冷遇，被看作经济学的“外行人”。[①]

写这本书时正值欧洲民族社会主义盛行之际，以凯恩斯主义为代表的国家直接干预经济理论成为济世良方，许多国家政府在经济政策制定领域拥有众多信奉者。哈耶克不惧世俗言论和凯恩斯主义盛行的学术氛围，依然坚持自己的立场，力图全面分析论证所谓的“计划经济”乃是“伪知识”，是西方思想文化的精髓——自由主义的“天敌”，是所谓的“通往奴役之路”。在书中的前言部分哈耶克还提到“我之所以反对这些观点，并不是由于它们和我在成长时期所持的观点不同，而是因为它们正是我年轻时所持的观点”。这表明，他所攻击的社会主义，只是当时德国和奥地利曾经流行的纳粹国家的社会主义和第二国际那些修正主义者的社会主义，从而也只是形形色色的资本主义，与马克思主义的科学社会主义无关。[②]

书中明确指出，主张用计划经济取代自由市场的人，不管多么用心良苦，都等于踏上了一条通往暴政的道路。因为“市场的自由活动所受的阻碍一旦超过了一定的程度，计划者就被迫将管制范围加以扩展，直到它变得无所不包为止”[③]。他进一步论道：“当时正在计划中的福利国家不是为个人自由的战斗在和平时期的继续，倒是朝着专制的方向迈出了一步。”因此，他认为追求计划经济，其无意识的后果必然是极权主义。为了反对这种计划经济，哈耶克重申了他一贯坚持的古典自由主义观点，同时也允许适度的政府活动，但这仅限于符合法治概念的活动形式。应该强调的是，哈耶克的自由主义包括了对许多有用社会制度的赞赏，但这些制度只能是人自发行动的后果，而不能是人设计的结果。这一论点是从休谟、

---

① 哈耶克晚年在接受访谈时说：“在我写出《通往奴役之路》后，这本书是如此不受欢迎，以至于大多数同行经济学家都不信任我了。结果，不仅我的理论影响下降了，许多大学的经济系也不欢迎我了，一直到现在我都能感到这一点。很多经济学家倾向于把我看成一个（行）外人，认为竟然有人写出像《通往奴役之路》这样完全属于政治学的书。”

② 余斌：《新帝国主义奴役的自由：评新自由主义——兼评哈耶克的〈通向奴役的道路〉》，《河北经贸大学学报》2017 年第 4 期，第 7~12 页。

③ 〔英〕弗里德里希·奥古斯特·冯·哈耶克：《通往奴役之路》，王明毅、冯兴元等译，中国社会科学出版社，1997，第 103 页。

亚当·斯密和苏格兰历史学派那里继承的，在哈耶克的著作中占据了重要位置。由此出发，哈耶克认为，良好的社会不是简单地依赖在政府所提供的法律框架内追求私利，相反，它应依赖一套复杂的法律、道义传统和行为规则的框架，其特点是应该为大多数社会成员所理解和认同。

这部著作从问世到今天，在学术界一直存在争议。其中，一个重要原因在于其本身的内在悖论。这本书的观点来源于关于市场和其他非主观设计的制度所具有的“自发秩序”的特性的思想。这种思想使哈耶克不可避免地陷于社会进化和团体选择的争端之中。他对选择机制特点的论述与自由主义的关系并不完全清楚。这些论点的非理性特征与其高度理性的几近乌托邦的新自由主义思想形成了鲜明的对比。《通往奴役之路》一书所存在的这个缺陷也为作者本人所意识到，他在后来出版的《自由宪章》和《法律、立法和自由》三部曲中，多次提及这个难题。但无论如何，这本著作对哈耶克在学术界的地位产生了深远的影响，对于传播和复兴古典自由主义发挥了极大的作用。

（二）《自由秩序原理》

《自由秩序原理》是哈耶克阐述自由主义思想的代表作之一。这本书完成的背景是二战刚刚结束，西方文明遭到了严重冲击，随后欧美等国家又先后陷入经济危机，西方传统自由主义走入低谷。1950年，哈耶克前往美国芝加哥大学任教，加入了社会思想委员会，但他并没有从事自己擅长的经济学研究。在此期间，他除了每年冬季讲授一门“西方经济思想史”课程和指导研究生外，其余时间均致力于建构自由哲学的完整体系，并正式开始了《自由秩序原理》的创作。哈耶克在该书的序言中写道：“本书虽在美国撰写完成，而且作者本人也已旅居在此十年之久，但仍不敢说本书是以一个美国人的观点写成的。作者的青年时光是在奥地利度过的，而此后在大不列颠度过了近二十年的成年生活并且还成了这个国家的公民，所以作者的学术思想也形成于这两个国家。”

在《自由秩序原理》一书中哈耶克提到“自由是一个人不受制于另一个人或另一些人因专断意志而产生的强制状态”。可见，哈耶克所倡导的自由概念即古典自由主义所主张的“消极自由”，只有这种自由才能免于他人的强制。然而，这种自由是人类追求的一种理想状态，无法完全实现，但可以尽可能地接近它。人类需要自由是基于人们理性的有限性和社会秩序的自发性。人类出于对社会的无知，设计创造文明的观念就是一种谬误，人类所拥有的知识、经验和习惯偏好等都要积极地适应社会的不断变化。之所以主张个人自由，是因为人们对实现自己的目的和福利所依赖的基础因素都存在不可避免的无知。人们之所以需要自由，是因为人们期望从中获取实现诸多目标的机会。

哈耶克认为唯理主义的要求明显超越了人类的心智能力，也会对个人自由和人类文明造成损害。哈耶克并不是要否定理性，他承认理性是人类所拥有的最为珍贵的禀赋，但理性并非万能的，人们之所以强调那个理性不及的领域，是因为它才是理性据以发展和据以有效发挥作用的唯一环境。[①]

哈耶克在《自由秩序原理》一书中还就自由与法治关系进行了论证。他致力于恢复法治思想下的自由理想，认为法治观念下的自由才是制度基础的保证，即“当我们遵守法律（亦即指那些在制定时并不考虑对特定的人予以适用的问题的一般且抽象的规则）时，我们并不是服从其他人的意志，因而我们是自由的”。哈耶克把法律看作自由的基础。他认为现代法律是过去的习惯性规则或命令不断进化的结果，是调整人们行为的一般性规则。法律平等地适用于制定规则的人和适用规则的人，任何人没有权力可以例外。它也不针对特定的人或事，而是对所有时空下特定情况的抽象。法律还告诉人们哪些事实是他们可以依赖的，并据此扩展他们能够遇见其行动的后果的范围。由于立法者也存在一定程度的无知，因此其任务不是建立某种特定秩序，而是制定一般性规则，为那些必须制订特定行动计划的人提供可资使用的某些确定的基本依据。

（三）《法律、立法与自由》

《法律、立法与自由》是哈耶克的经典政治学著作之一，被誉为20世纪最重要的自由主义法律哲学著作之一，更是哈耶克自由社会哲学理论体系的重要组成部分。本书共三卷，分别出版于1973年、1976年和1979年。

---

① 尚新力：《必然的无知而必然的自由——浅论哈耶克知识认识论下的自由哲学》，《思想战线》2015年第S1期，第159~163页。

第一卷是“规则与秩序”，主要探讨的是秩序的概念和来源、调节秩序的规则以及有关的立法和司法等问题。书中把秩序区分为设计的秩序和自发的秩序两种，设计的秩序相对简单，服务目的单一；自发秩序则较为复杂，服务的目的也很多元。自发秩序在社会中具有扩展和限制人们各种控制力的作用，来自每个人对环境的适应性和对行为规则的遵从。个人的自由是在这种遵守普遍规则的自发秩序中实现的，而立法和司法则是对这种普遍规则的肯定和保护。

第二卷是“社会正义的幻景”，主要探讨的是社会正义和市场秩序的问题。社会正义源于对分配正义的要求，这种要求势必会导致政府对分配的绝对控制权，甚至可能会出现极权制度。在这种形势下自由不仅会受到损害，还会出现针对每个人的特殊情况进行分配所造成的不公平分配。在市场秩序中，规则对于每个人都是平等的，至于偶然因素或其他不确定因素造成的个人努力没有得到相应的回报，则不存在不正义之说，因为这不是人为有意设计的结果。对于如何衡量自由社会政策目标的标准，不是看预期结果的最大化，而是形成一种抽象的秩序。健全的社会不是分配公平的社会，而是每个人的机会尽可能多的社会。所谓追求社会正义只能破坏市场秩序，限制人们自由选择的机会。

第三卷是“自由人民的政治秩序”，主要探讨民主政治的有关问题，哈耶克认为现代西方社会在社会正义要求的压力下，传统的民主理想正在遭受毁灭。尽管立法权和行政权在形式上是分立的，但由于立法机关不断地要求指导政府，而政府也不断地要求立法的权力，所以这两种权力正在逐渐地结合起来，并终有一天要发展成无法制约的绝对权力。要维护人的自由，防止权力专横，就必须确保分权制度，使立法机关只限于制定运用于未来未知情况的普遍规则，这种规则只服务于构造和保护一种抽象的秩序，而不能用来服务于某种特殊的具体目的。同时，要使政府的权力严格地限于执行普遍的规则，防止它权力膨胀，危及民主政治。

这本书集中了哈耶克对法律、自由与正义等问题的思考，在批判“建构论唯理主义”的基础上，开创性地阐述了“进化论唯理主义”的法治观。哈耶克的自由主义法律思想主要集中在该书的第一卷。在第一卷里，尽管哈耶克费了很大的力气探讨法律与立法的关系，该书却并非一部专业的法律学著作。他的法律理论是以解决个人自由与社会秩序关系的问题为宗旨的。同时，法律理论在哈耶克的著作当中又成了理解个人自由与社会秩序关系的重要途径和基本前提。[①]

哈耶克认为，自由是一个消极概念。他坚信自由只有一种，这是一种“原始意义上的自由”，即个人自由。而哈耶克主张个人自由的根据主要在于人的无知。人类需要自由是为了给文明进程中难以预测的未知领域留出无限发展的空间。个人自由之所以重要，是因为拥有不同知识的个人可以不断发现、交流、纠正和利用各种信息，从而超越无知。因而，哈耶克把自由称为“最高政治目标”。

尽管哈耶克极力鼓吹个人自由，但他并没有把自由推向绝对。他认为自由必须以法律的存在为先决条件。在他看来，法律、自由和财产是不可分割的三位一体，自由因遵循原则而得以维持，因追求目的便利而遭到摧毁。他进一步指出，通过法律和道德规则给个人自由施加限制，会比中央控制造就更加伟大、更加自由的秩序。

除了法律与自由，法律与秩序也是哈耶克在该书中讨论的重点之一。哈耶克认为，存在着两种秩序类型，即自发秩序和人造秩序或组织。自发秩序规则独立于任何共同目的，它们不是针对特定的人制定的，而是适用于不特定的一切人或一切场合。而组织规则致力于具体内容和特定结果，是组织为了执行指定任务而制定的规则。因此，法律是指那些服务于自发秩序、独立于目的的规则，其本身并非被“发明”出来的，立法大致与制定法近义。法律与立法的区别可以说是抽象规则与具体命令的区别。立法向人类开放了诸多全新的可能性，并赋予了人类一种支配自己命运的新的力量观或权力观。

此外，该书还强调了实行法治的重要性。哈耶克认为，法治的关键所在是对政府权力进行限制，法治就是要使执掌强制权力的机构的行动自由降低到最低限度。维护自由、反对专制的目标是建立法治，人们应该关注所使用的手段和方法，而不是关注要达到的目的。

（四）《致命的自负》

1988年由芝加哥大学出版社出版的《致命的自负》是哈耶克生前最后

① 邓正来：《普通法法治国的建构过程——哈耶克法律理论研究的补论》，《开放时代》2002年第4期，第6~32页。

一本重要著作。这本书在同年出版的《哈耶克全集》中被编为卷首，其原因一方面是体现出编者对该书的重视和肯定，另一方面是该书在某种程度上是对哈耶克一生研究的总结。

《致命的自负》的写作起因是在1978年哈耶克打算以“社会主义是不是个错误”为题，在巴黎与对手进行一场最后决战般的大辩论。20世纪20~30年代，以路德维希·冯·米塞斯（Ludwig von Mises）和哈耶克为代表的自由主义阵营展开了关于社会主义的论战，但遗憾的是，在几次论战中，自由主义并未占据上风。到20世纪70年代，生产资料国有制和指令性计划经济带来的经济后果开始显现，这使哈耶克觉得有必要在此时再组织一场带有终结性质的关于社会主义的论战。为此，哈耶克精心设想组织邀请詹姆斯·布坎南（James Buchanan, Jr.）、罗纳德·科斯（Ronald Coase）、米尔顿·弗里德曼等为一方，另一方则邀请詹姆斯·米德（James Meade）、艾弗拉姆·诺姆·乔姆斯基（Avram Noam Chomsky）、威廉·阿瑟·刘易斯（William Arthur Lewis）、纲纳·缪达尔等人。可惜的是，这场精心设想的论战并未成功举办。于是，哈耶克在自由主义同道的鼓励下，把原先准备参加论战的简短发言扩展成了《致命的自负》这本书。1982年8月，哈耶克完成了这本书的第一版，并在奥地利的学术会议上提交，但是当时的参会者布坎南、科斯和乔治·斯蒂格勒（George Stigler）等对此书并不满意。此后，到1985年，哈耶克反复修改书稿，直至因病被迫停止研究。最后《致使的自负》一书是由《哈耶克全集》的总编辑威廉·巴特利三世定稿的。

《致命的自负》书名源于亚当·斯密曾用过的“过分的自负”（the overweening conceit）一词。亚当·斯密用自负形容傲慢的知识分子，相信自己设计的社会制度比竞争市场更优越。哈耶克将“过分”变成了“致命”，表达了大致相同的意思，认为那些信奉“社会主义”（高度集权的政治体系）思想的知识分子凭借理性知识设计出最美好的社会制度，重塑道德和设计语言，是一种致命自负的表现。

《致命的自负》一书为“理性”和“理性主义”“正名”。哈耶克在书中回顾了中世纪思想家对理性的认识，认为理性“主要是一种认识真理，尤其是道德真理的能力，而不是根据目前的前提进行演绎推理的能力”[①]。哈耶克将理性看作一种与本能形成两相对立的“另一极”，认为在本能和理性之间存在文化和道德的进化以及扩展秩序的演化，这种进化超越了本能且与本能对立，同时又不为理性所创造或设计。理性从来源上讲是进化选择的产物，理性的任务就是让人们知道自己的限度。与此同时，他将哲学史上以笛卡尔为代表的唯理论一派的思想家所坚持的观点和方法称为“建构理性主义”，而将他本人从约翰·洛克（John Lock）、休谟、亚当·斯密等思想家那里继承而来的理性命名为“进化理性”，将与进化理性对应的理性主义命名为“进化式理性主义”。

在《致命的自负》一书里，哈耶克曾多次借用哲学家赖尔的“知其然”和“知其所以然”这两个概念来说明人类知识的性质。所谓“知其然”的知识，是一种人们通过学习和模仿而获得的遵守行为模式的“知识”。从人们对这些模式本身的发生原因和一般效用可能茫然无知这个角度说，它们不是通常意义上的知识，但人们能利用自己的感官意识到它们，并使自己的行为与其相适应。就此而言，它们又确实是人们理解周围环境的理智结构的一部分。这种使人们适应或采纳一种模式的能力同人们知道自己的行为会有何种结果的知识极为不同，在很大程度上人们把这种能力视为当然（即习惯）。人们的大多数道德规范和法律（最重要者如“分立的财产制度”）规定，便是这种行为习惯的产物。在哈耶克看来，这种通过学习和模仿而形成的遵守规则的行为模式是一个进化和选择过程的产物，它处在人类的动物本能和理性之间，它超越并制约着人们的本能，但又不是来自理性。因此，理性主义者，或奉行“快乐最大原则”的功利主义者，认为只有得到理性证明或可以权衡利害得失的道德规则才是正确的观点，是毫无道理的。

哈耶克强调存在这种处在“本能和理性之间”的能力，是因为他认为对文明发展至关重要的“扩展秩序”，就是这种能力和进化选择过程相互作用的产物。人们在不断的交往中养成某些需要共同遵守的行为模式，而这些模式又为一个群体带来了范围不断扩大的有益影响，它可以使素不相识的人为了各自的目标而相互合作。出现在这种扩展秩序里的合作所具有

① 〔英〕F. A. 哈耶克：《致命的自负》，冯克利、胡晋华等译，中国社会科学出版社，2000。

的一个特点是：人们相互获益并不是因为他们从现代科学的意义上理解了这种秩序，而是因为他们在相互交往中可以用这些规则来弥补自己的无知。与此相比，试图为每个成员设定一个幸福标准的计划经济就像早期社会中休戚与共、人人相识的秩序一样，是一种相对而言只能惠及少数人的封闭制度。哈耶克承认原始社会可能存在和谐状态，这与他所极力反对的卢梭的观点似乎较为接近。然而在他看来，原始社会的这种和谐是以个人既无财产、特殊知识也得不到利用为前提的，因而它也是以停滞不前为代价的。

（五）《个人主义与经济秩序》

1948 年出版的《个人主义与经济秩序》是哈耶克的经济学著作之一，该著作包括《经济学与知识》《知识在社会中的运用》等 12 篇论文，书中所讨论的问题涉及社会与道德哲学、社会科学方法、纯粹经济理论、经济政策等方面。该书阐述了作者以经济自由为核心的经济哲学思想，以及在 20 世纪 30 年代后期至 40 年代初期他在社会主义经济大论战中的代表性论点。

在战后时期，哈耶克的大部分精力放在心理学、政治哲学、法哲学和思想史的研究上。由于他在 20 世纪 30 年代对自由原则的坚持和对极权制度的抨击，哈耶克成为战后世界范围内自由主义运动的领袖。在这一时期，哈耶克频繁造访美国，创建并领导了朝圣山学社 12 年，该学会是一个致力于维护自由市场原则的社会科学家学会。其间他发表了一系列文章，《个人主义与经济秩序》是这些文章的汇集。这本书所收的 12 篇论文，是他 1935~1946 年这 11 年当中的作品。

如该书标题所示，“个人主义”是哈耶克最为重要的政治哲学和经济学观点之一，反映了他古典自由主义的思想要义。在哈耶克看来，个人主义是市场经济的社会观念基础，而真正的个人主义必然需要认识到个人知识的局限性，每个行为主体都只能根据自己的信念和所掌握的信息做出决策。作为传递信息系统的市场协调着不同的行为主体行动。市场和其他的制度要有效运行和发挥应有的作用，必须依赖个人能自主做出各种决策。因此，自由是必不可少的。而为了保障这种个人自由，就必须建立起以个人主义为基础的法治体系。

他强调了个人主义原则的必要性。一方面哈耶克认为，方法论集体主义就是以诸如“社会”或“阶级”这类颇为盛行的解释性观念的有效性为基础的，这些社会理论称它们有能力直接把类似于社会这样的整体理解为自成一类的实体，认为这些实体是独立于构成它们的个人而存在的，有着更大的价值。这种思想方式不仅赋予了那些概念以整体性，甚至还赋予了隐藏在“群体心智”、“集体意志”或“主权者意志”背后的某个特定个人意志以正当性，这往往导致极权主义。另一方面，哈耶克对原子论的社会理论，亦即所谓的“伪个人主义”同样做出了尖锐的批判。伪个人主义以欧洲大陆笛卡尔式的唯理主义为标志，而哈耶克认可的是以约翰·洛克等人为代表的苏格兰经验主义学派传统。

“个人主义”是一个复杂的政治哲学理念，绝非简单的“个人至上”等口号可以概括。哈耶克指出：“真个人主义首先是一种社会理论，亦即一种旨在理解各种决定着人类社会生活的力量的努力；其次，它才是一套从这种社会观念中衍生出来的政治准则。”① 也就是说，真正的个人主义有着不同层次的含义。在最基本的意义上，它代表了一种对于人类社会研究思索的方法。而基于此种方法所得出的实际应用性原则是这种方法的延续且也属于个人主义的内容。哈耶克进一步明确了真个人主义的基本主张：首先，“人类赖以取得成就的许多制度乃是在心智未加以设计和指导的情况下逐渐形成并发挥作用的”②；其次，他引用了亚当·弗格森（Adam Ferguson）的名言，“民族或国家乃是因偶然缘故而形成的，但是它们的制度则实实在在是人之行动的结果，而非人之设计的结果”；最后，“自由人经由自生自发的合作而创造的成就，往往要比他们个人的心智所能充分理解的东西更伟大”。③

书中包含的《经济学与知识》《知识在社会中的运用》等内容反映了哈耶克研究旨趣的“知识论转向”——从经济学转向了更为广阔的社会哲学领域。哈耶克对于个人理性局限性的观点得到了更充分的表达。他发展

---

① 〔英〕弗里德利希·冯·哈耶克：《个人主义与经济秩序》，邓正来编译，复旦大学出版社，2012，第126页。

② 〔英〕弗里德利希·冯·哈耶克：《个人主义与经济秩序》，邓正来编译，复旦大学出版社，2012，第132页。

③ 杨春学主编《经济学名著》，学习出版社，2012，第166~171页。

了古典政治经济学家的“劳动分工”思想，进一步提出了“知识分工”理论，这也成为现代奥地利学派经济学核心的知识论。

哈耶克在对新古典均衡分析完全知识假设反思的基础上，指出“知识分工乃是经济学中真正的核心问题”。这个核心问题在于个人只能掌握部分知识，要达到“均衡”状态，需要对拥有不同知识的个人进行协调。

知识分工在哈耶克看来“至少是与劳动分工同等重要”的问题。既然个人只能掌握部分知识，要达到“均衡”状态，就需要对拥有不同知识的个人进行协调。显然，每个人只能根据自己拥有的知识行动。一旦与行动有关的外界情况发生了变化，或者个人在行动过程中发现了一些新信息，那么行动者就可能会改变其行动。因此，“为了达到均衡，一个人所必须拥有的那种相关知识，乃是根据他的原初状况而注定能够获得的那种知识以及他在当时制订的那些计划”。因为知识分工或信息不充分，一些人没有机会了解到会使他们改变行动的知识，故均衡能得以实现。价格机制作为人类社会最伟大的发现，担当着把掌握不同知识的行动者协调起来的职能。人们不需要知道某种产品详细的生产情况，不需要知道需求者对该产品的喜好程度，也不需要知道这种产品原材料的稀缺程度，该种产品在市场中的价格传递了足够的信息。这些信息指导着企业家增加还是减少对这种产品的生产；同时指导着消费者增加或减少对商品的购买。因此，分散知识的存在使价格协调的作用至关重要，“从根本上讲，在一个有关事实的知识由众多个人分散掌握的系统中，价格能够帮助不同的个人协调他们所采取的彼此独立的行动，就像主观价值可以帮助个人协调他所制订的计划的各个部分一样”。

（六）《物价与生产》

哈耶克在1931年发表了《物价与生产》，提出了他的货币和经济波动理论。哈耶克认为，货币对物价和生产的影响，完全与一般物价水平的影响无关，几乎货币数量的任何变动，无论对物价水平有无影响，总会影响到相对价格，从而影响到受相对价格制约的生产数量和方向。因此，他要建立的货币理论，主要是说明货币在什么条件下对商品相对价格产生影响，从而对生产数量和方向发生影响，并说明这种影响的具体机制。

由于相信货币数量变动会直接影响相对价格，哈耶克中性货币的含义就是货币对商品相对价格不产生影响，不引起相对价格的失衡，不引起生产方向的误导，即货币对商品的相对价格保持中立。可以把如此规定的货币中性称作哈耶克中性。他认为货币理论的目标是说明使货币保持哈耶克中性的三个条件：第一，货币总流量一定；第二，一切价格随供求状况的变化而完全伸缩自如；第三，一切长期契约都建立在对未来价格运动正确预测的基础上。这三个条件对于保持货币中性缺一不可。

哈耶克的中性货币概念，首先是一个理论概念，用来分析货币因素如何影响实际经济过程，是一个把货币影响抽象出来进行考察的分析工具。同时，他的中性货币概念对其货币政策主张也很有影响。他认为中性货币概念为判断实际货币政策是否合理提供了一个虽非唯一但也许是最重要的准则。从这一准则出发，他反对当时颇为流行的“弹性货币”政策（即中央银行应当使货币量随生产的增长而相应增长）。因为这种政策不是像他所要求的那样按货币交易系数和流通速度的变化而相应变动货币流通量，而是使货币量随生产规模的变化而变化。在他看来，这必然导致相对价格和生产结构的扭曲，破坏货币中性。

哈耶克的经济波动理论，直接受启示于米塞斯的信用波动说，其学术渊源则是克努特·维克塞尔（Knut Wicksell）的货币理论和庞巴维克的资本理论。他从某种均衡状态出发分析经济波动。哈耶克的均衡，是在“一切可用的资源都被使用”（即充分就业），货币数量一定，整个社会的消费—储蓄比例一定，从而生产的纵向结构一定时，用于购买消费品的货币和用于购买资本品的货币之间的比例（即对这两类产品需求的比例），等于消费品产量与资本品产量之间的比例，即两类产品的需求之比等于供给之比，可把这个比例称作均衡比例。

哈耶克的波动理论被称作消费过度论。而消费品生产之所以能够抽去大量的非专门性要素，源于银行不肯充分供应货币资本以支持企业家的投资，所以他的波动理论又被称作资本短缺理论。根据这一理论，哈耶克提出了关于对付经济波动的政策主张。他认为避免波动的方法是使货币保持中性。这就要求货币当局只能在不干扰消费品需求和资本品需求的比例的条件下变动货币量。但他认为，这一要求实际上是无法满足的。因此，“对货币政策能够得出的唯一的实际准则，也许是一个消极的准则，那就是：生产和贸易的增加这个简单的事实并不能成为扩张信贷的正当理由；

除了严重的危机时期以外，银行家用不着顾虑到过于谨慎会妨害生产……如果要做超出这个范围的尝试，也只能由一个具有全世界性的货币当局来做；任何单独一个国家的行动，是注定要失败的”。这就是说，一个国家的货币当局，不能因产量变化而变动货币量，尤其不能在经济的上升阶段增加货币量，以免人为增进繁荣。同时要求建立完全竞争的市场体制，以保证各种商品的价格完全伸缩自如。一旦萧条已经出现，则不能寄希望用小小的通货膨胀来克服萧条，这是危险的；也不能用增加消费和公共开支的政策来对付萧条，因为这将使生产结构更加缩短，使萧条拖得更长。唯一的办法是让生产结构去缓慢地自发地适应自发形成的消费品需求与资本品需求之间的比例。

概括地讲，哈耶克反对建立许多人如庇古、凯恩斯等所主张的弹性货币制度（又称管理货币制度），主张继续维持半自动化的金本位制度，依靠这种货币制度下的自由竞争，来避免经济波动。

（七）《资本的纯理论》

1941 年，《资本的纯理论》首次出版，该书正规地、全面地分析了资本结构问题，将“资本问题”的核心确定为关于协调在时间过程中的经济活动的市场能力问题，并提出了他自己的资本理论。哈耶克认为，资本是异质的而不是同质的，它是由市场过程中的一系列不同种类的商品组成，这些商品被定义为资本品不是由于其物理属性，而是由于它们的所有者对其用途有着不同的计划，也就是人们的选择，即时间偏好。哈耶克对于资本品的再生性、耐久性、专业性、可替代性和互补性进行了详细的讨论。此外，哈耶克延续了奥地利学派的资本理论，把生产过程看作一个接一个的、纵向连续的阶段，从最终的消费品生产阶段层层递进，一直到它纵向的最远端。他在其资本理论中着重分析和研究了资本和生产过程中所包含的、不可缺少的时间因素，他认为生产过程不应该是一种瞬间的活动，而是在时间进程中不断发展的过程。哈耶克所说的经济生产中的生产结构就是由资本品间的互补性和资本的时际结构共同决定构成的。如果时际稳定状态不存在，那么在某些时间点上，就会出现对消费品的需求得不到保障的情况。因为生产需要花费时间，如果时间减少，那么在某个时间点，市场上的产品数量就会过多；而如果时间增多，某时刻的市场上的产品数量就会过少，所以就要调整生产的时间周期和资本之间的函数关系。

哈耶克又进一步指出，也正是各种资本品和它们之间的关系具有的这些多方面的特征，才引起了生产结构作为一个整体突出地表现为一个或长或短的生产时期，即一种较大或较小程度的迂回。迂回程度是指在时间过程中生产束缚资源的程度，是由市场利率决定的——这里的“市场利率”被广义地表述为目前可获得的商品与在未来可获得的商品之间的交易条件。市场过程能够做到把人们的时间偏好转化为生产计划。

（八）《货币的非国有化》

《货币的非国家化》是哈耶克 1976 年——事实上是自 1945 年出版《个人主义与经济秩序》，或者更准确地说从 1941 年出版未完成的《纯粹资本理论》以后——所写的唯一一本经济学专著。他在书中颠覆了正统的货币制度观念：既然在一般商品、服务市场上自由竞争最有效率，那为什么不能在货币领域引入自由竞争？哈耶克提出了一个革命性建议：废除中央银行制度，允许私人发行货币与自由竞争，这个竞争过程将会发现最好的货币。

该书阐述了货币的非国有化理论。一是政府垄断货币发行权的危害。哈耶克认为政府对货币发行权的垄断由来已久，早在铸币时代各国统治者就将铸币权视为一国主权最基本、最重要的组成部分而抓住不放。政府之所以垄断货币发行权，其实质绝不仅仅因为它是一国主权的象征，还因为货币发行权能为政府带来丰厚的收益。在铸币时代，政府靠降低币中的贵金属含量或减轻贵金属重量等方式来增加货币的发行量，并从中获益。在纸币流通条件下，纸币发行量不再受到贵金属的限制，政府可以出于自身利益的需要而任意发行纸币，其结果只能是纸币贬值。所以整个纸币产生之后的社会历史就是通货膨胀的历史。要改变这种状况，就要对现行的货币制度进行根本性改革——剥夺政府的垄断货币发行权，实行私人发行货币制度。二是私人竞争性货币制度是否能行得通呢？哈耶克认为，从货币的发展史中可以看到一种物品只要能够被人们普遍接受，具有稳定的价值，能够成为现金购买、未来支付、延期支付的手段和可靠的核算单位，就可以成为通货。至于它是谁提供的并不重要。如果国家垄断了货币的发行权，剥夺了私人经济自行提供交换媒介的可能性，私人经济活动便不可避免地受到国家货币发行政策的限制，私人投资积极性受挫，市场无法提供较多的就业机会，造成失业。政府垄断货币发行权后，就会无所顾忌地根据财政赤字的需要把大量货币投入市场，会使货币发行过多，造成通货膨胀。

哈耶克的货币非国有化理论与其整个经济理论思想是一致的，即维护经济自由。他曾充满激情地说："自由这理想激发起了现代西方文明的发展，而且这一理想的部分实现，亦使得现代西方文明取得了当下的成就。"作为交换媒介的货币由私营银行发行，取消国家对货币发行的垄断权，他认为，只有这样市场经济才能充分发挥作用，使经济正常运行，提高效率。他说："如果我们想要使得自由企业和市场经济继续存在下去，除了用私营银行间的自由竞争来代替政府对通货的垄断和国家货币制度之外，我们别无选择的余地。"①

三　以商业周期研究获诺贝尔经济学奖

1974 年，哈耶克和他的理论对手纲纳·缪达尔一同获得了诺贝尔经济学奖，因"他们在货币政策和商业周期上的开创性研究，以及他们对于经济、社会和制度互动影响的敏锐分析"。回顾哈耶克一生的学术生涯，他的主要贡献有以下几个方面。

第一，他是货币和经济周期的理论实践者，提出了货币理论和经济周期理论。哈耶克的货币理论主要由中性货币理论和自由货币理论两部分组成。针对 20 世纪 30 年代的经济大萧条，哈耶克运用中性货币理论，提出解决办法，即在长期内，让货币接近中性状态，维持货币数量不变，限制中央银行的货币政策。20 世纪 70 年代西方世界出现滞胀时，他提出了自由货币理论。1976 年，哈耶克在《货币的非国有化》一书中，以独特视角解释了滞胀产生的原因。哈耶克认为，必须要有健全的货币制度，才能保持通货稳定。只有在通货稳定的条件下，价格才能正确反映市场的实际供求，引导资源合理配置。在哈耶克看来，由于政府垄断货币发行权，因此

① 《货币的非国有化》，1976 年英文版，第 80 页。

可以肆意利用财政、货币手段干预经济，结果必将导致通货膨胀。通货膨胀的条件下，价格不能正确反映市场信息，市场机制发生紊乱，进而资源配置失调，私人投资的积极性受到挫伤。投资减少会导致经济萧条以及失业的增加。失业的增加会迫使政府对经济实施刺激，这就形成了通货膨胀和失业的恶性循环，最终发生"滞胀"。对此，他提出"货币非国家化"的设想，即取消政府对货币发行的垄断权，用私人银行发行的"竞争性货币"来代替国家货币。

在奥地利经济学家米塞斯的信用周期学说、维克塞尔的货币理论和奥地利学派代表人物之一的庞巴维克的资本理论基础上，哈耶克基于自己的货币理论和资本理论，形成了著名的经济周期理论。他指出，货币供给量的变化使货币利率与自然利率背离，导致生产过程迂回程度的改变。他认为生产结构的变化是导致经济周期性波动的根本原因。消费者根据时间偏好而改变货币供给量和人为通过货币扩张而改变货币量会带来不同结果。人们的自愿储蓄行为会为经济带来繁荣，并使经济自动恢复均衡，不会出现经济波动；而货币扩张带来的货币供应量的改变会引起生产结构改变，导致经济周期的产生。哈耶克提出，克服经济危机的根本办法就是要保证货币维持中性和遵循市场规律自发协调配置，从而必须实行自由货币政策，废除中央银行，取消国家对货币发行的垄断权。

第二，他对税制效率和公平问题的研究。哈耶克对税制效率和公平问题的论述集中体现在《自由宪章》第二十章《税收与再分配》之中。哈耶克在文中着重论述了一国税制效率和公平问题，切入点为一个税制的整体税收累进问题和累进税问题，并认为这是一个"事关未来社会的整体性质的决定性问题"（哈耶克区分自由社会和不自由社会），他明确提出了解决这一问题的实际税制构想。这种整体税收累进问题事实上在美国、英国、德国和中国都存在。哈耶克在《自由宪章》中所做的分析遵循两个税收原则。其一为税制的效率原则，即税收设计的中性原则，是指税收制度一方面应使税收对经济主体活动的扰动和扭曲影响降低到最低限度；另一方面是指国家征税除了使纳税人因纳税而损失或牺牲这笔资金以外，最好不要再导致其他经济损失，不应产生额外负担。其二为税收公平原则，有别于一般财政学教科书中所理解的纳税能力原则，哈耶克强调防范"多数暴政"和保护包括少数在内的全体公民的基本个人权利。

第三，他对自发秩序理论的继承和阐释。哈耶克是自发秩序的继承者和不遗余力的阐述者，在哈耶克的著作中，随处可以见到洛克、大卫·佛格森（David Ferguson）、曼德维尔（Bernard Mandeville）、亚当·斯密、孟德斯鸠、休谟、埃德蒙·伯克（Edmund Burke）、托克维尔（Alexis-Charles-Henri Clérel de Tocqueville）、阿克顿勋爵（John Emerich Edward Dalberg-Acton）等人的思想痕迹。作为奥地利学派的领袖，哈耶克又从卡尔·门格尔和米塞斯那里汲取思想的养分，对主观主义和方法论个人主义有着很深的见解。与此同时，在哈耶克所处的时代，经济学界推崇复杂性科学和系统科学思想，这为哈耶克阐释自发秩序增添了新的视角和方法。哈耶克对“自发秩序”的阐述，是基于对“建构主义理性主义”的反对，以及对“进化论的理性主义”的继承。他认为，自发秩序是自然自发形成的，不是人为的理性建构。只有承认人理性的有限性与无知，人们才不至于陷入“建构主义理性主义”的旋涡。因此，它的演进并不受任何个体理性的影响和控制，而是在人类理性无法认识的领域自发运行。社会演进、政治发展和制度变迁都是“自发秩序”。

第四，他在社会哲学和政治哲学等领域做出了重要贡献，带来深远的影响。众所周知，哈耶克在经济学领域贡献突出，同时也在社会哲学和政治哲学等领域中做出了许多贡献。他的哲学理论大多是从他认为人类知识有限的理论上衍生出来的，他主张以市场秩序为轴心组织社会（国家的职责只限于保护市场和个人安全）。另外，在哈耶克的科学哲学理论中，他大力批评所谓科学万能主义，以及将科学研究方式强加在社会科学研究领域导致在实践上产生相反结果的行为。哈耶克认为大多数科学都牵涉到复杂的多线性和多变量，而经济学和非设计秩序的复杂性则应该类似于达尔文的生物理论，加强一般的科学研究方式只可能会加深对结果的错误理解。

四　影响远超经济学领域的思想家

哈耶克享有巨大的世界性声誉，但这些声誉是随着时代变迁，经历了几起几落之后才确立下来的。作为 20 世纪 30 年代奥地利经济周期理论的杰出倡导者，他在关于凯恩斯《货币论》的论战中败下阵来，因此丧失了一流经济学家的地位。但这一经历使他转向政治哲学、法律理论和思想史的研究，并在这些领域取得极大的成就，他作为一个“自由意志论者”的名声又传播起来，其影响远远超出经济学领域，成为一名不容忽视的大思想家。

第一，他将社会科学各学科融会贯通后又自成体系。哈耶克被认为是20世纪最伟大的自由主义政治思想家，他将哲学、法学、政治学和经济学融会贯通后又自成体系，准确地揭示了以个人主义为核心的自由主义的深刻内涵，建构了最为真实的自由主义理论体系。自由一直是贯穿哈耶克学术生涯的永恒理想，他继承了18世纪启蒙思想家的思想源泉，从个人主义出发，强调维护个人自由，包括政治自由、思想自由和经济自由。其中经济自由是自由的基础，而实现经济自由的主要途径是实行市场经济，让市场机制充分发挥调节作用，让人们在市场上进行自由竞争。他所认为的市场经济就是一种从个人主义出发形成的，并且能够保证人自由的一种自发秩序，是最符合人性的经济制度。与此同时，哈耶克用消费者主权的概念解释市场的完善性，认为协调是市场发展过程中不可缺少的一部分。在货币政策如何选择方面，哈耶克也有着自己独到的见解，但是在避免注入效应的货币政策和避免价格收缩的货币政策上，他一直比较纠结，提出为防止政府出于政治利益利用货币发行来扰乱经济秩序，建议实现货币“非国家化”，货币发行权归竞争的私人所有。

第二，他宣扬自由主义，追求真正理想中的自由社会。哈耶克将经济知识分为两类：一类是经济学家掌握的经济理论知识，具有一定的局限性；另一类是由社会上所有个体所拥有的，在具体时间和地点条件下所产生的知识。长期以来凯恩斯理论和政策都是哈耶克批判的对象，他认为判断一个社会制度好坏的标准不是经济福利水平的高低，而是人们所能获得的自由程度。哈耶克特别反对把福利社会作为理想社会的目标。他认为，过分追求经济福利势必会导致国家对经济的干预，理想社会是要通过法治来实现，保障人的自由，从崇尚国家的现代蒙昧主义中解放出来，自发地走向真正自由的理想社会。

直到20世纪70年代，凯恩斯主义在西方国家走向低潮，作为凯恩斯主义坚定的反对者，哈耶克的经济学说才再度引起人们的重视，因此，哈耶克在1974年荣获诺贝尔经济学奖，赢得了诸多赞誉。他的新自由主义观点对西方思想界的影响也越来越大，在美国，他成为“公民拥有充分自由权”运动的领袖，在英国，就连被认为最保守的撒切尔夫人也自称是哈耶克的信徒。

第三，他注重国家法治，批判集权主义。哈耶克的学术著作很多都体现了对计划经济的批判，他受早期米塞斯和门格尔等人思想的影响，在《通往奴役之路》和其他代表作品中，一直强化对集权式的计划经济形态的批判，认为计划经济会导致经济短缺乃至崩溃，被赋予强大经济控制力的计划部门也必然会拥有控制全社会个人生活的权力。哈耶克还认为，在计划经济里，某个特定的部门或团体决定资源的分配，但这些计划者永远都不会获取足够的信息和知识来正确地配置资源，这种问题又被称为经济计算问题。有效的资源配置只能由市场上的价格机制加以维持，市场经济在资源配置中起决定性作用。

从哈耶克的观点来看，国家的主要角色应该是维持法治，确保每个人的自由。对哈耶克而言，抹杀经济的自由即代表抹杀政治的自由。在《通往奴役之路》一书当中，哈耶克提出了一个非常重要的观点，认为应该重视产权在经济中的主导地位，而且竞争也应该在经济中占据主导地位。在竞争能够发挥作用的地方，要尽量让竞争发挥主导作用。即使在公用事业和公共服务领域，他也反对垄断，认为至少应该允许市场主体平等地进入这些领域，展开公平的竞争。

参考文献

〔英〕F. A. 哈耶克：《致命的自负》，冯克利、胡晋华等译，中国社会科学出版社，2000。

〔英〕弗里德里希·奥古斯特·冯·哈耶克：《通往奴役之路》，王明毅、冯兴元等译，中国社会科学出版社，1997。

〔英〕弗里德里希·冯·哈耶克：《经济、科学与政治——哈耶克论文演讲集》，冯克利译，江苏人民出版社，2003。

〔英〕弗里德利希·冯·哈耶克：《法律、立法与自由》（第二、三卷），邓正来、张守东、李静冰译，中国大百科全书出版社，2000。

〔英〕弗里德利希·冯·哈耶克：《个人主义与经济秩序》，邓正来编译，复旦大学出版社，2012。

邓正来：《关于哈耶克理论脉络的若干评注——〈哈耶克论文集〉编译序》，《开放时代》2001 年第 7 期。

邓正来：《普通法法治国的建构过程——哈耶克法律理论研究的补论》，《开放时代》2002 年第 4 期。

尚新力：《必然的无知而必然的自由——浅论哈耶克知识认识论下的自由哲学》，《思想战线》2015 年第 S1 期。

杨春学主编《经济学名著》，学习出版社，2012。

余斌：《新帝国主义奴役的自由：评新自由主义——兼评哈耶克的《通向奴役的道路》，《河北经贸大学学报》2017 年第 4 期。

赵艳：《萨缪尔森经济理论研究》，首都经济贸易大学出版社，2005。

第十三章

西蒙·库兹涅茨

“经验统计学之父”

Simon Kuznets

西蒙·史密斯·库兹涅茨(Simon Smith Kuznets,1901~1985)是美国著名经济学家,也是1971年诺贝尔经济学奖获得者。曾任纽约国民经济研究所研究员、宾夕法尼亚大学教授、约翰斯·霍普金斯大学教授、哈佛大学教授。主要研究集中于经济增长、国民收入核算、经济周期等问题,被称为“经济统计学之父”,代表作有《生产和价格的长期运动》《国民收入及其构成》《现代经济增长》《名国的经济增长》等。

一 “用过去一代人的经验来丰富当今一代人的知识经验”

库兹涅茨出生于俄罗斯帝国平斯克(现属白俄罗斯),幼儿时期在乌克兰哈尔科夫接受基础教育,后进入列宁格勒大学(现已改名为圣彼得堡国立大学)学习政治经济学。1922年,库兹涅茨移居美国,同年进入哥伦比亚大学攻读经济学,于1923年获得学士学位,1924年获得硕士学位。师从制度经济学派创始人韦斯利·米切尔,从此开始制度经济学的研究,并于1926年获得博士学位。库兹涅茨继承了米切尔的制度经济学思想,其博士毕业论文《零售和批发贸易的周期波动》集中体现了制度经济学派和米切尔的思想精髓。1927年,经米切尔推荐,库兹涅茨进入美国社会科学研究理事会工作,任助理研究员,他在这里收集了主要资本主义国家19~20世纪历史材料,比较各国国民收入及其经济增长速度。1930~1954年,库兹涅茨任宾夕法尼亚大学经济学和统计学的助理教授、副教授,1942~1944年,任华盛顿哥伦比亚特区战时生产部计划统计局副局长,1946年任中国国家资源委员会经济顾问,1954~1960年任约翰斯·霍普金斯大学政治经济学教授,1960~1971年任哈佛大学经济学教授。

库兹涅茨曾任英国皇家统计学会、美国科学促进协会的名誉会士，是瑞典皇家科学院、国际统计研究院、美国统计学会、美国哲学学会、计量经济学会的成员，担任过美国经济学会会长和美国统计学会会长等职务。另外，库兹涅茨还获得过普林斯顿大学、宾夕法尼亚大学、哈佛大学的科学博士名誉学位，哥伦比亚大学人文学博士名誉学位和耶路撒冷希伯来大学哲学博士名誉学位。

库兹涅茨的经济思想和研究方法源于美国的制度经济学，他在研究资本主义经济的运行时一直强调经验统计资料的整理、加工和分析对经济理论研究的重要意义。库兹涅茨认为，整理知识最重要的目的是用过去一代人的经验来丰富当今一代人的知识经验，用其他民族的经验来开阔本民族的经验见识。库兹涅茨始终致力于收集各国的历史统计资料，从整理到估计、分类，从解释到预测，对各个经济变量的变化趋势、特点及其相互联系进行计量分析是库兹涅茨研究工作的主要内容。

库兹涅茨由于“对经济增长做了以经验为根据的解释，从中把新颖而深刻的见解引入对经济社会结构和发展过程的分析”① 而被授予1971年度诺贝尔经济学奖。库兹涅茨在他50多年的学术生涯中，主要从事经济周期、国民收入核算、经济增长三个领域的研究，且均有所成就。在经济周期研究方面，库兹涅茨通过对有关数列长期消长过程的分析，提出了在主要资本主义国家中存在长度从15年到25年不等、平均长度在20年的“长波”。库兹涅茨的“长波”理论在二战以后日益受到西方经济学家的重视，被西方经济学界称为“库兹涅茨周期”。在国民收入核算研究方面，库兹涅茨主要通过研究两次世界大战期间国民收入及其构成发生的变化，建立起现代国民收入核算体系的基本结构。在经济增长研究方面，库兹涅茨通过对历史统计资料的收集、整理、比较和分析，研究了人口、产值、生产率、产业结构、收入分配结构、产品适用结构、国际经济流量等经济变量的变化趋势、变化特点和相互之间的联系，形成了现代经济增长理论的一个重要方面。

---

① 李翀：《库兹涅茨》，《经济学动态》1981年第10期。

二　库兹涅茨的著作

库兹涅茨是个多产的经济学家，在他50多年的学术生涯中先后发表过30多部著作和论文集，主要著作见表1。

表1　西蒙·库兹涅茨主要著作

年份	书名
1925	《零售和批发贸易的周期波动》 *Cyclical Fluctuations in Retail and Wholesale Trade*
1930	《生产和价格的长期运动》 *Secular Movement in Production and Prices*
1933	《工业和贸易的季节性波动》 *Seasonal Variations in Industry and Trade*
1938	《商品流量和资本形成》 *Commodity Flow and Capital Formation*
1941	《国民收入及其构成》 *National Income and Its Composition*
1946	《1869年以来的国民产值》 *National Product Since 1869*
1954	《高层次收入在收入中所占的份额》 *Upper Income Shares*
1954	《经济的变化》 *Economic Change*
1959	《关于经济增长的六篇演讲》 *Six Lectures on Economic Growth*
1961	《美国经济中的资本》 *Capital in the American Economy*
1966	《现代经济增长：总产出和生产结构》 *Modern Economic Growth*
1971	《各国的经济增长：总产出和生产结构》 *Economic Growth of Nations*：*Total Output and Production Structure*

（一）《生产和价格的长期运动》

《生产和价格的长期运动》是库兹涅茨的第一部重要著作。在这本书中，库兹涅茨应用经验统计分析方法，考察了美、英、法等国家从 19 世纪中期到 20 世纪初的经济变动情况，汇集与整理出 60 种工农业产品的产量变动和 35 种工农业产品价格变动的经济数据。通过对这些数据的长期变动趋势进行分析，库兹涅茨提出，在主要资本主义国家中存在从 15 年到 25 年不等而平均长度为 20 年的经济周期。这种长周期的形成与人口增长率的变动、铁路的兴衰、建筑业的起伏密切相关，库兹涅茨的这一发现被命名为“库兹涅茨周期”。

（二）《国民收入及其构成》

库兹涅茨在《国民收入及其构成》中研究了国民收入及其构成的性质和含义，探讨了怎样运用现有的资料来估算国民收入，具体估算和分析了美国在两次世界大战之间国民收入及其构成的变化，还对早期的经济统计资料按照新的核算体系做了大量的修订工作。基于国民生产总值和国民收入的定义，库兹涅茨在国民收入核算领域进行了开创性研究，解决了一系列有关国民收入核算的理论和技术问题，建立了现代国民收入核算体系的基本框架，库兹涅茨也因此而被称为“GNP 之父”。

（三）《现代经济增长》

《现代经济增长》是库兹涅茨经济增长理论方面的重要代表作之一。在这本书中，库兹涅茨通过对大量历史统计资料的整理和比较，对现代经济增长的总量、速度、结构及其传播扩展机制进行了深入详尽的研究，并就收入格局、国民生产总值、产业结构、收入分配结构、产值使用结构等诸多方面，进行了发达国家与不发达国家的比较研究，分析这些经济变量在经济增长过程中的变化趋势、变化特点和相互联系，试图以此来揭示现代经济增长的全过程。

《现代经济增长》的主题是对现代各国经济增长的总量、结构和国际特征做全面探讨。在分析结构变动和进行国际比较时，更多的有关定义和衡量标准的问题将会产生，而且与其他时代相比更应该对现代经济时代做更多的说明，但这最好是与经济增长各个方面的大量事实联系起来进行阐述。

各国经济增长是指人均或每个劳动者平均产量的持续增长，绝大多数增长伴随着人口增长和结构的巨大变化：产品的来源和资源的去向从农业活动转向非农业生产活动，即工业化过程；城市和乡村之间的人口分布发生变化，即城市化进程；一国之中各个集团的相对经济地位，包括就业状况、在各种产业的分布、人口收入水平等都发生了变化；产品在居民消费、资本形成、政府消费之间的分配，以及在这三大类用途的各自细目之间的分配都发生了变化；国内及国际的生产布局产生变化等。但是，各个国家并不独立，一国的经济增长，不仅会影响其他国家，而且也会受到其他国家的影响。因此，经济增长除了可以从总量上和结构上来考察以外，还应从国际因素的影响角度来考察。《现代经济增长》大致可分为两大部分，一部分为发达经济内部结构在增长过程中的变化趋势；另一部分为对比发达国家与不发达国家的经济增长，分析发达国家发达的表现与不发达国家贫乏的原因。

关于发达经济内部结构在增长过程中的变化趋势，库兹涅茨首先从经济增长的总量特征——现代人口增长率、人均产值和总产值的增长率出发，并将它们与我们所知甚微的以前各时代的总量特征进行比较。由于人口和资本是重要的生产要素，因此他以此为基础，讨论了单位生产要素投入的增长率、劳动力和物质资本的效率与现代经济增长的关系。其次，库兹涅茨对产业结构变动趋势进行讨论，即总产值中几大主要部门——农业、工业和服务业所占比例的变化，以及它们拥有的劳动力和其他生产要素份额的变化。除此之外，库兹涅茨还对与现代经济增长相联系的三种生产结构的转变进行详细讨论，这三种结构转变包括：从农业转向非农业、工业自身尤其是制造业内部的结构变动、服务业部门的结构转变。再次，库兹涅茨对产量和收入的分配进行讨论，尤其是对产量分配和收入分配之间的过渡关系进行分析之后讨论各要素所得份额的趋势——资产收入份额、资本和劳动所得份额、收入的分配问题，以及职工补偿份额。在此基础上，库兹涅茨分析产值的使用方式，主要是对居民消费、政府消费以及资本形成三种使用方式进行区分和统计说明，对这三种使用方式的变化趋势做出概述和评价，对资本的筹集、资本形成的结构以及资本产出率等的长期变化趋势做出详细的讨论。最后，库兹涅茨总结居民消费结构的变动趋势，并指出这些趋势与各种消费品的交叉需求收入（或支出）弹性之间的关系。

在发达国家与不发达国家的对比方面，库兹涅茨首先集中讨论经济发达国家，从对各变量长期记载中了解现代经济增长的各种基本模式。其次，研究国际经济关系中发达国家与其他国家间不断加强的相互依赖关系。例如所有国家都能加以利用的超越国界的实用知识量的增长——不仅包括物质技术，也包括社会技术方面的增长；资源和商品的国际流动，包括人口流动、对外贸易以及国际资本的流动。库兹涅茨考察国际关系和国际资源流动的意义，不仅有助于以每个民族国家为单位的经济增长的研究，也有助于对发达国家下一个整体的定义，以便确定现代经济增长的相似性和差异性。最后，库兹涅茨对第二次世界大战以后总量和结构资料所包括的世界上大量国家进行研究，侧重于各国经济背景的差异性，特别着重于对欠发达国家或地区的研究，分析其人均产量的差异，并试图进行总量资料的广泛对比，包括对欠发达国家或地区的人口、政治及其他非经济因素等各种结构加以论述。

库兹涅茨作为经验统计学之父，他认为关于该书的经验讨论主要有以下三方面的问题。

第一，该书的讨论很大程度上是对现代经济增长研究的经验资料，主要是数量分析的总结，但是受到了当时研究所达到的水平的局限。这意味着如果研究工作进展得像现在这么迅速的话，可以预见结论的某些部分就会过时，但是一些主要的一般性质可能不会受到影响。第二，库兹涅茨将现代与过去的经济增长进行比较时，由于过去的数量研究非常缺乏，且关于过去经济增长的研究不可能建立在大量史料基础上，因此不免粗略。同时，对差异性的辨别也只能限于那些不易产生较大误差的、显著的不同点。然而，了解过去的情况，对更好地了解现代是必不可少的，这对发达国家和欠发达国家或地区都是如此，尤其是对后者。第三，该书提出的一些解释是在特定条件下做出的，而且是粗略的。

库兹涅茨认为如果将考察范围限定在一两个具有准确资料的有长期记载的发达国家，那么作为基础的数据的可靠性和证据的有效性就会增强，但是这样就不能达到探寻现代经济增长共同特征的目的，由于不同国家都具有自己的特征，一两个国家的发展记录不足以说明一般与个体的差异。

从这种意义上来说，为一个或少数几个国家的深入研究所提供的原始资料，即使非常有价值，意义也是局限的。库兹涅茨最终通过对现代经济增长的特征进行概括总结，印证了该书最为重要的命题：技术进步和制度变革的共同作用是创新时期经济增长的核心。

（四）《各国的经济增长：总产出和生产结构》

《各国的经济增长：总产出和生产结构》是在库兹涅茨发表的一系列论文的基础上形成的，是反映库兹涅茨经济增长理论的代表作。全书共七章，从经济增长率水平和变化、生产率增长和非常规费用、总产值和劳动力的部门份额等角度，对发达国家经济增长的数量特征进行了分析。在这本书中，库兹涅茨对美国和欧洲主要国家进行分析，时间跨度长达一个多世纪，内容涵盖经济总量、增长率、生产率和经济结构等。翔实的数据资料、启发性的分析结论，以及深入浅出的理论剖析，充分展现了库兹涅茨娴熟的数量分析技术以及深入思考的能力。尽管其分析主要是针对发达国家以及少数欠发达国家，截止时间为20世纪中后期，但是这本著作所揭示的经济增长规律，对更好地认识现实和预见未来都不无裨益。

库兹涅茨认为在全球15~18个发达国家中，除日本外，在进入现代经济增长时人均产出都具有较高的初始水平。欠发达国家之所以没有跨入发达国家的行列，要么是由于初始人均产出过低，要么是由于过去一个或半个世纪内人均产出的低增长率，抑或兼而有之。

除了较高的经济增速外，现代经济增长中另一个最为明显的现象就是结构变迁，包括部门间的产出比例和劳动力比例变化。该书对三个产业部门及其细分部门进行了深入分析：第一产业（A 部门）包括农业、林业、渔业和畜牧业等相关部门；第二产业（I 部门）包括采矿业，制造业，建筑业，电力、煤气和水（相关行业），运输、仓储和通信部门；第三产业（S 部门）包括商业，金融、保险，房地产，各种个人的、专业的、文娱的、教育的和政府的服务的部门。分析表明以下几点。

（1）在发达国家的增长过程中，A 部门份额显著下降，I 部门的份额显著上升，其中主要是来自制造业的份额上升；S 部门的份额大多微微上升，法国、美国和加拿大除外，呈显著上升。（2）在现代经济增长的大部分期间，A 部门劳动生产率增速低于（I+S）部门劳动生产率的增速，因此在大多数发达国家，随着人均产出的增长，（I+S）/A 产出比例的长期趋势是上升；在欠发达国家，尽管人均产出可能陷入停滞，但是（I+S）/A 产出比例趋势也是上升。（3）在发达国家的经济增长过程中，A 部门的劳动力份额急速下降；I 部门的劳动力份额则有所上升；和产出份额相比，I 部门劳动力份额上升并不占支配地位，或是低于 S 部门，或是基本相同。I 部门中劳动力份额上升，主要是来自制造业的份额缓慢上升，这和制造业产出比例具有支配地位的上升截然不同。接着是 S 部门份额的显著上升，抵消了 A 部门份额下降的大部分。库兹涅茨把上面这些趋势称为产出结构的“工业化”和劳动力结构的部分“工业化”与部分“服务业化”。

库兹涅茨认为和现代经济增长相联系的是人均产出的高增长率。这主要归功于生产率即单位投入产出的高增长率。他认为在许多国家人均产出的增长中，至少有 80%归功于生产率增长。库兹涅茨认为现代发达的经济在其连续的发展过程中，会相继出现各种新的生产部门，但是他也遗憾地指出现有的部门分类未能把新行业从旧行业中分离出来，难以将三大部门在技术上的新成分和旧成分分离出来，这限制了人们对经济增长的动力分析。上面提及的结构变迁事实就是产出增长的重要因素，当要素从低生产率增长部门流向高生产率增长部门，要素资源配置优化带来所谓的“结构红利”，进而带来生产率和产出增长。

对于人均产出或生产率的高增长与生产结构的高变换率之间的联系机制，库兹涅茨给出了三种解释。一是人们需求结构的变化。例如，现代经济增长之前，农业部门的高份额反映了低生产率时食物需求的重要性。在食物需求得到极大满足时，工业品则成为人们的重要需求，这带动了工业化。一些创造新产品的技术革新会随之出现，在满足现有需求的同时也带动了新的需求。二是国际贸易的发展。各国产品基于比较优势进行进出口贸易，贸易结构的变化会推动本国生产结构变化。技术变革减少了运输和通信费用，从而扩展了国际贸易范围，发达国家可以在这种情况下利用其比较优势，使生产结构发生变化。三是技术革新的高速度及其扩散。在任何特定时期增长显著的部门往往就是技术革新的重心。库兹涅茨特别强调新知识和技术的大规模应用是高增长的必要条件，有用的知识和科学是现代经济顺利增长的主要因素，具有跨越国家和世界性的特征，一个能从内部促进科学繁荣的体制就十分必要。

库兹涅茨认为生产结构的变化必然会带来经济结构其他方面的变化，经济结构变化对其他社会制度也会产生影响，具有一种连锁效应。作为新生事物的重大技术创新成果，自然要求新型的法律和社会体制适应它们，否则会出现一些不适应问题。

从社会的长远发展考虑，主权国家首先要把紧张关系降低到最低限度以便解决这些冲突，同时做出必要决策以适应现代经济增长带来的经济结构变化；还要承担起建立运输、通信和公用事业，发展教育等方面的基本责任，或至少帮助私人企业家从事这些建设；国有单位在调整经济和社会制度以推进和最大限度利用知识和科学方面，起着一个决定性的增补作用。

由于创新带来的经济结构变化和非经济结构变化具有连锁效应，人们很难准确预测技术创新所产生的有利或不利结果，经济增长过程中出现的经济变化常常会产生不受社会欢迎的无法预期的后果。只有当这些问题迫切需要政策解决时，人们才意识到问题。即使某些消极结果在开始就能被预见，但要采取迅速果断的行动来防止它要受到两大因素制约：预测的不确定性和对新产品的高度评价。因此，由于总体增长和结构变化的高速度（相互作用并加强），现代经济增长也导致了问题的累积。这些问题的累积是难以及时预见到的，增长率和结构变化率的幅度决定了这些问题的大小、程度和新颖情况。虽然库兹涅茨没有给出解决的办法，但从长远的角度看，政府是可以在其中有所作为的。

三　经济增长没有一般模式但有普遍特征

（一）经济增长

库兹涅茨在经济增长理论方面受到制度经济学派创始人米切尔的影响，他认为在提高经济增长率的各种因素中，制度和结构因素可能比劳动供给和资本供给的相对份额的变化更加重要。库兹涅茨指出，各个国家的经济增长有自身的特定的历史继承性，它们之间的区别不仅在于自然条件不同，也在于社会历史条件的不同，即各国进入现代经济增长的时间和当时的"知识状况"不同。他认为，在经济增长中，应当研究"先驱国家"

和"继起国家"的异同及其相互联系，特别是研究"继起国家"发展经济的有利条件和不利条件。库兹涅茨认为不可能把社会历史条件不同的各国经济增长纳入一个一般模式中。

具体来说，库兹涅茨在 1971 年诺贝尔经济学奖获奖演说中，对经济增长提出了一个明确的定义：一个国家的经济增长可以被定义为给居民提供种类日益繁多的经济产品的能力长期上升，这种不断增长的能力是建立在先进技术以及所需要的制度和思想意识相应的调整基础上的。这个定义突破了将经济增长仅仅视为国民生产总值在数量上的增加这种狭隘的观点，拓宽了人们对经济增长内涵的理解。

库兹涅茨根据英国、法国、美国等 14 个国家一百多年经济增长的统计资料，分析总结出自 18 世纪末期以来的现代经济增长的六大特征：第一，人均国民生产总值的高增长率和人口的高增长率；第二，生产率的高增长率，即单位生产要素投入量的产出率的高增长率；第三，经济增长过程中经济结构的高转换率；第四，与经济增长密切相关的社会结构和意识形态的迅速改变；第五，经济发达国家凭借其不断增强的经济实力，向世界其他地方延伸，使整个世界成为一个统一体；第六，世界各国经济增长的不平衡，占世界人口 3/4 的欠发达国家的经济成就远远落后于现代技术潜力可能达到的最低水平。以上六个特征中，其中两个数量特征属于总和的比例，两个属于结构的转变，另外两个属于国家之间的扩散。

库兹涅茨根据统计资料对影响经济增长的各种因素做了分类研究，结果发现：近 50 年来，14 个国家的国民生产总值年增长率为 3%，人口年增长率为 1%，人均国民生产总值年增长率为 2%，按人口平均计算的劳动力数量趋于上升，人均工时投入量却以年均 0.3%的速度下降，总资本存量年均增长率为 2.54%，人均资本存量的年均增长率为 1.52%。经过大量计算和分析，库兹涅茨得出一个结论，在人均国民生产总值增长的结构中，25%归因于经济资源投入量的增长，75%归因于投入的生产要素生产率的提高。因此，经济增长主要是靠生产效率的提高推动的，而生产效率的提高又是由技术的不断进步引起的，科技进步是经济增长的源泉。

1. 经济增长与产业结构

库兹涅茨把国民经济划分为三个部门：农业部门（包括农业、渔业、林业等）、工业部门（包括矿业、制造业、建筑业、交通运输业等）、服务业部门（包括贸易、金融、各种公共服务和私人服务等）。并对发达资本主义国家的统计资料进行分析研究，发现产业结构在现代经济增长过程中具有如下的变化趋势。第一，从产值来看，农业部门的产值在国民生产总值中的比重趋于下降，工业部门的产值在国民生产总值的比重趋于上升，服务业部门的产值在国民生产总值中的比重没有明显的变化；第二，从劳动力来看，农业部门劳动力在总劳动力中的比重趋于下降，工业部门劳动力在总劳动力中的比重在一些国家显著上升，其上升幅度与农业部门产值比重的下降幅度相当，而在另一些国家则保持稳定，服务业部门劳动力比重的变化大于其产值比重的变化。

库兹涅茨认为，产业结构的上述变化趋势，主要是由经济增长过程中的科学技术进步引起的。第一，科学技术在国民经济各个部门间的应用和扩展是不平衡的。在经济发展的不同阶段，总有一些部门和领域率先采用科学技术的新发明、新创造，成为科学技术发展的中心领域，因其生产率提高，成本下降，在速度和效益上领先于其他部门和领域，进而影响产量和资源在各产业部门之间的配置，导致产业结构的变化。第二，科技进步带来了新材料的使用、新产品的开发和新工艺的采用，从而带动了新的产业部门的出现。第三，科学技术进步带来了工业化，引起农村人口迅速向城市转移，促进了城市化。在城市化过程中，各种产品特别是农业部门产品的运输、加工和销售的增加，必然促进工业部门和服务业部门的发展，从而引起产业结构的变化。

技术进步对于产业结构变化的影响往往同需求的改变交织在一起，而需求结构的改变是引起产业结构变化的直接原因。科学技术进步促进工业化和城市化的发展，与农村居民相比，城市居民需要更多的住房、市内交通、水电设施、文化娱乐等，城市生活需要有更多的管理和服务，从而形成对国民经济各部门产品的不同需求，有些产品和劳务的需求增加了，有些产品和劳务的需求减少了，这种需求结构的变化势必影响产业结构的变动。又如，在经济增长过程中，劳动力从农业部门转向工业部门、服务业部门，各个集团在经济中的相对地位发生了变化，各种产品在居民消费、资本形成和政府消费中的结构改变了，这又会产生新的消费需求，或者使消费方式发生改变，从而促进产业结构的变化。库兹涅茨认为，除了科学技术进步和需求结构的改变以外，外贸结构的改变也是影响产业结构的重要因素。

库兹涅茨在研究经济增长和产业结构的关系时，特别强调产业结构变化对经济增长的影响。他认为，欠发达国家经济停滞的原因之一就是受传统产业结构的束缚。一般来说，在欠发达国家里，农业生产采取传统的生产组织，受传统的生产方式的支配，生产力十分低下，却集中了 60% 的劳动力，阻碍了经济的增长。同时，制造业结构满足不了现代经济增长对它提出的要求，需求结构变化缓慢，消费水平低下，不能形成对经济增长的强有力的推动，一旦经济增长了，产业结构变化了，农业部门就会释放出大量的劳动力进入工业部门，特别是进入制造业，于是整个国家的经济增长速度就会加快。库兹涅茨还认为，经济增长与产业结构的变化固然是相互影响的，但是必须先有一定的经济增长才能有产业结构的变化，在经济停滞条件下，产业结构是不会发生变化的。

2. 经济增长与制度结构

欠发达国家在现代经济增长过程中的主要障碍是什么？在知识存量、资本积累、产业结构、制度结构等因素中，库兹涅茨把制度结构因素放在首位，他认为没有奴隶制的清扫、没有封建宗族制的瓦解、没有保障个人自由的法律制度，就不会有现代公司和新型厂商素质的创新和发展，也就难以实现经济增长。库兹涅茨认为在经济增长和产业结构变化过程中必然出现利益集团之间的矛盾和冲突，甚至在某些情况下，这些矛盾和冲突会发展成为内战。只有提供一个恰当的体制，正确解决这些矛盾和冲突，现代经济增长才有可能。如果欠发达国家的政治结构缺乏这种作用，没有政治法律制度和思想意识的相应调整，经济增长势必受影响。不利于经济增长的制度结构因素是现代经济增长的主要障碍。因此，一个国家在过渡到现代经济增长以前或在过渡过程中，进行制度结构改变是有必要的。即使在没有进行相应改革的情况下发生了现代经济增长，如果要使经济增长继续进行下去，仍然需要进行制度结构改革，否则经济增长就要受阻。欠发达国家经济停滞或发展迟缓的主要原因，就在于缺少一个适应经济增长的制度结构或者制度结构不完善。

库兹涅茨在强调制度结构在经济增长中的作用时，还重视各个国家经济增长的自身特定的历史连续性，以及各个国家不同的自然条件和社会历史条件。当今欠发达国家在经济增长方面面临的许多问题，不同于发达国家在进入现代经济增长行列前的情况。虽然它们的现代经济增长起步较晚，但是当今世界科学技术水平远高于过去，能够发掘的物质资料的存量也比过去多得多，发达国家经济增长的经验可供借鉴，不必一切再从头做起，库兹涅茨把这些看作欠发达国家经济增长的有利条件。同时，库兹涅茨也认为欠发达国家的经济增长存在一些不利条件，例如，在国际上面对发达国家强有力的竞争，市场已被发达国家占领；在国内除了存在不利于经济增长的制度结构因素外，还存在资金缺乏、知识存量不足等制约。因此，库兹涅茨认为，经济增长理论应该研究发达国家和欠发达国家经济增长的相互关系，特别是要研究欠发达国家实现经济增长的有利条件和不利条件。

（二）收入分配与资本积累

库兹涅茨首先提出了经济增长与收入不平等的关系问题，这构成了一个时期内发展经济学关于收入分配研究的起点和主线。他的分析涉及经济增长过程中收入不平等的长期趋势、收入分配变动趋势的决定因素、发展中经济的收入分配变动趋势等。

库兹涅茨通过美、英、德少数几个发达国家的零散资料，分析了发达国家个人收入分配的长期变动，得出这样一个结论：发达国家相对的个人收入分配在不断趋向平等，即个人收入差距在缩小。他认为这一趋势可能在第一次世界大战以前就开始了，在 20 世纪 20 年代后尤为显著。尽管没有足够的经验证据，库兹涅茨相信英国、德国和美国在经济发展的初期阶段都经历过收入严重不平等时期，英国大概是在 1780～1850 年，美国是从 1840 年开始，特别是 1870～1890 年，德国是在 1840～1890 年。经过上述分析，库兹涅茨推论持久收入结构不平等的长期变动特征是，在经济增长的早期阶段不平等扩大（此时从前工业文明向工业文明的转变极为迅速），随后稳定一段时间，在以后的阶段不平等缩小。这说明在长期的经济增长过程中，个人收入分配的不平等的变动，遵循一种倒"U"形轨迹，这就是著名的库兹涅茨倒"U"形假说。

随着经济增长，收入不平等为什么会表现出这种趋势？这种趋势与经济增长的一些因素之间是否存在必然联系？库兹涅茨试图对此做出理论解释，他主要从储蓄集中和产业结构两方面进行了分析。

1. 储蓄集中的累积效应和抵消因素

根据有关收入在消费和储蓄之间划分的研究，在经济增长的早期阶段，只有高收入群体才有储蓄；非10%最高收入群体的全部储蓄接近于零，特别重要的是，储蓄分布的不平等比资产收入分配的不平等还要严重。如果其他条件相同，那么这种储蓄不平等的积累效应将使资产以递增比例集中于高收入群体的手中，从而使高收入群体占有份额越来越大。那么在后期，高收入群体的份额为什么没有上升反而下降了呢？库兹涅茨认为存在一些抵消储蓄集中的积累效应的因素，其中首要的是立法干预和政治决策。随着经济不断增长，社会对收入不平等长期效用的观念发生变化，从而重新评价作为经济增长源泉的收入不平等的必要性。这会对国家的法律和政治决策产生一种压力，并且这种压力会随着经济水平的提高而不断加强。这迫使政府采取一些措施来限制资产的积累效应，包括遗产税、财产税、政府允许或引导的通货膨胀、资产收益的法律限制等。此外，还有三个抵消储蓄集中的累积效应的因素。

第一，人口结构。在发达国家富人和穷人之间的人口增长率存在差别，家庭规模的控制首先是从富人中开始的。这就可以使原先属于较低收入群体的一部分人，在一定时期可以进入一个占总人口固定比例的高收入群体中，从而使这个固定比例的高收入群体的收入份额下降。

第二，资产收入。由于技术变化迅猛，新兴产业增长更加迅速，旧产业中的资产占总资产的比重不可避免具有递减趋势。除非高收入群体能够把他们积累的资产转向更有利可图的新产业，那么他们所持资产的长期回报就会显著低于进入新兴产业的资产持有者。

第三，劳务收入。高收入者收入的很大一部分来自高的劳务收入。但是从劳务收入上升的长期趋势看，高收入群体上升的整体速度不会快于低收入群体。因为高收入群体进一步提高其劳务收入的积极性和可能性都不如低收入群体。

库兹涅茨认为，这三种因素都是动态增长经济的特征，它们都是经济增长的函数，经济增长越迅速，这种影响越大。

2. 产业结构从农业向非农业部门的转变

结构转变，即通常所说的工业化和城市化进程，是与经济增长相伴随的。可以将总人口的收入分配视为城市人口收入分配和农村人口收入分配的结合。库兹涅茨的分析是从这三个基本假设开始：第一，非农业部门的人均收入一直高于农业部门；第二，农业部门人口数量占总人口比例随经济增长而下降；第三，农业部门内部收入分配不平等不大于非农业部门。由此引出决定收入不平等的三个因素：部门之间的人均收入差距、部门内部的分配、部门的比重。根据三者在经济增长过程中的不同变动，可以得到以下六点推论。

第一，如果人均收入差距加大，或非农业部门比农业部门的收入分配更不平等，或两个条件都具备，那么非农业部门比重的上升引起整体收入分配不平等明显加大。

第二，如果两部门内部收入分配一致，并且整体收入分配不平等的扩大仅仅由于人均收入差距的加大，那么当部门内部收入分配不平等缩小时，整体不平等扩大程度加大。

第三，如果部门间人均收入差距不变，而非农部门内部分配比农业部门更不平等，那么整体的收入分配不平等扩大的程度随人均收入差距的降低而加大。

第四，非农业部门的比重上升、非农业部门内部分配不平等的加大，以及非农业部门人均收入相对农业部门剩余的增大，导致最低收入群体份额的下降，这种下降比最高收入群体的份额的上升更为显著。

第五，即使两部门间人均收入差距保持不变且两部门内部分配一致，仅仅部门比重的转变就会对整体分配产生细微但重要的变化。

第六，当农业部门的比重下降到某一较高比例之下时，最高收入群体的收入份额下降。

在结构转变的早期，如果其他条件相同，那么城市人口比重的上升意味着内部分配更不平等的部门份额加大，且城乡人均收入的差别在经济增长过程中不一定下降而更有可能扩大，因而造成总收入分配的不平等。在结构转变后期，部门内部分配可能会表现为不平等的充分缩小，这种不平等的缩小最有可能发生在城市收入分配中。因此，非农业部门中低收入群体的份额上升，总的收入不平等下降。

（三）国民经济核算与国民生产总值

库兹涅茨于20世纪30年代末期对国民收入核算进行了全面分析、研究，确立了当代西方国民账户体系的坚实基础。库兹涅茨对以往的国民收入统计进行研究时，认为国民收入指标未包括固定资产折旧不便于对整个国民经济进行总量衡量，从而提出了国民生产总值这一新指标。根据库兹涅茨的定义，国民生产总值是一国经济体系在一定时期内所生产的最终产品（包括商品和劳务）的总值；国民收入则是一国经济体系在一定时期内所生产的商品和劳务的净值，即从国民生产总值中减去所消耗的产品价值（原材料、燃料、机器设备）后的余额。他说明，除了从生产角度计算外，GNP和NI还可以从收入和支出两个角度来计算。库兹涅茨进一步明确指出，各种以货币计算的非生产领域创造的收入也应当计入国民收入，从而对古典经济学以来围绕生产性劳动与非生产性劳动的争议做了结论。库兹涅茨在澄清概念的基础上，利用大量的统计数据对美国的国民收入进行了具体核算，巧妙地解决了核算中的许多技术性问题，创造出一套简便易行的核算方法。库兹涅茨通过把以往国民收入的研究加以理论化、系统化，从逻辑、方法、数量关系等方面解决了国民经济核算中许多基本概念、定义和计算方法等问题，确定了现代西方国民账户体系的基本内容。库兹涅茨正是因为这一方面的卓越贡献，被西方经济学界尊称为“GNP之父”。

（四）经济波动与经济周期

库兹涅茨根据自己对国民收入长期变动的趋势研究，分析了美国19世纪中叶到20世纪前叶商品的生产与价格变动的经济规律。库兹涅茨周期主要的研究对象是建筑业，平均一个波段经历15年到25年。库兹涅茨认为，影响经济周期的主要因素是建筑业。因为建筑的需求与人口成正比，而一个人从出生到结婚，再到生育，对房屋的需求往往会延后20年。当然也有其他人认为运输设施的建设是造成20年左右的经济周期的主要因素。实际上，不管是运输设施还是建筑设施的需求都与人口年龄结构和总量变动密切相关。

库兹涅茨在经济波动方面得出以下两个看法。第一，库兹涅茨认为实际存在的经济周期是“长周期”，而“长周期”的形成与人口增长率的变动、铁路建筑业的兴衰和住宅建筑业的发展有着密切联系。第二，库兹涅茨认为经济波动是不可避免的，经济的持续增长要受到很大的限制。虽然任何经济增长都易于造成进一步增长的条件，如增加劳动力的供给和扩大投资的来源，但它同时又会带来阻碍进一步增长的条件，比如刺激的减退、稀缺的自然资源的压力、既得利益者对竞争者的抵制等。因此，经济增长过程中必然有波动、有起伏，经济活动本身具有很大的“自我限制”性质。

四 对统计资料的创造性应用

（一）重视经济统计资料在经济研究中的作用

库兹涅茨师承美国制度经济学代表人物米切尔，不管在理论视角还是研究方法，都深受制度经济学派的影响。库兹涅茨重视社会经济发展的普遍规律，重视收集各国的历史经验材料，运用制度结构分析方法来研究社会经济及其发展趋势，库兹涅茨对经济增长理论、国民生产总值核算的研究也体现了这一特点。

库兹涅茨十分注重经济统计资料在经济研究中的作用，他在经济增长理论的研究上始终致力于收集、整理、比较和分析各国的历史统计资料，分析各种经济增长因素、各个经济变量的变化趋势、变化特点及其相互联系，进而揭示经济增长的规律，对经济增长过程做了以经验为根据的解释。库兹涅茨所运用的经验统计方法丰富了经济学的研究方法，现已被更多经济学家所接受与使用。同时，他在经济增长研究领域里提供的权威性的统计资料，亦有极高的理论意义。

（二）拓展对收入分配与收入不平等的研究

库兹涅茨关于收入分配和收入不平等的研究在西方经济学中是具有开创性意义的，他系统地分析了收入不平等的长期变动规律，并把它系统概括为一条简单的倒“U”形曲线。从方法论上来讲，库兹涅茨把分配放到经济发展，即农业转向工业、农村转向城市过程中去考察，并把收入不平等的变动看作整个经济变动的一部分。库兹涅茨的分析中还广泛地应用了人口统计学、社会学、政治学等相关领域的研究成果，开阔了人们研究的视野。

随着经济的增长，劳动收入在国民收入中所占的比重趋于上升，财产的收入在国民收入中所占的比重趋于下降。同时，高收入阶层的收入在国民收入中所占的比重也趋于下降，收入分配出现了平均化的现象。库兹涅茨解释，劳动收入比重的上升是劳动力质量提高引起劳动力相对价格提高的结果。收入平等化的趋势则是由各部门间生产率差别的缩小、劳动力结构的变化以及各项立法和制度方面的变革造成的。

（三）强调产业结构与制度结构在经济增长中的重要作用

库兹涅茨强调产业结构与制度结构在经济增长过程中的重要性，并将其放在首位，重视思想意识之调整对于经济增长的作用，高度概括各国经济增长的历史经验，体现经济增长的实质，是对经济增长理论的一大贡献。

库兹涅茨的上述观点，已经被越来越多的经济学家所接受，引起各国经济决策者的重视，并把它们作为制度变革和结构调整的理论依据。库兹涅茨的经济增长理论对于我国这样一个致力于结构调整、科技进步、改善人民生活、实现现代化发展的社会主义国家来说，有着重要的参考价值。

参考文献

〔美〕西蒙·库兹涅茨：《各国的经济增长》，常勋等译，商务印书馆，1999。

〔美〕西蒙·库兹涅茨：《现代经济增长》，戴睿、易诚译，北京经济学院出版社，1989。

李翀：《库兹涅茨》，《经济学动态》1981 年第 10 期。

Erik Lundberg. "Simon Kuznets' Contribution to Economics," *The Swedish Journal of Economics*, 73 (4) (1971).

Simon S. Kuznets, *Economic Growth of Nations: Total Output and Production Structure* (Belknap Press of Harvard University Press, 1971).

Simon S. Kuznets, *National Income and Its Composition* (New York: National Bureau of Economic Research, 1941).

第十四章

西奥多·舒尔茨

“人力资本理论之父”

Theodore Schultz

西奥多·W. 舒尔茨（Theodore W. Schultz，1902~1998），美国著名经济学家、芝加哥经济学派成员，曾任芝加哥大学教授及经济系主任（1946~1961），在经济发展方面做出了开创性研究，深入研究了发展中国家在发展经济中应特别考虑的问题，1979 年获得诺贝尔经济学奖。

一 经济学家和教育家

舒尔茨被称为"人力资本理论之父"。他于 1902 年 4 月 30 日出生在美国南达科他州阿灵顿一个德国移民聚居的农场，父亲是小农场主。舒尔茨没有上过中学，只在农业学校学习了几年之后，经特准进入南达科他州立学院学习农业经济，1926 年获该校理学学士学位，此后进入威斯康星大学继续深造。1928 年，舒尔茨获得威斯康星大学理学硕士学位，1930 年获该校哲学博士学位。

1934~1943 年，舒尔茨担任艾奥瓦州立学院经济学系与社会学系教授，1943~1972 年担任芝加哥大学经济学教授，1960 年担任美国经济学会会长。或许是因为受到广阔草场和良田沃土环境的影响，抑或是受到孩提时代田园风光的熏陶，舒尔茨对农业经济学产生了浓厚的兴趣，这促使他后来成为美国农业经济学领域的一位重要人物，1972 年他荣获美国经济学会最高荣誉——弗朗西斯·沃尔克奖。从 1952 年到 1972 年退休，他一直膺选为芝加哥大学的查尔斯·哈琴逊特殊贡献教授，1972 年退休之后仍被聘任为芝加哥大学荣誉教授。

舒尔茨对农业经济学的卓越贡献，特别是他对发展中国家农业政策的分析，使他与刘易斯共同分享 1979 年的诺贝尔经济学奖。《纽约时报》对他获奖做评论时，称他是农业经济学界的老前辈。舒尔茨并不认同农业经济隶属于农学的研究范围，他认为农业作为投入和产出的基础性部门，应该属于一般理论经济学的组成部分。并且，正是根据他从农业经济研究中得到的启发，他注意到了人力资本问题。自 20 世纪 50 年代起，他就提出了人力资本理论，被称为“人力资本理论之父”。

对于舒尔茨来说，令人称道的还不只科学上的贡献，他还是一位教育家。舒尔茨长期在学校从事教学组织工作。为人师表必须具备的循循善诱、长于启发和谦虚待人的品德，他都具备，因此深得同事和学生的称道。舒尔茨在经济学的研究和教学中的卓越成果，与他博采众长的谦虚作风是分不开的。他还善于发现人才、培养人才。1980 年，舒尔茨到中国访问，在北京大学开展了一次演讲。北京大学经济学系指派林毅夫担任他的翻译，舒尔茨对林毅夫印象很深刻。回国后，舒尔茨给北京大学经济学系和林毅夫本人写信，盛情邀请他到芝加哥大学经济学系攻读博士学位。1982 年，林毅夫应邀来到了芝加哥大学。当时舒尔茨已经退休 10 年，但他破例将林毅夫招为关门弟子。4 年后，在他的悉心指导下，林毅夫的毕业论文《中国的农村改革：理论与实证》完成，被誉为新制度经济学的经典之作，林毅夫后来为国际学术界广为称道的学术见解也正是萌芽于这一时期。同时，舒尔茨也是一名活跃的社会活动家，他早年就积极参与了美国农业部的各种委员会，后来还担任了联合国粮农组织、世界银行、美国农业部、美国商务部、联邦储备委员会和美国国会等各种组织的顾问，对美国的经济政策、援外政策以及一些国际性机构的经济决策都发挥了积极的作用。舒尔茨丰富多彩的社会活动以及他在学术界的领导地位，使他早在 20 世纪中期就成为美国著名的经济学家之一，尤其是在农业经济研究和农业政策方面他更是被公认的权威。

舒尔茨于 1998 年 2 月 26 日离世，他毕生关注穷人的经济学，留下了在学术上和人格上的宝贵遗产。

二　舒尔茨的著作

舒尔茨非常注重理论与实践的结合，他的研究始终与现实有着紧密联系。只要有机会，他就会走到田里，与普通人交谈，观察人们怎么解决问题。他的研究兴趣和研究方法从不脱离现实，非常实事求是。舒尔茨在学术上孜孜以求，完成著作 20 余部、论文 200 多篇。其中，著作主要包括：《关税对大麦、燕麦、玉米的影响》（1933）、《训练和充实农村地区社会性工作者》（1941）、《重新调整农业政策》（1943）、《改变农业》（1943）、《不稳定经济中的农业》（1945）、《农业生产和福利》（1949）、《农业的经济组织》（1953）、《教育的经济价值》（1963）、《改造传统农业》（1964）、《世界农业中的经济危机》（1965）、《经济增长与农业》（1968）、《人力资本投资：教育和研究的作用》（1971）、《人力资源》（1972）、《人力投资：人口质量经济学》（1981）等。较有影响的论文包括：《教育引致的资本形成》（1960）、《人力资本投资》（1961）、《处理不均衡能力的含义》（1975）、《寿命、健康、储蓄与生产率》（与他人合作，1979）和《低收入国家对人口质量的投资》（1979）等。舒尔茨代表性的著作是《改造传统农业》《人力资本投资：教育和研究的作用》《人力投资：人口质量经济学》。

（一）《改造传统农业》

1964 年舒尔茨出版了《改造传统农业》，他在该书中把农业划分为三类。①传统农业，传统生产要素的供应和需求实现了均衡，实现了资源的有效配置，但收入流价格是高昂的。完全以农民世代使用的各种生产要素为基础的农业可以被称为传统农业。②过渡农业，在传统农业和现代农业之间处于失衡状态的阶段。③现代农业，农民使用新的生产要素，新的生产要素的供应和需求没有实现均衡，收入流价格是低廉的。

在舒尔茨看来，传统农业有三个基本特征：一是技术状况长期保持不变，农业生产要素的供给和技术条件不变；二是农民没有改变传统生产要素的动力；三是农民的储蓄为零，没有投资能力。在传统农业中，传统的生产资源配置处于均衡状态，新的生产要素长期不能被引入。

（二）《人力资本投资：教育和研究的作用》和《人力投资：人口质量经济学》

舒尔茨 1971 年出版的《人力资本投资：教育和研究的作用》被称为人力资本研究新领域的"独立宣言"，舒尔茨因此被推崇为创立人力资本经济学的开山鼻祖。该书与 1981 年出版的《人力投资：人口质量经济学》两本专著，系统论述了有关人力资本理论的要点，主要观点包括以下几方面。

第一，把人的知识、技能、健康等看成是一种资本形态，进而把教学、科研及相关活动看成产生新型资本的“行业”。这是舒尔茨人力资本理论的核心组成部分。舒尔茨明确指出，没能把人力资源明确地看成一种资本形态，看成一种生产出来的生产资料，看成投资的产物，已使得古典的劳动力观念（即把劳动力看成一种无须什么知识和技能的干体力劳动的能力）一直延续下来。这种观念是错误的。事实上，人的知识、技能、健康等在现代经济增长要素中所发挥的作用，已经不容我们把聚集在人身上的对经济贡献日益增大的这些能力或素质一味排除在资本形态之外，他一针见血地指出，对人力资本的忽略是经济分析中对资本处理方式上的一个严重失误。他主张将大多数科学研究以及大部分教育和其他产生技能的活动看成产生新型资本的“行业”，并认为这些新资本比特定的旧式资本更有效。

第二，人力资本的形成主要在于后天的投资。舒尔茨认为无论处于何种层次的国家，其经济生产能力和国民福利之间都具备紧密联系，而对人进行投资是提高国民福利的关键因素。舒尔茨指出，人的才能有天赋和后天获得之分，而人的能力或素质作为一种“稀缺资源”主要是通过后天的努力获得的，要获得这种稀缺资源就必须付出成本，即进行投资。人要获得知识和技能就得接受教育，就得付出相应的费用和时间，但无论如何，承担这笔开支都是值得的。对人力资本投资不像对土地投资那样受到收益递减规律的约束，反而是教育投资越多，劳动就越有效率，教育从而成为报酬递增的源泉。所以舒尔茨指出，未来的经济生产力并不是由空间、能源和可耕地的面积所预先确定的，而是将由人类的能力来决定。因此，对人进行投资是经济中首要的和最重要的任务，是经济现代化和经济发展的核心内容。

第三，人力资本投资是生产支出而非简单的消费支出。舒尔茨认为人们消费的大部分内容构成了人力资本投资，用于教育、卫生保健和旨在获得较好工作出路的国内迁移的直接开支就是明显的例证。在校的成年学生和接受在职培训的工人所放弃的收入同样是明显的例证。然而，在我们的国民收入和生产核算中却丝毫没有反映出这些情况。他指出，尽管在某种程度上教育可以说是一项消费活动，它为受教育的人提供满足，但它主要是一项投资活动，其目的是获取本领，以便将来进一步得到满足，或增加此人作为一个生产者的未来收入。因此，它的一部分类似于普通耐用消费品，另一部分类似于生产资料。

第四，人力资本的积累是社会经济增长的源泉。舒尔茨认为人力资本与物力资本投资的收益率是有相互关系的，人力资本与物力资本相对投资量主要是由收益率决定的。收益率高说明投资量不足，需要追加投资；收益率低，说明投资量过多，需要相对减少投资量。当人力资本与物力资本二者间投资收益率相等时，就是最佳投资比例。在二者还没有处于最佳状态时，就必须追加投资量不足的方面。当前相对于物力投资来说，人力资本投资量不足，因此必须增加人力资本投资。在提到人力资本在各个生产要素之间发挥替代和补充作用时，舒尔茨认为，现代经济发展已经不能单纯依靠自然资源和人的体力劳动，生产中必须提高体力劳动者的智力水平，增加脑力劳动的成分，以此来代替原有的生产要素。因此，由教育形成的人力资本在经济增长中会更多地代替其他生产要素。

第五，人力资本投资有五个方面。一是健康医疗服务投资。健康因素对于人力资本最显著的贡献在于增加劳动力人口。随着平均寿命的增长，劳动力年龄也在增长，进而劳动力人口的范围也在扩大。劳动力质量方面，健康因素不仅仅影响到劳动能力，还影响到劳动熟练度、知识技能的掌握程度以及必要的判断、反应能力。因此，对健康医疗服务的投资是人力资本投资的重要方面。二是在职培训。作为劳动力市场的需求方，企业在人力资本投资方面的作用不容忽视。在职培训提升了人力资源的专业化技能，是需求方主动进行人力资本投资的直接表现。三是传统学校教育。包括初等教育、中等教育和高等教育。人力资本投资的重要领域即学校教育，并且教育对于人力资本和劳动生产率的贡献率十分显著。四是职业教育。作为对学校教育的补充，职业教育更加面向劳动力市场，有效解决了劳动力供给与需求不匹配的问题。该种人力资本投资方式的成本收益率相对高于学校教育，回报年限也相对较短。五是个人或家庭为工作机会而进行的迁移。[①] 这种迁移较多地发生于年轻劳动力身上。大多数时候，迁移

---

① 〔美〕西奥多·W. 舒尔茨：《论人力资本投资》，吴珠华等译，北京经济学院出版社，1990，第9页。

对于提升劳动回报、改善工作环境有着正相关的影响。对于年龄较大的劳动者来讲，迁移可能不会对当期的劳动回报带来明显改观，但对于下一代来讲，教育资源、医疗资源等方面的改善，均是提升人力资本的必要条件。

后来，舒尔茨在《人力资本投资：教育和研究的作用》一书中，考察了人力资本投资的两个方面：正规教育和有组织的研究活动。对于后者，他指出："日渐明显的是，研究是有组织的经济活动，是经济活动进行的一个重要部分，它对现代经济的动态增长越来越重要……这个部门主要从事发现和发展新型信息，这些信息随后被转变为新技艺和新材料，而这种转变为特殊的、新的人力和非人力资本的形成铺平了道路。"①

三 西奥多·舒尔茨的主要贡献

（一）关于改造传统农业的理论

舒尔茨对发展经济学的贡献主要体现在农业经济方面，他的农业经济著作主要包括《重新调整农业政策》《农业的经济组织》《改造传统农业》《经济增长与农业》等。舒尔茨认为农业经济学是现代经济学中不可分割的一部分，同时他摒弃了把农业问题局限在农业范围内的传统。舒尔茨反对轻视农业的观点，在他看来，农业绝不是消极无为的；相反，它可以成为经济增长的原动力。舒尔茨指出依靠传统生产要素的农业不可能对经济增长做出大的贡献，所以，必须对传统农业进行改造，使其具有现代化的特点。

舒尔茨通过对危地马拉的帕那加撤尔和印度的赛纳普尔进行实地考察，得出了农民不引入新的生产要素的原因。农民并非对市场信息的刺激无动于衷，在传统农业中，资源配置是有效率的。舒尔茨把收入作为一种流量，收入流的来源就是生产要素，生产要素的价格由其供求决定，这说明传统农业落后的原因的中心问题就是经济问题，要解释什么决定了这些收入流的价格。在传统农业中，生产要素和技术不变，即收入流的供给曲线是一条垂线。同时，传统农业中农民持有和获得收入流的偏好与动机不变，收入流来源的需求也不变，是一条水平线。这样，收入流的均衡价格就长期在高水平

① 〔美〕西奥多·W. 舒尔茨：《人力资本投资：教育和研究的作用》，蒋斌、张蘅译，商务印书馆，1990，第95页。

上不变，资本的收益率低下。这正是传统农业无法对经济增长做出贡献的原因。因为来自农业生产的收入流价格较高，投入传统农业的资本收益率也就较低，因此对农业的投资很少，进而导致农民不能引入新的生产要素。

据此，舒尔茨提出了改造传统农业的思路。

（1）采取市场方式。如果政府采用行政命令方式对农业加以改造，指挥农业活动，会影响农民进行精明的市场配置的积极性。农民是生产要素配置的中心，只有采用市场方式，才能给予农民经济刺激，调动农民的生产积极性。（2）重组农业生产单位。由于专业化的存在，一个农场的规模不要太大。舒尔茨批评了传统的大农场观念，提出了农业生产基本单位的特点是具有真不可分性，具有真不可分性的单位只能是农户。（3）投入新的技术和生产要素。[①] 新的生产要素的需求者是农民，供给者是发现、发明、生产和供应新生产要素的那些人和单位。新生产要素的供给者有营利性企业和非营利性单位两类。非营利性单位免费提供新的生产要素，这实际上是不能持久的，因为要继续取得资源才能提供新的产品。能够持续供应新生产要素的单位都是营利性企业。新生产要素也是商品，通过市场进入农户。在经济欠发达的国家，新生产要素的市场狭小，因此需要政府提供帮助。农民接受新生产要素的动机就是有利性，新生产要素的使用，需要农民学习知识，学习是需要花费成本的。所以，要向农民投资，从整体上提高农民素养和健康水平，提高农民使用新的投入品的能力和效率，从而推动整体经济的现代化。

舒尔茨还注意到发展中国家的农业发展和粮食生产问题。舒尔茨认为贫穷国家粮食生产不能自足是人口素质和投入品质量低下以及不利于经济发展的政府政策造成的。对于前者，人口素质指的是人所具备的生产技巧、健康程度及人的寿命等；投入品质量指的是肥料的优劣、劳动工具的先进程度等。舒尔茨认为，影响农业发展最主要因素就是农民是否懂得如何投资以使土地的生产力得以提高，而这种投资中包括了对于农业研究的投资以及对于提高劳动力技能的投资。后者是舒尔茨所强调的关于制约农业发展的第二个因素——政府农业政策。舒尔茨指出政策错误阻碍了经济的发展。这些错误表现包括低粮价政策（目的在于安抚城里人）以及通过

① 〔美〕西奥多·W. 舒尔茨：《改造传统农业》，梁小民译，商务印书馆，2006，第101页。

对肥料进口、生产和分配的控制使肥料价格国家化。

关于发展中国家粮食生产的问题，舒尔茨的基本观点可以概括为以下三点：世界上大多数穷人可以依靠农业来维持生计，摆脱世界性贫困的出路是增加世界粮食生产；地球有潜力大规模地增加粮食产量，世界性贫困是一个可以克服的问题；当前阻碍粮食产量增加的主要问题是人口素质和投入品质量低下。

（二）人力资本理论

舒尔茨研究人力资本问题的初衷是寻找能解释促进生产力提高的那些被人们忽略、无视或“遗漏”的动因。身为农业经济学家，舒尔茨凭借长期以来对农业问题的研究发现，从20世纪初到50年代促使美国农业生产产量迅速增加和农业生产率提高的重要原因已不是土地、人口数量或资本存量的增加，而是人的能力和技术水平的提高。据此，在1960年美国经济学会年会上，他发表了题目为“人力资本投资”的演讲，引起人们对这一问题的注意。在随后长达10年的深入研究中，舒尔茨越来越清晰地认识到，人所获得的能力是尚未得到解释的生产力提高的一个重要原因。他认为，“现在问题搞清楚了，总的来说，我们在做出这些估价时，过于重视了非人力资本。我相信，我们误入歧途的原因是我们脑子里没有全部资本这一概念，因而未能考虑到人力资本及其在现代经济生产中所起的重要作用”，而“一旦清楚了人力资本在现代经济中所起的广泛作用，我便开始意识到传统的资本概念是不全面的”。[①] 就这样，人力资本作为舒尔茨理论的核心概念被提了出来。

舒尔茨认为，所谓人力资本，是相对于物力资本而存在的一种资本形态，表现为人所拥有的知识、技能、经验和健康等。人力资本的显著标志在于它是人的一部分。它是人类的，因为它表现在人的身上；它又是资本，因为它是未来满足或未来收入的源泉。舒尔茨认为人是至关重要的因素，提高人口素质上的投资可以显著地改善经济前景以及贫困人群的生活状况。低收入国家的贫困人群并不是生来就注定要贫困的，这一状况是可

① 〔美〕西奥多·W. 舒尔茨：《论人力资本投资》，吴珠华等译，北京经济学院出版社，1990，第8页。

以改变的，并且他们也有改变这一贫困状况的积极性。

经济活动所需要的投入可分为有形的与无形的，分别被称作有形资本（或实物资本）与无形资本。有形资本是指传统上的那些投入，如机器、设备、厂房、原材料等；无形资本是指知识、专利、技能、管理水平、人员素质等。随着经济的发展，无形资本——人力资本对现代国民经济增长和国民收入增长的贡献越来越大。有形资本，或者说实物资本的增加在一定范围内只能提高经济规模，而经济规模的提高如果不伴随着劳动生产率的提高是无法提高人们的生活水平的。舒尔茨认为在所有的投资中，最有价值的投资是对人的投资。投资于人，比投资于机器、厂房等物质资本，收益要高得多。舒尔茨以及他的门生经研究发现，长期以来，美国在人力资本上的投资回报率高于在有形资本上的投资回报率。舒尔茨还把第二次世界大战后联邦德国和日本的经济恢复视为人力资本在一国经济中发挥作用的典范。因此，舒尔茨强调，人们后天能力的提高、文明程度的进步是未来的劳动生产率提高及人的福利改善的关键所在。所以，有必要对人力资本的积累加以足够的重视并加大在人力资本形成上的投资，主要是加大在教育上的投资。

舒尔茨的人力资本理论从20世纪60年代初提出到70年代初形成经历了10年有余，这其中有一个澄清认识、转变观念的过程。作为该理论形成的认识条件，这个过程除了包括对资本完整性的认识从物质资本扩充到人力资本以外，还包括如下几个方面的认识。

第一，人力资本包括量与质两个方面。量的方面指一个社会中从事有用工作的人数及百分比、劳动时间一定程度上代表该社会人力资本的多少；质的方面指人的技能、知识、熟练程度与其他类似可以影响人从事生产性工作能力的东西。在这些方面，每个劳动者也是不一样的，就是同一个劳动者在受到一定教育和训练前后，他的劳动的质量或工作能力、技艺水平和熟练程度也是有差别的。正如舒尔茨所言："人口研究主要建立在人口数量论基础上，除一小部分经济学家外，几乎没有人致力于发展质量——质量论。应该把质量作为一种稀缺资源来对待。"① 可以说，只有当

① 〔美〕西奥多·W. 舒尔茨：《人力投资：人口质量经济学》，贾湛、施伟等译，华夏出版社，1990，第9页。

人们把视野从只关注人口数量转向同时关注人口质量时，才谈得上人力资本问题，而人力资本理论的形成正是得益于这一认识上的转变。

第二，对资本形态及其分类的认识从同质性转向异质性。传统的经济理论或忽视或回避资本异质性问题，只简单地假设资本具有同质性。舒尔茨经过深入的研究指出，传统的资本概念不仅不完整，而且没有正视资本所固有的“异质性”问题。他在为撰写《人力资本投资：教育和研究的作用》而进行资本分类时就意识到了这一点，他指出，古典学派的土地、劳动和资本观念是不全面的，尽管这三者的每项都能被看作资本的一种形态，但由此而表现出来的资本异质性与长期以来有关资本同质性的假设相矛盾。这不仅可从它们各有自己不同于他物的形态与性状上反映出来，而且仅就各要素本身内部来看也不是同质的，如土地质量有肥沃与贫瘠之分，劳动力质量也有优劣之别，这些广泛存在的异质性对资本形态来讲亦同此理。尤其是再把技术进步或劳动力技能结构变化等因素考虑进去后，资本异质性问题更是显而易见的。因此，舒尔茨建议：“在对提供未来服务的资本分类时，最好是从两分法（即人力资本和非人力资本）入手。这两类资本都不是同质性的，实际上两者都由多种不同的资本形态构成，因而都是非常异质性的。不过，人力资本和非人力资本之间的差别是客观存在的，这正是进行分析的基础。”①

第三，注重人的时间价值的提高。人的时间价值是现代西方经济学思考的一个问题，其基本含义是单位时间里人的价值体现，这里的“价值”可用个人收入来考量。传统经济理论没有研究人的时间价值，这想必是因为以往劳动者收入的增加主要靠投入更多的等量劳动，或延长工作时间。然而，在现代经济情形下，劳动者收入的增加越来越多地依赖劳动者技能的改进与专业知识的提高，人们完全可以用比过去少的劳动时间获取比过去多的劳动报酬，舒尔茨看到了这一点。他指出，1900年以来，美国每小时工作的实际收入已增加了5倍。由此可见，人的时间价值的提高实际上反映的是人力资本存量的增长，是人的能力与素质的提高。舒尔茨认为，人的时间价值的这种增长，很大部分是新型的人力资本形成的结果，现代

① 〔美〕西奥多·W. 舒尔茨：《论人力资本投资》，吴珠华等译，北京经济学院出版社，1990，第6~8页。

经济增长最主要的成就是人力资本存量的增长。所以说，重视人的时间价值的提高是重视人力资本的一个认识前提。

第四，人口质量是一种需要付出成本才可获得的稀缺资源。与人口数量相比，人口质量的获得总不那么容易，按"物以稀为贵"的价值取向，把人口质量作为一种稀缺资源来看待，意味着它具有经济价值，获得它需要成本。事实上，自人类产生起，人的质量的每一点提高都需要一些费用，包括人们为获取必要的知识或技能而付出的教育或培育费用，为身体健康而付出的医疗保健费用，以及为谋求更好的发展而付出的迁移费用等。这类开支作为一种成本在促进经济发展与个人收入增长方面是值得的，同时也表明获得较高的人口质量绝不是无偿的。因此，应视之为一种稀缺资源，只有把人口质量看作一种需要付出成本才可获得的稀缺资源，才能深入理解人力资本理论。

作为人力资本理论的倡导者之一，舒尔茨认为在改造传统农业中，应当对农民进行人力资本投资。投资不仅应该包括物质资本，还应包括人力资本，即进行正规教育、在职培训和保健工作等，其中教育是一种长期的、有效的形式。对于发展中国家来说，初等教育是最有利的，这种教育成本低廉、收益较高，其收益率大大超过了物质资本投资的收益率。同时，人力资本投资的收益既包括农民及其家庭收入的增加，也包括农民为之效劳的农场收入的增加，更包括社会收益的提高。舒尔茨是第一个系统地分析了教育投资对于农业劳动生产率以及对于整个经济环节的劳动生产率产生影响的学者。

四　寻找现代化的动力

《人力资本投资：教育和研究的作用》与《改造传统农业》是舒尔茨最重要的代表作，是他获得 1979 年度诺贝尔经济学奖的主要原因。舒尔茨的研究重点在农业经济上，这与他出生于一个农业家庭并在一个农场的环境里长大不无关系。小时候所看到的农民的艰辛生活更坚定了他学习农业经济学的决心。为了对农民的生活、农业的状况有一个充分的了解，他外出的时候总是尽量顺便访问农民，与农民交谈。有一次舒尔茨在访问一对农民夫妇时发现，这对夫妇虽然看起来很贫穷，但他们对于自己的生活现状相当满足。舒尔茨禁不住问他们原因，这对夫妇回答说，他们并不贫穷，因为他们已经把所有的财产都用来送子女接受教育了，接受教育后这些子女的生活就会变好。舒尔茨被这对农民夫妇的远见卓识所震惊，他立刻意识到了由投资教育所形成的人力资本的重要性。因此，人力资本对农业发展的影响成了舒尔茨研究的一个重点领域。舒尔茨指出，世界上大多数人是穷的，所以如果我们懂得穷人的经济学，我们会懂得许多真正重要的经济学。世界上大多数穷人靠农业谋生，所以如果我们懂得农业经济学，我们会懂得许多穷人的经济学。舒尔茨提出农业的发展前景是由农业技术的变量决定的，而不是由土地、能源、空间、人口数量决定的，这一发现不仅奠定了现代农业经济理论的形成基础，而且延伸了其对人力资本理论的研究。因此，舒尔茨被认为是这一领域的开拓者之一。

舒尔茨的改造传统农业理论对于中国同样具有借鉴意义。正如舒尔茨指出的，并不存在使任何一个国家的农业部门不能对经济增长做出重大贡献的基本原因。农业本身的发展正是整个社会现代化的一个组成部分，它不仅为现代化提供条件，而且本身就是现代化的动力之一。没有农业的现代化就没有整个社会的现代化。舒尔茨用欧洲、日本、墨西哥等地区的历史经验说明了农业发展在现代化过程中的作用。这告诉我们，要解决发展问题，必须纠正对农业的偏见。当然，传统农业是不能对经济发展做很大贡献的，只有现代农业才能成为经济增长的源泉。使传统农业逐渐向着现代农业转型，首先就要引入当代农业生产的先进要素，控制农业收入流价格，使农业推动整体经济增长。在农业经济增长和发展的过程中，应该注重人力资本的投资。为了使农产品的种类更加丰富，数量更加可观，现代农业生产要求农民同时掌握与农业相关的知识，并定期参与培训。应该通过激励和奖励的方式来帮助农民进行观念改造，因此，针对农民的投资尤为重要。只有向农民投资，对农民进行有意识的教育和培训，才能够从整体上提高农民素养和健康水平，才能使农民获得必要的新技能和新知识，提高农民使用新的投入品的能力和效率。并且，对农民的这种人力资本投资是报酬递增的，能够真正地实现农业生产的增长。舒尔茨这种通过提升技术水平和提高人力资源素质，并通过让农民获利的机制来改造传统农业的方式，是一种“内涵式”的发展模式，能从根本上提高农业的发展质量、实力和水平。世界上农业发达的国家大都遵循了类似的模式。早在

1870~1900年，丹麦农业的飞跃就受益于农业教育的普及。2000年美国农业部经济研究局的研究显示，美国在1830~1914年通过对教育和研究的支持来着重提高农业的生产率。近代荷兰、日本、以色列等国农业经济的快速发展无不得益于对农业科技和教育的投入。因此，舒尔茨模式对中国现代农业发展也具有重要的指导和借鉴作用。

舒尔茨的人力资本理论之所以能够著称于世，享有极高的学术影响力，这不只是因为该理论观点鲜明——充满了对传统理论的大胆质疑，也不只是因为该理论论证精辟——透射出对生存世界的深刻洞见，同时还因为该理论引人深思——带给我们诸多富有挑战性的启示。首先，人力资本理论为正在全球范围内蓬勃兴起的"知识经济"做了最好的理论预见。知识经济最早出现于20世纪70年代的欧美等发达国家，1990年联合国研究机构提出了"知识经济"（knowledge economy）一词，并很快为国际社会所认同。知识经济其实也就是一种强调人力资本的经济。而且，如果把人力资本与知识经济联系起来，不难发现，两者恰似理论与实践的对应关系。可以这样讲，人力资本学说是对知识经济时代的理论预知，而知识经济的出现则正是对人力资本的现实回应。其次，人力资本提出，现代社会的贫富差距实质上就是"人的能力"的差距。人力资本理论认为物质资本的增加只能解释现代经济增长的一小部分原因，而剩余的大部分原因则是人力资本，即掌握现代科技知识与技能的人。这使我们认识到，一个国家或民族要想摆脱落后，最重要的就是必须拥有人才，拥有一支较高素质的劳动力大军。同样地，对于贫穷落后地区来讲，"治穷先治愚"和"脱贫先脱盲"的主导思想亦确实别有深意。再次，人力资本的提出与知识经济的发展相呼应正在改变着人们关于权力和财富的观念。在人力资本理论与知识经济情形中，传统的生产格局中的要素组合与依存关系发生了极大的改变，以往居于次要地位与被动状态的劳动力这一生产要素如今跃居显位，对经济产出的作用越来越大，正如舒尔茨所指出的，从足够多的历史事实中可以看到，土地所有权作为一种经济力量，其重要性正在下降；相对于人力资本来说，物质资本所有权亦是如此。这就启示我们必须更新观念，确立与人力资本和知识经济相适应的新的权力观与财富观。

参考文献

〔美〕西奥多·W. 舒尔茨:《改造传统农业》，梁小民译，商务印书馆,2006。

〔美〕西奥多·W. 舒尔茨:《论人力资本投资》，吴珠华等译，北京经济学院出版社，1990。

〔美〕西奥多·W. 舒尔茨:《人力投资：人口质量经济学》，贾湛、施伟等译，华夏出版社，1990。

〔美〕西奥多·W. 舒尔茨:《人力资本投资：教育和研究的作用》，蒋斌、张蘅译，商务印书馆，1990。

外国经济学说研究会编《现代国外经济学论文选：第八辑》，商务印书馆,1984。

第十五章

米尔顿·弗里德曼

现代货币主义理论的创始人

Milton Friedman

米尔顿·弗里德曼（Milton Friedman，1912~2006）基于现代货币数量论和“自然率假说”，创立了现代货币主义理论。弗里德曼以研究消费函数、货币史，主张自由放任资本主义而闻名。其代表作《实证经济学方法论》首次明确了实证经济学与规范经济学的内涵与关系；《美国货币史》重新确立了货币理论在经济学中的重要地位；《资本主义与自由》提倡政府角色最小化以让自由市场发挥作用。他的理论不仅对美国、中国、智利、冰岛等地区的经济政策产生较大影响，还深刻地改变了经济学的教学方式。

一　“主业是经济学家，副业是公共政策（研究）”

（一）作为经济学家的弗里德曼

弗里德曼于 1912 年 7 月 31 日生于纽约市布鲁克林区的一个底层犹太移民家庭，5 岁时提前一年开始读小学，12 岁时提前两年进入高中，13 岁时放弃了犹太教信仰，因为他“觉得自己的宗教信仰并没有任何实际意义，或者说，我不用完全按照宗教要求生活”[①]，15 岁时父亲去世，母亲通过经营小绸布店来维持一家五口的生活。

16 岁时，弗里德曼进入罗格斯大学[②]主修数学，在阿瑟·F. 伯恩斯（Arthur F. Burns）、霍默·琼斯（Homer Jones）的影响下改修经济学。大学

① 〔美〕米尔顿·弗里德曼、罗丝·弗里德曼：《两个幸运的人：弗里德曼回忆录》，林卓立、郑若娟译，机械工业出版社，2015，第 22 页。

② 现为新泽西州的一所公立大学，当时是一所小型私立大学。

一、二年级时，弗里德曼阅读了约翰·穆勒的《论自由》并被其自由主义思想所影响。此后，弗里德曼细心研读阿尔弗雷德·马歇尔的《经济学原理》，并与老师伯恩斯对此书进行了许多讨论。琼斯不仅将弗里德曼推荐给当时芝加哥学派的领军人物弗兰克·H. 奈特（Frank H. Knight），还帮助他获得了芝加哥大学奖学金。1932 年，20 岁的弗里德曼大学毕业，面对布朗大学数学系与芝加哥大学经济学系的两份硕士奖学金项目，考虑到“当时的时代背景（即“大萧条”）……在这种环境下，去做一名经济学家明显比去当一名应用数学方面的精算师更能为这个亟待解决的问题提供答案”[①]，以及“想想在 1932 年的那样一个有四分之一人口没有工作的年代，究竟什么问题更重要、更迫在眉睫？”[②]，弗里德曼选择了后者。

在芝加哥大学，弗里德曼受到雅各布·维纳（Jacob Viner）、弗兰克·奈特、亨利·西蒙斯（Henry Simons）、劳埃德·明茨（Lloyd Mints）、亨利·舒尔茨（Henry Schultz）等芝加哥学派经济学家的影响。1933 年，弗里德曼撰写的硕士论文——《对 1921—1931 年间铁路股票价格和铁路公司收益之间关系的经验研究》既具有芝加哥经济理论的特色，也体现出了统计学研究方法的特色。硕士毕业的同年，在舒尔茨的推荐下，弗里德曼赴哥伦比亚大学跟随哈罗德·霍特林（Harold Hotelling）学习数理统计学。1934 年，弗里德曼作为舒尔茨的统计学助手，回到芝加哥大学工作。

1935~1937 年，弗里德曼受雇于美国国家自然资源委员会，从事美国消费者生活费用指数的研究，这为他从事消费函数研究打下了良好的基础。1937~1940 年，弗里德曼受雇于美国国民经济研究局，与西蒙·库兹涅茨一起从事“独立职业的从业收入”的研究，他们分析了五种不同职业的收入差异及其原因。此后，弗里德曼在威斯康星大学从事过一份短暂的教授工作。1941~1943 年，弗里德曼受雇于美国财政部，参与了战时的所得税改革，这项改革旨在促成联邦政府通过对所得税进行代扣来解决战争所需的财政支持问题。1943~1945 年，弗里德曼在美国统计学会参与了关

---

① 《我的成功道路：七位诺贝尔经济学奖获得者自传》，转引自〔美〕米尔顿·弗里德曼、罗丝·弗里德曼：《两个幸运的人：弗里德曼回忆录》，林卓立、郑若娟译，机械工业出版社，2015，第 32 页。

② 〔英〕布赖恩·斯诺登、霍华德·文：《与经济学大师对话：阐释现代宏观经济学》，王曙光、来有为等译，北京大学出版社，2000，第 148 页。

于提高军事用品有效性的研究。1945 年，弗里德曼赴明尼苏达大学任教，并与乔治·斯蒂格勒一同完成了一项关于租金控制的研究。一年后，弗里德曼开始在芝加哥大学经济学系任教，从此开始了他作为职业经济学家的“全盛时代”，而在这之前，弗里德曼更多的是作为一名数理统计学家在工作。①

根据英国传记作家詹姆斯·福德（James Forder）的研究，可将弗里德曼的研究生涯以 1957 年为界划分为两个阶段。1957 年之前，弗里德曼近似于“通才”，他的研究领域非常多元化，譬如统计学、微观经济学、货币数量论、消费函数以及一些政策性研究；1957 年之后，他几乎全面地转入了货币经济学领域的研究。弗里德曼所做的除货币经济学之外的学术研究集中发表于从 1935 年（发表第一篇论文）到 1957 年的这一段时间②，因此，这一划分大体上是准确的。因在“消费分析、货币理论以及对经济稳定政策复杂性的论证”③ 方面的贡献，1976 年弗里德曼被授予诺贝尔经济学奖。

（二）作为公共政策专家的弗里德曼

弗里德曼曾说自己的“主业是职业经济学家，副业是公共政策（研究）”，他主要通过理论研究和实践推动等形式，参与公共政策的制定和实施。

第一，亲自参与。弗里德曼于 1968 年加入了尼克松总统的经济顾问委员会，推动用公民自愿兵役制度来代替强制兵役制度。此后，弗里德曼还加入里根总统的经济顾问委员会，为里根准备当选后实施的政策，被视为里根的“精神导师”。此外，弗里德曼还加入了英国“经济事务研究所”，对撒切尔夫人实施的一系列经济改革发挥了重要作用。

第二，撰文讨论公共政策。据蓝尼·埃布斯泰因（Lanny Ebenstein）统计，1966~1984 年弗里德曼在《新闻周刊》（*Newsweek*）上发表了大约 300 篇文章，对可浮动的国际汇率体系、固定的货币供应增长率、个人所得税、志愿兵役制、限制税收与政府开支、平衡联邦预算、降低高边际收

---

① 〔美〕蓝尼·埃布斯泰因：《米尔顿·弗里德曼传》，刘云鹏译，中信出版社，2009，第 39~40 页。

② James Forder, *Milton Friedman* (Palgrave Macmillan, 2019): 4~5.

③ 谢晓冬、但有为：《“货币主义大师”弗里德曼逝世》，《上海证券报》，2006 年 11 月 18 日，第 A07 版。

入税率、学校教育券、毒品合法化以及健康储蓄账户等方面提供了诸多真知灼见。[①]

除此以外，被视为自由市场旗帜性人物的弗里德曼还凭借其广泛影响力与西方经济繁荣的吸引力，对诸如智利、冰岛、爱沙尼亚、中国大陆、中国香港等地经济改革建言献策。

二　弗里德曼的著作

（一）《美国货币史》

该书由弗里德曼与安娜·J. 施瓦茨（Anna J. Schwartz）合作完成，于1963年出版，作者考察了1867~1960年美国的货币实践，论证了货币因素在经济中的作用，用历史数据检验了美国历史上的货币供给与经济波动之间的关联。该书指出货币供给始终都是经济波动的唯一来源，并将1929~1933年的大萧条归因于当时美联储的货币紧缩。该书的主要贡献在于：一是发现了货币供应量和宏观经济活动之间存在的内在关系；二是解释了20世纪30年代大萧条的原因；三是成功发起了对“凯恩斯革命”的“反革命”，重新确立了货币理论在经济学中的重要地位。

在弗里德曼看来，《美国货币史》是他最富影响力的著作。[②] 该书用历史的、实证的资料去检验理论的正确性，在方法论方面也有突出的贡献。[③] 弗里德曼在其回忆录中这样评价道：“我和施瓦茨合作出版的三卷货币史著作里，最出名的是《美国货币史》。该书对凯恩斯学派与货币主义学派之间的辩论产生了深刻影响。不仅如此，该书对20世纪30年代大萧条的重新解释，对政府在指导经济方面所扮演的恰当角色这一广泛争论产生了重大影响。”[④]

---

① 〔美〕蓝尼·埃布斯泰因：《米尔顿．弗里德曼传》，刘云鹏译，中信出版社，2009，第135页。

② 〔英〕布赖恩·斯诺登、霍华德·文、彼得·温纳齐克：《现代宏观经济学指南：各思想流派比较研究引论》，苏剑等译，商务印书馆，1998，第208页。

③ 〔英〕布赖恩·斯诺登、霍华德·文：《与经济学大师对话：阐释现代宏观经济学》，王曙光、来有为等译，北京大学出版社，2000，第153页。

④ Milton Friedman，Rose D. Friedman，*Two Lucky People*：*Memoirs*（University of Chicago Press，1998）：233.

（二）《资本主义与自由》

《资本主义与自由》是弗里德曼1962年出版的著作，主要由他在威廉·沃尔克基金会所组织的一系列讲座整理而成。该书围绕“经济自由与政治自由的关系”和“政府在自由社会中的角色”两大主题，论述了资本主义经济制度和自由之间的关系。针对前者，弗里德曼提出“经济自由本身是目的，同时也是达到政治自由的一个不可缺少的手段”①，然后论述了资本主义经济制度对自由的促进和保护，以及种种破坏经济自由的举措所导致的对政治自由的威胁和妨碍。针对后者，弗里德曼批评了各种形式的政府干预，提出了非政府性的替代方案。《资本主义与自由》出版之时，正值凯恩斯主义的政府干预经济政策在欧美各国大行其道的年代，《资本主义与自由》从威胁自由的角度反对凯恩斯主义的经济干预政策。

（三）《价格理论》

《价格理论》是以弗里德曼在芝加哥大学讲授“价格理论”课程时的学生课堂笔记为基础整理形成的，于1962年首次出版，十年后出了修订版。当时在芝加哥大学，“微观经济学”被称为“价格理论”，《价格理论》这本书其实可以看作一部体现着芝加哥学派价格理论思想的微观经济学教材。

（四）《弗里德曼文萃》

《弗里德曼文萃》是由弗里德曼自芝加哥大学退休后供职的胡佛研究所出版发行、经他本人审定的一部文集。该文集所收文章的3/5来自弗里德曼在20世纪50~60年代发表的文章，其余则是60年代以后的文章。全书囊括了弗里德曼在消费理论、货币理论以及经济学方法论等专业领域的代表性论文和报刊上发表的代表性短评。

三　从实证经济学方法论到货币供给模型

方法论的探索是理论研究和经验分析的基础，鉴于《实证经济学方法

① 〔美〕米尔顿·弗里德曼、〔美〕罗斯·弗里德曼：《自由选择：个人声明》，胡骑、席学媛、安强译，商务印书馆，1982，第9页。

论》对弗里德曼消费理论、货币理论所起到的重要作用且发表时间最早，我们先评述经济学方法论，再评述其消费理论和货币理论。

（一）实证经济学方法论

1. 理论背景

弗里德曼在经济学方法论方面的贡献主要体现他1953年发表的《实证经济学方法论》一文。在弗里德曼撰写此文之前，1946年普林斯顿大学的经济学家理查德·莱斯特（Richard Lester）通过问卷调查发现企业家更多采用平均成本定价而非边际原则定价，他进而认为企业似乎并未追求利润最大化，所以应放弃假设企业追求利润最大化的假设，而用更现实的假设来代替。弗里德曼指出许多批评莱斯特的学者都犯了与莱斯特一样的错误，即要求假设符合现实。同年，弗里德曼在《美国经济评论》上发表《兰格有关价格灵活性与就业的论述》一文，批评奥斯卡·兰格（Oskar Lange）只注重经济模型的形式完美，却忽视了用经验数据去检验模型结论。

2. 主要内容

《实证经济学方法论》首次明确了实证经济学与规范经济学的内涵与关系，从而将实证经济学与规范经济学分离开来。弗里德曼主张实证经济学的最终目的是对变化中的经济环境进行有效预测，不能通过比较一种理论的假设是否符合现实来检验该理论，只有通过考察该理论得到的预测结论是否符合经验事实才能检验该理论。

《实证经济学方法论》可以大致分为两部分。在第一部分，弗里德曼主要讨论了实证经济学与规范经济学的区别，以及实证经济学的构成这两大问题。在弗里德曼看来，实证经济学研究“是什么”的问题，与自然科学一样是一门客观的科学，它独立于伦理观念与价值判断，而规范经济学研究“应该是什么”的问题，其中包含着伦理观念与价值判断。实证经济学与规范经济学之间是一种“单边独立”的关系，即实证经济学可以脱离规范经济学而存在，但规范经济学不能脱离实证经济学而存在，毕竟政策结论不能脱离实证经济学的研究结果。在讨论了实证科学理论的构成后，弗里德曼指出实证科学理论由科学语言与假说体系两部分共同构成，前者可认为是一种形式体系，是推理逻辑的一种载体，本身没有实质性内容却可以确保理论前后逻辑一致；后者则可体现出“预测”功能，即通过发展出“假说”来对未观察到的现象做出合理且有意义的预测。

在第二部分，弗里德曼主要讨论了假说与假说所依据的假设分别在实证经济学研究中的作用等有关问题。针对前者，在对假说的检验方法方面，弗里德曼受卡尔·波普尔（Karl Popper）的证伪主义思想的影响，他说：“实际证据永远也不能‘证明’一个假说；它只是没有反驳一个假说，当我们不准确地说该假说已经由经验确认时大体就是这个意思。”① 在假说的选择依据方面，弗里德曼主要强调了通过假说的简单性与有效性两方面来选择，然后讨论了假说的检验与假说的现实性之间的关系。针对后者，弗里德曼最后还指出在实证经济学研究中，经验检验只应针对假说本身来说明假说是否正确；而不应检验假说所依据的假设，因为假设是否真实并不重要。毕竟经济学研究是为了用其独特的分析工具来解释世界，而并非为了简单地复制这个世界。假说所依据的假设在理论陈述中既有助于使理论的表述方式更简洁②，也对理论有效的条件进行了限定。

3. 重要影响

弗里德曼认为理论的假设可以不必符合现实，这一观点有效地冲击了凯恩斯对古典经济学理论假设不符合现实的批评，并对现代主流经济学范式的形成产生了重要影响，比如，现代主流经济学研究注重实证检验、不注重理论的前提假设是否符合现实等。

（二）消费函数理论

弗里德曼的消费理论主要体现在他《消费函数理论》（1957）一书当中。

1. 消费理论的背景

在凯恩斯消费理论中，消费取决于当期收入，同时消费的增加量会随着同样幅度的收入增加而减少（即边际消费倾向递减），由此可知消费在收入中的占比会不断下降（即平均消费倾向递减）。而库兹涅茨观察发现，美国储蓄与消费在收入中的占比在 1899 年后为期近半个世纪的时期内几乎

---

① 〔美〕米尔顿·弗里德曼：《弗里德曼文萃》，高榕等译，北京经济学院出版社，1991，第 197 页。

② 徐则荣：《弗里德曼经济思想研究》，首都经贸大学出版社，2012，第 190 页。

没有变化，与凯恩斯主义的观点并不一致，即消费占收入的比重（平均消费倾向）基本上是稳定的。那么这与凯恩斯主义的观点即平均消费倾向长期呈现下降趋势相反，这使消费理论在当时成为值得关注的问题。

2. 持久收入假说的思想内涵

针对凯恩斯消费函数理论与上述库兹涅茨的发现，弗里德曼提出了持久收入假说，即消费主要取决于持久性收入，而非现期收入。这一假说将消费者的每一期的收入划分为持久性收入与暂时性收入。持久性收入指每个消费者由其所拥有的禀赋所带来的长期性的、有规律性的收入流量，可视为一种可以代表消费者个人财富的平均收入；而暂时性收入则是指偶然性、非连续性、非长期性的收入。不同于凯恩斯消费函数理论所关注的当期消费与当期收入之间的关系，持久收入假说更关注每期消费与占每期收入中较大比例的持久性收入之间的关系。弗里德曼指出，长期来看，消费与持久性收入之间存在固定比例关系。

长期来看，主要是持久性收入的变动带来长期收入的变动，而持久性收入基本稳定，因此长期持久性收入与消费者的收入之间存在相对稳定的关系，进而消费也就与收入存在相对稳定的关系。但是短期来看，由于持久收入基本保持稳定，如果现期收入暂时性上升，而此时由基本稳定的持久收入决定的消费也基本保持稳定，则会有短期平均消费倾向的下降。这样也就可以解释库兹涅茨发现的长期平均消费倾向基本稳定的现象。

3. 理论意义

第一，对凯恩斯主义的冲击。持久收入假说使凯恩斯主义对经济波动的观点——“刻画消费与现期收入之间关系边际消费倾向递减导致消费需求不足，进而带来有效需求不足，从而造成经济波动”显现出不足。持久收入假说认为各时期消费支出主要与持久收入有关，而非与现期收入有关，故凯恩斯主义不能完全解释经济波动的原因。不仅如此，凯恩斯主义对资本主义经济的“永久停滞假说”——“随着国民收入增加，消费占收入的比例也不断下降，同时储蓄的比例不断上升，但却没有足够的投资项目来吸收储蓄，因为消费的比例在不断下降！这样下来除非政府用财政政策刺激需求，否则经济将会陷入长期停滞”[①] 也因此而被推倒。

① 胡代光、高鸿业主编《西方经济学大辞典》，经济科学出版社，2000，第 165 页。

第二，使凯恩斯主义对经济政策的观点——“用减税等积极的财政政策来应对经济萧条，用加税等紧缩的财政政策来应对经济过热”① 显现出不足。因为二者作用的关键点在于消费，凯恩斯主义主张将消费与现期收入相联系，二者都通过税收作用在了现期收入上。而货币主义则将消费与持久收入相联系（减税时可能只会增加少量的消费，更多的减税收入可能会被转化为储蓄，从而达不到减税原本意在增加消费的目的；增税同理亦然），而与现期收入几乎“脱钩”，这就使从前作用在现期收入上的凯恩斯主义财政政策呈现“无力”的状态。

第三，对弗里德曼货币需求理论的影响。弗里德曼不仅发展了消费函数理论的研究，也丰富了收入的概念。持久收入本身可以作为财富的代表，而公众所拥有的财富决定了货币需求，这对货币需求理论起到了奠基作用。同时，弗里德曼提出的持久收入概念本身也为后续的相关探索提供了借鉴。

（三）货币理论

1. 弗里德曼的新货币数量论

（1）货币需求理论

弗里德曼在《货币分析的理论结构》（1970）一文中，将货币需求函数表述为：$\frac{M^D}{P}=f\left(y,\ w,\ r_m,\ r_b,\ r_e,\ \frac{1}{p}\frac{\mathrm{d}p}{\mathrm{d}t},\ u\right)$。其中，$y$ 为持久收入，w 为非人力财富所得的收入（财产收入）占持久收入的比重，r_m 为货币的名义报酬率，r_b 为债券的名义报酬率，r_e 为股票的名义报酬率，$\frac{1}{p}\frac{\mathrm{d}p}{\mathrm{d}t}$为预期的价格水平变动率，$u$ 为其他非收入变量。

由于 w、$\frac{1}{p}\frac{\mathrm{d}p}{\mathrm{d}t}$、$u$ 在短期内是稳定的，而 r_m、r_b、r_e 三者均受到市场利率的影响，故货币需求可简化为：$\frac{M^D}{P}=f(y,\ i)$。弗里德曼采用美国经济数据证实了利率对货币需求的影响程度很小，故他认为货币需求主要受持久

① 〔美〕汉森：《经济政策和充分就业》，上海人民出版社，1959，第 143~151 页。

收入影响，货币需求可进一步简化为：$\frac{M^D}{P}=f(y)$。在弗里德曼看来，人们的货币需求取决于其所拥有的财富。而持久收入则因其本身相对稳定的特点而被用来代表财富，故可认为主要由持久收入来决定货币需求。又因为持久收入基本上保持稳定，故而货币需求基本上也是稳定的。

（2）弗里德曼-施瓦茨货币供给模型

在《美国货币史》（1963）附录B中，弗里德曼和施瓦茨认为货币供给是基础货币与货币乘数共同作用的结果。中央银行既可以直接作用于基础货币来影响货币供给量，也可以间接作用于货币乘数来影响货币供给量。这一模型是现代货币供给研究的理论基础。其政策意义在于强调货币供给的外生性的同时，也指出了货币供给的可控性，从而为弗里德曼所倡导的以货币量代替利率作为货币政策中介目标的货币政策方案提供了理论基础。

（3）名义收入的货币理论

这一理论主要来自《货币分析的理论结构》和《名义国民收入的货币理论》（1971）两篇文章。其核心内容是货币供给的变动在短期内会带来价格水平与实际产出的共同变动，在长期只会带来价格水平的变动，却不会带来实际产出的变动。这一理论的提出标志着弗里德曼的新货币数量论完成了从货币需求理论到名义收入决定理论的转变。

弗里德曼在《货币分析的理论结构》一文中还通过提出一个描述产品市场与货币市场的两部门“单一共同模型”来比较其“名义国民收入的货币理论”与传统“货币数量论”和凯恩斯“收入-支出模型”的区别。

弗里德曼在该文中总结了“名义国民收入的货币理论”的四项基本要素。一是货币需求对名义国民收入的弹性为1，即货币需求可以表示为：$M^D=Y\cdot L(r)$。二是名义市场利率等于预期的实际利率与预期的价格变化率之和。三是预期的实际利率与长期经济增长率之差是由体系外的因素决定的。四是货币需求会相对于货币供给的变动做出充分、瞬时的调整。如果将货币供给表示为时间的函数，则有 $M^S=M(t)$，又根据四项基本要素并进行联立，有 $Y(t)=\frac{M(t)}{L(r)}$或 $Y(t)=M(t)\cdot V(r)$，此式即弗里德曼的名义国民收入货币理论的表达式。除此之外，弗里德曼还说明了名义货币收入理论的动态含义，具体地解释了货币变动率与名义国民收入之间的关系。不过，上式只是说明了名义国民收入的决定，还没有解决名义国民收入变动在价格水平变动和实际产出变动中的划分问题。弗里德曼指出价格水平变动与实际产量变动都取决于对价格的预期以及对本期产量与充分就业产量相比较的预期。事实上，对这一问题做出准确划分并不是一件容易的事情，经济学家西德尼·文特劳布（Sidney Weintraub）将之称为“弗里德曼难题”[①]，弗里德曼也只是做了初步解答，经济学家罗伯特·J. 戈登（Robert J. Gordon）等对这一问题做了更具体、深入的研究。

2. 弗里德曼论通货膨胀

弗里德曼研究通货膨胀的经典论文是根据他在 1976 年发表的同名演讲整理而成的《通货膨胀与失业》。

（1）适应性预期与自然率假说。

弗里德曼首先使用了“自然失业率”这一概念来区分失业率问题中的货币层面与非货币层面的因素，自然失业率对应由非货币层面因素导致的失业率，即“自然率假说”。另外，他还借用了由菲利普·卡甘（Philip Cagan）最早使用的“适应性预期”的概念，即人们会根据其以前的预期与事实的误差来修正他现在对未来的预期，这一概念相对于传统的静态预期、外推式预期包含更多的信息。这两个概念在弗里德曼对通胀的研究中发挥了重要作用。

（2）三阶段菲利普斯曲线。

弗里德曼认为菲利普斯曲线经历了负斜率的、垂直的和正斜率的三个发展阶段。

第一，负斜率的菲利普斯曲线。弗里德曼指出原始的菲利普斯曲线是建立在民众存在货币幻觉的基础之上的，也只有在民众具有货币幻觉的基础上，扩张的货币政策才能对就业与产出产生实际的效果。弗里德曼指出最初的菲利普斯曲线将货币工资率与失业率联系起来是错误的，应该试着寻找实际工资率与失业率二者之间的联系。

第二，垂直的菲利普斯曲线。垂直的菲利普斯曲线是一条失业率等于自然失业率的垂直线，该曲线的政策意义是政府所推行的降低失业率的政策在

① Sidney Weintraub, *Keynes*, *Keynesians and Monetarists* (University of Pennsylvania Press, 1978): 124，转引自施兵超：《现代货币金融学说》，上海财经大学出版社，2012，第 132 页。

长期并不能降低失业率，只会带来通胀水平的上升。弗里德曼的独特之处在于其对菲利普斯曲线的分析引入了民众对价格水平的适应性预期，即民众会根据实际通胀水平来不断调整其通胀预期，同时长期来看通胀预期会调整到与实际通胀率一致。另外从短期来看，只有在未被预期到的通胀率下才能有效降低失业率，但最终实际通胀水平都会被公众感知到，因此在长期无法有效降低失业率，也因此最终将出现高通胀率与自然失业率并存的情况。

第三，正斜率的菲利普斯曲线。正斜率的菲利普斯曲线具体表现为越来越高的通胀率伴随着越来越高的失业率，亦即所谓的“滞胀”，这种现象主要体现在1966~1975年英国、美国、法国、联邦德国、意大利、瑞典、日本等7国的通胀率与失业率数据中。弗里德曼认为有两项原因导致了这种“滞胀”现象与相应的正斜率菲利普斯曲线：一是通胀加剧的反复无常，缩短了“非指数化契约”（合同）的期限，加上合同的调整缓慢以及指数化的不完善，最后可能会带来失业率的提高；二是通胀加剧的反复无常，会使价格所传递的市场信号失真，即市场价格作为协调经济活动机制的作用失灵；而且通胀率的可变性越高，价格中所携带的噪声就越多，从中分别出有效信号就越发困难，最终会导致失业率的上升。

（3）弗里德曼论通货膨胀的治理。

鉴于大规模紧缩政策下激进的通胀治理方式使民众要忍受高失业率，弗里德曼更认可渐进的治理方式，并主张通过指数化收入政策（降低货币工资上涨速度，从而降低厂商成本，进而促进就业、降低失业）和物价与收入政策（有助于降低通胀预期，从而促使菲利普斯曲线不断下移，帮助实现低通胀的目标）两种政策补充措施来帮助实现低通胀的目标。不过，在弗里德曼看来，如果要从根本上治理通胀问题、维持物价水平的稳定，还是需要稳定货币供应量的增长率。

3. 弗里德曼论货币政策

（1）货币政策的目标与中介目标。

弗里德曼对货币政策的目标与中介目标的讨论主要见于《货币政策的作用》（1967）与《货币稳定方案》（1960）第四章。二战后，各国央行往往将充分就业、经济增长等作为货币政策的目标。而弗里德曼认为这些均非央行力所能及的目标，他认为只有维持物价稳定、控制通货膨胀才是货币政策的唯一目标。因为央行未必能对利率进行有效控制，比如增加货币供给未必能带来利率下降。为此，他提出了“三效应理论”来做进一步解释。弗里德曼认为在增加货币供给之后，起初物价水平未上升，于是人们感到似乎实际货币余额增加了，持有的货币余额甚至超过了自己本来的货币需求，这就导致人们会增加对证券等金融资产与商品等的购买，由此导致的金融资产的价格上升会带来利率的下降。但随着人们支出的增加导致收入的增加，货币需求会增加，再加上货币供给带来的价格水平上升导致实际货币余额也显得减少，利率会逐渐上升甚至高于最初的水平。但这还没有结束，人们会形成价格普遍上涨的预期，这种预期可能会使利率上升到更高的水平。

在弗里德曼的货币供给模型中，货币供给量等于高能货币与货币乘数之积。央行既能直接控制高能货币，也能间接控制货币乘数，所以央行可以有效控制货币供给量。因此，弗里德曼认为中央银行通过货币政策很难做到有效控制利率水平，只能做到有效控制货币量。所以，央行不应该将利率视为货币政策中介目标，而应该将货币供应量视为货币政策的中介目标。

（2）货币政策工具。

弗里德曼对货币政策工具的观点主要见于他的《货币稳定方案》第二章。弗里德曼认为再贴现政策的使用会使货币供应量的变化难以预测，从而会妨碍央行对货币量的控制能力。另外，这一政策所导致的再贴现利率变动必然会传递出各种信息，引发民众对未来不确定性的预期，进而造成经济混乱。因此，再贴现利率不可作为政策工具。

弗里德曼认为调整准备金率会导致货币供给波动大，进而导致经济波动大。而且调整准备金率的影响过大，不能连续使用，故具有不连续性。除此之外，各家银行对准备金率反应不同，也会影响到这一政策的效果，而且这一政策还会使央行难以控制货币量。因此，弗里德曼极力反对调整准备金率的政策，他甚至主张实行100%准备金率。

弗里德曼主张公开市场操作是最好的货币政策方式，因为公开市场操作可以根据需要来更灵活地调整其规模，以达到准确的效果。而且，央行进行公开市场操作时不必太过考虑商业银行的反应，因此央行会具有更主动的地位。另外，公开市场操作不像利率、准备金率一样具有“宣示效应”，不会使公众产生误解、形成对经济活动错误的诱导，可以更连续灵活地操作。因此，弗里德曼认为央行应该只保留公开市场操作，限制其准备金率与再贴现利率的操作。

（3）货币政策操作。

弗里德曼首先提出“固定规则”的货币政策操作方式。在他看来，货币政策的主要任务是为经济增长提供一个稳定的货币环境。而且，在《美国货币史》中，他指出美国历史上货币供给量稳定增长的年代往往也是经济活动相对稳定的时期，而货币供给量波动大的年代往往也是经济波动幅度较大的年代。弗里德曼主张稳定的货币量增长率可以保证一个稳定的货币环境，避免剧烈的经济波动。

在弗里德曼看来，凯恩斯主义所倡导的“相机抉择政策”不仅将带来货币量的剧烈波动，进而导致经济的大幅波动，最终无法为经济提供一个稳定的货币环境，还忽视了货币政策时滞的存在。弗里德曼研究发现，货币政策的时滞为 12~18 个月，这使相机抉择的货币政策无法有效缩小经济波动的幅度。加之各国央行的货币政策本身就有多个目标，目标之间本身就存在冲突，相机抉择的货币政策难以避免顾此失彼和政府干预压力的问题。而主张保持稳定货币增长率的“固定规则”型货币政策将可以为公众创造一个稳定的货币环境，也可减轻相机抉择规则下政府干预的压力，还可以避免相机抉择规则下面临的时滞问题。弗里德曼的货币政策操作主张也被称为“弗里德曼规则”。

（4）货币政策有效性。

货币政策有效性可简单地理解为货币政策完成其降低失业率、通胀率，促进经济增长等目标的有效程度。诚如前文提到的，扩张的货币政策只有在短期（未被预期到的通胀水平下）才能有效降低失业率、增加产出，但在长期则对失业率与产出没有影响。因此，我们可以说在弗里德曼等货币主义学派看来，货币政策与之相对应，即货币政策在短期是有效的，有助于带来产量的上升与失业率的下降，但在长期将会是无效的，只会带来物价水平的上升。

四　为现代货币政策提供指南

（一）学术观点评价

弗里德曼货币理论的根基是其货币需求理论，而其货币需求理论往往被后来的经济学家同时视为对古典货币数量论的修正与对凯恩斯流动性偏好理论的扩展，在思想与方法的原创性上较前人稍显不足。而且，弗里德曼的货币理论虽有注重经验研究的特点，比如其《美国货币史》用经验数据分析了美国货币供给波动与经济波动的一致性关系，但也被同时期的经济学家认为其过分注重经验，理论及逻辑方面又显得不足。1970 年、1971 年，弗里德曼在《货币分析的理论结构》中将其货币理论扩展到了一个更为一般的框架下，并提出了“名义收入货币理论”。尽管如此，弗里德曼重视收入对货币需求的影响，认为利率对货币需求的影响微不足道的观点，仍不被后来的经济学家认可。比如著名的“鲍莫尔-托宾模型”和许多经验研究均认为利率与收入都对货币需求具有重要影响。

弗里德曼强调货币供给外生性的观点也没有得到广泛的支持，比如弗雷德里克·米什金（Frederic Mishkin）就指出商业银行、储户等都对货币供给产生了不能忽略的重要影响。而且随着近年金融创新进程的加速，各国中央银行控制货币量的难度越来越大，在这种状况下，弗里德曼所倡导的固定货币增长率的货币政策难以实施。

弗里德曼对菲利普斯曲线的观点不仅招致了传统凯恩斯主义学派如索洛等学者的批评，也受到理性预期学派如托马斯·萨金特（Thomas Sargent）等学者的批评。前者批评他没能回答“自然失业率”究竟是什么与“长期”究竟有多长的问题，后者则比弗里德曼更加激进，对菲利普斯曲线持完全否定的态度。近年来，英国传记作家福德认为弗里德曼获得 1976 年诺贝尔经济学奖时演讲中所讲述的、如今已被普遍理解的菲利普斯曲线的历史是一个虚构的“神话”，20 世纪 50~60 年代的经济学家并没有天真到认为可以通过通货膨胀政策来维持低失业率，他认为这是 20 世纪 80 年代以后才逐渐形成的表述。①

（二）经济思想评价

弗里德曼的货币主义往往被视为对凯恩斯主义的“反革命”，他被视作理性预期学派的先驱，还被认为对古典主义经济思想的复兴起了重

① 详见 James Forder, *Macroeconomics and the Phillips Curve Myth*（Oxford University Press, 2014）与 James Forder, *Milton Friedman*（Palgrave Macmillan, 2019）。

要作用。这也是弗里德曼著作给人的印象，但福德指出，在弗里德曼职业生涯的大部分时间里，他对凯恩斯主义的态度比一般认为的要微妙得多。

事实上，弗里德曼和凯恩斯的观点之间有着比后人理解的更多的实质性共同点。所以，只把弗里德曼简单理解为反凯恩斯主义者的观点并不准确。福德与米歇尔·德·弗洛埃（Michel De Vroey）都认为弗里德曼及其货币主义学派与理性预期学派之间的关键区别是他们的思想方法，具体可视为弗里德曼的“马歇尔主义”思想和卢卡斯的“瓦尔拉斯主义”思想之间的对立。同时，弗洛埃也指出，在这时弗里德曼与凯恩斯反倒站在了同一边，因为他们都处在马歇尔主义思想的延长线上。而且，在某种程度上把弗里德曼看作卢卡斯的先驱，是对他们完全错误的看法。[①]

（三）对中国的影响

弗里德曼倡导的以货币增长率作为货币政策中介目标的观点对中国货币政策的制定产生了一定影响。1996 年开始，中国人民银行将货币供应量作为货币政策的中介目标来实施间接调控，开始实施数量型的货币政策框架。相应地，在之后每年的《政府工作报告》中，广义货币供应量（M2）增长目标也被明确提出。不过，现代金融工具的快速发展使执行这一目标变得越来越困难，尤其是随着经济发展水平的提升，M2 与实体经济的相关性不断下降。从 2012 年开始，M2 的增长目标被修改为 M2 的预期增长目标。甚至从 2018 年起，《政府工作报告》中不再公布货币的预期增长目标，这标志着中国正逐步从数量型货币政策向价格型货币政策转型。

弗里德曼曾于 1980 年、1988 年、1993 年三次到访中国，对中国的改革开放发表了许多看法，并强调中国应更多依靠自由市场，防止改革半途而废。其中，前两次访问都与中国当时面临的通货膨胀问题有关，弗里德曼认为中国应该通过严格控制货币发行和政府财政赤字、尽快放开价格管制来结束通货膨胀。

---

① Michel De Vroey, *A History of Macroeconomics*（Cambrige University Press, 2014），转引自 James Forder, *Milton Friedman*（Palgrave Macmillan, 2019）: 413-415。

参考文献

〔美〕汉森：《经济政策和充分就业》，上海人民出版社，1959。

〔美〕蓝尼·埃布斯泰因：《米尔顿·弗里德曼传》，刘云鹏译，中信出版社，2009。

〔美〕米尔顿·弗里德曼：《弗里德曼文萃》，高榕等译，北京经济学院出版社，1991。

〔美〕米尔顿·弗里德曼：《资本主义与自由》，张瑞玉译，商务印书馆，1986。

〔美〕米尔顿·弗里德曼、罗丝·弗里德曼：《两个幸运的人：弗里德曼回忆录》，林卓立、郑若娟译，机械工业出版社，2015。

〔美〕米尔顿·弗里德曼、罗斯·弗里德曼：《自由选择：个人声明》，胡骑、席学媛、安强译，商务印书馆，1982，第9页。

〔英〕布赖恩·斯诺登、霍德华·文、彼得·温纳齐克：《现代宏观经济学指南：各思想流派比较研究引论》，苏剑等译，商务印书馆，1998。

〔英〕布赖恩·斯诺登、霍华德·文：《与经济学大师对话：阐释现代宏观经济学》，王曙光、来有为等译，北京大学出版社，2000。

方福前：《当代西方经济学主要流派》，中国人民大学出版社，2004。

郭田勇：《郭田勇讲弗里德曼》，北京大学出版社，2009。

胡代光、高鸿业主编《西方经济学大辞典》，经济科学出版社，2000。

蒋自强、史晋川：《当代西方经济学流派》，复旦大学出版社，2014。

刘凤良、王艳萍：《货币主义》，经济日报出版社，2007。

施兵超：《现代货币金融学说》，上海财经大学出版社，2012。

施建生：《经济学家弗里德曼》，吉林出版集团有限责任公司，2012。

谢晓冬、但有为：《“货币主义大师”弗里德曼逝世》，《上海证券报》，2006年11月18日，第A07版。

徐则荣：《弗里德曼经济思想研究》，首都经贸大学出版社，2012。

James Forder, *Macroeconomics and the Phillips Curve Myth* (Oxford University Press, 2014).

James Forder, *Milton Friedman* (Palgrave Macmillan, 2019).

Milton Friedman, Rose D. Friedman, *Two Lucky People*: *Memoirs* (University of Chicago Press, 1998).

第十六章

詹姆斯·布坎南

“公共选择理论之父”

James Buchanan

詹姆斯·麦吉尔·布坎南（James Mcgill Buchanan，1919~2013）是美国经济学家、政治经济学奠基人和公共选择学派创始人，被称为"公共选择理论之父"，于1986年获诺贝尔经济学奖。他出生于美国，在芝加哥大学攻读完博士，在美国的多所大学担任教授，获得的头衔也较多。先后出版了以《同意的计算：立宪民主的逻辑基础》[①] 为代表的20多部著作，主要学术贡献是将经济学中个人之间的相互交换的概念移植到了政治决策的领域中，提出了政府也是"经济人"假设，重视经济中政治规则的作用，其政治规则的制定对政治学科产生了创新性影响。

一　布坎南的生平

布坎南1919年10月3日出生于美国田纳西州，在贫穷的农村长大，1940年6月毕业于中田纳西州立大学，获理学学士学位，在田纳西大学获经济学研究所奖学金，完成了一年的研究生课程，于1941年获得了硕士学位。随后，他被分配到海军预备部队担任少尉，度过了四年军旅生涯。1946年布坎南退伍，进入芝加哥大学就读，于1948年获得哲学博士学位。1949年布坎南被田纳西大学聘为教授，之后几年还在加利福尼亚大学洛杉矶分校、加利福尼亚大学圣巴巴拉分校、英国剑桥大学、伦敦政治经济学院等校任过教。1956~1968年，布坎南在弗吉尼亚大学先后任威尔逊经济学系教授和麦金太尔经济学教授，与沃伦·纳特（Warren Nutter）建立了研究政治经济学

① *The Calculus of Consent: Logical Foundation of Constitutional Democracy*，与戈登·塔洛克（Gordon Tullock）合著，1962年出版。

和社会哲学的托马斯·杰斐逊中心，并担任过该中心主任。1969 年以后布坎南在弗吉尼亚理工学院暨州立大学任教，与戈登·塔洛克（Gordon Tullock）一起创建和领导了公共选择研究中心。1971 年担任美国经济学会副会长，1976 年成为美国企业研究所的名誉学者和美国文理研究院院士。1982 年，他随公共选择研究中心迁到弗吉尼亚的乔治·梅森大学，任该校经济学教授。1983 年，布坎南被授予“美国经济学会杰出会士”称号，1983~1984 年担任美国北部经济学会的会长，1984~1986 年任 M.T. 皮莱林协会的会长。1986 年 10 月 16 日，瑞典皇家科学院宣布布坎南荣获当年的诺贝尔经济学奖，表彰他对政治决策及公共选择理论做出的贡献。①

二　自由、市场与国家

布坎南一生撰写了 20 多部著作和 300 多篇文章，研究主题几乎涉及了公共部门经济学的所有方面。他的主要著作包括：《价格、收入与公共政策》（与艾伦·克拉克·李等人合著，1954）、《个人投票选择与市场》（1954）、《公债的公共原则》（1958）、《财政理论和政治经济学》（1960）、《同意的计算：立宪民主的逻辑基础》（与塔洛克合著，1962）、《民主进程中的财政》（1967）、《俱乐部经济理论》（1965）、《公共产品的需求与供应》（1968）、《成本与选择：一个经济理论的探讨》（1969）、《公共选择理论：经济学在政治方面的应用》（与 R. 托尼逊合著，1972）、《自由的界限：在无政府与利维坦之间》（1975）、《宪法契约中的自由》（1977）、《赤字中的民主：凯恩斯勋爵的政治》［与理查德·瓦格纳（Wagner, R. E.）合著，1977］、《宪法民主中的财政责任》（与理查德·瓦格纳合著，1978）、《凯恩斯先生的结论：对于把经济理论滥用于政治投机活动的分析以及对宪法纪律的建议》（1978）、《财政学》（与玛里琳·弗劳尔斯合著，1980）、《赋税的权力》［与杰佛瑞·布伦南（Geoffrey Brennan）合著，1980］、《自由、市场和国家》（1986）等。② 其中，1962 年他与塔洛克合著《同意的

---

① 宏泰顾问：《诠释诺贝尔经济学大师的智慧》，中国纺织出版社，2004，第 171~172 页。

② 白永秀、任保平：《影响世界的 20 位西方经济学家思想述评》，中国经济出版社，2011，第 354 页。

计算：立宪民主的逻辑基础》为现代公共选择理论奠定了强有力的基础，他们一起创建了公共选择研究中心并出版了名为"公共选择"的季刊杂志，进一步加快了公共选择理论的发展，并将这一理论传播到了欧洲和日本。现将代表性的著作《自由、市场与国家：80年代的政治经济学》（以下简称《自由、市场与国家》）的主要内容介绍如下。

《自由、市场与国家》论述了公共选择理论的基本观点，公共选择理论将人类行为的经济人假设与政治作用交换范例结合起来，打开了政治经济学的新天地，并使有关人类基本问题的信念——秩序、自由、正义、效率和进步有被进行科学研究的可能。该书不仅分析了宪法经济学在税收、干预政策以及宪法改革三个领域的应用问题，还论证了个人自由选择在市场领域可以带来共同富裕和繁荣。此外，该书还为政府干预市场的经济职能提供了新的边界，即契约论的边界。

《自由、市场与国家》共分五部分。一是概述了公共选择理论的基本观点和社会制度可供选择的前景，作者强调了经济学和政治经济学的区别："进行预测的'经济学科学'对政府机关、实业公司和个人都有积极的价值"，而政治经济学旨在估价强制的结构，即规则，其最终目的是重新设计和改革，以确保在利用潜在互利关系上增强效率。二是论述了秩序问题，作者认为市场的秩序只在个人自愿交易的过程中出现，秩序本身是产生秩序的过程的结果，没有这个过程，就没有也不可能有秩序。三是探讨了分配中的正义问题，作者认为正义取决于人们对权利和要求的分配的定义、保证和实施办法的同意。而这样的权利和要求的分配必须先于市场经济过程所体现的简单或复杂的交换。在这一基础上作者探讨了平等对待、分配和再分配的准则、税收的伦理限度、福利国家等问题。四是探讨了债务和赤字问题，作者鲜明地反对赤字政策，并对改变赤字政策所导致政策惯性的可能性进行了深入的探讨。五是探讨了选择环境对个人行为的影响、一般契约论立场与宪法民主的关系，以及作为社会哲学的政治经济学等问题。

三　公共选择理论与宪政经济学

布坎南主要有三大理论贡献：一是开创了公共选择理论，被誉为"公共选择理论之父"；二是将公共选择理论应用到公共财政层面，创立了公共选择财政流派；三是将公共选择理论应用到宪政层面，创立了宪政经济学。因此，布坎南也被誉为“宪政经济学之父”。其中，布坎南最突出的理论贡献是公共选择理论。

（一）开创了公共选择理论

公共选择理论是布坎南创立的一种不同于凯恩斯主义的新公共经济理论，其突出特点是把政治决策的分析和经济学理论结合起来。公共选择理论是经济学在政治学中的应用，公共选择的主题就是政治科学的主题：国家理论、选举规则、选民行为、党派政治、官僚体制等通过集体行动和政治过程来决定公共物品的需求、供给和产量，是对资源配置的非市场选择，即政府选择。公共选择理论只是明确提出公共经济一般理论的一种努力，它可以帮助我们在集体选择方面从事人们长期以来在微观经济学方面所做的事情，即用一种相应的尽可能合适的政治市场运转理论来补充商品与服务的生产与交换的理论。该理论是这样一种尝试，它要建立模拟今天社会行为的模式，其特点是根据个人是在经济市场还是在政治市场活动，采取不同方式处理人类决定的过程。一切传统模式都把经济决定视为制度的内在因素，而把政治决定视为外部因素，人们拒绝就这些外因的规律及其生产进行探讨，在这种情况下，公共选择理论的宗旨却是把人类行为的两个方面重新纳入单一的模式，该模式注意到承担政府决定结果的人就是选择决策的人。

在布坎南的阐述中，包含了公共选择理论的一个基本假定，即“经济人”假定。布坎南以“经济人”这一假定为分析武器，探讨在政治领域中经济人行为是怎样决定和支配集体行为，特别是对公共选择起到制约作用的，并由此证明政治领域存在缺陷是可能的。就是作为一个人，无论他处在什么地位，人的本性都是一样的，都以追求个人利益极大化、个人需求的满足为最基本的动机，并假定人都具有经济人特点。根据这一假定，布坎南认为，通过类似的行为假设，也能够对集体选择的结构特征进行一些基本的预测。它的理论价值在于，首先，它保证了对人类行为分析的一致性。在此之前，凯恩斯主义经济学家对人类行为的分析采取的是两个完全相反的标准：在市场选择领域，假定人人都是自利的；而在政治选择领域，自利的人又变成了“慈善、博爱”的利他主义者。其次，它是进行制度比较分析的理论前提。制度比较分析的目的是考察在什么体制下，可能产生最坏的政策结果及避免产生最坏政策结果的方法，并且探讨什么样的体制会是最好的。如果假定人人都是利他主义者，就不存在坏的体制，同样也无法解释现实中我们所能观察到的坏的政策产生的原因了。基于"经济人"这一假定，布坎南进一步提出，公共选择理论的宗旨是要把经济市场中的个人选择行为与政治市场中的公共选择行为纳入同一个分析模式，即经济人模式，从而修正凯恩斯经济学把政治制度置于经济分析之外的理论缺陷。①

根据"经济人"的分析模式，布坎南的政府理论研究了市场经济条件下政府干预行为的局限性或政府失灵问题。这是公共选择理论的核心问题。所谓政府失灵，是指个人对公共物品的需求在现代议会制民主政治中得不到很好的满足，公共部门在提供公共物品时趋向于浪费和滥用资源，致使公共支出规模过大或者效率降低，政府的活动并不总像应该的那样或像理论上所说的那样"有效"。在布坎南看来，政府作为公共利益的代理人，其作用是弥补市场经济的不足，并使各经济人所做决定的社会效应比政府进行干预以前更高，否则政府的存在就无任何经济意义。但是政府决策往往不能符合这一目标，有些政策的作用恰恰相反。它们削弱了国家干预的社会"正效应"，也就是说，政策效果削弱而不是改善了社会福利。于是就产生了一个问题：为什么政府干预会产生"负效应"以及如何从制度上弥补这些缺陷。布坎南对这些问题的回答就构成了公共选择理论的政府失灵说。布坎南对政府失灵的几种主要表现形式及其根源进行了较为深入的剖析，并就如何补救这种"失灵"提出了具体的政策建议。

政府政策的低效率。布坎南认为，政府政策的低效率是指所执行的政策不能确保资源的最佳配置。一般来说，美国政府的政策在理论上可分为三类。第一类是由政府有关部门拟定方案，最后由选民投票确定的政策，像重大税收政策的调整、对国家前途影响较大的对外政策的制定等。第二类是由政府的高级领导层拟定的方案，如联邦政府或地方州政府拟定的方案。第三类是由政府部门全权独立制定与实施的政策，这种政策的合理性通常是由宪法等法律法规来保障的，政府部门的职责是照章办事。这里仅

① 宏泰顾问：《诠释诺贝尔经济学大师的智慧》，中国纺织出版社，2004，第173~174页。

以第三类政府政策拟定的方案为政策低效率的考察对象。①

就这类政府政策而言，因为每个政府部门所遵循的政策，通常是由该部门领导人根据自己对公共利益的理解来决定的，所以，一方面是由于这些部门的政治家的行为具有相当大的自由，因此他们有意或无意地被自身的“经济人”动机所左右，以至于对公共利益的理解经常难以符合实际；另一方面，由于该部门政治家行为的灵活性与他们的自利动机的强刺激性，他们的行为实际上不是倾向于为最大限度地增进公共利益服务，而是依据自己获得的信息和个人效用最大化原则来决策。布坎南认为，产生这一政府行为的外部原因是缺乏一种约束机制来制约政府行为方式。如果约束机制不能提供一种良性压力，以确保任何人处于某一特权地位时均不能过多地牟取私利，那么，再高尚的执政官也不能保证公共利益不被他人或他的后继者有意或无意地损害。正是在这个意义上，公共选择理论强调，不应该把增加社会福利与保证个人平等的权利随便交给某一特权机构，然后再虔诚地等待它的恩赐。理性的做法是，使这些特权机构或特权人物受制于某一硬约束机制，并且由公民真正地而非形式上地掌握该约束机制的最终决策权。政府失灵说认为政府机构低效率的原因在于以下几方面。

（1）缺乏竞争压力。比如，在美国的政府机构里，相当一部分官员和公务员受终身雇佣条例的保护，没有足够的压力去提高其工作效率；在提供公共服务的政府机构里，也往往“只此一家，别无分店”，因此其不注重提高服务的质量和效率。

（2）政府行为趋向于资源浪费。布坎南认为，一是官员花的是纳税人的钱，就像弗里德曼所说的“用他人的钱，为别人办事”，由于没有产权约束，他们的一切活动根本不必担心成本问题。官员行事时无成本压力，自由度比市场中私人企业家还大，使不计成本的政府行为不断发生。二是政府行为没有利润含义，官员为追求选票和政绩，尽量满足来自方方面面的要求，结果使公共产品超量供应，社会福利费用过高，造成了资源浪费。三是官员的权力是垄断的，有“无穷透支”的可能，他们一旦决策失误，由此造成的资源浪费可能远远大于一个企业家的投资失误。

---

① 白永秀、任保平：《影响世界的 20 位西方经济学家思想述评》，中国经济出版社，2011，第 358 页。

（3）监督信息不完备。从理论上说，政治家及公共服务机构并不能为所欲为而是必须服从公民代表的政治监督及司法、审计监督等，以保证政府运行的效率。然而在现实中，这些监督的效力很可能因为信息的不完备而降低。这是因为监督者为了有效履行其职能，必须对被监督者的情况了如指掌，但向监督者提供信息的往往是被监督者，由于政府部门对其经营业务有着自然的垄断性，可以利用其垄断地位来掩盖一部分公共产品所涉及的有关资源和成本的信息。因此，监督者根据被监督者提供的不完备的信息所进行的监督，其效力是大打折扣的。①

自公共选择理论被提出以后有人把公共选择与亚当·斯密的"看不见的手"进行比较，将其视为"看不见的脚"。公共选择经济学的基础为政府也是"经济人"，即担任政府公职人员是有理性的、自私的人，在其任期内会面临各种诱因，从根本上说这是个十分简单却很有争议的观点。这一观点的主要推论就是政府不一定能纠正市场失灵，事实上结果可能更糟糕。换句话说，人们认为个人不断满足自身对产品的需求，将能给社会带来巨大的利益，但是具有企业家性质的政治家在追求同样的自身利益时，结果往往相反——实施对经济有害的政府干预。简而言之，公共选择理论被认为是实证地分析了国家和政府机器缺陷的理论。

布坎南的公共选择理论具有跨学科的影响。他的公共选择研究曾被许多政治学家视为对他们研究领域的侵犯，然而随着时间的推移，公共选择理论已广泛地被经济学领域和政治学领域所接受。有人认为公共选择理论横跨经济科学、政治科学、社会学及哲学多个领域，这充分体现了经济理论近年来的发展。诺贝尔经济学奖获得者莫迪格利安尼曾说过，布坎南获诺贝尔经济学奖意味着评选委员会企图通过经济学的授奖来奖励其对其他社会科学方面的贡献。因此，布坎南的公共选择理论将经济学扩展到政治决策领域，对社会科学是一个非常重要的发展。

经济人假设被应用于政治领域是布坎南公共选择理论研究的显著特点。布坎南的"经济人"假设继承了亚当·斯密、维克塞尔和意大利财政学派的思想，其主要特征表现为利益导向、交易范式和宪法被视为政治领域"看不见的手"。他认为人的本质须统一于经济人，经济人思想亦成为

---

① 宏泰顾问：《诠释诺贝尔经济学大师的智慧》，中国纺织出版社，2004，第174~176。

后人剖解其学术理论脉络的一把利刃。传统的政治与经济截然对立的善恶二元论并不成立，他曾表示“我们在80年代对经济学的渊源——政治经济学方面的研究，较少是思想上的更替而更多的是方法论方面的革命”。他认为政治家、官僚和选民等公共选择者通过投票追求自身偏好的利益最大化，与私人在市场上通过价格机制的偏好进行选择实质上是相通的。应当说，布坎南发现了个体在经济市场和政治市场两个不同环境下的行为模式具有一致性特点，即亚当·斯密高度抽象简化个体行为动机后的经济人。简而言之，布坎南把经济学方法应用于政治过程研究，把古典经济学对个体市场决策的经济人假设方法论作为分析集体非市场决策的理论起点。

（二）创立了宪政经济学

布坎南创立了宪政经济学，在宪政经济理论中特别重视政治规则的作用。他认为宪法是政治市场中最根本的规则，也被称为“元规则”，是矫正政府失灵的治本之策。在对政治规则的研究上布坎南从人性的角度出发，认为人有两面性，即人性恶和人性善。换言之，人都具有“经济人”的自利、理性和不择手段追求自己利益最大化的先天本性；人也具有遵守规则，在规则的约束下利己的同时利他、利社会的后天习性。布坎南认为“经济人”的人性恶的一面在规则的约束下可以转变为遵守规则的人性善的一面，这成为布坎南政治规则的伦理依据。没有人性善恶，政治规则无从谈起，也没有任何意义。布坎南政治规则的伦理依据是人性善恶，政治规则分为立宪层次和后立宪层次，政治规则标准有一致同意、多数同意和普遍性原则，政治规则目标是有限政府与大社会。布坎南进一步提出矫正政府失灵的有效对策是制定政治规则，即制定政治市场的决策规则，强调从宪法规则层面寻求矫正政府失灵的根本之策。

布坎南在宪政经济理论中深刻地阐述了人同时具有恶和善的特征。布坎南深悉人性，指出人在现实中会同时面临许多种情况。在他行为的某些方面表现为追求效用最大化，这是合情合理的狭义享乐主义；在其他一些方面，人又不断适应组织环境，乐于把自己与那个他身在其中的有组织集团联系在一起，并产生认同感，于是政治集团就产生于这种有组织的集团之中。在每一种情况下我们强加给个体的约束，使一个有代表性的或典型性的人从一个活动领域走向另一个活动领域，实际上也常有可能转换了他的心理和道德准则。具体讲，布坎南所指的人性恶是人在狭义享乐主义意义上追求效用最大化；人性善是指人所在集团的适应性，并形成认同感；在规则的约束下人将从经济市场走向政治市场，人的心理和道德准则常会发生变化和转换，即从具有人性恶的追求效用最大化的人向人性善的利他、利集团、利社会的人转变。

布坎南在规则约束使人性恶向人性善转变的基础上，进一步论述了应借助制度和法律建构一种政治秩序理论（宪法理论）来约束人性恶，使人对私利的追求有所节制和取舍，采取与伦理道德原则相一致的利他、利集团、利社会的行动。布坎南指出，在规则下个体必须做出某种努力来约束他的爱好，一旦规则要求在某种程度上背离对私利的追求，他就得采取与伦理的或道德的原则相一致的行动。所以，在可能的范围内应当制定出各种制度和法律，如果有可能发展出一种政治秩序理论或宪法理论，能够说明怎样进一步使约束私人利益的过程所涉及的稀缺资源最小化，那么研究者就不得不考察各种真正假定人追求私利的模型的结果。布坎南以伦理学中的人性论为出发点，分析了经济市场和政治市场中人的选择行为的转变，借助制度和法律对人性恶的约束作用，并通过法定程序将制度和法律上升到宪法的高度。布坎南随即推而广之，利用宪法及其他法律、制度来约束政府的"恶"，使政府做出必要的"善"，建构其宪法理论。总之，布坎南的人性善恶论是其政治规则的伦理依据。

布坎南强调任何决策规则都是通过立宪性层次制定的，立宪性层次最为关键。立宪性层次是指在规则之间进行比较并从中选择最优的规则，它是对规则进行选择的层次。布坎南将政治规则层次划分为立宪选择和后立宪选择。立宪选择又被称为立宪性层次，在该选择层次中宪法是最高层次，也是最具有权威的政治规则。后立宪选择是指在既定的规则约束下进行的选择，又被称为执行性层次，执行性层次表现为在某种规则的约束下产生的决策结果。相比较而言，立宪性层次比执行性层次更重要。布坎南认为在立宪性层次上规则的达成需要一致同意，人们往往能够对立宪性层次上的规则达成一致同意。因为，在立宪性层次上每一个人掌握的信息有限，存在很大的不确定性，在受益或损益之间处于"不确定状态"，不能在即将制定的规则中清楚地分辨自己的利益，这时每一个人为了防止自身利益受到损害而选择一套公正合理的规则。所以，公正合理的规则有可能获得一致同意。为了让规则能够获得一致同意，布坎南主张规则应该是原则性的，这样尽量使人们处于“不确定状态”，便于达到一致的同意，以保证规则本身的公正，制定“公正规则”。被一致同意的规则对任何人的利益不会有损害，也是公正和有效率的，因为实现了帕累托最优。布坎南特别强调在政治市场的立宪性层次需要获得一致同意，政治规则往往会涉及人们的根本利益和长远利益，制定政治规则更应该突出一致同意。在政治市场执行性层次上，布坎南提出需要区分“公正行为”与“公正规则”这两个概念。他认为公正行为是规则内的公正，将公正视为在已经存在的规则所界定的制度框架中评价行为的标准。而公正规则涉及诸种规则下的公正，将公正视为评价不同规则体系的标准。换句话说，公正行为是不违反事先已表示同意的规则的行为，就是信守已经做出的承诺行为，而那些与规则相抵触的任何行为对社会舞台上其他参与者来说其实是不公正行为，因为他们已经根据规则形成合理的预期并按规则行事，而与规则相抵触的任何行为会让遵守规则者的合理预期化为泡影，进而会损害遵守规则者的利益。因此，布坎南强调在执行性层次，人们更应该遵守事先表示一致同意的政治规则，即公正行为，否则给遵守政治规则者造成的损害将更大。

（三）布坎南的政治规则对政治科学产生了创新影响

在凯恩斯政府干预主义引起严重的经济“滞胀”现象时，人们看到了布坎南政治规则目标的价值所在。凯恩斯政府干预主义推行“全能政府、小市场、小社会”的发展模式。具体来说，政府拥有绝对权力，市场规模受到严格的限制，导致大部分市场资源都由政府掌控，而留给人们的自由空间小，社会也不能给人们提供自由竞争的机会。布坎南却对政府干预提出质疑，认为政治规则至上，一切权力都必须在政治规则之下运行。布坎南利用政治规则限制权力即有限政府的思想，在一定程度上起到限制政府权力扩大和政府规模膨胀的作用，使政府权力有限和政府规模较小。布坎南政治规则对当今政府改革和政府治理有一定的借鉴作用，引起人们对它的普遍关注。

布坎南政治规则目标存在的局限性也是十分明显的。由于布坎南对政府深深的怀疑，他过分强调政治规则对政府权力的限制，甚至有取消政府权力之嫌。布坎南提倡的有限政府很可能是一个弱政府，一个没有经济实力、没有调控能力和没有号召力的政府。其实这样的政府不能承担弥补市场缺陷，不能担负纠正市场失灵的重任，更不能维持社会自由秩序和保护公民个人的权利。因此，布坎南政治规则目标应进行改革，其改革方向是通过依法治权建立权威政府与大社会的社会结构。政府权力是可善可恶的：用其善，则可为民服务，为社会造福；用其恶，则与民夺利，损害社会。因此，需要通过依法治权，用宪法和法律约束政府权力和整合社会利益，以最大限度保护社会自由秩序和公民的个人权利。但是，依法治权对政府权力的限制应该保持在合理区间及合适的尺度，既能保障政府拥有必要的权力维护社会自由秩序，又要保证政府权力不会侵害个人权利。

依法治权是依法治国执政的重要内容。在依法治国大背景下，用宪法和法律依法治权，政府权力则可以善治天下，为民谋福利。布坎南的理论对政治科学产生了巨大的创新影响，并且对公共政策产生了间接影响，如里根政府时期曾批准对美国税收法的修正以及促使对平衡预算在章程上的修正。另外，布坎南认为现代西方社会的困境正反映出政治制度上的不合理，面临的是政治方面的挑战，而不是经济方面的挑战，需要改革的是政治制度。布坎南指出我们应该发明一种新的政治技术和新的表现民主的方式，使它尽可能符合公共利益，有效控制官僚主义特权阶层的蔓延滋长。也正如加利福尼亚州立大学伯克利分校的政治学和公共政策教授阿伦·威尔达夫斯基（Aaron Wildavsky）所说，布坎南获诺贝尔经济学奖是当之无愧的，他是一流的经济学家。

四　公共选择学说与福利经济学派的论战

经济学各种学说观点精彩纷呈，它们之间的冲突是不可避免的，布坎南的公共选择学说同样也受到了许多经济学家的质疑。例如，它受到了福利经济学派的攻击，这个学派认为政府采用"福利经济学"的处方即可实现公众利益；也受到一批政治学家的攻击，他们认为各利益集团之间的多元化竞争将为公众谋得利益；甚至一些搞政治报道的新闻界人士也倾向于否定公共选择学说。麻省理工学院的经济学家萨缪尔森是主流派思想的典型，萨缪尔森和其他经济学家都把政府弥补市场失灵时结果更糟的可能性压至最低限度。同样，卓越的政治学家认为民主政府通过利益集团之间的竞争而反映社会的意志，尽管这种反映并不完善。布坎南却认为，在民主社会中政府的许多决定并不能真正反映公民的意愿，而政府的缺陷至少和市场一样严重。

（一）过于强化“经济人”假设

经济人假设将政治学中的公共选择行为与经济学中的个人选择行为纳入同一个分析框架——“经济人”模式。经济学以“经济人”假设为基础，个人被视作理性的，追求自身利益最大化的，而在传统政治学分析中，选民、官僚、政治家往往被假定是利他的，追求公共利益的最大化。这两种分析视角之间出现了不可逾越的鸿沟。在此背景下，布坎南开创性地提出对个体的研究必须基于一致的假设，在政治分析中也需要将选民、官僚等视作自利的个体。将“经济人”假设引入政治领域得到学界的广泛认可。安东尼·B. 阿特金森（Anthony B. Atkinson）认为经济人假设将政治决定和宪政设计整合到经济学分析中，是一个巨大贡献。托马斯·罗默（Thomas Romer）也指出，布坎南的研究使经济学家和政治学家研究政府的方法得到统一，尽管还比较简单，但逻辑性很强，提供了整合经济和政治分析的新方式。

但也有学者对“经济人”假设提出质疑，认为布坎南将官僚与消费者的行为等同于出于自利的考虑，这是一种极大的简化，仅仅是为了方便研究，而未考虑到现实的复杂性。阿格纳·桑德莫（Agnar Sandmo）指出，“经济人”假设虽然将人的行为统一起来，但实际上个体行为在很大程度上受角色规范的制约，而不同角色的行为规范是不同的。诸如消费者的行为规范是预算约束条件下的效用最大化，需要考虑的是消费者的效用函数以及总收入的大小。这种效用和约束分析方法或许可以解释个体选择成为官僚的原因，诸如考虑预期收入、工作稳定性、休闲时间等因素，但并不能解释个体成为官僚之后的行为。

（二）个人主义方法论有自相矛盾之处

布坎南从个人视角出发，将国家、政府视为一种个体选择的制度安排，从而开辟了对“内生型”政府行为的研究领域。传统的政治问题研究多采用整体主义的分析方法将组织、制度和结构等作为分析的对象。布坎南将个人主义方法论引入政治问题研究中，从个人所面临的约束和激励角度理解个人在集体行动中的行为，视国家和政府为个体选择的结果。有学者对个人主义方法论的应用表示赞同。一般主流经济学把规则视为外生变量，研究在此背景下的经济活动，因此有学者对个人主义方法论持反对意见。恩格伦（Engelen）指出，个人主义方法论存在三大矛盾：一是该方法论隐含了公共制度是个人实现目标的工具，于是个人会很容易选择改变现有制度而不是服从既定的制度安排；二是在该方法论下，个人基于偏好而非成本—收益做出行为选择，但每个人的偏好是不同的且是难以观测的，这就会导致对个人行为预测上的困难；三是该方法论假定个人偏好是外生给定的，独立于社会、文化和制度环境等因素且不会改变，这种假定过强，因而距离现实太远。①

（三）政治交易市场：将交易作为分析重点却难以现实操作

在政治活动中，个体也为实现个人利益而进行类似经济市场行为的交易，因而政治也可被视作一个交易市场。传统经济学从资源配置角度出发，从偏好和成本角度考察个人选择行为。布坎南认为个人的偏好和成本都是难以观察到的，但"交易"则是可见的。因此，经济学应集中研究广义交易的起源、所有权及制度安排，关注交易过程的改进而非资源的配置。同样地，这种交易也在制度规则下进行，要改善政治活动，就必须改善交易规则和制度。有学者对交易视角的引入给予了高度的评价，认为其是对政治制度分析的创新，政府与市场都成为使合作得以进行的制度工具，是组织交易的方式，两者不再有质的差别。将政治制度研究纳入经济学中，将政治现象和经济现象的分析统一到经济学的分析框架下，经济中的组织行为与政治中的集体行动都是个体间交易的结果。但是，对于布坎南以过程来衡量效率的方法，桑德莫认为意义有限，指出大部分人可能并不能清楚区分过程和结果，另外个人对过程的判断往往也是基于预期的结果，因而单纯地以过程来衡量没有太大意义；对于布坎南对制度结构的强

---

① Bart Engelen, Thinking "Things Through: The Value and Limitations of James Buchanan's Public Choice Theory," *Review of Political Economy* 2（19）（2007）：165~180.

调，他认为布坎南在怀疑政府能否发挥调控作用的同时，又过度相信政府会按照个体选定的规则办事，这无疑落入了他自己所批判的凯恩斯主义规范分析的套路。

（四）在税收分析方法、税收立宪和预算平衡上的局限性

一般均衡分析框架革新了传统税收分析方法却难以得到推广。随着凯恩斯主义的实行，政府的职能范围不断扩展，财政也从传统的收支管理转为政府配置资源、调节收入分配和稳定经济的工具。但布坎南指出这种公共财政理论有方法论缺陷：一方面传统财政理论将政府的行为逻辑区别于一般社会团体，前者被作为一个追求公共利益的组织，而后者则被认为是自利的群体；另一方面传统财政分析将税收和支出割裂开来研究，运用的是局部均衡而非一般均衡的分析框架。因此，布坎南将公共选择理论应用于公共财政领域，视公共财政为一个集体行动问题，个人的选择决定了公共物品的供给方式和供给规模。传统的财政理论往往研究私人活动领域中的个人行为，而没有充分考察公共活动领域中的个人行为。① 他采用一般均衡分析框架，将税收和支出结合起来研究，假设税收是个人为公共物品支付的价格，以此来研究民主社会中个人偏好如何形成社会偏好，进而影响政府公共经济决策的问题。近年来流行的对政府财政支出的考察和财政理论中一般均衡分析框架的运用，很大程度上是布坎南的贡献。布坎南的研究将政治结构带入公共财政问题研究中，推动了公共财政理论的发展。他破除了对政府“仁慈的分配者”的简单化考虑，提升了财政研究的层次。但是，也有学者认为布坎南的税收模型过于简化，难以推广。他的税收模型建立在单一税制的假设基础上，个人的公共物品的税收价格比较容易被观察到，然而现实世界中的税制都是多种税共同构成的复合税制，这种对应就比较困难。

在税收立宪方案中个人行为假设过强。传统税收研究的主题集中在税收归宿理论上，研究在税收数量一定时福利损失最小的税收制度，而不考虑个体的福利损益情况。布坎南认为政府也是经济人，会寻求自身利益的

---

① 〔美〕詹姆斯 M. 布坎南：《民主财政论：财政制度和个人选择》，穆怀朋译，商务印书馆，1998，第 15 页。

最大化，因而要制定有效的财政制度来限制政府税收的扩张。他提倡"税收立宪"，即限制要在立宪阶段做出，由选民投票选定，一旦确定就应相对稳定，不可随意更改。在税收选择时，布坎南假定选民要预测自身所承受的成本，这就需要预测其他人的选择，因为其他人是否同意会影响到税基的大小进而影响到税率的高低。对于布坎南的税收立宪方案，不少学者质疑了其行为假设的可靠性，认为布坎南的逻辑存在"后发者因之而发"的问题，对于选民或政治家为何会愿意对财政加以税收立宪的限制没有说明，缺少理论论证。也有学者认为布坎南的个人行为假设过强，因为纳税人也可以通过限制政府支出而非税收来实现对公共财政的控制。此外，对于布坎南的税率预测假定，有学者认为是不必要的，因为政府在设定税率时往往已经考虑到了纳税人可能的反应，税率是提前定好的，真正的问题是政府准确地制定这个税率的能力问题。

预算平衡原则过于理想化，难以在现实中执行。在凯恩斯主义的指导下，西方国家普遍推行赤字财政政策，不断增加公债发行，强化税收功能，扩大政府开支，政府在经济政治生活中的权力范围越来越大，政府规模不断膨胀。针对这种情况，布坎南认为凯恩斯式的公债模式会使税收负担向后代转移，选民有支持公债发行的倾向；公共债务与私人债务原理相同，政府有扩大借贷的倾向；内外债无本质差别。因此，凯恩斯式公债的发行会得到政府和选民的支持而缺乏对其的限制，长期运行会带来永久性的预算赤字、通货膨胀和公共部门收入份额的增长，最终给民主带来致命的伤害。他提出了宪政解决方案，用宪政规则限制政府赤字规模的扩张，呼吁回归到古典财政理论的预算平衡原则。

不少学者对布坎南的论证逻辑进行了否定。首先，有学者认为布坎南税收负担向后代转移的命题论证不当。布坎南用政府生产所耗费的资源来定义"实际负担"，认为后代会承担这种生产不合理的成本。资源生产决策是否合理不能由结果来评判，当下的生产决策是当下最优的选择。按照布坎南用资源耗费来定义负担的方法，当下的资源被用来满足当下的生产决策，成本就是由当期的民众来承担，不管政府有没有通过征税或者发债来筹集资金，这种成本都不会由后代来承担，且负担不是由债务就是由税收来承担，个人总是免不了支付的责任。其次，对于布坎南的公债与私债相同的命题，有学者指出他对于债务的分析仍显粗糙，没有区分地方政府债务与联邦政府债务。另外，现实中公债有着与私债显著不同的特点，如公债债务人能够设计偿还方式并且不受限制，不能被强制要求偿还债务，而且还会强制要求债权人帮助偿还债务，公债债务工具有更强的货币性。这些不同都会带来公债和私债根本性的差别。再次，有学者否定了布坎南内外债相同的命题。内外债之间至少有四个差别：一个国家的国内总收入（偿还内债所用）与外汇收入（偿还外债所用）之间没有必然联系；外债偿付方式可能不会为债权方接受；外债缺少货币政策等调整工具；外债在特殊条件下可以不偿还。这些差别也构成内外债之间的本质不同。布坎南的理论建立在理想条件基础上，与现实有很大的差别，这限制了它的意义。同时，布坎南用某一时点上偿债所需的资源耗费量来比较两者的成本不具有可行性，也很难作为说明两者相同的依据；布坎南所建议的以直接债务创造为公共支出的融资方式在现实中也容易遭到政策的限制和公众的反对。此外，布坎南在分析中存在货币分析与现实经济分析的混淆，布坎南有时认为债务会增加总体财富，因为私人会把对政府债券投资的未来收益视作当下的实际财富，但有时他又认为货币的创造和相应的公共项目的融资不会增加社会财富。

（五）宪政经济学分析环节的缺失

布坎南宪政规则分析环节缺失，概念模糊。布坎南从交易的角度定义经济学，将经济学的研究内容定位于交易的起源、所有权及制度安排上，强调对规则的研究。这就涉及两个方面，一是宪政政治层次，这是决定政治框架本身的决策；二是普通政治层次，是日常运行中的政治决策。前者所确定的规则是后者运行的依据。相较而言，布坎南更关注的是“宪政政治”层次决策规则的选择，认为它是人类最重要的政治活动。在第一个层次的契约选择中，社会的初始状态被假定为，每个人都不确定契约订立之后的自身地位和力量对比，在这种状态下，选民投票选定规则，作为日后政治经济决策的依据。对于布坎南的契约理论，有不少学者指出其存在分析环节缺失的问题。布坎南遗漏了个人最初的份额是如何分配的问题，虽然他隐晦地提出过那是一个讨价还价的问题，但并没有进行详细的阐述，只是把它当作一个想当然的问题，布坎南对契约起点的分析也比较模糊。由于利益是一个相对的概念，起点分析的主要困难在于互益的具体化，而具体化依赖对照某些既定的参考点。一般而言，参考点是指霍布斯的自然状态、洛克的自然政府与自然权利或者是罗尔斯的绝对平等，但布坎南没有采用上述任何起点。他的偏好点似乎是"现状"，但他又不愿意承认现状有所谓的"自动的道德合法性"，因而宪政选择的本性是强加一个不确定之幕，即不管现状如何都要选择一些规则。因此，有学者认为布坎南的这个起点仅仅是个设想而很难知道实际将会怎样。同样地，对于环节缺失问题，布坎南没有研究自然状态下的个人会选择帕累托最优契约集中的哪一个，而且布坎南的契约结构单方面地依赖自然状态的均衡，而组织的理性契约期望对自然状态下的个人行为也有反作用，自然均衡点也依赖既定交易结构。另外，也有学者对布坎南的概念使用存在质疑，认为布坎南运用"社会契约论"这一概念是不恰当的，因为社会契约论已被休谟用来说明对政府的限制，但布坎南的"社会契约论"有着更为复杂的含义和应用，采用这个概念不能充分反映他的意旨。

对一致同意原则的质疑：是否公平基础，该如何选择宪政规则。布坎南继承了维克赛尔的思想，采用了"一致同意"规则而非多数同意规则。他认为个体都有各自独立的目的，个体的联合不是追求共同的社会目标，而是为了更好地实现各自的利益，因而不能由社会福利函数的加总来定义公平。只有实行一致同意规则，每个人都实现自身的最优，才能实现社会福利的最优。那么，初始状态下的人们为什么会就宪政规则达成一致同意？布坎南指出，这是由于宪政规则的公共性和交易规模特征，公共性指宪政规则属于基本层面，对每个人具体利益的影响是不确定的，削弱了个人讨价还价的动力；交易规模特征是指宪政规则涉及人数众多，达成的结果对每一个人都适用，抵消了个人去追求纯粹的分配性收益的动力。因此，宪政规则对特定利益的影响是不确定的，个体会受到自利理性的引导，在公平的契约上达成一致。但是，对于布坎南的一致同意原则，有学者质疑其公平基础：一是布坎南用公平作为契约分析的基础，丢弃了休谟所采用的效用基础而并未给出明确的解释；二是布坎南的不确定之幕强调的是公平而非维克赛尔的交易理念，但实际上，个人期望更多的是自身的收益而非全体的公平。也有学者对一致同意原则的现实可行性提出怀疑。一致同意原则的实行有四大现实问题：一是随着对公共决策同意比例要求的提高，个人预期的成本会越来越高，以至于会超过由市场来解决的成本，导致一致同意原则的不可行；二是布坎南将“每个人都会获益”的知识等同于做出一致同意的决策，忽略了在达成一致中的讨价还价的过程；三是整体上的最优可能会存在内部收益结构上的差别，也会导致一致同意不可能实现；四是布坎南的模型只有一个等级、一个政治经济决策，在应用到大规模问题以及持续性的决策时，由于选民内部的同意结构以及在渐进过程中的边际收益的改变，该模型会失去效用。一致同意原则在现实中的应用会阻止任何改善现有制度的努力，因为任何制度的改进都会有人受损、有人受益，无法取得一致同意。

学界对布坎南关于公共产品的私人合作治理方案也存在争议。布坎南认为政府也是经济人，有自身的特殊利益追求，不是追求公共利益最大化的组织，所以它并不总是提供公共物品的最优选择，而应尽可能多地考虑通过资源所有者之间的合作来提供公共物品。布坎南研究了俱乐部的规模问题，指出俱乐部规模的最优点是成本分担与边际拥挤之间的均衡。这样，他就将私人组织纳入经济分析中，提供了公共物品的私人合作治理方案。有不少学者对布坎南的私人合作治理方案提出质疑，认为布坎南的推理有严重的逻辑缺陷。首先，当人数增多时，个人没有得到激励去投入成本解决集体问题，因为个人即使不投入成本也可以获得跟其他人同样的收益。其次，布坎南所提供的私人合作治理成功的案例，解决的并不是外部性而是规模经济问题。他将形成自愿组织的潜在收益定义为外部性的机会成本，这样外部性就成了一个非常宽泛的概念，只要是未开发的利润机会都变成了外部性。用这样的分析来否定政府在公共物品提供中的作用，不具有说服力。一个国家与一个俱乐部有本质的不同，因为国家具有强制力，不能将俱乐部理论简单地推广到国家。布坎南的俱乐部理论中没有论证投票的均衡点是否存在，而这恰恰是一个重要的环节。但也有学者充分肯定了布坎南对于私人合作治理方案的意义，认为他构建了一个两阶段的契约模型，论证了在选民结构非同质的情况下，可以按其倾向将选民分成一个个同质的次级小组，每个小组内部在一个“去中心化”的环境下进行投票，最终可以实现帕累托最优的效率结果。这是对布坎南治理理论的一个补充，也可以视作对布坎南贡献的一个肯定。此外，2009年诺贝尔经济学奖获得者埃莉诺·奥斯特罗姆（Elinor Ostrom）高度肯定了布坎南的治理理论，指出布坎南对她的研究有很大的贡献，《赞同的计算：立宪民主的逻辑基础》一书启发了她对市民自组织局限的认识，并影响了她在大城市地区的一系列研究。她还认为，近些年来有关公共池塘资源使用者自组织问题的研究在很大程度上也受到布坎南的影响，这是对布坎南在私人治理问题上所做贡献的充分肯定。

参考文献

〔美〕柏坎南：《实证经济学、福利经济学和政治经济学》，郭家麟译，《现代外国哲学社会科学文摘》1961 年第 4 期。

〔美〕布坎南：《自由、市场与国家：20 世纪 80 年代的政治经济学》，吴良健、桑伍、曾获译，北京经济学院出版社，1988。

〔美〕罗纳德·哈里·科斯：《企业、市场与法律》，盛洪、陈郁译，格致出版社、上海三联书店、上海人民出版社，2009。

〔美〕詹姆斯·M. 布坎南：《民主财政论：财政制度和个人选择》，穆怀朋译，商务印书馆，1998。

〔美〕詹姆斯·M. 布坎南：《自由、市场与国家——80 年代的政治经济学》，平新乔、莫扶民译，上海三联书店，1989。

白永秀、任保平：《影响世界的 20 位西方经济学家思想述评》，中国经济出版社，2011。

宏泰顾问：《诠释诺贝尔经济学大师的智慧》，中国纺织出版社，2004。

姚开建主编《经济学说史》，中国人民大学出版社，2003。

Bart Engelen, "Thinking Things Through: The Value and Limitations of James Buchanan's Public Choice Theory," *Review of Political Economy* 2 (19) (2007).

第十七章

罗纳德·科斯

产权理论的创始人

Ronald Coase

罗纳德·哈里·科斯（Ronald Harry Coase，1910~2013）是英国经济学家，新制度经济学开创者和代表人物，1991年获得诺贝尔经济学奖。科斯出生于英国，在伦敦大学攻读完博士，随后去美国的几所大学担任教授。其间先后出版了两本著作，并公开发表了多篇文章，主要学术贡献是提出了产权理论和交易成本理论，对经济学的影响很大。但是，科斯的经济学思想因其局限性而受到经济学家的质疑和批评，尤其是他的方法论思想没有经本人系统梳理和概括而使这个学派和学科的发展与他最早主张的观点逐渐开始背离。

一　芝加哥的法律经济学家

科斯于1910年12月29日出生于伦敦近郊威尔斯登的一个邮电工人家庭，腿部患疾，常需要铁质零件辅助。1929年10月，科斯进入伦敦政治经济学院学习商科课程，在那里遇到了对他有重要影响的老师——以前在南非开普敦大学任教的阿诺德·普兰特（Arnold Plant）教授。1931年科斯获得一笔欧奈斯特·卡塞尔爵士旅行奖学金，在美国度过了一年的学习时光，开始研究美国的工业结构。1934~1935年，他在利物浦大学作为助理讲师任教。1935~1951年，科斯在伦敦政治经济学院先后任助理讲师、讲师和高级讲师，被指定讲授公用事业经济学，开始研究英国的公用事业特别是邮局和广播事业。1940年，科斯进入政府做统计工作，先后在森林委员会、中央统计局和战时内阁办公室工作过。1946年，他回到伦敦政治经济学院负责讲授主要经济学课程——经济学原理。1951年，科斯获得伦敦大学理学博士学位，同年移民美国，先后在美国布法罗大学和弗吉尼亚大学任经济学教授。1964 年以后，科斯加入美国芝加哥大学法学院经济学，和另一位著名法律经济学家、芝加哥经济学派代表人物阿伦·迪雷克托（Aaron Director）共同担任《法学与经济学杂志》（*Journal of Law & Economics*）主编。1979 年，科斯被授予“美国经济学会杰出会士”称号，他长期在芝加哥大学任教直到 1982 年退休，成为芝加哥大学经济学派重要人物之一。科斯退休后任芝加哥大学法学院慕瑟经济学荣誉教授及法律与经济学资深研究员。他还是新制度经济学国际学会的创始人和第一任主席，在 81 岁高龄时获得 1991 年度诺贝尔经济学奖，2013 年 9 月 2 日在美国去世。

二　产权经济学、交易费用经济学、法律经济学

在长达数十年的学术生涯中，科斯写过的所有文章加起来也就是 10 多万字。科斯在早年求学中并没有经过正规严格的经济学训练，不擅长数学，公开身份是法学教授，他的著作却开启了经济学三个新的学术方向，即产权经济学、交易费用经济学和法律经济学。科斯的文章从不用数学公式，却在被数学模型统治的西方主流经济学圈子里获得极高的认可。《企业的性质》（1937）、《社会成本问题》（1960）是他具有代表性的文章。现将《企业的性质》《社会成本问题》的主要内容介绍如下。

（一）《企业的性质》

《企业的性质》探讨了企业规模的问题，科斯认为企业的扩大必须达到一点，即在企业内部组织一笔额外交易的成本等于在公开市场上完成这笔交易所需的成本，或者等于由另一个企业家来组织这笔交易的成本。当企业扩大时，企业内部每追加一笔额外的交易，企业内部交易的边际成本是递增的。其原因是当企业内部交易增加时，企业家不能更准确地将生产要素用在它们价值最大的地方。而企业内部没有价格信号，资源配置到哪个方面主要取决于企业家的自我感觉、经验和判断，随着内部交易的扩大，各种生产要素的调配也更加复杂，经验和判断的失误也逐渐增多，这就使新增的资源的使用效率逐渐降低，也就决定了企业不可能无限制地扩大，以至于完全替代市场的作用。企业扩张造成的交易多样性约束了企业家的才能，使企业扩大时效率趋于下降。

《企业的性质》中提出了企业的显著特征就是作为价格机制的替代物这一论断，他列举了两种企业出现的理由：一是相对独立性或是指挥欲倾向的存在；二是购买者较之以其他方式生产的商品更偏爱由企业生产的商品。进而他提出了市场的运行是有成本的，通过形成一个组织，并允许某个权威来支配资源就能节约某些市场运行成本。当存在企业时，某一生产要素与企业内部同它合作的其他一些生产要素签订一系列的契约的数目大大减少，一系列的契约被一个契约替代。

（二）《社会成本问题》

科斯在《社会成本问题》一文中主要讨论对他人产生有害影响的工商企业的行为（如工厂放出的烟尘对邻居的影响）。对于这种情况，传统经济分析遵循庇古在《福利经济学》中提出的观点，抓住私人产品和社会产品的矛盾，得出了让排烟的厂主赔偿损失，或对其课征“庇古”税，或令其迁走的纠正办法。科斯却认为，这种由于甲损害乙的利益，所以应该制止甲的传统做法，错误地掩盖了问题的实质。实际上这种外部效应问题具有不兼容性。避免甲对乙的损害，将会使甲遭受损害，必须解决的真正问题是允许甲损害乙，还是允许乙制止损害，关键在于避免较严重的损害，并且应当从总体的和边际的角度来认识问题。

科斯以养牛者走失的牛损坏毗邻的农夫土地上种植的谷物一例作为分析的起点，假设了这样两种相反的情况。一种情况是令养牛者对损害负责任，也就是说，农夫有谷物不受损害的权利，养牛者没有让牛损害谷物的权利。因此养牛者要赔偿全部损失。在这种情况下，只要付费，牛就能吃谷，牛群的规模应是牛多吃谷物增加的价值恰好等于谷物的边际损失。另一种情况是养牛者对损害不负责任，也就是说，他有让牛吃谷物的权利，不必赔偿由此造成的损害。在这种情况下，由于农夫可将谷物损失的价值转移给养牛者，所以牛群的规模不会增加。通过简化的算术例子，科斯引出了以下结论：有必要知道损害方是否对引起的损失负责，因为如果没有这种权利的初始界定，就不存在权利转让和重新组合的市场交易。但是，如果定价制度的运行毫无成本，最终的结果（产值最大化）是不受法律状况影响的。换句话说，如果交易成本为零，那么在引起损害的企业对损害结果不承担责任情况下的资源配置就同该企业承担责任时的情况一样。

然而，科斯本人却不愿停留在这个交易成本为零的所谓的科斯世界里。他在 1980 年发表的《〈社会成本问题〉的注释》一文中指出，科斯世界正是他极力说服经济学家离开的世界，传统经济学错就错在忽略了交易成本。人们应该研究存在正交易成本的现实世界，在这个世界中，法律制度至关重要。由于市场中交易的东西不是像传统经济学所认为的实物，而是采取的行动和人拥有的、由法律设置的权利，所以在交易费用为正的现实世界上，法律制度将会对经济体系的运行产生深远的影响。权利应该配置给那些能最富有生产性地使用它们的人，应该探索这样一种有效的产权制度。如果不对交易赖以进行的制度详细地加以规定，新古典经济学关于交换过程的讨论就毫无意义。

在《社会成本问题》中，科斯还对正交易成本进行了讨论。首先，发现交易对象，交流交易愿望和方式，谈判、缔约和履约都有成本；其次，如果这些成本大于权利调整带来的产值增加，禁令或赔偿就可能使权利的市场调整停止或不发生，因此，合法权利的初始界定会对经济运行的效率产生影响；再次，这时有利的权利调整也要由法律来确定，不然，转移和合并权利的高成本会使最佳配置和最大产值无法实现；最后，经济组织能以低于市场的成本获得有效的结果。考虑高昂的交易成本会对市场交易产生阻碍，科斯探讨了企业、政府和法院在降低市场交易成本方面的作用，但并未明确指出何者最优。一是由企业取代市场来配置资源——由于企业获得了所有各方面的合法权利，所以在企业内部，要素组合中的讨价还价被取消，行政指令取代了市场交易，企业活动的重新安排不再是用契约对权利进行调整的结果，而是行政决定的结果。二是政府直接管制，这不是制定可由市场调整权利的法律，而是强制规定人们必须做什么和不许做什么，并要求人们服从。政府作为“超级企业”所拥有的权威可以消除不少麻烦，但这种办法也有成本，只有在其他办法无效时才会被采用。三是法院直接影响经济行为。法院在判决时就应该了解和考虑判决对经济的影响，显然，即使在科斯世界里，这样做也能减少交易成本和节约资源。但应明白，法院做出的实际上是关于资源使用的经济判决，这就启示人们，在界定权利这种属于法律范畴的问题上，经济学也大有用武之地。

科斯在《社会成本问题》结束时指出，土地所有者实际拥有的是实施一定行为的权利，对个人权利无限制的制度实际上就是无权利的制度，权利也是生产要素，在设计经济运行制度时，应该考虑总成本和总效果。这些意见的确耐人寻味，发人深思。①

三　企业的边界

科斯之所以获得诺贝尔经济学奖，是因为他揭示并澄清了经济制度结构和函数中交易费用和产权的重要性。换句话说，发现并阐明了交换成本和产权在经济组织和制度结构中的重要性及其在经济活动中的作用。具体来讲，他的主要学术贡献体现在以下几个方面。

（一）提出产权理论

科斯是产权理论的创始人。他惊人的洞察力早在 1937 年发表的《企业的性质》一文中就体现出来了，该文阐明了产权理论的一些基本概念，但是当时并没有引起人们太多关注。沉默了近 50 年后，20 世纪 80 年代随着新自由主义思潮的高涨，该理论受到重视，并受到学界高度评价和追捧。

科斯的产权理论思想在他的著名论文《联邦通讯委员会》中有具体体现。文中分析了英国无线电领域争夺频率而产生混乱状况的原因和具体的解决办法，认为无线电频率使用混乱是因为没有明晰的产权，市场价格机制无法发挥其作用，而不是因为缺少政府管制和缺乏价格的竞争机制。明确的产权关系是交易的前提，所有权和使用权不清楚的话，市场的价格机制也就失灵了，解决这个问题的最好办法是政府制定合理明确的产权制度。换句话说，如果政府能够对某一个波段的频率使用权进行确权，只归于某个公司，而其他的广播台不能使用这个波段的频率，那么就产生了广播台通过价格竞争机制获得某一波段的频率的激励。这时我们看到了资源得到最优配置的结果，即政府把频率卖给出价最高的广播站，广播站也可以通过成本收益分析自己是否能够继续获利。

后人将科斯的产权理论思想归纳为两个定理，并统称为“科斯定理”。科斯第一定理讲的是，在交易成本为零的情况下，不管产权如何进行初始

---

①　宏泰顾问：《诠释诺贝尔经济学大师的智慧》，中国纺织出版社，2004，第 218~220 页。

配置，当事人之间的谈判都会导致这些资源最大化的安排。科斯第二定理告诉我们，在交易成本不为零的情况下，不同的产权界定会带来不同的资源配置。补充说明一点，科斯本人对自己的理论并没有给出一个明确的说法，是后人对他的研究进行总结概括并命名为“科斯定理”。

（二）提出交易成本理论

交易成本的概念覆盖了科斯一生大部分的经济学思想。他在《企业的性质》一文中首次引入了“交易成本”的概念，用来解释企业为什么存在。这个长久以来被当作既定事实的问题开启了企业理论的研究，文中探讨了如果世界是一个没有交易成本的世界，那么企业根本没有存在的必要，拥有不同生产要素的个体之间通过自由交易和契约，就能满足生产的需要并生产出人们需要的商品；但现实世界是一个存在交易成本的世界，即生产可能面临随时违约的风险以及各种不确定因素，这使生产成本有提高的可能。为了降低这种交易成本，企业这个组织形式就应运而生了。所谓交易成本，就是利用价格机制的费用或利用市场的交换手段进行交易的费用，其中包括提供价格的费用、讨价还价的费用、订立和执行合同的费用等。科斯认为，当市场交易成本高于组织内部的管理协调成本时，企业便产生了。企业的存在正是为了节约市场交易成本，即用费用较低的企业内交易代替费用较高的市场交易；当市场交易的边际成本等于企业内部管理协调的边际成本时，企业便不必再扩张规模，因为企业内部交易的边际成本一旦大于市场交易的边际成本，那么企业直接从市场上购买更划算，没有自己生产的必要了。

《社会成本问题》再次提到交易费用的问题，重新研究了交易费用为零时合约行为的特征，批评了庇古通过政府征税解决“外部性”的补偿原则，论证了市场交易即使在出现社会成本即经济活动产生外部效应时，在产权明确的前提下也同样有效。

科斯被认为是新制度经济学的鼻祖，开创了新制度经济学对其他重要制度起源进行探讨的先河。他的企业起源理论揭示了交易费用和制度形成的内在联系，即交易费用的存在必然导致制度的产生，因为一个好的制度有利于降低交易费用，制度的技术水平决定了交易成本和生产成本。

（三）科斯的思想对经济学的影响

科斯的理论思想直接为经济学的一个分支奠定了基础——法律经济学，《社会成本问题》就是法律经济学创立里程碑式的作品。法律经济学是利用经济学的方法，诸如“理性人”“成本-收益法”等方法研究法律的一门学科，属于法学与经济学交叉的学科，它的研究目的是使法律的原则被更为清楚地表现出来。

制度经济学研究正式始于科斯的《企业的性质》。该学科把制度作为一种研究对象，研究制度变迁和经济发展之间的影响关系，认为没有制度的约束，市场“看不见的手”将带来社会经济生活的混乱，而不是经济的繁荣。制度经济学的研究曾一度（持续十几年）火热，并逐步发展形成了新制度主义经济学派，代表人物有奥利弗·E. 威廉姆森（Oliver E. Williamson），他曾形象地将交易成本比喻为物理学中的摩擦力。肯尼斯·J. 阿罗（Kenneth J. Arrow）则总结说：“交易成本是经济制度运行的费用。”总之，科斯的交易成本分析制度（企业）起源的理论，在学术界影响很大。

科斯把经济学分为“好的经济学”和“坏的经济学”，并认为“黑板经济学”是坏的经济学。他数十年如一日地批评西方经济学脱离真实世界，是空泛的“黑板经济学”。所谓“黑板经济学”，是指不研究真实世界的经济，而是把主要精力放在研究那些只存在于经济学家头脑想象中的世界。科斯认为，在经济研究和科学追求中虽然思想和想象都极为重要，但是学科的研究对象必须是真实世界，而不是想象的或虚构的。晚年的科斯认为“好的经济学”将产生在中国，中国的经验对全人类非常重要。因为中国的人口最多，而且正在经历着人类历史上最伟大的经济改革实践，更重要的是中国有一批活跃的、充满想象力的经济学家。

科斯认为未来的经济学会成为一门由中国主导的学科。经济学起源于英国，曾一度由英国主导，现在美国处于经济学的主导地位，未来应该由中国主导。在科斯的支持下，研究中国经济发展实践的“科斯中国学会”成立。他在百岁高龄之际，曾经在2008年和2010年两次在芝加哥举办了关于中国改革和经济研究的研讨会，邀请了大批中国的年轻学者、企业家和基层政府官员参加。他认为，对中国正在发生和已经发生的事情的研究和理解，将会极大地帮助我们改进和丰富关于制度结构对经济体系运转的影响的分析。他还对中国的经济学者提出殷切期望："我相信经济增长的秘诀是分工，研究分工就必须考察真实世界。过去半个世纪以来，我一直在呼吁我的同行们从黑板经济学回到真实世界。不过没有什么效果，我的同行们似乎不大愿意听我的劝告。中国有那么多优秀的年轻人，那么多优秀的经济学者，哪怕只有一少部分人去关心真实世界，去研究分工和生产的制度结构，就一定会改变经济学。我始终对中国寄予厚望！"2013 年科斯和中国学者也是他的助手王宁合作出版了一本书《变革中国：市场经济的中国之路》，这本书基于科斯长期以来对中国经济的跟踪观察和研究，从毛泽东时代计划经济谈起，较为系统地梳理了中国如何打破各种市场禁锢成功转型为一个全球市场化的经济重镇，以及这个艰辛、波澜起伏的历程，同时针对中国现在存在的问题，对中国经济的未来给出了一些良方。科斯对中国具有非常特殊的感情，他对中国的热爱感染了很多中国经济学家。但是，科斯从来没有来到过中国，他说这是自己人生最大的遗憾。还是在英国威尔斯登生活的少年时代，科斯就通过阅读《马可波罗游记》对中国产生迷恋，坚信在历史上如此辉煌的中国，也会再次创造奇迹。

四 经济学的制度主义

随着对科斯的理论研究的深入，经济学家逐渐发现了新的问题并意识到其经济学研究的局限性。《社会成本问题》使科斯获得了极大的成功，他早年的《企业的性质》也因此受到了广泛的重视，同时人们开始对《社会成本问题》中的主要观点和分析方法提出异议。

（一）经济学家对科斯定理的批评

新制度经济学派代表人物之一张五常，花了三年时间读科斯的《社会成本问题》，对其提出了批评。张五常是较早运用产权-交易成本理论分析中国经济问题的经济学家，也是在西方主流经济学界有较大影响的中国人。他于 1998 年到香港大学之前在美国待了 23 年之久，导师是阿门·阿尔伯特·阿尔钦（Armen Albert Alchian），同科斯有过密切往来并深受其赞赏以至于被误认为是科斯的学生。张五常曾于 1967 年到芝加哥大学去见科斯，认为《社会成本问题》讲的是合约的局限条件，科斯因此常说只有张五常最懂他的思想。后来，张五常在《中国的前途》一书中对《社会成本问题》提出了批评，指出按照科斯定理的解释，只要政府管制成本小于市场交易成本，那么政府管制就比市场更有效，这就等于科斯以自己的逻辑否定了自己主张的市场自由交易有效性的结论。但是也有人认为科斯说得很清楚，有时过高的交易成本会妨碍市场交易达到资源的最佳配置，这时政府管制不得已成为次优选择。正如科斯在《联邦通讯委员会》文章里所说的："如果市场运行成本大大超过行政机构运行成本，我们可能会默认行政机构由于无知、缺乏弹性以及迫于政治压力所产生的资源分配失误。但是在美国，几乎没有人认为这种事情会在大多数产业中发生。"① 最懂科斯的张五常却不清楚科斯的效率有最优和次优之分。张五常一再强调："科斯定理是关于产权界定及交易成本对议定合约影响的理论。"他认为科斯定理仅指不管财产权属谁，只要被清晰地界定为私有，市场的价格机制便会发生作用，通过财产权利的买卖者互立合约，使资源的使用达到最高的生产总净值。张五常的批评似乎表明了科斯对效率标准是模糊的。

诺奖得主舒尔茨认为零交易费用并不是效率的充分条件，只有在完全竞争的条件下才能使产权明晰的市场交易达到最佳资源配置效率。他在《私人利益的公共利用》一书中指出：除了交易费用外，垄断也是阻碍资源有效配置的因素，垄断企业减少了市场交易费用，按理应成为资源有效配置的有力方式，但事实正好相反，因此，零交易费用并不是效率的充分条件。罗伯特·D. 库特（Robert D. Cote）在《科斯的成本》一文中进一步认为，零交易成本必须同时加上完全竞争的条件才能保证资源的有效配置。他还指出在非竞争条件下人们在谋略上的相互争斗会浪费资源，从"理性人"出发，在交易人数少时交易者可能会掩饰自己的偏好，而交易人数多时交易者可能有"免费搭便车"的动机，这两种交易成本没有被包括在定义的情况下会妨碍自愿交易达到最佳效率。如果严格按照科斯的客观效率标准，舒尔茨和库特的批评就不是没有道理的。帕累托最优的假设条件本来就是无交易摩擦，科斯定理所说的零交易成本中的市场交易能达到最佳效率，与帕累托观点是相似的，并没增加任何信息量。当然也存在

---

① R. H. Coase, "The Federal Communications Commission," *Journal of Law and Economics* 2 (1959): 1~40.

另一种争议，即充分竞争和零交易成本一样是不现实的假定，而零交易成本的科斯定理不过是科斯第二定理的铺垫，若在交易成本不为零的情况下，不同的财产权利界定会带来不同的资源配置效率。这一争议多少流露出对科斯的过分偏袒，既没有回答库特的问题，也没有把握住科斯第二定理的本意，即交易成本不为零时不同的财产权利界定和财产权利调整可能不同程度地偏离最佳资源配置效率。

科斯第二定理也存在一些问题，布坎南对其批评的焦点就是交易成本影响实现最佳效率。布坎南的观点集中在《权利、效率与交易：与交易成本无关》[①] 一文中，他首先指出，科斯定理的零交易成本的修正条件削弱了他论点的力量，这个条件使《社会成本问题》的核心论点含混不清。布坎南明确写这篇论文的目的是除去含混之处，他认为这种含混是由于在基本的概念性原理上发生了混乱，这种混乱从某种程度上说存在于科斯本人及其追随者身上，也存在于科斯的反对者身上。布坎南的说辞是比较客气的，实际上科斯及其追随者根本不可能彻底主张一个没有零交易成本假设的科斯定理，原因之一是他们心目中有一个先定的客观主义效率标准，原因之二是他们不可能从契约论的角度去理解效率问题。

关于第一个原因，布坎南认为科斯提出这个论点时，主要是运用客观上可以衡量的术语，即用独立决定的有害与有利关系的术语来论证。在他的论证中，对于所有进行权利潜在交易的当事人来说，这种有害与有利之间的相互关系是可以识别的。因此，那个唯一的效益最大化或损失极小化的资源配置效率是存在的，并且对于任何一个外部观察者来说，这种资源配置的有效性是在概念上确定的。在达到这个客观决定的有效结果的过程中，自由交易与权利的有效性是通过观察进行检验的。因此，交易过程本身是由应用于评述产生的结果的某种准则来评估的。在配置过程中，存在各种内在的价值尺度，而这种价值尺度与产生资源配置的途径无关。换句话说，只要科斯确实是运用关于结果的准则来讨论配置的效率，那么他的全部分析以及他的许多追随者的解释，都会在许多批评者的辩驳前显得无力，因为客观事实更胜于雄辩。

---

① 〔美〕詹姆斯·M. 布坎南：《自由、市场与国家：80年代的政治经济学》，平新乔、莫扶民译，上海三联书店，1989。

布坎南早在 1959 年的《实证经济学、福利经济学和政治经济学》中就强调了一致性的效率标准。[①] 契约论的效率观是对财产或资源所有权估价的唯一来源，是潜在的交易参加者已显示出来的选择行为，前提是交易公开，没有强制与欺骗，而且参加者在这种交易上达成一致协议。根据定义，这种有效状态也被称为“维克塞尔效率”，“一致性”成为效率的最终唯一的尺度。在这个“一致性”效率标准的基础上，布坎南得出了一个斩钉截铁的结论：“只要在相互关系中所有交易者都能自由地进行交易，并且所有的交易者的权利都是明晰的，那么资源就会按其最有价值的用途进行配置，而根本不需要什么修正条件。”这与科斯定理形成了鲜明对照，也被称为“布坎南定理”。布坎南接着进一步阐明了三种公认的阻碍资源有效配置的障碍，包括信息交流制约（即交易成本或信息成本制约）、免费“搭便车”约束和谋略性行为等，它们与契约论的观点内在一致，换句话说，他认为这些障碍并不构成一致性效率标准的障碍。

首先，对于信息交流制约，他认为自愿交易的定义指的是企业家的交易会努力打破信息交流方向的约束，以保证交易过程中所得到的贸易利益尽可能地最大。他指出：“如果认为是交易成本的障碍使得初始的隔绝环境下的资源利用达不到有效性，这就错了。”其实这句话的潜台词就是，一致性效率承认理性有限和信息不全的现实前提。

其次，个人存在搭便车的动机，这是因为“在一个人数众多的环境中，个人对于会使社会上全体成员获得利益的行为，很少有动力甚至于没有动力去采取行动，他也同样没有动力去获得关于各种选择的信息，去关注全社会范围内的协议的履行。客观上可能会存在为全体成员都赞成的一种完全的交易，但是，在设计与实施这种潜在的协议时，没有一个人或没有一个小集团因充当领袖而得到好处”。之所以认为“搭便车”阻碍效率，那是因为“在法定权利明确的范围内，普通的经济活动会对足够大的人数产生非补偿性的危害，致使交易过程中的谈判解决无法实现”。布坎南反驳上述这个观点，进一步指出：“小心谨慎地区分下列命题是必要的：一是把一致或无冲突当作‘扩大有效率的贸易’的一种检验尺度，二是把一

---

① 〔美〕柏坎南：《实证经济学、福利经济学和政治经济学》，郭家麟译，《现代外国哲学社会科学文摘》1961 年第 4 期，第 12～16 页。

致性当作一种决策规则。”人们忽视这个区别是因为一致同意的规则下往往有一致同意的结果，而“搭便车”正好是一致同意的有效规则下的不能一致同意的特殊结果，由于有效的决策规则并不要求特殊结果符合一致性的检验，故“搭便车”这种无效率的特殊结果的体制环境仍然是有效的，除非人们对改变原有的决策规则达成一致意见。因此，“在给定的体制结构下，通过一种对所有进入者都开放的交易契约过程达到配置结果，这个事实本身就是检验上述结果是否有效率的尺度，并且这是唯一可用的尺度，而用不着诉诸别的所认为的标准”。实际上，“在这种规则或体制运转过程中，客观上绝没有某种检验的手段来检验运转过程是否是有效率的”。有的经济学家主张用专利权来压制“搭便车”行为，布坎南却认为专利权的运用意味着人们达成了一致施行新的附加规则。

最后，至于谋略性行为，布坎南的逻辑仍然同他对信息交流制约的看法相一致，这就是用不着假定交易者在理性、信息或道德上存在完美性。“如果所有与某种政治共同体相关的全体成员都认识到，有时他们会处于一种人数不多的讨价还价的环境中，会成为一种潜在的交易中的卖方或者买方，那么，他们也许会就某种政治立法规则的确立达成一致的协议，因这种政治立法规则会大大降低人们对谋略进行投资的获利性。这样一类规则也许会包含着推动竞争性的交易环境发展的内容，因为不论是实际的竞争还是潜在的竞争，都会大大限制谋略性行为的范围和活动空间”。

布坎南接着提醒说：“请注意，这种一致并非建立在貌似正确的任何观念上，似乎竞争产生了一种客观上有意义的资源有效配置结局。这里的一致性本身就是竞争性的安排是否比别的体制安排更有效率的检验尺度，而用不着客观的别的什么尺度。”至此，对布坎南来说，只有非自愿交易或非明确产权的交易才构成对效率的影响，交易费用、搭便车、谋略行为、不同的产权界定和不同的产权调整都与效率无关，科斯第二定理同科斯第一定理一样不能成立。

（二）科斯经济学方法论思想不同历史阶段的特点

科斯一直具有英国传统知识分子的哲学气质，始终都在关注并深入思考经济学中最接近哲学的经济学方法论问题。在《社会成本问题》中，科斯曾严厉地批评庇古及其追随者的理想主义，但是他自己的方法论所倡导的效率观并没能变得更现实一些，若他能意识到他所创立的确实很有现实性的交易费用概念同帕累托效率一样只在天国不在人间就好了。从历史发展阶段来看，科斯关于方法论的思考在相当长的时间里呈现出随时间推移而不断向更高更深的层次发展演化的特点。只是在晚年，他的方法论思想表述里出现了与其之前的观点相互矛盾或者模糊之处。

20 世纪 30 年代至 70 年代，科斯重要理论著述中的经济学方法论思想开始关注经济学的学科性质。在《企业的性质》里科斯以琼·罗宾逊（Joan Robinson）为对话对象，非常明确地表达出自己的方法论思想，要求理论假设一定要易于处理和真实，但是科斯在文章中并未对这个假设标准给出明确解释。后来有学者推断科斯所谓的易于处理是指学者所使用的假设要便于运用经济学累积的知识和分析技巧，所谓真实性是指关于研究对象的假设要符合生活世界的客观实在。前者保证了经济学研究者之间的顺畅交流，后者是理解和解释经济现象本质特征的关键。在这篇重量级的理论著述中，科斯的方法论思想主要包括：一是充分肯定了当时的新古典分析技巧，但对只以方便使用分析技巧为标准的选择理论持否定态度；二是他心中所默认的经济学的研究对象是包括人、市场、企业等在内的实体，以及这些实体之间关系的客观实在，而不是人类行为的某个特征。后人对这篇文章的方法论思想的解读，很多情况下只注意到了第一条，而对第二条所蕴含的更为关键的方法论思想的信息大多是忽视的。在《边际成本的论争》、《社会成本问题》和《经济学中的灯塔》中，科斯继续使用交易成本这个易于处理又符合生活世界的客观实在的概念，分析了黑板经济学分析方法的不可行，进一步形成比较制度分析方法和关于普适性理论赖以建立的可靠基础的思想。在这些文章中，他进一步推进了自己的方法论思考：一是经济学是一门政策科学，对现实世界有较强的解释性和指导性，因此必须与生活世界密切关联；二是学者关于政策选择的建议必须基于对生活世界所发生事实的考察，而不能基于脱离生活世界的逻辑推演，换句话说，政策选择的基准不能来自想象世界，只能基于真实世界；三是经济学要有普适性理论，但普适性理论不能单纯依赖逻辑演绎，要有客观事实作为其可靠基础。显然，科斯开始有意识地把自己的方法论思考推向更高层次，进入对经济学的学科性质这个原则性问题的反思。

20 世纪 70 年代至 80 年代，早期科斯经济学方法论思想明确了经济学的制度主义。科斯在这个时期有过三次在似乎并不重要的场合发表了三个关于经济学方法论的重要演讲。在 1974 年的“经济学家和公共政策”演讲中，科斯阐述了经济学与政策制定之间的关系，认为经济学家在政策制定中所发挥的作用是非常有限的，毕竟政策制定有其自身的逻辑性，但基于比较制度分析思路，经济学家会对政策制定有积极的影响。在 1975 年的“经济学与相邻学科”演讲中，科斯明确给出了自己关于经济学的制度主义定义，并分析了其与莱昂内尔・罗宾斯（Lionel Robbins）对经济学定义的根本性分歧。他再次强调经济学研究经济体系运行必须立足于对真实世界中的具体制度的考察，而不是依据所谓的理性选择逻辑。在 1981 年的“经济学家应该如何选择”演讲中，科斯批评弗里德曼的实证经济学观点，认为经济学不是一门实证科学，而是一门经验科学，经济学的理论价值在于帮助人们理解经济体系的实际运行，而不是为经济现象提供准确预测。同时，他进一步把自己关于经济学性质的思考推进到有关经济学方法论的思想竞争当中，意识到制度安排会对经济学家的理论选择产生影响。不难发现科斯对经济学方法论立场鲜明，无论是与罗宾斯所定义的主流经济学，还是与弗里德曼所提倡的主流经济学，都有着关于经济学性质和意义的原则性分歧。除此之外，科斯在此期间还发表了其他一些关于方法论问题的思考，比如《马歇尔论方法》（1975）、《亚当・斯密论人性》（1976）、《经济学和生物学》（1978）等，在与上述三个重要演讲所表达的经济学方法论立场保持一致的基础上，重点对归纳与演绎、数学在经济学中的功能以及经济学的人性假设和效用理论进行了反思，其观点也都与主流经济学有着显著差异。

20 世纪 80 年代后期至 2012 年，科斯的经济学方法论思想出现观点模糊和相互矛盾的情况。如果按照思想演化的自然逻辑，或许我们可以预期科斯会把对经济学方法论的思考推进到经济哲学层面，为自己的经济学方法论观点找到认识论依据和哲学基础。然而事实似乎不是这样的，科斯在出版第一本重要论文集《企业、市场与法律》时，他对自己与主流经济学方法论的根本性分歧表述得有些含糊其辞和中庸。在这本论文集中他亲自挑选收录的都是 1975 年之前所发表的重要经济理论著述，在序言中他没再申明自己以前关于经济学性质和理论选择标准等的明确方法论立场，也没有说明自己所选的这些理论性文章与经济学性质的根本性判断之间的逻辑关系，而只是重申了罗宾斯的经济学定义的实质是选择逻辑，这造成依据其定义经济学分析缺乏实质性内容的观点。但同时，他又说了这样一段最容易让人产生歧义的话："本书中的论文与其他经济学文献的区别，并不是它们抛弃了现存的如我所说的体现了选择逻辑和应用广泛的经济学理论，而是它们使用这个理论去检验企业、市场和法律在经济学体系中所发挥的作用。"① 这似乎意味着科斯是用他自己正在批评的选择逻辑去解释自己要研究的制度问题，抑或他是把选择逻辑扩大到制度选择的问题上，而这正是他在"经济学与相邻学科"的演讲中所明确批评过的经济学帝国主义思路。1991 年科斯获诺奖时现场演讲的大致意思是，要承认生产制度结构会转变我们分析经济体系运行和思考经济政策的方式，以及进行相应的经验研究来提高我们对经济体系运行的理解，就必须转变我们分析经济体系运行和思考经济政策的方式进路。这样的表述似乎使我们只能得出科斯的观点，即认为"制度是重要的"，却不能明确看出科斯与主流经济学在方法论上到底有哪些根本性分歧。

在 1994 年科斯的第二本重要论文集《论经济学和经济学家》中收录了科斯 1974 年和之后关于经济学方法论的重要演讲，在简短的序言中他依然没有对自己的方法论立场做明确表示，而是含蓄地表达出版这本文集的愿望，认为正像亚当·斯密所说，某些看起来并不合宜的人类品质往往可能增进社会福利，很大程度上是满足自己的虚荣心。不过，他又补充申明他的三篇文章所表达的观点与绝大多数经济学家所持有的观点有显著差别。没有人能理解科斯为什么会在最能充分展示自己思想和立场的重要场合对自己的方法论观点表达得有些含糊和中庸，而且科斯在之后的演讲和访谈中为什么又一反前期的中庸和含糊，表现出呼吁经济学进行彻底变革的激进态度，尤其是 2012 年发表于《哈佛商业评论》上的文章呼吁"Saving Economics from the Economists"。简而言之，经济学的发展是动态的，这种动态的发展自然也会引起科斯在不同时期的观点和思想的波动，尤其是当代经济学较之以前对数学工具的运用更多也更得心应手，同时也更注重对制度的深入分析。

---

① 〔美〕罗纳德·哈里·科斯：《企业、市场与法律》，盛洪、陈郁译，格致出版社、上海三联书店、上海人民出版社，2009。

科斯的经济学方法论在不同时期著述上的这些特点，必然使后人对他的思想的研究产生以下问题。

第一，让人怀疑科斯本人是否重视自己的方法论思想，因为总体来说科斯的方法论思想是比较分散、不系统的，而较为集中和系统的论述大多又发表在不重要的演讲场合或书评、学术人物回忆的文章中。

第二，科斯方法论思想的渐进演化性和后期有关著述的相互矛盾，容易使研究者通过截取其著作中几段论述进行运用而不顾及其与方法论整体的内在关联，甚至会误导研究者断章取义。

第三，科斯并没有对自己具体方法论思想的全过程进行系统的阐述，具体来说，在他的著述里既没有关于方法论哲学基础的观点，也没有交代关于自己形成这些观点的思想渊源，使后来的研究者不得不借助于其他相关资料来推测、判断他的思想起源，以进一步了解其思想实质。

第四，科斯本人可能逐渐意识到学派和学科的发展方向已经与他想要坚持的方法论立场出现了越来越大的背离。科斯身处芝加哥大学经济学重镇，亲眼所见经济学发展进程中各种方法论思想的剧烈交锋，这必然使他在他漫长的学术生涯中潜移默化地对论战各方的思想观点进行思考和吸收，所以他的思想基础应该要比他本人所描述的更为庞杂和广泛。

若我们单纯从他本人的论述来理解他的方法论立场，很可能产生某种偏差。更重要的是，对以科斯为创始人的新制度经济学流派和法与经济学而言，如果不能正确理解科斯本人所持有的方法论立场，就会极大地影响学派和学科的发展，也很容易使学派和学科内部的方法论立场的分歧和差异不断扩大，甚至走向反面。事实也是如此，科斯生前只是在他获得诺贝尔经济学奖前后的几年里，对新制度经济学的发展充满信心，而在此后较长的时间里，他越来越担忧其发展前景，甚至对法与经济学的发展表现出意外的冷漠，尽管新制度经济学和法与经济学都得到了研究者越来越多的关注。

参考文献

〔美〕R. 科斯、A. 阿尔钦、D. 诺斯等：《财产权利与制度变迁：产权学派与新制度学派译文集》，上海三联书店，1991。

〔美〕柏坎南：《实证经济学、福利经济学和政治经济学》，郭家麟译，《现代外国哲学社会科学文摘》1961年第4期。

〔美〕罗纳德·哈里·科斯：《企业、市场和法律》，盛洪、陈郁译，格致出版社、上海三联书店、上海人民出版社，2009。

〔美〕詹姆斯·M. 布坎南：《自由、市场与国家——80年代的政治经济学》，平新乔、莫扶民译，上海三联书店，1989。

姚开建主编《经济学说史》，中国人民大学出版社，2003。

R. H. Coase, "The Federal Communications Commission," *Journal of Law and Economics* 2 (1959).

第十八章

道格拉斯·诺思

新制度经济学的代表人物

Douglass North

道格拉斯 · C. 诺思（Douglass C. North，1920~2015），美国著名经济学家与经济史学家，诺思较早地借鉴新古典经济学和经济计量学的理论方法来研究经济史问题，成为新制度经济学的奠基者，建立了包括产权理论、国家理论和意识形态理论在内的“制度变迁理论”。他于 1993 年获得诺贝尔经济学奖。

一　“为改善社会而工作”

诺思于 1920 年 11 月 5 日出生在美国马萨诸塞州坎布里奇市。他父亲是附近一个镇上的大都会人寿保险公司经理。由于他父亲业务的原因，他们几次搬家，诺思的小学及中学教育不断因转学而中断。他的母亲是一个聪明、有求知欲，且充满好奇心的人，对诺思的智力发展起了重要的作用。诺思的姑母和叔父也对他的成长有重要影响，他们带他进入古典音乐的世界。

诺思先是考上了哈佛大学，后因搬家选择就读于加利福尼亚大学伯克利分校。诺思于 1942 年获得加利福尼亚大学伯克利分校学士学位，1950~1951 年任华盛顿大学执行助理教授，1952 年获得加利福尼亚大学伯克利分校博士学位，1951~1956 年成为西雅图华盛顿大学助理教授，1956~1960 年成为西雅图华盛顿大学副教授，1960 年担任《经济史杂志》副主编，1960~1983 年成为西雅图华盛顿大学经济学教授，1981~1982 年担任剑桥大学庇特美国机构（Pitt Professor of American Institutions）教授，1983 年到圣路易斯华盛顿大学任教，担任该大学经济系卢斯讲座教授。

诺思的生活丰富多彩，除了进行学术研究外，他还爱好摄影，喜欢和朋友一起垂钓或打猎，他还会驾驶飞机，1960 年他拥有了一架私人飞机。他很重视好的食物和酒。此外，音乐始终是他生活中一个重要部分。他有两个牧场，一个在加州北部，一个在华盛顿州。诺思曾于 2002 年到中国参观访问，并到北京大学做了学术演讲。诺思于 2015 年 11 月 23 日逝世于密歇根州家中，享年 95 岁。

二　新经济史的开拓性贡献

诺思的主要著作包括《1790~1860 年的美国经济增长》（1966）、《制度变迁与美国经济的增长》［与兰斯·戴维斯（Lance Davis）合著，1971］、《西方世界的兴起：新的经济史》［与罗伯特·托马斯（Robert Thomas）合著，1973］、《经济史中的结构与变迁》（1981）、《制度、制度变迁与经济绩效》（1990）等。现将代表性著作的主要内容介绍如下。

（一）《西方世界的兴起：新的经济史》

《西方世界的兴起：新的经济史》是新经济史学的代表作之一。诺思在书中对西方近代民族国家兴起这一问题进行探讨时采取了不同于过去的论述方法，运用了交易成本理论、公共产品理论以及产权理论，从而被认为实现了“经济史和经济理论的统一”。全书共分为三篇 12 个章节，分别从人口、经济、社会、政治四个方面对公元 900~1700 年的欧洲进行介绍和分析。作者通过回顾欧洲经济发展历程，引导人们从产权体系和社会制度漫长的孕育过程中寻找经济增长的原因，得出了该书的核心观点：有效率的经济组织是经济增长的关键，一个有效率的经济组织在西欧的发展正是西方兴起的原因所在。有效率的经济组织需要在制度上做出安排和确立产权以便产生一种激励，将个人的经济努力变成使私人收益率接近社会收益率的活动。作者深入地考察了西方经济的发展与财产权属关系演化的联系，从历史发展进程的角度，揭示西方经济在近代以来之所以有突破性的发展，完全在于财产权属的不断明晰。作者强调了“制度变革”的重要性，将技术革新、规模经济、教育和资本积累本身看作经济增长，而不是经济增长的源泉。该书的观点引起了西方经济学界很大的兴趣，在新经济史学研究领域不断有追随者和效仿者出现。

（二）《制度、制度变迁与经济绩效》

《制度、制度变迁与经济绩效》是诺思最主要的理论著作之一，已成为当代制度经济学理论中的一部经典文献。该书的内容分为三个部分：第一部分探讨了制度研究的方法基础，并解释了制度的基本概念；第二部分阐述了制度变迁的一般理论；第三部分分析了制度对经济绩效的影响。在《制度、制度变迁与经济绩效》一书中，诺思将制度研究融入经济绩效，建立了一个完整的分析制度及制度变迁的理论框架，揭示了制度在经济绩效中的作用。诺思认为制度是一个社会的博弈规则，其作用在于减少人们交易的不确定性，在一定程度上界定或者限制了人们的选择。制度由正式的规则、非正式的约束以及它们的实施特征三个基本部分构成。诺思指出，制度是理解政治与经济之间的关系以及这种相互关系对经济成长（或停滞、衰退）影响的关键，制度变迁决定了人类历史中的社会演化方式，因而是理解历史变迁的关键。诺思在书中强调历史的重要性，其重要性不仅在于我们可以从历史中获取知识，还在于种种社会制度的连续性把现在、未来与过去联结在了一起，且只有在制度演化的历史话语中，才能理解过去。将制度整合到经济理论与经济史的分析中去，是改进二者最重要的步骤之一。诺思运用现代经济理论和计量方法对过去的经济发展进行了重新研究，证明了稳定的制度对经济增长的重要性，为推动经济史的研究做出了开拓性的贡献。

三　用制度解释历史

诺思是当代经济史学界最受瞩目的大师之一，他对经济学的贡献主要包括三个方面：①用制度经济学的方法来解释历史上的经济增长；②重新论证了包括产权制度在内的制度作用；③将新古典经济学中没有涉及的内容——制度，作为内生变量运用到经济研究中，特别是将产权制度、意识形态、国家、伦理道德等作为经济演进和经济发展的变量，极大地发展了制度变迁理论。

诺思将产权理论、国家理论和意识形态理论整合在一个理论框架中，它们互相渗透、互相辅助，构成了制度变迁理论的三大内容。其分析框架为：所有权是人类物质交换的先决条件，所有权结构的效率引起经济增长、停滞或经济衰退；国家则规定所有权的结构并最终对所有权结构的效率负责；意识形态提供一种价值和信念，是个人与社会达成协议的一种节约费用的工具，具有确认现行制度的合法性或实现某些团结的功能。

（一）产权理论

长期以来，大多数经济学家和经济史学家认为技术变革是近代西方经济增长的最主要原因。理论界也一直把近代的产业革命看作欧洲经济增长的原点。后来也有一些学者对这一结论进一步细化，从技术变革等因素中分解出更为深入的见地，并认为人力资本的投资是西方经济增长的关键性因素。20世纪60~70年代，西方经济学界又有人开始探索市场信息成本下降对经济增长的影响。所有这些努力对于经济增长理论的发展都是有贡献的。然而，诺思认为，这些被经济学家和经济史学家所接受的经济增长的因素在解释经济增长方面“显然存在漏洞”。他指出，使我们疑惑不解的是，如果经济增长所需要的就是投资和创新，为什么有些社会具备了这些条件却没有如意的结局呢？他进一步指明，我们列出的原因（创新、规模经济、教育、资本积累等）并不是经济增长的原因。

诺思提出了自己独到的见解，他指出，除非现行经济组织是有效率的，否则经济增长不会简单地发生，即有效率的经济组织是经济增长的关键。因而，他认为一个有效率的经济组织在西欧的发展才是西方兴起的原因所在。而要保持经济组织的效率，就需要在制度上做出安排并确立产权，以便造成一种刺激，将个人的经济努力变成私人收益率接近社会收益率的活动。诺思进一步解释说：“所有权理论对于说明人类为减少交易费用和组织交易而发明的各种经济组织是必不可少的。”① 所有权的出现是“国家统治者的期望与交易双方为减少交易费用所做的努力之间紧张状态不断加剧的后果”②。

① 〔美〕道格拉斯·C. 诺思：《经济史上的结构和变革》，厉以平译，商务印书馆，1992，第168页。

② 〔美〕道格拉斯·C. 诺思：《经济史上的结构和变革》，厉以平译，商务印书馆，1992，第18页。

诺思认为，有效率的产权制度对经济增长起着决定性作用，一方面是产权制度的基本功效发挥与资源的配置效率有关，另一方面是有效率的产权制度使经济系统形成激励机制。一种提供适当个人刺激的有效的产权制度是促使经济增长的决定性因素。诺思这一观点是通过对公元 900 ~ 1700 年西方经济史进行详细考察后得出的。他令人信服地解释了为什么历史上的经济增长没有在整个西方世界同时出现而首先在尼德兰和英格兰地区出现。根本原因在于尼德兰和英格兰地区最早进行了产权结构方面的变革，从制度上激发和保护了经济领域的创新活动。因而这两个国家得以在西方世界首先崛起，而法兰西和西班牙因为没有做到这一点，所以在竞争中失败且远远落后了。

根据产权理论，在资源稀缺、未来具有不确定性的世界中，解决问题成本最小的产权结构是有效率的，而竞争将使有效率的经济组织形式替代无效率的形式。因此，产权制度沿着降低交易费用的路径变迁。诺思认为，有效率的产权结构具有竞争性与排他性两个特征，所以必须对产权明确地界定及保护，这有助于减少未来的不确定性和“搭便车”的机会主义行为。若一个社会长期没有实现经济增长，一定是没有对创新活动提供足够的保护。创新的主体没有得到足够的补偿，个人收益与社会收益就会出现分离。诺思将有效率的经济组织出现作为经济增长的关键，得出许多不同寻常的结论。例如，一般历史学家认为产业革命的爆发是瓦特发明蒸汽机等技术进步的结果，产业革命似乎有些偶然，但诺思认为是一系列的制度变革（比如分工的细密、市场的扩大、企业的法人制度及保险制度出现等）为产业革命奠定了坚实的基础，因此产业革命的出现具有历史必然性。

（二）国家理论

诺思认为，国家理论之所以必不可少，是因为国家是产权的界定和实施单位，促进经济增长和提高生产力的基本正式规则（特别是有效的产权界定）是由国家或政府制定、变更或维持的，因此国家最终要对造成经济的增长、衰退或停滞的产权结构的效率负责。

在诺思看来，一个社会的政治组织和经济组织的状况极为深刻地影响制度变迁的轨迹。15 世纪末叶，英国和西班牙都形成了统一的国家，都经历着由战争引起的严重的财政危机，这一局面迫使两个国家实现了一个同样的制度变迁，即创立议会制度。但是，由于两国政治经济组织的状况不同，同一种制度变迁导致了两种截然相反的结果，并使制度变迁在两个国家沿着完全不同的轨迹演进。在英国，议会是王权和商人阶层相互妥协的产物，王室为了多征税而不得不赋予代表商人利益的议会以较大的权力，使议会能够通过立法来取消对商业贸易的一系列限制，建立稳定的产权制度，为英国日后的商业繁荣和市场发展开辟了广阔的道路。从此英国的经济迅猛发展，议会制的形成无论给政府还是给商业阶层都带来了巨大的报酬递增，从而不仅使英国很快成为西方头号强国，也使英国的一系列政治、经济制度进一步向着有利于经济发展的方向变迁。而在西班牙，由于官僚统治和王室权力过于强大，议会成了国王任意利用的工具，而不像在英国那样议会能通过加强立法在维护公平竞争、保障私人产权、取消商业限制方面发挥巨大作用。结果议会的建立不但不能给商业阶层带来报酬递增，反而导致大量企业的破产和经济的衰退。在这一过程中，政府虽然加强了税收，获得了报酬递增，但引发了经济衰退，西班牙相对停滞了整整 300 年。因此，国家理论不仅要为产生低效率所有权的政治经济单位的固有趋势提供解释，而且必须说明历史上国家的非稳定性。

诺思构造了统治者福利或效用最大化的国家模型，该模型中的国家具有如下三个特征：第一，国家为获得更多的收入而以一组被称为“保护”和“公正”的服务与民众作为交换；第二，为了使统治集团的收益最大化，国家为不同的集团有针对性地设计出了不同的产权结构；第三，国家与能够提供同样服务的其他国家和现存政治-经济单位中可能成为潜在的竞争者展开竞争。诺思认为，国家供给的基本服务是博弈的基本规则，它有两个重要目的：一是界定形成产权结构的竞争与合作的基本规则，即在要素之间界定所有制结构，使统治集团的收益最大化；二是在上述第一个目标架构中降低交易成本，使整个社会产出最大化，最终增加国家税收。此两者的目的都是增加统治者本人的收入。[①]

---

① 〔美〕道格拉斯·C. 诺思：《经济史中的结构与变迁》，陈郁、罗华平等译，上海三联书店、上海人民出版社，1994，第 24 页。

诺思定义的国家是在暴力方面具有比较优势的组织。在国家内部，任何组织和个人都无法在暴力方面和国家抗衡。传统的国家理论有以下两个。

首先是契约理论。基于新古典的交易理论，国家为了获取收入，以一种服务与国民进行交换，国家的存在降低了交易成本。例如，市场经济环境下若没有强有力的第三方，个人之间的契约就很难执行。国家的一个主要功能就是制定游戏规则，同时监督这个规则的运行。诺思指出："再差的政府强于无政府，再坏的规则强于无规则，因此服务性是国家功能的一个侧面。"① 其次是掠夺理论。例如，马克思认为国家是某一阶级的代理人，国家不是为全体国民服务的，而是为统治阶级服务的。它的作用是代表本阶级或集团利益向其他成员榨取收入。掠夺性的国家将界定一套产权制度，目的是追求权力集团的收益最大化，而无视社会整体利益。

诺思的贡献是将契约理论和掠夺理论进行了统一。他认为，暴力潜能是决定一个国家掠夺性或服务性的关键。若暴力潜能在公民当中平均分配，那么各个利益集团均有一定的话语权，此时国家就具有更多的服务性。若暴力潜能在公民当中不平均分配，恐怕掠夺性就多于服务性，因为权利缺乏制衡。

诺思的国家理论将国家看作一个非中立的理性人，国家的目标是统治者租金最大化。为了实现这个目标，国家会设计激励机制，促进竞争合作，降低交易费用，实现社会总财富最大化，从而实现税收最大化的目标。但当社会利益和统治者集团利益发生冲突时，国家会设计出保护统治者收入最大化的产权制度，而偏离了社会利益最大化的目标。这种冲突也是国家行为不稳定的根源，导致了经济增长、停滞甚至衰退。

当然无效率的产权制度会有两个方面的约束。其一是竞争的约束。诺思写道："统治者总是存在对手，即与之竞争的国家或本国内部的潜在统治者。后者相当于一个垄断者的潜在对手，替代者越是势均力敌，统治者拥有的自由度就越低，选民所保留的收入份额也越大。不同的选民有不同的机会成本，这种机会成本决定了每个团体在界定产权和承受税负方面的

① 〔美〕道格拉斯·C. 诺思：《经济史中的结构与变迁》，陈郁、罗华平等译，上海三联书店、上海人民出版社，1994，第 24 页。

谈判能力。机会成本也反映了统治者的服务配置，这些服务在相当程度上不是纯粹的公共品。统治者要给那些威胁较大的对手更多的服务。"① 其二是交易费用的约束，举例而言，如果一个有效率的产权制度的确能使整个社会的总收入最大，但这个制度下若国家监督核查、征税费用却比较高，反而减少了统治者的利益，那么统治者在选择影响经济增长的产权制度时，就会选择无效率的制度。这就带来了产权制度的内在不稳定性。而在这种不稳定性下，对于形成一个有关国家变迁的动态理论，意识形态的研究就是其必要的准备。

（三）意识形态理论

诺思指出，任何经济中的正式规则或产权都是由国家制定和维持的，可是为什么会有不同的制度结构？为什么有的制度结构并不能对其社会成员提供有效的激励以有助于经济增长呢？答案在于社会成员或公众的"精神模式"，亦即看待问题的方式不同。而政府政策中反映的恰恰是深藏在公众的精神模式或理念中的意识形态。意识形态的差异必将引起公共政策的差异以及在劳动态度等价值观念上的广泛差异。所有这些必将构成经济增长当中最为困难，也是无从下手解决的精神制约。在诺思看来，意识形态是一种人的行为方式，这种方式通过影响人们的世界观从而使人的决策更经济，并使人的经济行为受到文化、习惯、习俗、准则和行为规范等的约束而更加公正与合理。当然，这种意识形态不可避免地与个人在观察世界时所秉持的道德评判、价值观念选择相互交织在一起。一旦人们的实践经验与其价值理念不相符，人们就会改变其价值理念。这时，意识形态就会变成一个非常不稳定的社会因素。

在诺思的意识形态理论中，意识形态是个人和团体层次共享的精神模式框架或信念体系，"这些信念体系既是对社会经济系统如何运行的实证模型，也是其应该如何工作的规范模型"②，它影响个体或团体对制度安排方案的决策与选择，在形式上可能构成某种正式制度约束或正式制度安排

① 〔美〕道格拉斯·C. 诺思：《经济史中的结构与变迁》，陈郁、罗华平等译，上海三联书店、上海人民出版社，1994，第 27 页。

② 陈书静：《诺斯经济哲学思想研究：基于历史唯物主义制度演化理论的视界》，上海人民出版社，2008，第 213 页。

的理论基础或“先验”模式。因为对于诺思而言，“人的心智能力与辨识环境时的不确定性结合在一起，便演化出了旨在简化处理过程的规则和程序，由此而形成的制度框架通过结构化（structuring）人们的互动，限制了行为人的选择集合”①。意识形态是诺思解释制度变迁以及制度变迁中的路径依赖性的关键所在。在制度的渐进演化过程中，诺思强调观念或意识形态的内生性特征，强调一个社会制度框架中的非正式规则是源于文化传统的软约束。在他看来，个体的认知体系会产生理解和描述周围环境的心智构念，心智构念的来源可能来自周围直接的经验，也可能来自过去的非直接经验。意识形态通过影响人们的世界观使人的决策更经济，并使人的经济行为受到文化、习惯、习俗、准则和行为规范等的约束而更加公正与合理。

诺思认为意识形态特征主要包括以下三点。一是“意识形态是种节约机制”②，它以“世界观”的形式出现使决策过程简化，是个人和群体与其环境达成的一种节约费用的工具。二是意识形态具有伦理性特征，能够对行为人进行内在心理约束。意识形态的伦理性使它能够成为一种体现对制度特别是交易关系公平或公正的判断，但它与伦理道德的最大差异在于意识形态包含理解世界的一种综合方法，简化不同团体间的交易行为、节省交易的费用。三是对制度公正与否的评价是意识形态的重要内容。一种制度的诞生、发展和变迁与人们对该制度的合理性、公正性的理解高度相关，“在社会成员相信这个制度是公平的时候，由于个人不违反规则和不侵犯产权——甚至当私人的成本-收益计算不会使这样的行为合算时——这一简单的事实，规则和产权的执行费用就会大量减少”③。

因而，在诺思看来，无论意识形态是证实现存制度结构的合理和公正，还是抨击交换条件的不公，成功的意识形态必须符合以下三个方面要求。一是必须能够说明现存产权结构和社会尤其是经济领域中的交换条件

① 〔美〕道格拉斯·C. 诺思：《制度、制度变迁与经济绩效》，杭行译，格致出版社、上海三联书店、上海人民出版社，2014，第30页。

② 〔美〕道格拉斯·C. 诺思：《经济史中的结构与变迁》，陈郁、罗华平译，上海三联书店、上海人民出版社，1994，第53页。

③ 〔美〕道格拉斯·C. 诺思：《经济史中的结构与变迁》，陈郁、罗华平译，上海三联书店、上海人民出版社，1994，第59页。

如何构成较大制度体系的一部分；二是灵活性是一个内在判别标准，这意味着它需要获取新的团体的忠诚，或者虽然外部条件变化但仍得到旧的团体的支持，即成功的意识形态需要适应新的环境、应对新的变化；三是要解决搭便车的行为问题，成功的意识形态应能够规范、抑制社会或团体活动中个体对私人利益的追求，为集体、团体活动注入活力，这是主要的意识形态产生的重大推动力。

诺思还用意识形态理论解释“搭便车”行为。一个成功的意识形态必须能够克服“搭便车”行为，这是各种意识形态的一个中心问题。在诺思看来，意识形态是一种行为方式，它通过提供给人们一种“世界观”而使行为决策更为经济。如果集团的每个成员具有共同的意识形态，具有共同的利益，就容易组织起来实现集团的目标；反之，如果存在分歧的意识形态，利益目标互不相同，且不了解对方的行为信息，则在集体行动时，就有人不承担任何代价而享受集体行动的利益，“搭便车”现象就不可避免。集团成员数目越多，“搭便车”行为就越严重。因此，解决“搭便车”问题的条件有两个：一是集团成员的数目要适度，二是对个人提供有选择性的激励。对持不同意识形态的成员，集团应致力于人力资本投资，通过宣传教育形成统一的意识形态和对集体行动的“虔诚”，以节省集体行动的组织成本和信息费用。或者制定精确的规则并加以实施，对成员的“搭便车”行为进行监督和惩罚。当然，地域不同、年龄不同、职业不同和经历不同的人们具有不同的意识形态，但成功的意识形态必须是灵活的，这样才能更有效地解决“搭便车”问题。

（四）制度变迁理论

诺思是制度变迁理论的杰出代表，在 1990 年出版的《制度、制度变迁与经济实绩》一书中诺思提出了制度变迁的问题。为什么同样是从不发达状态向发达状态过渡，有的国家很快走上了经济高速增长的道路，而有的国家却长期陷于落后的深渊不能自拔呢？同样的制度变革，为什么有的国家能促进经济的发展而有的国家却陷入动乱当中，进而衰退？诺思认为，与不发达的经济发展状况相对应的是不发达的制度结构，而一种制度变革能否导致经济的长期有效发展取决于它能否带来政治组织和经济组织等之间的报酬相互递增，以及与此相应的制度变迁的轨迹。

诺思认为“制度是一个社会的游戏规则，或更规范地说，它们是为决定人们的相互关系而人为设定的一些制约”，包括“正规约束”（例如规章和法律）和“非正规约束”（例如习惯、行为准则、伦理规范），以及这些约束的“实施特性”。[①] 在诺思看来，由于人在社会活动中具有自利性和认知能力的有限性，于是在交易中就会产生欺诈、偷懒和搭便车等机会主义行为，为减少交易后果的不确定性，帮助交易主体形成稳定的预期，便产生了制度作为一种社会游戏规则，它在经济生活中的作用在于能够通过降低交易成本来促进交换的发展和市场的扩大。

制度可以视为一种公共产品，它是由个人或组织生产出来的，这就是制度的供给。由于人们的有限理性和资源的稀缺性，制度的供给是有限的、稀缺的。随着外界环境的变化或自身理性程度的提高，人们会不断提出对新的制度的需求，以实现预期增加的收益。当制度的供给和需求基本均衡时，制度是稳定的；当现存制度不能使人们的需求满足时，就会发生制度的变迁。诺思认为，制度变迁是制度创立、变更及随着时间变化而被打破的方式，结构变迁的参数包括技术、人口、产权和政府对资源的控制等，这正是制度变迁构成的一种刺激经济长期增长的源泉。诺思认为，如果在现有的条件下，现存制度安排的任何改变都不能给经济中的任何个人或任何集团带来额外的收益，制度就处于均衡状态；如果制度变迁的潜在利润发生了变化，或者制度变迁的成本发生了变化，或者法律上或政治上的某些变化改变了制度环境，使得某些集团实现一种再分配或把外部利润内在化成为可能，制度非均衡就出现了，这时制度变迁就是必要的了。

诺思认为，在经济发展史上，制度的变迁能否成功，或者说制度变迁会走什么样的道路由两个因素共同制约：一是复杂的、信息不完全的市场；二是制度在社会生活中给人们带来的报酬递增。就前者而言，由于市场的复杂性和信息的不完全，制度变迁不可能总是完全按照初始设计的方向演进，往往一个偶然的事件就可能改变方向。就后者而言，人的行为是以利益最大化为导向的，制度给人们带来的报酬递增决定了制度变迁的方向。诺思指出，在一个不存在报酬递增和完全竞争市场的世界，制度是无

---

① Douglass C. North, “Economic Performance through Time,” *The American Economic Review* 84 (1994): 359~368.

关紧要的，但如果存在报酬递增和不完全市场时，制度就是重要的，自我强化机制会起作用。

制度变迁的自我强化机制有四种表现。①设计一项制度需要大量的初始设置成本，而随着这项制度的推行，单位成本和追加成本都会下降。②学习效应。如果学习和掌握制度规则有助于降低变迁成本或提高预期收益，则会促进新制度的产生和被人们接受。制度变迁的速度是学习速度的函数，但变迁的方向取决于不同知识的预期回报率。③协调效应。制度变迁通过为适应制度而产生的组织与其他组织缔约，以及具有互利性的组织的产生与对制度的进一步投资，实现协调效应。④适应性预期。当制度给人们带来巨大好处时，人们对之产生了强烈而普遍的适应预期或认同心理，从而使制度进一步处于支配地位。以特定制度为基础的契约盛行，将减少这项制度持久下去的不确定性。

推动制度变迁的力量主要有两种，即“第一行动集团”和“第二行动集团”，两者都是决策主体。制度变迁的一般过程可分为以下五个步骤。

第一步，形成“第一行动集团”。第一行动集团是一个决策单位，它们的决策支配着制度创新的进程。这个集团可能是单个的个人或由个人组成的团体，他们是一些能够预见到潜在利益，又认识到只要改变现行制度安排就可以增加收益的决策者。

第二步，“第一行动集团”提出制度变迁（或制度创新）方案。这种方案有可能是第一行动集团中的政治企业家提出来的，也可能是集团反复协商的结果。一般来说，这种变迁方案不是一个，而是若干个。

第三步，选择制度变迁方案。“第一行动集团”根据最大化原则对若干可供选择的制度变迁方案进行比较，最终选择一种方案并付诸实施，被选择的方案在当时的条件下一般是最优方案——制度变迁的净收益最大，或变迁成本最低。

第四步，形成“第二行动集团”。第二行动集团也是一个决策单位，它主要是帮助第一行动集团实施制度变迁和制度创新。第二行动集团一般不会增加制度创新的收益，但是有可能把一部分额外收益转移到自己手里。

第五步，第一和第二行动集团共同努力，促成制度变迁。

一旦制度变迁得以实现，增加的收益在社会成员之间得到恰当的分配，又将形成制度均衡。除非有新的外在事件改变了预期的潜在收益，否则制度均衡将保持下去。但制度变迁不一定总是成功的。如果变迁方案选择不当，或者第一行动集团夭折，或者新制度的安排并不能从根本上改变旧制度的基本结构，制度变迁就会失败，或者新制度安排就会“难产”。诺思的制度变迁模型是一种制度上的“滞后供给”模型。所谓制度的“滞后供给”，是指对制度变迁的需求产生在先，制度供给的反应在后，制度需求和制度供给之间存在一定的时滞。“产生于制度安排变迁后的潜在利润的增加，只是在时滞以后才会诱致创新者，使之创新出能够获取潜在利润的新的安排。”[①] 诺思认为，有许多因素使制度供给滞后，但最重要的相关因素是现存的法律和制度安排的状态。其中特别重要的有三个方面：一是现有的法律（普通法和成文法）限制了制度安排的演化范围；二是由于制度技术本身有一个生命周期，新制度安排代替旧制度安排需要一定的时间；三是制度上的新发明，尤其是制度形式上的发明需要有一个过程。

诺思指出，路径依赖对制度变迁具有极强的制约作用，并且是影响经济增长的关键因素。如果路径选择正确，制度变迁就会沿着预定的方向快速推进，并能极大地调动人们的积极性，充分利用现有资源来从事收益最大化的活动，促进市场发展和经济增长，这反过来又成为推动制度进一步变迁的重要力量，双方呈现互为因果、互相促进的良性循环局面。如果路径选择不正确，制度变迁就不能普遍给人们带来收益递增，而是有利于少数特权阶层，那么这种制度变迁不仅得不到支持，而且加剧了不公平竞争，导致市场秩序混乱和经济衰退，这种“锁定”局面一旦出现，就很难扭转，许多发展中国家在这方面教训深刻。因此，制度变迁的国家必须不断解决“路径依赖”问题。

四　新制度经济学的代表人物

诺思在经济史学领域方面做出了划时代的贡献，他吸收了新制度经济学创始人科斯教授的产权理论和交易成本理论，并将之运用于经济史的分析，从而一举获得了两个方面的显著成就：一方面使自己成为新制度经济

① 〔美〕R. 科斯、A. 阿尔钦、D. 诺斯：《财产权利与制度变迁》，上海三联书店、上海人民出版社，1994，第 297 页。

学中制度变迁理论的杰出代表，另一方面使自己成为新经济史学派的领军人物。诺思及以其为代表的新经济史学派的兴起使经济史学本身彻底改变，引发了经济史学领域的一场革命。

经济史的研究方法长期以来一直局限于史料的收集、整理和考证。而以诺思教授为代表的新经济史学派则一改昔日传统，把经济理论运用到经济史研究中。也就是说，运用新古典经济学和经济计量学来研究经济史问题。这样经济史学家就拥有了自己独特的认识世界和解释历史的工具，理论与历史被熔为一炉。新经济史学的兴起一下子改变了经济史学本身的历史。此外，它还拓宽了经济理论的应用范围，得出了一系列与传统观点迥异的发人深省的结论。这在经济学史上有着划时代的意义。另外，从方法论上讲，诺思教授注意理论与历史的结合，恢复了经济学的优良学术传统。诺思注重制度分析的经济增长理论，改变了过去缺乏制度分析的状况，使其成为一种解释范围更宽泛、解释力度更强劲的理论。他指出，以往认为经济增长的原因，如技术进步、投资增加、专业化和分工的发展等，并不是经济增长的原因，而是经济增长本身。他认为，经济增长的原因要到引起这些现象的制度因素中去寻找。诺思在其 1992 年出版的《交易费用、制度与经济绩效》一书中特别指出，任何经济的增长都是由该社会中的政治、经济组织以及它们中富有创新精神的企业家共同努力的结果。他还指出，也许我们从来不会找到制约经济增长的“真实”源泉，但我们越是在主要问题上取得一致的意见，我们制定成功政策的可能性就越大。诺思以此给自己的经济增长理论插上了无尽探索的路标。

诺思对经济史的研究是紧扣着“制度”及其变迁这一轴心展开的。正如诺思曾指出的解释经济实际是经济史研究的主要任务。一般而言，在许多有关经济增长的模型中，制度因素被视为已知的、既定的或“外生变量”被排除在外，而主要是通过各种物质生产要素的变化说明生产率的变化和经济增长与否。其中，经济增长的技术创新论风行一时。诺思则提出了一个不同凡响的观点，即对经济增长起决定性作用的是制度因素而非技术性因素。诺思在《西方世界的兴起：新的经济史》一书中开门见山地提出，该书的中心论点是，有效率的经济组织在欧洲的发展正是西方兴起的原因所在。这本书告诉人们，仅仅从某些技术的变化来推断历史是不科学的，经济增长的关键在于制度因素，一种提供适当的个人激励的有效制度安排是促进社会进步的决定性力量，在众多的制度因素中，财产关系的作用最为突出，无论是封建庄园制度的兴衰，还是近代产业革命的发生，都和私人财产地位的变化息息相关，如果私人财产及其相应的收益得不到保障，那么社会的进步不可能发生。在《经济史中的结构与变迁》中，诺思运用制度及其变迁这一理论模型，解释了从农业起源到20世纪这一万年的西方经济史。诺思的经济史研究给了人们一个全新的视野，促使人们不再只关注技术因素。经济增长和社会发展最终取决于社会成员自身的选择，这些选择产生了制度，制度反过来又约束和促进人们的选择，在这种互动关系中形成了社会演化的逻辑。

参考文献

〔德〕柯武刚、史漫飞：《制度经济学》，韩朝华译，商务印书馆，2000。

〔美〕R. 科斯、A. 阿尔钦、D. 诺斯：《财产权利与制度变迁》，上海三联书店、上海人民出版社，1994。

〔美〕道格拉斯·C. 诺思：《经济史上的结构和变革》，厉以平译，商务印书馆，1992。

〔美〕道格拉斯·C. 诺思：《经济史中的结构与变迁》，陈郁、罗华平译，上海三联书店、上海人民出版社，1994。

〔美〕道格拉斯·C. 诺思：《制度、制度变迁与经济绩效》，杭行译，格致出版社、上海三联书店、上海人民出版社，2014。

〔美〕道格拉斯·诺思、罗伯斯·托马斯：《西方世界的兴起》，厉以平、蔡磊译，华夏出版社，2009。

〔日〕青木昌彦：《比较制度分析》，周黎安译，上海远东出版社，2001。

陈书静：《诺斯经济哲学思想研究：基于历史唯物主义制度演化理论的视界》，上海人民出版社，2008。

黄少安主编《制度经济学》，高等教育出版社，2008。

卢现祥主编《新制度经济学》，武汉大学出版社，2004。

Douglass C. North, "Economic Performance through Time," *The American Economic Review* 84 (1994).

第十九章

罗伯特・索洛

"现代经济增长理论之父"

Robert Solow

罗伯特·默顿·索洛（Robert Merton Solow，1924～　）是美国经济学家，1987年诺贝尔经济学奖获得者。曾任麻省理工学院教授、美国经济顾问委员会高级经济学家、自动化与维持收入全国委员会委员、美国经济学会会长、波士顿联邦储备银行董事会董事长。索洛的研究主要集中于长期增长理论——特别是增长过程中的均衡问题、动态效率、单位资本收入增长的原因和不可再生资源的作用，宏观经济理论——特别是对市场不能出清的原因的系统考察、失业的性质及其与通货膨胀的关系，以及存量与流量的作用、资本与利率理论等。

一　三任美国总统的经济智囊

索洛于1924年出生在美国纽约市布鲁克林区，1940年高中毕业后进入哈佛大学学习生物学和植物学，但逐渐感受到生物学并不适合自己，转而主修一般性的社会科学，包括经济学。在哈佛大学的课堂上，索洛接触到了劳动经济学和马克思主义政治经济学。随着第二次世界大战的爆发，索洛于1942年中断学业加入美国军队，先后在非洲和意大利等地服役，1945年8月退役，1947年重新进入哈佛大学学习经济学，师从经济学教授瓦西里·里昂惕夫，索洛跟随里昂惕夫进行了系统的经济学知识学习后，了解到真正的经济学是一套建立在极严谨的理论和实证架构上的科学。在里昂惕夫的指导下，索洛先后于1947年、1949年、1951年获哈佛大学经济学学士学位、硕士学位和博士学位，毕业后索洛任职于麻省理工学院，1950年任统计学助理教授，1954年升为教授。索洛曾在1963～1964年应英国剑桥大学邀请，出任马歇尔讲座教授；1968～1969年被聘为牛津大学伊斯曼讲座教授。索洛于 1964 年任计量经济学会会长，1980 年任美国经济学会会长等重要职务。索洛不仅是一位凯恩斯主义的经济学者，同时也是一位卓越的演说家和评论家，他在教学科研之余还致力于有关日常生活的经济决策问题的研究。索洛曾先后以高级经济学家身份在肯尼迪总统的美国经济顾问委员会、约翰逊总统的技术自动和经济发展全国委员会、尼克松总统的维持收入的全国委员会任职，他对里根政府的经济政策，如反对增加税收和巨额预算赤字等持批评的态度。1975～1979 年索洛担任波士顿联邦储备银行董事会董事，后担任该行董事长。

索洛的第一本著作是与萨缪尔森、多夫曼合著的《线性规划与经济分析》（1958），这本书首次提出了高速增长理论。1963 年和 1964 年，他分别出版了《资本理论及其收益率》和《美国失业的性质与原因》两本著作。1969 年他出版了代表作《增长理论评注》，这本书被认为是学习经济学的人必读的经典著作。他的主要论文有发表于《经济学季刊》中的《对经济增长理论的一个贡献》，以及发表于《经济统计学及经济计量学论文集》中的《技术变化及总量生产函数》。

索洛对经济学的贡献主要包括两个方面。一是长期增长理论。这是他做出最杰出贡献的一个领域。他很早就开始研究如何使劳动与资本这两个要素相互替代，以达到充分就业和经济长期发展的目的。他还研究了均衡条件、平均收入增长要素、短期效率以及非再生资源的作用等问题，他开创了生产函数的研究工作，用以衡量经济增长中不同要素的重要程度。二是在宏观经济问题方面，他特别研究了清算市场的系统分析、失业性质、通货膨胀内在关系、存量和流量的作用、资本和利率理论等问题。

索洛因在研究产生经济增长与福利增加的因素方面所做出的特殊贡献，获得了 1987 年度的诺贝尔经济学奖。他在 1956 年提出了一个说明存量的增加是如何使人均产值增长的数学方程式，它可用来衡量各种生产因素对发展所做出的贡献。根据这一公式，国民经济会最终达到这样一种发展阶段：在那个阶段以后，经济增长将会只取决于技术的进步。

二　围绕增长与就业的研究

索洛的主要著作包括与萨缪尔森、多夫曼合著的《线性规划与经济分析》（1958），《资本理论及其收益率》（1963），《美国失业的性质与原因》（1964），《经济增长理论：一种解说》（1970 年出版，2000 年增订），等等。现将代表性著作的主要内容介绍如下。

（一）《经济增长理论：一种解说》

《经济增长理论：一种解说》是基于索洛在 1969 年与 1992 年两次授课的讲稿形成的。目的是通过非常精简的篇幅，讲解现代经济增长理论的基本框架及核心模型，指出未来研究方向。这本书第一章到第六章是第一次授课的讲稿，对应着传统经济增长理论；第七章到第十二章是第二次授课的讲稿，对应着新经济增长理论。

该书的第一章主要讨论了经济稳定增长的基本事实及哈罗德-多马模型（Harrod-Domar Model）、哈罗德-多马模型与新古典增长理论的关系。第二章讨论了索洛模型的核心内容及未物化技术进步，解释了普遍使用劳动增进型技术进步假设的原因。第三章基于生产要素投入比例固定的假设，利用年份资本（vintages）的概念，分析了物化技术进步的经济增长模型。需要指出的是，因为连续时间的物化技术进步的经济增长模型的研究需要使用积分方程等更为复杂的数学工具，所以物化技术进步的经济增长模型很少出现在经济增长理论的学术书籍中。作为受到凯恩斯经济理论强烈熏陶的经济学家，索洛注重经济增长与有效需求的相互关系，强调隐藏于经济增长机制的劳动雇佣，关注财政货币政策如何影响经济增长的问题。因此，第四章讨论了存在政府债券的经济增长模型，侧重说明了货币政策对经济增长的影响。第五章解说了最优经济增长理论模型及经济政策对经济增长的作用。第六章说明了公共投资及货币财政政策的结合对经济增长的影响。

为衔接两次授课的讲稿，在承前启后的"间奏曲"部分，索洛明确地表明了自己对新经济增长理论的态度，怀疑在广义的新古典经济增长理论框架中各种内生化长期经济增长率的标准方法的现实性和理性程度。索洛认为，尽管新经济增长理论的研究思路具有一定的合理性，但新经济增长理论模型的前提条件未必符合现实，缺乏稳健性。因此，在简要回顾传统的最优经济增长模型的基础上，索洛采用了批判性方法阐述了成为新经济增长理论核心的四个里程碑式的模型，对新增长理论的未来研究方向提出建议。第七章从拉姆齐-卡斯-库普曼斯的最优经济增长模型的视角，综述了传统经济增长理论的主要研究成果，说明内生经济增长理论与传统经济增长理论之间的差异。第八章引入了卢卡斯的内生经济增长模型，在阐述此模型的基本内容的同时，指出其存在的问题。第九章结合阿罗的“干中学”模型，说明了考虑技术进步过程的罗默模型（罗默经济增长模型）。第八章和第九章的核心在于说明哪种关键性假设的变化使经济增长模型变成了所谓的内生经济增长模型。第十章在阿维纳什·K. 迪克西特（Avinash K. Dixit）和约瑟夫·E. 斯蒂格利茨（Joseph E. Stiglitz）的不完全竞争模型的基础上，说明了吉恩·格罗斯曼（Gene Grossman）和埃尔赫南·赫尔普曼（Elhanan Helpman）的内生经济增长模型的基本框架。第十一章介绍了菲利普·阿吉翁（Philippe Aghion）和彼得·霍依特（Peter Howitt）构建的创造性破坏的技术进步模型的基本思路，说明了将技术创新活动与内生经济周期联系起来的可能性。第十二章说明了索洛对未来经济增长理论研究方向的基本见解。

《经济增长理论：一种解说》中提出关于资本积累、劳动和技术等因素与生产率之间关系的模型，模型指出储蓄所导致的资本积累虽然能够增加国民生产总值，却不能使增长率持续上升，在国民经济发展到一定阶段后，经济增长将取决于技术进步，而不能只靠资本与劳动的投入。这本书之所以被看作经济增长理论发展过程中的里程碑式的力作，主要是因为它已经被运用于实际发展中，它所取得的巨大成果证明它是迄今为止这一理论领域的发展高峰。

（二）《资本理论及其收益率》

《资本理论及其收益率》由三篇演讲稿构成，先后介绍了美国新古典综合学派的资本理论的观点，概述了为研究技术进步，资本理论需要做出的改进，说明了储蓄、投资与生产率的长期增长三者之间的关系。索洛指出资本的收益率只取决于资本的名义价值，而不取决于资本的实际价值；技术变化分为“具体体现的”技术变化与“非具体体现的”技术变化，前者存在具体的投入，如资本投入；后者指纯组织性的技术变化。同时，索洛还对宏观经济理论进行系统考察，对失业的性质及其与通货膨胀的关系、存量与流量的作用、资本与利率理论等进行了研究和论证。

（三）《工作与福利》

《工作与福利》是由包括索洛在内的五位美国顶级经济学家所做的关于工作与福利问题的思想及论述，他们从伦理学和经济学角度对1996年克林顿政府实施的工作福利和有限救助进行了分析，比较了福利制、工作福利制、公平的工作福利制的利弊，提出了应由社会提供更多的工作岗位、基础教育、技能培训等一系列救助，实现福利改革的主张；在自食其力、利他主义与社会达尔文主义的不同选择方面贡献了有益的见解。

三　新古典增长模型的突破性贡献

（一）新古典增长模型

索洛和特雷弗·斯旺（T. Swan）提出的系统阐释经济增长的理论被称为新古典增长模型，或索洛模型。该模型致力于解释以下问题：在充分就业的经济中，人均产出的增长率是多少？这个增长率的决定因素又有哪些？增长中有多大的比例是由每个工人使用了更多的资本造成的，有多大的比例是由资本的改进造成的？由于新古典学派相信市场机制能使资本与劳动都充分吸收，经济会自动走向帕累托最优。因此，索洛模型中用资本与劳动的可替代性代替了哈罗德-多马模型中资本与劳动不可替代性的假设，从而实现了经济的均衡增长。

新古典增长模型的重大意义在于，它充分考虑了技术进步对经济增长的决定性作用，并把技术进步列为一个独立的因子来考察，认为技术进步是经济增长的主要动力和源泉，这就突破了经济增长理论中长期占统治地位的"唯资本论"，即认为资本积累是增长的决定性因素。更为重要的是，它为后人研究经济增长理论提供了一种新的方法与思路，其影响非常深远。

索洛认为有三个因素会影响产出：一是劳动，二是资本，三是技术进步。劳动和资本这两个生产要素对产量增长所做的贡献份额不一定相同，但它们之和始终等于1。如果暂时忽略技术进步这一因素，这个模型认为产量增长率不仅依赖于资本和劳动二者的增长率，而且还依赖资本和劳动在产量中的相对贡献。从人均增长的角度来看，该模型表明，只要资本在产量中的相对贡献大于 0，并且资本增长率大于劳动增长率，那么人均产出增长率也会大于 0。但是，人均产出增长率不会超过人均的资本增长率。从长期发展趋势来看，资本和劳动都将会按照同一比例增长。这就是说，在没有技术进步的条件下，资本、劳动和产出最终都会按照同一比例增长，但实际情况并非如此。索洛认为经济增长除了受到资本、劳动的影响以外，还受到技术进步的影响。索洛从两种极端情况考虑了技术进步对产出增长的影响。第一种情况是技术进步被看成独立于劳动和资本两个要素之外的一个要素；第二种情况是假设所有技术发展都具体体现在新资本当中。索洛认为，只要技术进步为正数，即资本增长率和劳动增长率相等，那么人均产出的增长率就会大于 0。也就是说，提高技术的发展，提高教育和训练水平以及改善生产组织方式也可以促进生产的增长，在决定一国经济增长能力方面，技术进步所起的作用将超过单纯依靠简单资本所形成的经济增长。索洛对经济增长理论的贡献在于他开创了一种分析影响经济增长因素的理论结构和一套衡量劳动与资本对国民经济影响的数学模型。

索洛的《经济增长理论：一种解说》系统地提出了真正意义上的经济增长模型，他接受了除资本与劳动不可替代之外的所有哈罗德-多马假设，索洛用具有规模报酬不变、要素之间可替代的新古典生产函数替代了哈罗德-多马的生产要素之间不可替代的生产函数。柯布-道格拉斯生产函数是索洛模型的基础，其形式为：

$$Y=F(K,L)=AK^{\alpha}L^{\beta} \tag{19-1}$$

其中，Y 表示产量，K 表示资本，L 表示劳动，A 表示劳动的有效性（技术），α 和 β 分别表示资本和劳动投入在产量增长中的贡献，$0<\alpha<1$，$0<\beta<1$，以及 $\alpha+\beta=1$。根据欧拉定理可知，在技术 A 不变的情况下，资本和劳动的边际生产力与投入数量的乘积之和等于产出。

对于上述索洛模型存在两个假设条件。

（1）生产要素边际产出递减，即：

$$\frac{\partial F}{\partial K}>0,\frac{\partial^2 F}{\partial K^2}<0 \tag{19-2}$$

$$\frac{\partial F}{\partial L}>0,\frac{\partial^2 F}{\partial L^2}<0 \tag{19-3}$$

其中，$\frac{\partial F}{\partial K}$表示资本的边际产量，$\frac{\partial F}{\partial K}>0$ 表示资本的边际产量为正，但是由于$\frac{\partial^2 F}{\partial K^2}<0$，因此随着单位有效劳动使用的平均资本量 $k=\frac{K}{AL}$增加，$\frac{\partial F}{\partial K}$呈现递减趋势。

（2）稻田条件（inada conditions），即：

$$\lim_{K\to 0}(F_K)=\lim_{L\to 0}(F_L)=\infty,\lim_{K\to\infty}(F_K)=\lim_{L\to\infty}(F_L)=0 \tag{19-4}$$

稻田条件保证了经济增长的路径是收敛的，但是它是稳定状态存在的充分而非必要条件。

索洛模型假定资本、劳动和技术随着时间变化而变化，在这个意义上时间是连续的。而且在初始时刻，即 $t=0$ 时，资本、劳动和技术是已知既定的。

在索洛模型中，总产量等于总收入，总收入又分为消费和投资。现规定一国将其总收入中的固定份额 s 用作储蓄，s 是外生固定的。于是，在任何一个时间点上总储蓄均为 sY。储蓄是为了进行投资，如果不考虑折旧，则有：

$$\dot{K}=sY(t)=sALf(k) \tag{19-5}$$

如果考虑现存折旧率为 δ，那么：

$$\dot{K}=sY(t)=\delta K(t)=sALf(k)-\delta ALk \tag{19-6}$$

计算可得：

$$\dot{k}(t)=\frac{sY(t)-\delta K(t)}{A(t)L(t)}-k(t)n-k(t)g=sf(k(t))-(n+g+\delta)k(t) \tag{19-7}$$

这就是索洛模型的数理表达式之一，它表示单位有效劳动使用的平均资本量的变化。$sf(k(t))$是每一单位有效劳动的平均实际投资，它等于每一单位有效劳动的平均产量 $f(k(t))$与外生固定储蓄率 s 的乘积。$(n+g+\delta)k(t)$表示保持每一单位有效劳动使用资本量所必须投入的资本数量，包括弥补折旧资本部分所需的资本量 δk，以及维持有效劳动增长所必需的投资数量（$(n+g)k$）。

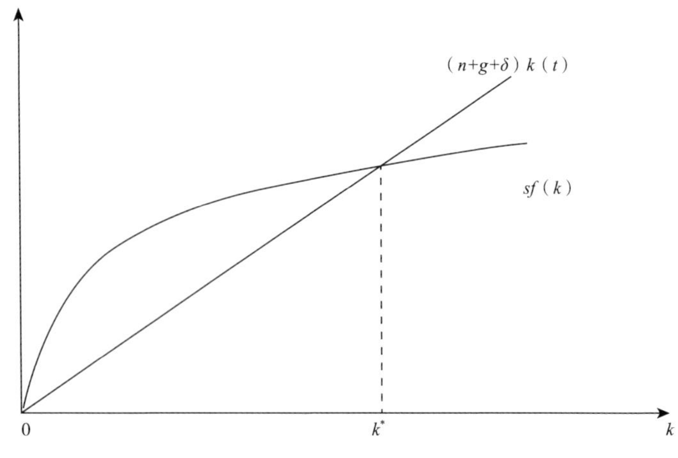

图 1　索洛模型

图 1 说明了单位有效劳动的平均资本的变化情况，将 $\dot{k}(t)$ 中的两项表示为 k 的函数。由于 $f(0)=0$，所以两曲线在原点相交，当 $sf(k)$ 大于 $(n+g+\delta)k(t)$ 时，资本与有效劳动比上升；而当 $sf(k)$ 小于 $(n+g+\delta)k(t)$ 时，资本与有效劳动比下降。根据稻田条件，k 越接近 0，$f'(k)$ 越大，所以在靠近原点的地方，$sf(k)$ 的斜率大于 $(n+g+\delta)k(t)$；随着 k 增大，$f'(k)$ 变小，当 k 足够大时，$sf(k)$ 的斜率小于 $(n+g+\delta)k(t)$，即两条曲线必定在某一点相交，交点为 k^*，且由于$\frac{\partial^2 F}{\partial K^2}<0$的假设，两条曲线只相交一次。当 k 小于 k^* 时，单位有效劳动拥有的资本量将上升；当 k 大于 k^* 时，单位有效劳动拥有的资本量将下降。该国经济在 k^* 达到稳定状态，此时资本与有效劳动的比为常数。

式（19-7）对 k 求导，得：

$$\frac{d\dot{k}}{dk}=sf'(k)-(n+g+\delta) \tag{19-8}$$

这是一个将 $\dot{k}$ 表示为 k 的函数，由此可得 k 的相图，如图 2 所示。

当初始时刻 k 小于 k^* 时，资本增长以正的速度加速上升，直至 $f'(k)=\frac{n+g+\delta}{s}$时，单位有效劳动的资本增长率达到最高，资本增长以正的

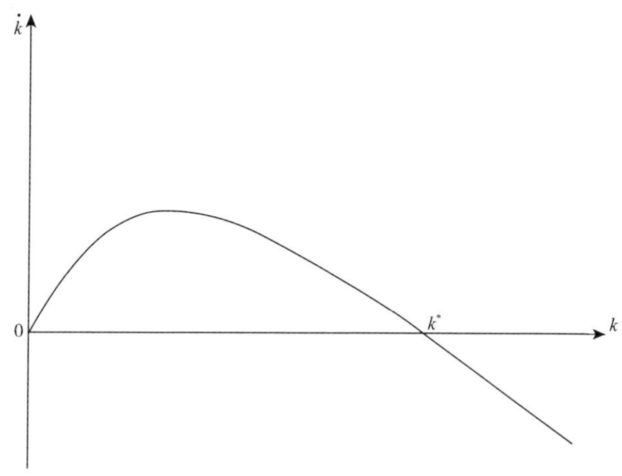

图 2　索洛模型中 k 的相图

速度逐渐下降，直至 k 等于 k^*。当初始时刻 k 大于 k^* 时，$\dot{k}$ 是负的，单位劳动的资本存量逐渐减少，直至收敛于 $\dot{k}=0$。

如图 1 和图 2 所示，一国的经济增长率趋于常数。当 k 等于 k^* 时，劳动和技术分别以 n 和 g 的速度增长，即有效劳动以 $n+g$ 的速度增长；资本存量也以 $n+g$ 的速度增长。由于资本和有效劳动都以 $n+g$ 的速度增长，根据规模报酬不变的假设，产出也以 $n+g$ 的速度增长，从人均有效劳动的角度来看，人均资本和人均产量的增长率等于 g。

这表明索洛模型的主要结论是，长期内，单位有效劳动的平均资本量趋于常数，资本存量的增长速度、产出的增长率与有效劳动的增长速度相同。人均产量（人均收入）以及人均资本的长期增长率为外生给定的常数 g，而这一增长率恰恰反映了技术进步的速度，也就是说，经济增长率取决于技术进步率。在这种情况下家庭消费或者储蓄行为的变化都不会对长期增长率产生影响。

根据以上结论，如果没有技术进步，那么在满足条件的索洛模型中，经济增长将难以持续。由于资本边际收益递减规律的作用，每增加一单位资本都会导致产出减少。根据假定，边际单位资本带来的收入中，有一个固定的比例 s 用于储蓄。所以，边际单位资本引起储蓄的减少，而储蓄减少则意味着对投资的追加将进一步减少，这又带来更少的产出，如此循环往复，最后，随着资本-劳动比例的不断增加，资本的边际产量将逐步趋于 0，产出的增长率也逐渐趋于 0。

正是新古典经济增长理论使索洛获得了 1987 年的诺贝尔经济学奖，瑞典皇家科学院指出："索洛模型提出了一个用以说明存量的增加是如何使人均产值增长的数学方程式，它可以用来衡量各种生产因素对发展所做出的贡献，根据这个方程式，经济增长将只取决于技术的进步。"① 诺贝尔奖奖金委员会主席阿瑟·林德贝克（Assar Lindbeck）也曾经说过："正是索洛的理论，使发达的工业国家愿意把更多的资金和资源投入教育和科学研究事业。"②

（二）索洛余值——全要素生产率 TFP 的测度

索洛于 1957 年首次提出用总生产函数测度技术进步和生产要素在经济增长中作用的方法。他将技术进步纳入生产函数中，在把资本增长和劳动增长对经济增长的贡献剥离后，将剩余部分归结为广义的技术进步，从而定量分离出了技术进步在经济增长中的作用，这就是有名的"索洛余值"（也称全要素生产率 TFP，total factors productivity）。

索洛假设技术进步是希克斯中性的，从而采用如下形式的生产函数：

$$Y=A(t)f(K,L) \tag{19-9}$$

其中，Y 为产出，K 为资本投入，L 为劳动投入，$A(t)$ 为一段时间内技术变化的累计效应，相当于 t 时期的技术水平。

定义 $\alpha=\frac{\partial Y}{\partial K}\frac{K}{Y}$ 和 $\beta=\frac{\partial Y}{\partial L}\frac{L}{Y}$ 分别为资本和劳动的产出弹性，即在其他条件不变的情况下，资本或劳动每增加 1%，产出分别增加 $\alpha\%$ 和 $\beta\%$。对式（19-9）求全微分，用差分近似取代微分，得到：

$$\frac{\Delta A}{A}=\frac{\Delta Y}{Y}-\alpha\frac{\Delta K}{K}-\beta\frac{\Delta L}{L} \tag{19-10}$$

① 宏泰顾问：《诠释诺贝尔经济学大师的智慧》，中国纺织出版社，2004，第 179 页。

② 宏泰顾问：《诠释诺贝尔经济学大师的智慧》，中国纺织出版社，2004，第 179 页。

或 $a=y-\alpha k-\beta l$，其中，a、y、k、l 分别代表 A、Y、K、L 的增长率。

a 被称为"索洛余值"。如式（19-10）所示，a 最初被赋予了技术进步速度的含义，但是，随着研究的深入，a 包含了比技术进步更为丰富的内容。索洛余值 a 就是全要素生产率的增长率。

若式（19-9）中生产函数为柯布-道格拉斯生产函数：

$$Y=AK^{\alpha}L^{\beta} \tag{19-11}$$

按照定义，计算全要素生产率并求全微分整理得：

$$\frac{\mathrm{d}TFP}{TFP}=\frac{\mathrm{d}Y}{Y}-\alpha\frac{\mathrm{d}K}{K}-\beta\frac{\mathrm{d}L}{L} \tag{19-12}$$

用 a、y、k、l 分别代表 TFP、Y、K、L 的增长率，即：

$$a=y-\alpha k-\beta l \tag{19-13}$$

可见，全要素生产率的增长率和索洛余值一致，均为 a。

索洛余值和全要素生产率增长率所体现的是要素投入的增长所不能解释的那部分产出增长，尤其是体现技术进步对经济增长的贡献。通过增加投入来提高产出会使投入要素不断深化，使投入要素的生产率不断降低，从而使经济增长缺乏持续性。而提高全要素生产率，可以引起产出的持续增长，具有引起产出增长的长期效应。

索洛余值法的前提假设主要包括以下几方面。

第一，生产只有资本和劳动两种生产要素，这两种生产要素是能够相互替代的，并且能够以可变的比例相结合。

第二，经济发展处于完全竞争的条件下，生产要素资本和劳动都以其边际产品作为报酬。

第三，资本和劳动在任何时候都可以得到充分的利用。

第四，技术进步是希克斯中性的，即资本劳动比不变，资本和劳动的边际替代率不变。

如果设参数 α 和 β 满足 $\alpha+\beta=1$，并用资金装备率$\frac{K}{L}$和劳动生产率$\frac{Y}{L}$作为投入和产出测算技术进步的话，还需要假定下面的条件。

第五，规模报酬不变。

第六，生产函数是一次齐次的。

索洛模型假定经济中只有劳动和资本两种生产要素，且这两种要素可以相互替代，生产函数是规模报酬不变的，要素的边际产量随着要素使用量的增加而下降，同时还假定劳动增长率、技术进步率和储蓄率分别都是外生给定的常数。在这些条件下只有资本是可以任意变动的，因此，模型主要关心经济能否最终形成一个均衡的人均资本存量，从而使经济稳定在一条均衡的增长路径上。

索洛模型的基本结论是，当经济达到均衡时，资本和总产出的增长率等于劳动增长率与技术进步率之和，人均产出和人均资本存量的增长率都等于技术进步率。如果技术进步率为0，则新增加的产量都是被新增加的人口消耗掉，人均产量在稳态下就不会变动。索洛模型的前提是人口、技术的增长率以及储蓄率外生给定。所以当资本面对一个规模报酬递减的生产函数时，经济增长到一定程度就会难以持续。

索洛模型计算简单，在各国技术进步贡献率的测算中得到了广泛的应用。美国劳工统计局定期公布一些行业的全要素生产率，其1983年公布的测算方法为索洛模型，1995年公布的方法是在索洛模型的基础上采用了戴尔·W. 乔根森（Dale W. Jorgenson）的研究成果①，乔根森认为在测算部门层次上的技术进步时，应以总产出而不是增加值作为部门层次上的产出量，相应的部门层次的投入应包括中间投入。我国国家统计局于1992年下达文件，建议采用索洛模型。

四　增长经济学的先驱

（一）对经济增长研究的先驱作用

作为创立经济增长的新古典模型的先驱，索洛在构造长期增长模型的过程中，不仅保留了哈罗德-多马模型的主要特征，如齐次资本函数、比例储蓄函数以及既定的劳动增长率，而且还在理论模型的显示性方面有新

---

① D. Jorgenson, et al., *Productivity and U. S. Economic Growth* (Harvard University Press, 1987).

的突破，主要表现在以下几个方面。

第一，索洛在分析经济增长过程中采用了一种连续性生产函数，人们称其为新古典生产函数。

第二，劳动与资本之间可相互替代的假设使经济增长过程具有调整能力，从而该理论模型更接近于现实情况。

第三，索洛集中讨论了稳定状态的增长路径，这与哈罗德-多马模型有区别。

第四，长期增长率是由劳动力增加和技术进步决定的，前者不仅指劳动力数量的增加，而且还含有劳动力素质与技术能力的提高，所以，索洛的长期增长模型打破了一直为人们所奉行的"资本积累是经济增长的最主要的因素"的理论，证明了长期经济增长除了要有资本以外，更重要的是靠技术的发展、教育和训练水平的提高。

在一定程度上来说，技术进步、劳动力质量的提高比增加资本对经济增长的作用更大。索洛认为除了纯粹的农业国以外，这一理论对其他国家也适用。"发展中国家不能让本国经济的发展仅仅依赖于资本和劳动力的增长上。发展中国家，特别是起步较晚的国家，要更多地研究如何在现有工业的基础上逐步提高劳动生产率、技术和教育进程。这样就能有效地跟上世界的发展。"① 许多国家都相继接受了他的理论，在中高等教育、研究与开发等方面，政府不断增加投资和提供税收刺激措施，成效显著。

（二）利用"余值思想"测算技术进步对经济增长的贡献

索洛利用希克斯中性技术进步生产函数提出索洛余值，试图利用"余值思想"测算技术进步对经济增长的贡献，这一方法的优点在于产出方程把总产出看作资本、劳动和技术进步三个投入要素的函数，从总产出增长中扣除资本、劳动带来的总产出增长，将余值作为技术进步的作用，使我们认识到技术进步在经济增长中所起到的积极作用，而这里所说的技术进步是广义的，是指产出增长过程中不被生产要素的增加所解释的部分。索洛用"技术变化"作为生产函数发生任意一种形式移动的简称。经济的加速与减速、劳动力教育质量的改进、各种各样的移动生产函数的因素都被

① 顾耀铭：《适时的褒奖》，《人民日报》，1987 年 12 月 20 日。

归入“技术变化”中。

由此可见经济增长的主要来源是技术进步和资本集约程度的增长。在人均资本增长率 $k=0$ 的均衡增长路径上，经济增长率主要取决于技术进步速度。丹尼森在实证分析中进一步验证了索洛模型，他们把总的经济增长率大于资本和劳动要素投入的增长率的“增长余值”明确归结为技术进步。① 实际上，在索洛对美国经济增长的经验分析中，人均产出的增长率只有12.5%是由资本和劳动等有形要素的投入带来的，另外的87.5%则是依赖技术进步的“索洛余值”。

（三）对未来宏观经济研究奠定基础性作用

索洛的开创性工作之后，众多在此基础上的扩展模型不断被提出，著名的实际经济周期理论就是在索洛模型的基础上兼顾最优消费问题而得出的一个重要的新古典学派经济学理论。但是，这些模型基本上把技术进步视为某种外生的冲击，与后来产生的注重技术进步内生化的新经济增长模型形成鲜明的对比。

索洛模型对经济学的贡献已经通过了时间和历史的检验，其学术价值对经济发展的贡献不容置疑。虽然经济增长理论的内容还是不够详尽、完善，但它是世界上发达地区和国家中运用于实际并指导经济发展的政策思想和决策思考工具。对于许多宏观经济发展领域来说，特别是在多部门综合的政策决策及实施中起到了很关键的作用。它是当时被重视和认为规范的标准模型，结构简单、易于操作，在国民经济研究与决策中发挥着强大而有力的作用。它为现代市场经济经常状态下的增长模式的建立，创立了理论科学上的成就。索洛认为经济增长的理论模式的数量方面虽然不够严格，但它已经成为宏观经济发展中的关键决策。然而，对此持反对和批评意见的学者也不在少数，尤其是制度学派的学者批评索洛的研究只是增长的表面而非根本的内在原因。甚至索洛本人在经历了长期的观察和思考之后，也认为自己当年的研究没有给予制度变迁足够的重视。然而无论如何，直到现在，索洛模型仍然是经济增长理论中不可缺少的内容。

① E. Denison, *Trends in American Economic Growth*, 1929~1982 (Washington D. C.: The Bookings Institution, 1995).

参考文献

〔美〕罗伯特·M. 索洛：《经济增长理论：一种解说》（第二版），朱保华译，上海世纪出版股份有限公司出版社，2015。

〔美〕罗伯特·M. 索洛：《资本理论及其收益率》，刘勇译，商务印书馆，1992。

〔美〕罗伯特·M. 索洛、约翰·B. 泰勒、本杰明·M. 弗里德曼等：《通货膨胀、失业与货币政策》，中国人民大学出版社，2013。

〔美〕罗伯特·M. 索洛等：《工作与福利》，刘文忻、陆云航、黄雪译，中国社会科学出版社，2010。

〔美〕罗伯特·M. 索洛等：《经济增长因素分析》，史清琪等选译，商务印书馆，1991。

顾耀铭：《适时的褒奖》，《人民日报》，1987 年 12 月 20 日。

宏泰顾问：《诠释诺贝尔经济学大师的智慧》，中国纺织出版社，2004。

D. Jorgenson, et al., *Productivity and U. S. Economic Growth* (Harvard University Press, 1987).

E. Denison, *Trends in American Economic Growth*, 1929 ~ 1982 (Washington D. C.: The Bookings Institution, 1995).

R. Solow, "A Contribution to the Theory of Economic Growth," *Quarterly Journal of Economics*, 70 (1) (1956).

R. Solow, "Technical Change and the Aggregate Production Function," *Review of Economics and Statistics*, 39 (3) (1957).

R. Solow, "Technical Progress, Capital Formation, and Economic Growth," *American Economic Review*, 52 (2) (1962).

T. Swan. "Economic Growth and Capital Accumulation," *Economic Record*, 32 (11) (1956).

第二十章

詹姆斯 · 莫里斯

激励理论的奠基者

James Mirrlees

詹姆斯·莫里斯（James Mirrlees，又译为詹姆斯·米尔利斯，1936~2018）是一位英伦绅士，严谨治学中尽显大师风范，一代杰出的应用理论经济学家。[①] 他与科斯相仿，文章数量不多，但每一篇都堪称经典。他在信息经济学理论领域做出了重大贡献，尤其是他对不对称信息条件下经济激励理论的论述已成为现代经济学的重要基石。莫里斯本人也凭借此贡献获得了1996年的诺贝尔经济学奖。

一　莫里斯的生平

（一）莫里斯的成长

1936年7月，莫里斯出生于苏格兰西南部的明尼加夫，是亚当·斯密的同乡。他的父亲和哥哥都是年少辍学，后通过相关资格考试进入银行工作，他的父亲甚至一度做到加拿大皇家银行副董事长的职位，这让莫里斯坚信学历与高职位之间并没有必然联系。但莫里斯在学业上依旧有着傲人成绩，尤其在数学方面，他自小便表现出了异于常人的天赋。

莫里斯在十岁之前，即有着超出一般同学的心算速度，解答数学题非常快，当老师发现了他这一特长，便命他做越来越难的数学题目，似乎希望从中得知莫里斯做题如此神速的原因所在。然而，莫里斯本身也说不清缘由，只是认为自己擅长在数字中找到固定的模式。也许正是这一点在他自己看来并不起眼的“特长”，为他日后走上经济学研究之路埋下伏笔。

① 〔英〕詹姆斯·A. 莫里斯：《詹姆斯·莫里斯论文精选——非对称信息下的激励理论》，张维迎译，商务印书馆，1997，第3页。

小学毕业后，莫里斯进入牛顿·斯图尔特中学读书，在这个并不大的校园里，莫里斯度过了愉快的时光。他喜爱网球和板球运动，各类课程的广泛涉猎也让他享受这一阶段的学习。自然，莫里斯的数学天赋也得到了更多的发挥。

（二）一波三折剑桥梦

英国剑桥大学是大师辈出的地方，莫里斯就是其中之一。这里不仅为他的经济学研究奠定了基础，也承载了莫里斯的光环和荣耀；既是他年少时孜孜以求的目标，也是他年老时安身立命的所在。

因为莫里斯惊人的数学天赋，故而中学的督学认定莫里斯应该去剑桥大学读书。莫里斯也认可这一目标，并为之付出努力。当时，莫里斯如果申请苏格兰本地的大学，则有机会获得政府资助，但申请英格兰的剑桥大学则没有这项奖励。为了获得资助，莫里斯只能考取剑桥大学的公开奖学金。于是，数学专业奖学金成为其奋斗目标，在报名后莫里斯就进入了奖学金考试模拟试题的疯狂训练模式，跟数学老师一道比赛解题，有时甚至花费一天时间做一份试卷。当时的他并不知道试卷上十道题答两三道题即可，他自己的训练模式始终是三个小时内努力答完所有题。然而这番努力并没有为莫里斯铺就一条顺畅的通往剑桥大学的路，就在考前一周莫里斯得了阑尾炎，他最终无缘剑桥大学，而是去了爱丁堡大学数学系。

1957年，莫里斯获得爱丁堡大学数学硕士学位，并以此硕士学历申请剑桥大学数学专业本科，再次参加了剑桥大学的奖学金考试。经过几年的学习，此时的奖学金考试对莫里斯来说容易了很多，莫里斯最终被剑桥大学数学专业录取，又由于政府对于数学人才培养的重视，莫里斯可以免于当时其他专业都应参加的兵役而直接开始学习。然而在开学前他又身患流感，因此莫里斯到剑桥入学又晚于其他学生一段时间，他的剑桥求学路可谓一波三折。然而从硕士学历再进入本科学习，在很多人看来这是时间上的浪费，莫里斯则不以为然。入学后的他感受到剑桥各方面设施的完备，以及剑桥知识的新鲜且有其自身的特色和深度。剑桥教师的学术素养、剑桥人的聪明智慧以及学校宽松的学术氛围让莫里斯印象深刻。

剑桥对莫里斯最重要的意义还当属他从数学专业向经济学科的转变。一些社团活动的参与启迪了他的社会意识，而数学学习的艰深也让他迷茫，他开始怀疑学习数学这一自小就感兴趣学科的意义所在。在三一学院著名经济学家皮耶罗·斯拉法（Piero Sraffa）的影响下，更在自己好奇心的驱使之下，莫里斯最终选择了经济学。当时剑桥大学三一学院是全世界最好的经济研究中心之一。莫里斯于1963年获得剑桥大学经济学博士学位，他博士论文的导师理查德·斯通（Richard Stone）是1984年诺贝尔经济学奖的获得者。莫里斯的这一决定对他影响非常大，一方面，学习经济学与他希望解决贫困问题的志向有关；另一方面，当时只有经济学这一门学科对他来说最神秘和费解，正是在这样一个触碰难题的过程中，莫里斯成为经济学全新领域的开创者、奠基人，一步步摘得诺贝尔经济学奖的桂冠。

（三）莫里斯的大师之路

如果说剑桥大学是莫里斯的领路者，那么牛津大学则在其生命中扮演了伯乐的角色。1969年，牛津大学经济学教授职位的橄榄枝伸向莫里斯，于是年仅33岁的他即成为这所久负盛名的高等学府中最年轻的经济学教授。彼时的莫里斯已在印度协助参加麻省理工学院相关经济项目一年，于1963年完成博士论文《不确定条件下的最优计划》，此后在剑桥大学三一学院任助教五年，主要研究计划理论、发展经济学和公共财政等问题，尚未发表有影响力的论文。然而牛津大学在人才选拔上有着良好的机制，擅长发现人才的潜质，在当年经济学科总共只有两三位教授职位空缺的情况下选择莫里斯不可谓不是一个前瞻性的抉择，这更多地肯定了莫里斯的未来价值。因此，自1969年至1995年，莫里斯近30年的研究时光也全部贡献给了牛津大学，其获诺贝尔经济学奖之前的大部分成果即在这里完成。

莫里斯还于1968年、1970年、1976年出任麻省理工学院经济系客座教授，1976~1978年任英国财政部政策最优化委员会成员，1982年任计量经济学会会长，并当选美国经济学会的外籍会士。他还曾担任过英国皇家经济学会会长，是英国科学院院士、美国艺术与科学研究院外籍院士，并担任过几个重要学术杂志的主编。

1994年，其夫人因乳腺癌去世，莫里斯教授为换个环境于1995年5月转到剑桥大学任政治经济学教授（2003年从此职位上退休），并再次成为三一学院的研究员，继续研究福利经济学和契约理论。

1996年，莫里斯和美国哥伦比亚大学的威廉·维克里（William Vickrey）

一起荣获诺贝尔经济学奖。此前，在牛津大学校园里，莫里斯获得诺贝尔经济学奖的呼声也非常高。尽管在论文发表数量上莫里斯并不占优势，但从他发表论文的质量和开创意义上来讲，他的贡献无人能及。1997 年，莫里斯被英国女王授予“爵士”爵位。

2001 年，他与有着丰富中国经验、曾多次负责组织中国项目的帕瑞莎结婚，这让这位始终关注发展中国家的经济学大师与中国又多了份渊源。2002 年起，莫里斯开始担任香港中文大学客座教授。2010 年起，他担任新设立的香港中文大学晨兴书院院长。莫里斯于 2018 年 8 月 29 日在英国剑桥辞世，享年 82 岁。

二　不断探索激励经济理论的深度和广度

（一）莫里斯的论文概述

莫里斯以激励经济理论的研究见长。20 世纪 70 年代，他与斯蒂格利茨、斯蒂芬·罗斯（Stephen Ross）、肯尼斯·斯彭斯（Kenneth Spence）等人共同开创了委托-代理理论的研究，并卓有成就。莫里斯分别于 1974 年、1975 年、1976 年发表的三篇论文，即《关于福利经济学、信息和不确定性的笔记》《道德风险理论与不可观测行为》《组织内激励和权威的最优结构》，奠定了委托-代理理论的基本模型框架。莫里斯开创的分析框架后来又由霍尔姆斯特伦（Holmstrom）等人进一步发展，在委托-代理理论的文献中，被称为莫里斯-霍尔姆斯特伦模型方法（Mirrlees-Holmstrom Approach）。莫里斯所写的与委托-代理理论有关的论文还包括《最优所得税理论探讨》《论责任分配：行为人相同的情形》《最优税收理论》《动态的不可替代性原理》《论生产者税收》《激励理论》《两阶级经济中的最优税收》《私人不变利润与公共影子价格》《税收理论与累进税制》《劳动供给对最优税收的影响：最新理论思想指南》《社会收益-成本分析与收入分配》《功利主义的经济学分析》《道德风险对最优保险的意义》《发明的福利经济学》《消费者不确定性与最优收入税》等。

除对委托-代理理论的贡献外，莫里斯还在最优税制结构、非对称信息结构下的最优契约设计、公共财政理论、不确定性下的福利经济理论等方面造诣精深，成为这些领域的代表人物。相关论文包括《不确定下的最优积累》《最优税制和公营生产Ⅰ：公共税收》《最优税制和公营生产Ⅱ：税收规则》《具有消费外部性的聚集生产》《人口政策和家庭规模的税制》《不确定性下的最优积累：投资不变利润的案例》《税率的意义》《对公共支出的讨论》《退休年龄不确定时的最优社会保障模型》《养老金的保险特性》《随机经济中的最优税制》《最优国外收入税制》《社会保险与不合理行为》《对不确定收入的征税》《市场不完全时对相同消费者的最优税收》《最优税制与政府财政》《福利经济学和规模经济》《私人风险和公共行为：福利国的经济》《退休年龄不确定时的社会保险和私人储蓄》等。

莫里斯在经济增长与发展等方面也成就非凡，曾与尼古拉斯·斯特恩（Nicholas Stern）合编《经济增长模型》一书，与 D. 利特尔（D. Little）合著《发展中国家的项目评估和计划》一书，并于 1975 年发表《关于利用消费和生产率之间关系的欠发达经济的纯理论》一文，对经济政策尤其是增长理论进行了功利主义分析，探讨了不确定性对适度增长的影响、非再生资源理论、不可分割的增长理论以及耐用品的不可替代性定理等。在发展经济领域，莫里斯提出了成本收益分析方法，建立了低收入经济的发展模型，研究了国际援助政策的效用与结果。

（二）莫里斯的代表作

1.《最优所得税理论探讨》（1971）

1971 年，莫里斯在《经济研究评论》中发表了《最优所得税理论探讨》，这篇文章体现了其对“隐藏知识”理论的贡献。[①]

我们知道，政府征税时如果了解纳税人的能力差别，就可以根据能力对不同的人征收不同的税，这样既保证了社会公平又保证了政府所需要的收入，也不损害效率。但在现实生活中，政府对谁有能力、谁没有能力是不太清楚的。当能力不可观察时，只能根据收入征税。但如果对高收入的人征高税，高能力的人就会假装低能力，使政府征不到税。因此，由于信息不完全，政府的税收行为就会受到很大制约。而莫里斯想探讨的，就是

---

① 〔英〕詹姆斯·A. 莫里斯：《詹姆斯·莫里斯论文精选——非对称信息下的激励理论》，张维迎译，商务印书馆，1997，第 19 页。

政府在面临信息不完全的情况下，如何设计最优税收体制，这个体制必须防止有能力的人假装没能力。他的主要结论如下：最优的所得税函数是接近线性的，这意味着边际税率接近于常数；对低收入者要补助；所得税调节收入分配不是很有效，所以应该由其他税收来补充。①

最初在研究最优收入税的时候，莫里斯想证明对有能力的人应该多征税。这在完全信息条件下是应该的。但在现实中，在不完全信息条件下，一个人假装低能力要比假装高能力容易得多，所以政府就可能征不到一部分税。因此，莫里斯经过证明得到的结果与最初的设想恰恰相反，由于信息的不对称，最高收入的边际税率应该为0，也就是对最高能力的人的边际收入应该不征税。“我必须承认，我预期对所得税的分析结果是支持高税率的，但结果恰恰相反。”②这个结果对后来信息经济学的研究有很大的影响。以后的研究认为，有私人信息的人必须享有一定的信息租金。如果不让他享有信息租金，他就会逆向选择使整个社会的福利都降低。

2. 《关于福利经济学、信息和不确定性的笔记》（1974）

1974年，莫里斯发表了《关于福利经济学、信息和不确定性的笔记》，这篇笔记的目的在于说明，为什么在一个信息不完全、不可靠的世界里，阿罗-德布鲁福利经济学模型不能令人满意，而与目前应用于公共财政理论的模型相似的模型却可能更为合适。莫里斯假定人的才能有不同的类型，并由此得出一个结论：好的政策应该使能者多劳。

在这篇文章中，莫里斯将福利经济学当作一个讨论可选择的政府政策的模型，并把它当作讨论关于可选择的政府体制的一个组成部分。政府能够采取及应该采取的政策取决于有关消费者的信息，他们做什么以及他们是谁。因此，福利经济学基本定理要求政府根据家庭是什么（但不根据家庭选择做什么）来向家庭分配一定数量的资源，并希望这样就能使恰当的竞争均衡自行建立。在阿罗-德布鲁理论中，这种资源分配是在尚不知道自然状态但是对家庭特征具有完全信息的情况下进行的。莫里斯提出的问题是，如果分配取决于自然状态，而且如果有关家庭特征的信息是不完美

---

① Mirrlees, J. A., “The Theory of Optimal Income Taxation,” *Review of Economic Studies* 38 (1971): 175~208.

② 吴思、李大巍：《优税收与分配公正——专访1996年诺贝尔经济学奖获得者詹姆斯·莫里斯》，《中国经济报告》2017年第1期，第40~43页。

的，那我们应该怎么做。

3.《道德风险理论与不可观测行为》（1975）

这篇文章被称为委托-代理理论的开创性文献，致力于以非常一般的形式，对不可观测行为进行严格分析。有趣的是，这篇重要论文实际上不曾公开发表，甚至没有写完，原计划有 9 节的内容，大家只看到 4 节的打印稿。但经济学同行都尊重他论文的原创性，几乎所有有关委托-代理模型的文献都会引用这篇论文。这也许是经济学家尊重知识产权的一个很好的例子。曾有人问过莫里斯，1975 年这篇最重要的论文为什么不发表。他说，最初想在原稿基础上做些修改，但后来由于种种原因耽误了，同时有一些年轻人在他的启发下发表了一些类似的论文，他也就作罢了。

4.《论责任分配：行为人相同的情形》（1975）

1975 年，莫里斯在当时的《贝尔经济学杂志》上［1984 年后更名为《经济学期刊》（*Journal of Economics*）］发表了《论责任分配：行为人相同的情形》，这篇文章提出的定理可以作为确认最低成本预防者（the cheapest cost avoider）的指南。在某些存在外部性的竞争均衡中，将某些外部性成本在经济中不同行为主体之间进行转移是可能的。但是一般来说，仅仅靠成本转移并不会导致所有行为主体做出有效率的配置决策，因为外部性成本的大小取决于多个行为主体的决策。因此，比较两种不同的成本承担方式所导致的不同资源配置，也就是比较两种非效率的均衡。这篇文章探讨了几组足以决定哪种配置更有效率的假设，这些假设有助于确认卡拉布雷西（Calabresi）所谓的最低成本预防者。

5.《组织内激励和权威的最优结构》（1976）

1976 年，莫里斯发表了《组织内激励和权威的最优结构》，这篇文章提出了有关生产性组织的两种模型。在第一类模型中，产出和报酬取决于完全可观测的个体行为。尽管个人的能力是不可观测的，但只要劳动力市场不是买方垄断的，仍然可以得出很强的结论支持工资与边际产出相等。这篇文章也对买方垄断的情况加以讨论。在第二类模型中，对个体行为的观测是不完全的，文章对最优工资结构和组织结构进行某种推断。文章的重要结论总结如下。

（1）对雇员的不完全信息并不足以解释对企业理论的基本结论，即工资率等于边际产出的偏离。

（2）（由于劳动力市场的买方垄断）当企业工资结构的设计是为了鼓励工作和使雇员展示其能力时，能力越高的工人，其边际产出高出其工资越多，但报酬曲线要比纯买方垄断理论所预言的更陡峭。

（3）就企业整体而言，等级结构并不必然引起规模报酬递减。

（4）在企业内部，当被观察到的工人表现低于某一水平时，对单个工人的最优工资方案是报酬为0。

（5）该文所用的最优化模型的一个隐含意义是，当委托人高度风险回避时，在等级结构的较低层次，下达命令（而非允许创造性）更易接近最优结果。

6.《退休年龄不确定时的社会保险模型》（1978）

这篇文章研究了劳动供给能力，它是由一个政府无法观察到的随机变量（健康）决定的模型。当病痛降临时，消费者必须退休，但他也可以选择在任何其他时刻退休。文章对一期、两期和连续时间模型求解了最优社会保险政策。结果表明，在每种可能的情况下，如果社会保险政策为最优，则消费者在工作与退休之间无差异，但在能力许可时会选择工作。消费者对社会保险体制的贡献随年龄增大而减少，得到的保险收益随退休年龄提高而增加。文章的结论可以总结如下。

（1）道德问题风险的存在意味着政府政策应使消费者对退休年龄无差异。在个人能力禀赋不同或丧失工作能力的概率分布不同的模型中，这一结论会有所变化。

（2）对消费者的交易征税是最优保险计划的一个重要附属成分。在大多数情况下，税收是正的，以抑制储蓄。如果考虑到非理性储蓄行为，这一结论将被修正。

（3）随着退休年龄的增大，消费者退休后由保险获得的收益呈很强的上升趋势。

（4）随着年龄的增长，消费者对保险的贡献会下降；有时，下降的速度会很快；最终，会变成负值。

（5）许多迹象表明，随着年龄增长，消费者对保险的贡献下降得越来越快，而由保险获得的收益上升得也越来越快。

（6）在最优保险计划下，即使未丧失工作能力就退休能获得很大的瞬时效用，这种退休出现的可能性也很低。

三　为市场设计奠定理论基础

（一）信息非对称问题

莫里斯对信息非对称问题的贡献既是思想性的，又是方法论的。这里的信息非对称指的是，当事人双方都有一些只有自己知道的私人信息。比如，买卖双方进行交易，卖方知道产品的价格、质量，但不知道买方愿意支付的价格，而买者正相反。对拥有私人信息的一方，我们认为他有信息优势，另一方则没有。在这种情况下如何进行交易、如何签订合同，与对称信息条件下是不一样的。

进一步讲，不对称信息大致可以分为两类。第一类是指外生的信息，诸如交易当事人的能力、偏好、身体健康状况等，这类信息不是由当事人行为造成的。某种意义上是一种先天的、外生的。这类信息一般出现在合同签订之前。比如一个企业在雇用工人的时候，每个工人能力的高低雇主并不很清楚。当出现这种问题时，首先要解决的问题就是设计怎样的机制，能够获得对“我”有用的信息，或使“你”披露真实的信息；然后达到一种最好的契约安排。第二类不对称信息是内生的，取决于当事人行为本身，就是说在签订合同的时候，当事人双方拥有的信息是对称的，但签订合同后，一方则对另一方的行为无法监督、约束。比如，在签订雇佣合同后，你是努力工作还是偷懒；再如，参加汽车保险后，你开车是否小心；等等。这类行为一般发生在合同签订以后。这种情况下，就产生了典型的激励问题：用什么样的激励机制能够使你采取正确的行动。像在企业中，雇主用什么样的工资制度能让工人努力工作。在信息经济学文献里，第一类不对称信息被称为隐藏知识，第二类不对称信息被称为隐藏行动。还有一种划分将第一类称为逆向选择，将第二类称为道德风险。前一类情况，问题是如何能让有私人信息的人说实话；后一类情况，问题是如何使当事人努力工作。莫里斯在前面所讲的信息非对称的两方面都有开创性的贡献。

将非对称信息引入新古典模型中最终得到的均衡解会产生重要的作用。根据新古典经济学中的完全竞争市场假设，商品的交易量和价格取决于供给和需求，消费者获得效用最大化，生产者获得利润最大化。以二手车市场为例，不对称信息情况下买方承担风险会使本来可以达成的交易最终无法达成，市场的均衡数量比最优均衡数量少，整体社会福利降低。在保险市场上，保险合同签订后，被保险人就有倾向采取不利于保险人的行为，即疏于防范自己可能产生的风险，使保险合同签订所基于的风险概率升高，均衡解就会使保险公司无法提供社会合意的保险数量。莫里斯通过引入激励相容等概念，把信息不对称问题转化为机制和制度设计问题，通过巧妙的机制设计，使当事人“吐露真情”或采取有利于对方的行为，从而解决了信息不对称问题。

（二）最优所得税制结构设计

1897 年，英国经济学家埃奇沃思（Edgeworth）在其经典论文《赋税的纯理论》中提出：通过累进的所得税税制收入再分配政策，可以实现整体社会福利最大化。这个结论基于三点假设：收入的边际效用递减、每个人的效用函数相同、收入再分配制度不影响人们的劳动供给。

政府征收所得税的目标是既能够保证政府所需要的税收，又不损害经济效率。最优的征收方法是对能力进行征税，即对高能力的人征收更高的税，对低能力的人征收更低的税，但每个人能力大小的信息是不对称的，政府无法识别人们的能力，政府也就无法对能力进行征税。替代方法就是对能力的结果即收入进行征税，但产生的问题是高能力者可能会伪装成低能力者，隐藏自己的能力从而少交税。高能力者的隐藏能力使产出减少，经济效率下降，政府的所得税征收行为就会受到很大制约，这就是“逆向选择”问题。莫里斯想探讨的是如何设置最优所得税制，使人们的能力能够显现出来，变成可知的信息，激励有能力的劳动者提供最大的劳动供给。

1971 年，莫里斯在论文《最优所得税理论探讨》中假定：一是每个人的效用函数相同，效用大小取决于税后收入和工作时间；二是社会整体福利是个人效用的积分加总；三是税收的总量给定；四是人们的技能有高低之别，技能的高低会影响消费和劳动供给。论文认为所得税最优规模取决于技能在人口中的分布和人们的消费-劳动偏好，得不出结论要对高收入阶层实行更高的边际税率。论文由于考虑到税收的效率损失，即制定的所得税会影响产出的大小，所以制定最优所得税的均衡解是，税收均等化的收益即总效用的增量等于税收均等化的成本即因此而产生的低效率损失。

莫里斯认为效用函数和技能分布函数被确定后，就能对最优所得税制结构进行计算。假定效用函数是消费和闲暇的函数，技能分布函数为正态分布，可以得出的结论：最优税制的基本特征是边际税率递减，当边际税率为零时，可以激励高能力生产者达到最大的产出而不会影响其他人，即所谓的帕累托改进。

要想使生产者做出更大的生产努力，就需要让他选择努力所获得的收益至少不低于不做出这种努力所获得的收益。生产者的初始努力水平越高，为了使其更努力生产，越要给予其更高的补偿。尽管很多经济学家对此持怀疑态度，但此项研究有很高的理论价值，因为收入再分配政策不但影响人们的福利还会影响产出的多少。当人们公平分配蛋糕时，有可能会使原本可以做大的蛋糕变小，整体社会福利必然不能达到最大化。

（三）委托-代理理论

保险行业中的保险单本质是契约或合同，被保险人所支付的保险金是基于保险的金额和发生风险的概率。合同签订后，投保人的激励发生改变，有疏于防范风险的倾向，保险公司为此可能会承担风险和蒙受损失。保险公司面临的问题是如何设置恰当的保险合同使投保人做出有利于承保人的行为。涉及契约或合同的其他情况如雇佣关系也会发生类似问题：雇主与工人签订劳动合同后，雇主无法监控工人的努力程度；公司的股东无法监督职业经理人的努力程度；工人或职业经理人都有可能会采取有利于自己的行动，而损害雇主或股东的权益。这些情况被称为道德风险。

莫里斯在 1974~1976 年完成的 3 篇论文——《关于福利经济学、信息和不确定性的笔记》《道德风险理论与不可观测行为》《组织内激励和权威的最优结构》中解决了风险共担的激励相容约束的分析技术问题，奠定了委托-代理理论的基本模型框架。在莫里斯的分析框架中，拥有私人信息的一方被称为代理人，如投保人、职业经理人和工人等，缺乏私人信息的一方被称为委托人，如保险公司、股东和雇主等，后者要为前者的利己行为而承担风险。委托人要想让代理人按照委托人期望的那样行事，需付给代理人补偿费。委托人的目标是给自己带来最大的预期效用，实现这个目标基于两个重要的约束条件：第一个约束条件是，代理人有意愿接受合同，即接受合同带来的效用大于等于不接受合同带来的效用，这就是“参与约束”；第二个约束条件是，签订合同后，代理人做出对自己最优的行动，即代理人在选择行动上要做到边际收益等于边际成本，这就是代理人的“行动最优约束”。[①]

莫里斯得出结论，若要使代理人去选择有利于委托人的行为，同时也使自己收益最大化，设计合同时需要让代理人承担一部分代理人行动所带来的风险及其后果，并从这种风险中获得补偿。这种分析方法由莫里斯开创，由霍尔姆斯特伦等人进一步完善发展，被称为莫里斯-霍尔姆斯特伦模型方法。

（四）其他贡献

莫里斯在公共财政领域也有突出的贡献。1971 年，在《美国经济评论》上，他与美国经济学家彼得·戴蒙德（Peter Diamond）合作发表论文，扩展了 20 世纪 20 年代英国剑桥大学经济学家弗兰克·拉姆齐（Frank Ramsey）的最优税收理论，提出了“拉姆齐-戴蒙德-莫里斯税收法则”。[②]

在就业市场上，雇主雇用员工时，学历是必要的条件之一，但学历和能力并不能直接画等号。现实生活中往往存在高学历低能力者，或者反之低学历高能力的也大有人在。针对要满足什么样的条件，学历可以作为筛选人才的重要参考指标，在信息经济学中，这个条件被称为斯彭斯-莫里斯条件。接受更高教育的成本和收益是因人而异的，不同能力的人接受相同的教育所产生的成本是不同的。高能力的人学习知识更加容易，通过考试所付出的成本也较低。反之，低能力的人学习同样的知识更加吃力，通过考试所付出的努力和时间更多、成本更高。所以，在其他条件不变的情况下，高能力的人更倾向于接受更高的教育，获得更高的回报，即使更高的学历并不必然使能力得到提升。如我国隋唐时期开始的科举制度，考试

---

① Besley, T. J., Dixit, A. K., “James Mirrlees' Contributions to the Theory of Information and Incentives,” *Scandinavian Journal of Economics*, 99 (2010): 207-235.

② 〔英〕詹姆斯·A. 莫里斯：《詹姆斯·莫里斯论文精选——非对称信息下的激励理论》，张维迎译，商务印书馆，1997，第 2 页。

内容未必对治理国家有实际作用，却可以成为识别人才的一个信号，成为筛选人才的制度。

莫里斯在经济增长理论、福利经济学和项目评估等方面也有重要贡献，他与英国经济学家利特尔合著了《发展中国家的项目评估和计划》，其中发展出的很多分析方法对以后的经济学家研究此类问题提供了有益的借鉴。

四　大处着眼，小处着手

（一）治学严谨的“应用理论经济学家”

莫里斯的很多贡献本来是从规范而非实证经济学研究出发的，但得出的结论是基础性的，比如，1974 年的《关于福利经济学、信息和不确定性的笔记》。文中开始就假定国家要最大化社会福利函数，但由于莫里斯研究了政府面临并不了解企业、家庭等的具体信息的问题，他做出了对信息经济学的开创性贡献。再如，1971 年所做的有关最优收入税的研究，以及后来研究税收与家庭规模的关系、税收与人口的关系、扭曲经济下的政策问题等。莫里斯的研究出发点是政策导向的、具体的，但得出的结论是非常理论性的、一般化的，触及社会经济制度的。这或许就是他说的“大处着眼，小处着手”（think big and work small）吧。而且，他的理论很深奥，没有一定的数学功底难以读懂。但他不把自己定义为理论经济学家，而是定义为“应用理论学家”。他对信息经济学的贡献可以说是他研究公共财政和福利经济学的副产品。

莫里斯治学态度非常严谨。比如，他研究最优收入税时，得出的结论和最初的设想是不同的，但最后还是尊重了事实。他在论文中就写道：“我必须坦白，我最初不是想得到这样的结果。”从中我们可以看出，莫里斯治学的科学态度。再有，莫里斯发表的论文很少，但所发表的每一篇论文都可以说是经典的、高质量的。这与科斯相仿。细读莫里斯的文章能感到行文中的大师风范，虽然字面上看似很随意，但很多有价值的思想已经包含在其中了，这也是他的文章被称为经典的原因所在。

（二）如何让人说实话

莫里斯最为重要的洞察力在于指出：一个最优税收体系必须是经济学

家如今称为“激励兼容”的体系。也就是说，它必须给予人们一种说实话的激励，即按照事物的本来面目，通过对何种努力程度的选择来了解他们的生产效率。因此，如果政府设计一项税收计划，旨在使具有生产效率的人们更加努力地工作，它就必须选择引导他们这样去做的税率水平。

莫里斯的理论已经在保险行业中付诸实施。正如政府不能观察到人们的生产效率，保险商也不能观察出他们的顾客是否已经采取适当的措施。用投保人自负其保险扣除额和索赔者承担一部分损失费用的形式，保险商们可以恰当地调整他们的激励。如果保险金反映出在采取了防范措施的情况下所出现的风险，顾客必定面临足够大的损失，从而迫使他们采取这些防范措施。在莫里斯的研究基础上，经济学家已经在很大程度上增进了他们对保险市场的了解。

以提供有助于解决这些难题之远见卓识的方式，1996 年的诺贝尔经济学奖得主创立了经济学中一个正在蓬勃兴起之领域的基础。经济学家不仅是在发现处理非对称信息的新方法，而且目前许多被接受的商业实践已经演化得能够精妙地解决这一难题。你也许仍然不得不与自私自利的人打交道，但是至少你能够使他们对你说实话。

（三）莫里斯与中国

与很多国外经济学家不同，莫里斯与中国的关系不仅仅停留在对中国经济问题发表看法的层面，而是深入中国“肌理”，对中国经济社会理论实践等多层面有着颇多的了解和参与。这当然得益于长期以来他对发展问题的关注。

在媒体中我们常常看到莫里斯来访中国，并发表演讲、实践调研。他在学术论坛中畅谈经济学研究，就中国经济学发展中的痛点、难点以及未来宏观经济走势发表看法，就中国税制的改善献策建言；他是中国经济发展实际问题的研究者和解决问题的实践家，是媒体中“指点北部湾”的英伦爵士，是珠海横琴新区咨委会委员；他更是热衷于经济学教育的教育家，他与清华学子就“创建绿色经济”展开热烈对话，还在中国的教师节期间走进北京汇文中学做讲座，与热情的中学生交流畅言；他担任多所中国学校的名誉教授，曾在香港中文大学有一个专门的研究办公室，参与对中国经济问题的研究工作，甚至领衔组建了剑桥大学中国经济研究中心。

2010年起，莫里斯担任香港中文大学晨兴书院的院长。晨兴书院的学生及院务人员主要来自中国香港，也有大量中国内地和海外成员，他们在这里互相砥砺、启发创意，而作为院长的莫里斯将书院的使命定义为“展现其潜能，助其成大器”。

（四）信息经济学在中国问题上的应用

国内经济学家普遍认为分析我国目前制度问题最有效的一些方法应该来自博弈论和信息经济学。现在我们经常讨论委托-代理关系、激励机制问题、产权问题，这些都是信息经济学涉及的问题。比如，国有企业所有权和经营权分离，企业经营者拥有企业经营过程中各种收入和费用的真实信息，而作为委托人的企业所有者由于不参与实际经营，往往难以获得全部真实信息，企业经营者和所有者之间存在信息不对称问题。在这种情况下，如果缺乏对国企经营者的有效监督，就会面临国家利益损失的风险。那么在信息不对称的基础上，如何监督、激励经营者，就成为信息经济学所要研究和解决的问题。再如，政府在征税上应该让有能力的人拿到高的收入，从公平的角度看这是一种信息租金，否则有能力的人就没有积极性努力工作，能干的人也假装不能干。这些都需要用到激励理论。现在，经济学家之所以强调制度安排是重要的，就是因为信息不对称，如果信息是完全的，那么任何体制安排对经济效率都是无关宏旨的。信息经济学的一个基本结论是，任何一种制度安排，只有满足个人的“激励相容约束”，才是可行的。“激励相容约束”也就是我们中国人讲的“上有政策，下有对策”。上面制定政策时必须考虑下面的对策，不考虑下面的对策的政策是没有可行性的。而莫里斯开创性的贡献就是让我们去思考，去研究在信息不对称的情况下，我们设计什么样的体制、机制来调动人们的积极性改进效率、减少浪费、优化资源配置，增进整个社会的福利。

参考文献

〔英〕詹姆斯·A. 莫里斯：《詹姆斯·莫里斯论文精选——非对称信息下的激励理论》，张维迎译，商务印书馆，1997。

高东方：《浅析诺贝尔经济学奖得主詹姆斯·莫里斯的学术遗产》，《中国管理信息化》2019年第8期。

吴思、李大巍:《从委托-代理理论看国有企业发展——专访1996年诺贝尔经济学奖获得者詹姆斯·莫里斯》,《中国经济报告》2017年第6期。

吴思、李大巍:《优税收与分配公正——专访1996年诺贝尔经济学奖获得者詹姆斯·莫里斯》,《中国经济报告》2017年第1期。

吴思、李大巍:《最佳辩手的绚丽人生——专访1996年诺贝尔经济学奖获得者詹姆斯·莫里斯》,《中国经济报告》2017年第12期。

吴思、李大巍:《最优税收与分配公正——专访1996年诺贝尔经济学奖获得者詹姆斯·莫里斯》,《中国经济报告》2017年第1期。

夏业良:《经济学研究新视角的开创者:莫里斯与维克里——1996年诺贝尔经济学奖得主理论贡献述评》,《国外社会科学》1997年第5期。

张维迎:《詹姆斯·莫里斯的学术遗产》,《中华工商时报》2018年9月4日,第3版。

赵为民:《萝卜和大棒的寓言——1996年诺贝尔经济学奖得主詹姆斯·莫里斯一席谈》,《中国企业家》1997年第6期。

Besley, T. J., Dixit, A. K., "James Mirrlees' Contributions to the Theory of Information and Incentives," *Scandinavian Journal of Economics*, 99 (2010).

Mirrlees, J. A., "An Exploration in the Theory of Optimum Income Taxation," *Review of Economic Studies* 1971 (2).

Mirrlees, J. A., "The Optimal Structure of Incentives and Authority within an Organization," *Bell Journal of Economics* 1976 (1).

Mirrlees, J. A., "The Theory of Optimal Income Taxation," *Review of Economic Studies* 38 (1971).

第二十一章

迈伦·斯科尔斯

“现代期权理论之父”

Myron Scholes

迈伦·塞缪尔·斯科尔斯（Myron Samuel Scholes，1941～　）是期权定价理论的先驱之一。他最有影响力的学术贡献是和费希尔·布莱克（Fischer Black）共同提出的期权定价理论。在此之前的期权定价理论，由于依赖人们对风险的主观态度，存在难以精确衡量的缺陷，而布莱克-斯科尔斯公式的提出，一方面避免了对投资者风险偏好的依赖，能够对市场期权的合理定价提供科学、便捷、有效的方法，并在金融领域产生了革命性的影响，成为其他学者进一步研究的基石，推动了金融市场衍生证券定价理论的持续、快速发展；另一方面，该理论被广泛应用于金融实践，推动了金融衍生市场的拓展与繁荣。直到现在，每天都有无数投资者和交易商使用该公式进行期权定价。该理论学术上的独特性以及对整个社会的深远影响，最终为斯科尔斯赢得了1997年诺贝尔经济学奖的桂冠。

一　四处碰壁的论文最终改变金融世界

1941年7月1日斯科尔斯出生在加拿大安大略省蒂明斯，10岁时，举家搬迁至汉密尔顿，父母经商，舅舅从事出版生意，在家庭整体氛围的影响下，斯科尔斯从小就表现出对经济问题的浓厚兴趣。在父母的大力支持下，斯科尔斯在高中时期就担任俱乐部的财务员，积极参加各种商务活动，并且学习如何在股票市场进行投资，这个时期的斯科尔斯非常好奇股票价格是由哪些因素决定的，为此他花费大量的时间阅读相关书籍、分析相关财务报告，遗憾的是他并没有找到满意的答案。在斯科尔斯16岁时，母亲患癌症去世。在汉密尔顿的麦克马斯特大学获得经济学学士学位后，他遵循母亲的遗言，跟随舅舅从事出版工作。随后，他决定进入芝加哥大学继续深造。在芝加哥大学的第一个暑假是斯科尔斯转向经济学研究的重要转折点，他在校内从事程序设计等相关工作，尽管斯科尔斯对计算机不甚熟悉，但他学习能力很强，很快便精通了程序设计，成为一名出色的程序员。[①] 斯科尔斯的编程工作经常需要同经济学教授密切交流，并需要深刻理解经济学的内在逻辑，在此期间，他逐渐认识到经济学解释现实的强大力量，并为其着迷，此后斯科尔斯便下定决心走向学术道路并着力研究经济问题。斯科尔斯在默顿·米勒（Merton Miller）教授的建议下，选择继续攻读芝加哥大学的博士学位，主修金融经济学，导师是米尔顿·弗里德曼、乔治·斯蒂格勒、米勒，三位教授均在经济学上有高深的造诣，分别于 1976 年、1982 年和 1990 年获得诺贝尔经济学奖。[②]

攻读博士期间，斯科尔斯于 1966~1967 年被芝加哥大学工商与经济学数学研究中心聘为研究助理，1967~1968 年被芝加哥大学聘为金融学讲师。斯科尔斯于 1969 年获得芝加哥大学商学院经济学博士学位。博士毕业后，他放弃了得克萨斯大学提供的一份薪酬丰厚并有着副教授职称的工作，毅然选择了麻省理工学院提供的薪水相对较低的且职称仅为经济学助理教授的工作。在麻省理工学院，斯科尔斯与布莱克相识，两人志同道合，共同研究期权定价理论，并首次提出期权定价公式，该理论成为当代资本市场重要的理论基石。1972 年斯科尔斯被聘为麻省理工学院副教授，1973 年被芝加哥大学聘为经济学客座副教授，1975 年被聘为芝加哥大学副教授，1983 年被斯坦福大学聘为法学与经济学教授，并执教至今。1997 年斯科尔斯荣获诺贝尔经济学奖这一崇高殊荣。[③]

斯科尔斯获得诺贝尔经济学奖的最主要学术贡献在于，他与布莱克（于 1995 年因喉癌去世，享年 57 岁）共同撰写的学术论文《期权定价与公司债务》，这篇论文首次提出了期权的定价公式，即著名的布莱克-斯科尔斯公式。由于该论文以超前的思维方式着眼于期权定价，学界的很多人并不认同其科学性、合理性，因此论文的发表过程困难重重。布莱克和斯科尔斯最初向《政治经济学期刊》投稿，但是当时主编认为这篇文章经济

---

① 资料来自 https：//www. nobelprize. org/prizes/economic-sciences/1997/scholes/facts/。

② 王振中、李仁贵主编《诺贝尔奖经济学家学术传略》，广东经济出版社，2002，第 550 页。

③ 上海财经大学高等教育研究所：《诺贝尔经济学奖之路》，上海财经大学出版社，2010，第 317 页。

学内容太少而金融学内容过多，不符合办刊原则，便迅速退稿，甚至都没有咨询期刊编委会成员的相关意见。经历第一次失败之后，两人重整旗鼓，随后便积极向其他期刊投稿，结局却异常相似，杂志社甚至没有认真研读完整篇论文便对两位作者发出了退稿通知。直到《政治经济学期刊》原主编因故调离之后，事件才发生转机，斯科尔斯联系了自己的博士导师米勒和尤金·法马（Eugene Fama），在他们的鼎力帮助下，间接地说服期刊主编，让其认识到这篇文章的重要意义，至此这篇遭遇多次退稿的文章才重新被杂志社审阅，并于 1973 年发表。令学界惊奇的是，这篇到处碰壁，甚至无处发表的论文在以后的岁月里竟然极大程度地影响了金融期权的发展，并为斯科尔斯带来了经济学界最高的学术荣誉。[①]

斯科尔斯认为经济学理论除用于追求真理外，更应该应用于实践并指导实践，并且其自身也是金融业界身体力行的探索者，在他身上既能看到成功的经验也能发现惨痛的教训。1990 年，斯科尔斯接受所罗门副董事长的邀请，担任该公司的特殊顾问，并管理债券部门，指导该部门通过一系列债券交易为公司带来了相当可观的利润收入。斯科尔斯与罗伯特·默顿（Robert Merton）等学者于 1993 年组建了长期资本管理公司，虽然该基金成立之初，资产净值仅仅只有 12.5 亿美元，但由于其资本运作非常成功，这支基金备受市场投资者青睐，一举成为全球最大的对冲基金，成为当时国际四大对冲基金（量子基金、老虎基金、长期资本管理公司、欧米伽顾问公司）之一。该公司 1997 年的资产净值高达 48 亿美元，净增长 2.84 倍，年平均报酬率更是令人瞠目，1994 年高达 28.5%，1995 年和 1996 均超过 40%，1997 年也超过了 17%。然而，随着 1997 年东亚金融危机和 1998 年俄罗斯金融危机的爆发，长期资本管理公司在 1998 年未能防控潜在金融风险，且由于过度进行杠杆操作，公司一夜之间损失了近 90%的资产，在随后的 4 个月里损失高达 46 亿美元并最终破产，该公司也成为失败应对金融风险的经典案例。六年之后，长期资本管理公司再度引起人们的关注，2004 年爱特顿法官发现，斯科尔斯当年为长期资本管理公司所设计的一套税收方案，除避税的意义外没有任何经济目的，纯属逃税的违法行为，经

① 蔡昌：《简约刚毅大师风范——诺贝尔经济学奖得主斯科尔斯先生侧记》，《财会学习》2014 年第 2 期，第 75~77 页。

过长达一年的调查审判，法院认定斯科尔斯及其合伙人需要为此付出相应的赔偿。

斯科尔斯有两子两女。四个子女中，只有一个儿子从事金融行业，另一个儿子在《纽约时报》工作，两个女儿分别从事互联网行业和教育行业。[①] 斯科尔斯教授对中国有特别的情缘，被香港中文大学、南京大学授予名誉教授，多次到访中国并做主题报告。斯科尔斯看好中国目前的经济发展状况，同时也认为中国资本市场仍需要重点解决信息不透明、投资缺乏营利性等问题。

二　期权定价与税收筹划

斯科尔斯的不朽名作是与布莱克共同撰写的《期权定价与公司债务》[②]，该论文发表在1973年《政治经济学期刊》第81卷上，虽然布莱克因喉癌去世，但诺贝尔委员会同样承认布莱克对期权定价做出的杰出贡献。这篇文章是金融领域被引用次数最高的论文之一，文章具有理论贡献的独特性，为其他学者的进一步研究奠定了基础，后来的学者改进期权定价模型，并以此为基准延伸出其他衍生性金融商品的定价方法，此文在实际应用中更具有划时代的意义。在该文发表之前，期权交易市场没有统一公认的定价方法，伴随着论文的发表，1973年刚刚成立一个月的芝加哥期权交易所便采用了布莱克-斯科尔斯期权定价公式，而到了1975年，美国大型的券商和投资银行基本都采用该定价公式。现如今，每天都有成千上万的交易者使用该模型进行交易，这推动了全球金融衍生产品市场的繁荣发展。[③]

这篇文章所提出的布莱克-斯科尔斯期权定价公式讨论了股票期权定价原则，换句话说是买卖股票期权的期权费应如何内生确定的问题。此文提出一种确定衍生性金融产品价格的新方法，即通过构建连续时间框架，

---

① 温元凯、王雪芹：《诺贝尔经济学奖是怎样“炼”成的?》，山东人民出版社，2015，第252页。

② Black, F., Scholes, M., “The Pricing of Options and Corporate Liability,” *Journal of Political Economy* 81 (1973): 637~659.

③ 洪涛：《'97诺贝尔经济学奖给人的启示》，《经济论坛》1998年第4期，第6~7页。

以"集合布朗运动"刻画股价运动。当股市达到均衡时，市场中不存在无风险套利机会，可根据数学模型推导出股价变化的偏微分方程，并最终衡量出股权的价格。该文定价模式不同于以往的期权定价方式，按照传统的资产定价理论，风险与收益正相关，风险越高，收益则越大。这种理论取决于投资者的风险偏好类型和未来股票价格的概率分布，然而在现实世界中，难以衡量每个投资者对待风险的准确态度。布莱克和斯科尔斯则认识到，使用包含标的股票和无风险资产的投资组合收益能够衡量期权的收益。在均衡的情况下，市场不存在套利机会，那么期权价格就与投资组合的成本相等，可以证明期权的价格仅取决于股票价格方差、执行价格、期权到期时间、股票时价、无风险利率。更进一步，在布莱克-斯科尔斯期权定价公式的参数中，只有股票价格方差需要从时间序列中进行估计，而其余的参数如执行价格、股票时价等只需要简单输入模型即可。因此，布莱克-斯科尔斯期权定价公式使得期权市场不用考虑投资者的风险规避类型也可以得到精准的期权定价，这极大地简化了原有的期权定价程序，因此其被广泛地应用于金融衍生品定价环节中。

斯科尔斯除了在期权领域提出一条划时代的定价方法外，在税收筹划理论方面也颇有建树。斯科尔斯发现由于原有的税收筹划理论未考虑成本问题，在实务操作过程中不能合理地解释和指导企业战略，在多种尝试下，他和合作者将厂商税收最小化转变为税后收益最大化作为厂商税收筹划的目标，提出有效的税收筹划理论。该理论要求厂商从交易各方多边契约、显性和隐性税收、各种交易成本三种角度进行全方位多层次地考察税收，尤其需要重点关注交易成本中的非税成本，太高的非税成本不利于企业的成长。斯科尔斯在此领域进行了深入研究，有效地指导了企业的纳税行为，其著作《税收与企业战略》被全球众多商学院相关专业所采用。①

除上述卓越成就外，斯科尔斯的经典著作包括《期权合约定价与市场效率的一个检验》（与布莱克合著，1972）、《资本资产定价模型：一些经验检验》[与布莱克、詹森（Jensen）合著，1972]、《股利发放和股利政策对普通股价格和收益的影响》（与布莱克合著，1973）、《税收和期权定价》

---

① 蔡昌：《简约刚毅大师风范——诺贝尔经济学奖得主斯科尔斯先生侧记》，《财会学习》2014 年第 2 期，第 75~77 页。

（1976）、《非同步数据β的估计》（与威廉姆斯合著，1977）、《股利与税收》（与米勒合著，1978）、《股利与税收：一些经验证据》（1978）、《全球金融市场、衍生证券和系统风险》（1996）、《税收与企业战略》（2004）。[①]

三 每天被执行无数次的方程

布莱克-斯科尔斯公式为包括股票、债券、货币、商品等在内的新兴衍生金融市场中各种依据市场价格变动定价的衍生金融工具的合理定价奠定了基础。布莱克-斯科尔斯期权定价模型是在一系列假设下成立的，其基本假设如下。

第一，股票价格满足随机微分方程：

$$\mathrm{d}S=\mu S\mathrm{d}t+\sigma S\mathrm{d}z$$

其中，μ，σ 都为常数，股票价格（S_T）服从对数正态分布，这意味着对数股票价格，即股票连续复利的收益率（η）服从正态分布。

$$S_T=S_0e^{\eta T}$$

$$\eta=\frac{1}{T}\ln\frac{S_T}{S_0}\sim N\left(\mu-\frac{\sigma^2}{2},\frac{\sigma}{\sqrt{T}}\right)$$

第二，无卖空限制。由于布莱克-斯科尔斯期权定价公式是基于套利定价原则推导出来的，所以套利能够实现是布莱克-斯科尔斯期权定价公式有效的必要条件，这就要求股票市场及其衍生品市场对卖空都是没有限制的。举例说明，若认为看涨期权价格相对于当前的股票价格被高估了，则交易者可以通过买入股票、卖出期权进行无风险套利，使得期权的供给增加、价格下降，进而促使股票需求增加、价格上涨；而若认为看涨期权价格相对于当前股票价格被低估的交易者，则可以通过卖空股票、买入期权的操作进行无风险套利，使得期权的需求增加、价格上涨，进而促使股票供给增加、价格下降。交易者努力寻找套利机会并进行套利的行为能够逐步修正市场上存在的价格偏差，致使套利机会消失，从而使基础产品与

① 宏泰顾问：《诠释诺贝尔经济学大师的智慧》，中国纺织出版社，2004，第327页。

衍生产品之间的价格关系得以有效维持。①

第三，没有交易费用和税收，即市场是无摩擦的。这与现实中的情况是不相一致的，但随着计算机撮合交易方式的普及以及经纪商之间日益激烈的业务竞争，交易费用和佣金将会逐渐降低，与此同时，相比利息收入，各国对资本利得课税均相对较轻。

第四，市场中的证券都可进行无限分割。投资者可以根据自己的实际情况与投资预期来买卖少于最少交易单位的股票或衍生工具，模型中提出该假设能够方便整个数学推导过程，但相对于越来越庞大的交易量，不满足这个假设的影响并不大，且在期权存续期间，标的股票没有股利发放。

第五，不存在无风险套利的机会。无风险套利是指交易者付出零成本、承担零风险，却能获得正的收益。上述无卖空限制假设说明了交易者会研究、发现并充分利用这种无风险套利机会进行套利活动，套利的最终结果是促使价格回归到正常水平，套利机会随即消失。价格反映了当前时刻各种可获得的信息和投资者的全部预期，从而这种无风险套利机会是不存在的。

第六，在期权存续期间，无风险利率是已知的，并且不会发生变化，即无风险收益率将一直是一个常量 r。而实际情况是，收益率在期权存续期内呈随机波动。

第七，布莱克-斯科尔斯期权定价公式针对的是欧式期权，而非美式期权。欧式期权只能在到期日执行，分析起来相对较为简单，而美式期权则不同，有时候到期执行对投资者来说是有利的，此时的美式期权就和欧式期权一样，可以用布莱克-斯科尔斯期权定价公式进行定价，但有时投资者提前执行期权更有利，这时的分析就更为复杂一些。②

由于期权等衍生产品的衍生性质，它们和原生产品受到同样的不确定因素的影响，因此在价格上有紧密的联系。我们可以通过对原生产品和衍生产品进行适当组合来消除不确定性，构造无风险组合，该组合在未来各种可能状况下的现金流都是恒定的，不存在不确定性。因此，该组合的收

---

① 〔美〕约翰·赫尔：《期权、期货和衍生证券》，张陶伟译，华夏出版社，1997，第189页。

② 汪昌云、类承曜、谭松涛编著《投资学》，中国人民大学出版社，2017，第289页。

益率将和无风险资产的收益率相一致，即无风险收益率 r。

假设 f 是以股票为标的资产的衍生产品的价格，则 f 是 S 和 t 的一个函数，由伊藤（Ito）引理可以推出：

$$df=\left(\frac{\partial f}{\partial S}\times\mu S+\frac{\partial f}{\partial t}+\frac{1}{2}\times\frac{\partial^2 f}{\partial S^2}\times\sigma^2 S^2\right)dt+\frac{\partial f}{\partial S}\times\sigma S dz$$

其离散形式为：

$$\Delta S=\mu S\Delta t+\sigma S\Delta z \tag{21-1}$$

$$\Delta f=\left(\frac{\partial f}{\partial S}\times\mu S+\frac{\partial f}{\partial t}+\frac{1}{2}\times\frac{\partial^2 f}{\partial S^2}\times\sigma^2 S^2\right)\Delta t+\frac{\partial f}{\partial S}\times\sigma S\Delta z \tag{21-2}$$

其中，ΔS，Δf 分别是 S 和 f 在短时间间隔 Δt 后的变化量，由伊藤引理可知 S 和 f 遵循的维纳过程相同，也就是式（21-1）和式（21-2）中的 Δz（$=\varepsilon\sqrt{\Delta t}$）相同，股票和衍生产品的价格都受到同样的不确定性因素（Δz）的影响，投资者可以选择适当的股票和衍生产品的资产组合来抵消这种不确定性的影响。

恰当的证券组合应该是：

$$-1\text{:衍生证券}$$

$$+\frac{\partial f}{\partial S}\text{:股票}$$

即证券组合的持有者卖出1份衍生产品，买入数量为 $\frac{\partial f}{\partial S}$ 股票，令 π 表示该组合的价值，根据定义则有：

$$\pi=-f+\frac{\partial f}{\partial S}\times S \tag{21-3}$$

由式（21-1）和式（21-2）可知，组合在 Δt 时间内的价值变化为：

$$\Delta\pi=-\Delta f+\frac{\partial f}{\partial S}\times\Delta S=\left(-\frac{\partial f}{\partial t}-\frac{1}{2}\times\frac{\partial^2 f}{\partial S^2}\times\sigma^2 S^2\right)\Delta t \tag{21-4}$$

由于式（21-4）中已经不含 Δz 项，所以这个组合在时间 Δt 内是无风险的。若组合的收益率高于无风险收益率，套利者就会买入该组合，卖出无风险资产，在时期 0 获得无风险收益，而到期以该资产的收益偿还无风险资产的付出。若组合的收益率低于无风险收益率，套利者就会卖出该组合，买入无风险资产，在时期 0 获得无风险收益，而到期以无风险资产的收益偿还该组合的付出①，即：

$$\Delta\pi = r\pi\Delta t \tag{21-5}$$

其中，r 是无风险收益率。

由式（21-3）~式（21-5）可知：

$$\frac{\partial f}{\partial t}+\frac{\partial f}{\partial S}\times rS+\frac{1}{2}\times\frac{\partial^2 f}{\partial S^2}\times\sigma^2 S^2 = rf \tag{21-6}$$

式（21-6）就是我们所熟知的布莱克-斯科尔斯微分方程。

上述微分方程仅显示股票价格 S、到期日 t、价格波动 σ、无风险利率 r 等与风险偏好无关的变量，因此采用风险规避、风险中立或者风险偏爱任何一种风险偏好对 f 进行定价都是可行的。

对于不同的衍生产品来说，其价格和原生资产价格的约束关系不同，对应的微分方程的解也是多样的。对于一个欧式看涨期权来说，有：

$$f = \max(S_T - X, 0)$$

可以解出布莱克-斯科尔斯的欧式看涨期权公式为：

$$C = S_0 N(d_1) - Xe^{-rT} N(d_2) \tag{21-7}$$

其中，

$$d_1 = \frac{\ln(S_0/X)+(r+\sigma^2/2)T}{\sigma\sqrt{T}}$$

$$d_2 = \frac{\ln(S_0/X)+(r-\sigma^2/2)T}{\sigma\sqrt{T}}$$

上述公式表明，布莱克-斯科尔斯微分方程不易受到投资者风险偏好的影响，方程中的变量是独立于投资者风险偏好的，两者之间存在的独立

① 汪昌云、类承曜、谭松涛编著《投资学》，中国人民大学出版社，2017，第 290 页。

性有助于今后对期权定价相关理论进行研究与实证分析。假定布莱克-斯科尔斯微分方程中没有风险偏好，风险偏好不会影响其方程的解。因此，采用风险规避、风险中立或者风险偏爱任何一种风险偏好对 f 进行定价都是可行的，也就是说市场中的投资者全部是风险中性的，所有证券的预期收益率都是无风险利率 r，且作为风险中性的投资者在市场中承担一定风险时并不必须依靠某种补偿来实现。

在求解布莱克-斯科尔斯微分方程时，我们提出了风险中性的人为假设，因此方程所求得的解适用于风险规避、风险中立和风险偏爱的所有世界。当世界从风险中立转向风险规避时，股票价格的期望增长率和衍生证券任何损益中所用的贴现率都发生了相应的改变，但值得欣慰的是两者发生变化后能够重新实现平衡。

同理，对于一个欧式看跌期权来说，期权价格和股票价格的关系为：

$$f=\max(X-S_T,0)$$

解得：

$$P=Xe^{-rT}N(-d_2)-S_0N(-d_1) \tag{21-8}$$

其中，d_1，d_2 的定义同上，$N(x)$ 为标准正态分布的累积分布函数。

布莱克-斯科尔斯期权定价模型具有广泛的重要性，一方面为市场交易双方对期权进行合理定价提供科学、有效的方法，另一方面也为其他学者进行相关衍生工具定价研究奠定了理论基础。① 在复杂且漫长的历史长河中，布莱克-斯科尔斯期权定价模型具有举足轻重的作用，推动了金融市场衍生证券定价理论的持续、快速发展。与此同时，我们也应客观地对该模型进行科学评价，在上述各种理想假设条件的前提下，布莱克-斯科尔斯期权定价模型并不能完美拟合现实中的各种复杂情况，存在一定的不足。

假设市场是有交易效率的无摩擦市场，但在现实的交易市场中，市场运行并非无摩擦的。在中国股票市场中，股票价格涨跌停板制度使标的资

① 〔美〕谢尔登·纳坦恩伯格：《期权价格波动率与定价理论》，寰宇财政顾问公司译，经济科学出版社，2000，第143页。

产不能完全自由地买卖，在价格停板的位置，交易者实际上是不可能实现自由买卖的，且中国明令禁止在交易市场中进行卖空股票的操作。在交易自由度更高的美国市场，卖空股票的操作并未被完全明令禁止，只有在股票价格向上攀升时才能够进行卖空股票的操作，且卖空价格不能低于之前的交易价格。与此同时，投资者不能在交易市场中随时随地实现资金的融通。若交易市场中的资金能够自由地借入贷出，投资者的借款利息成本能够与存入期权交易所的履约保证金的利息收入相互抵补，投资者不会发生任何利息成本，因此期权交易所履约保证金的取得是相对容易且简单的。但现实的市场交易并非如此，交易者在很大程度上可能因无法在规定的时间内补足履约保证金而面临在期权到期前被强制平仓的风险，造成不必要的损失。即使投资者能够在交易市场中随时随地借取资金，但其借入与贷出资金的利率是不一致的，借贷利率之间的不平衡可能会致使定价模型所提供的数据发生扭曲。在现实的市场交易中，投资者不能完全忽略交易费用（经纪商佣金、期权交易所会员费、买卖清算费用、买卖差价等）和税收对期权投资策略的影响。如果加入时间成本和交易成本的考量，一部分经过理论验证值得投资者进行操作的期权投资策略的可行性就会大打折扣。

布莱克-斯科尔斯期权定价模型假设在期权存续期内，无风险利率水平是固定不变的，即常数 r，且在金融市场中，我们通常把短期政府证券（国库券）的利率定义为无风险利率。而在现实的交易市场中，无风险利率通常不是固定的而是浮动变化的，因此交易者不能完全忽略利率变动的可能性。值得注意的是，随着市场不断引进股票长期期权，利率对期权定价模型的影响会越来越重要。与此同时，布莱克-斯科尔斯期权定价模型假定标的股票不支付红利，而在现实中分红、除权现象时有发生，且红利的支付会引起看跌期权和看涨期权的内涵价值发生变化，因而假设并不能完全满足现实情况。

虽然布莱克-斯科尔斯期权定价模型的各项假设条件不能完美地阐述现实世界，存在一定的不足，但在实际中仍然被投资者广泛运用。其原因不仅在于该模型易于理解，更在于该模型的输入变量相对简单，能在一定程度上保证输入数据的精确性。期权交易市场有了布莱克-斯科尔斯期权定价模型，就如同在黑暗的夜晚中，人们拿着一支蜡烛走在一段曲折的道路上，尽管忽明忽暗的烛光有可能使我们暂时迷失方向，但一丝烛光就代表着一点希望，而希望终会迎来黎明的曙光。①

四 引发金融实务和学术的大变革

斯科尔斯和布莱克期权理论的提出，对金融学的发展产生了巨大的影响，其研究为期权定价提供了系统的、不依赖人们对风险主观态度的估价方法，后来其他学者又基于此理论不断发展期权理论，并将其运用到企业投资决策、企业债务定价及金融风险管理等领域，其应用提高了投资决策效率，降低了交易成本，提升了风险管理的有效性，促进了金融市场的大变革。

布莱克-斯科尔斯公式出现后，学界展开了大量的研究，对数学领域的随机分析、随机控制、非线性分析、偏微分方程、数值分析、数理统计等方面产生了极大的推动力。不仅如此，长期以来，由于金融市场的不确定性与高风险性，人们一直在探寻能够利用各种因素正确评估资产风险和期权价格的有效方法。布莱克-斯科尔斯公式提供了一种基于各种风险因素的相当直接的衍生品定价和对冲方法，促使衍生品市场迅速扩张。其在市场上的作用主要有以下几点。② 一是布莱克-斯科尔斯期权定价模型对实际交易具有指导作用。按照以往的期权交易方式，交易员按照主观经验判断来进行交易，使期权交易的不确定性因素增加。布莱克-斯科尔斯定价模型给交易员提供了一种决策工具，在其后较长一段时间，交易员都按照布莱克-斯科尔斯公式的指导价格从事交易。二是布莱克-斯科尔斯期权定价模型是期权交易的风险管理工具。通过对衍生头寸的各种敏感性进行分析来判断风险的相对大小，成为华尔街衍生交易的工具之一。其应用逐渐受到各国政府的重视，而且取得了较好的实效。三是布莱克-斯科尔斯期权模型对更复杂的衍生产品的定价具有辅助作用。通过隐含波动率，这些期权的市场价格提供了一种反映未来波动率预期的手段。利用简单的隐含波动率，交易员可以对复杂衍生产品进行定价，从而指导复杂衍生产品交易。

---

① 黄本尧：《Black-Scholes期权定价模型的精确性及适用性分析》，《财贸研究》2002年第6期，第56~59页。

② 王晋忠主编《衍生金融工具》，中国人民大学出版社，2014，第248页。

然而，布莱克-斯科尔斯理论基于一些简单的假设，如无交易成本、恒定波动性和标的资产收益率的正态分布函数。这可能导致实际市场价格与使用该模型计算的价格之间存在巨大差异。具体来说，一是交易成本为零的假设。[①] 布莱克-斯科尔斯模型假定不存在交易成本，即可以连续地进行动态的套期保值，以此来确保无风险组合存在期权定价的准确性。事实上，在期权交易过程中，交易成本是客观存在的，以至于投资者不能以过多的频率进行套期保值。此外，在考虑了交易成本后，理论上的价格及预期收益将无法实现。二是波动率为常数的假设。[②] 布莱克-斯科尔斯模型假定标的资产的波动率是一个已知的常数，或者是一个确定的已知函数，布莱克本人后来的研究表明，随着股票价格的上升，其方差一般会下降，而并非独立于股价水平。实际上，波动率本身就是一个随机变量，股票价格波动既存在客观性，也存在随机性，不能简单地将其看作一个恒定不变的常数。三是资产价格正态分布的假设。布莱克-斯科尔斯模型假定标的资产的价格服从对数正态分布，这也意味着股价是连续变动的。然而，在实际的交易市场中，股价的不连续性较为常见，默顿、约翰·考克斯（John Cox）、斯蒂芬·罗斯、马克·鲁宾斯坦（Mark Rubinstein）等人指出，股价的变动不仅表现为对数正态分布的形式，也有可能表现为由于重大事件引起的跳跃形式。由于跳跃形式的存在，我们无法单独依靠正态分布模型对资产进行动态保值。因此，需要在模型中考虑其他可能存在的分布形式。四是连续交易的假设。在理论上，投资者可以通过连续调整股票与期权之间的头寸来构造一个无风险组合。然而在实际操作中，其面临多方因素的制约：其一，投资者很难以同一无风险利率借贷资金；其二，股票受到具体情况的影响，其可分性受到制约；其三，由于交易会产生交易成本，连续频繁地调整会增加交易成本。因此，现实中非连续交易经常出现，而布莱克-斯科尔斯模型并未考虑到这一点。

由于布莱克-斯科尔斯模型是建立在诸多与实际情况有偏差的假设之上的，随后，又有大量学者针对不同假设，对其进行了拓展研究，这增强

① 胡春生：《布莱克-斯科尔斯期权定价模型的研究》，《贵阳学院学报》（自然科学版）2010年第2期，第13~18页。

② 胡春生：《布莱克-斯科尔斯期权定价模型的研究》，《贵阳学院学报》（自然科学版）2010年第2期，第13~18页。

了该模型的实际应用性。

第一，关于无交易成本假设的拓展。布莱克-斯科尔斯期权模型假设不存在交易成本，这保证了无风险组合连续存在和期权风险中性定价的正确性。但在现实的交易过程中，交易成本是客观存在的。从理论上来说，交易成本的存在将无法保证连续动态套期保值和无风险组合的存在，风险中性定价的方法受到威胁。由于市场交易成本的存在，后来的学者放宽了交易成本的假说。其主要思路分为两个方面，一是赫格（Hoggard）、威利（Whalley）和威尔莫特（Wilmott）提出的 H-W-W 模型[①]，其特点是仍然采用布莱克-斯科尔斯模型的无套利和风险中性定价框架，但套期保值策略改为定期离散调整，从而得到一个非线性偏微分方程：

$$\frac{\partial f}{\partial t}+rS\frac{\partial f}{\partial S}+\frac{1}{2}\sigma^2S^2\frac{\partial^2 f}{\partial S^2}-k\sigma S^2\sqrt{\frac{2}{\pi\Delta t}}\left|\frac{\partial^2 f}{\partial S^2}\right|=rf$$

其中，$\left|\frac{\partial^2 f}{\partial S^2}\right|$的存在使 H-W-W 模型大部分时候是一个非线性方程。二是赫杰斯（Hodges）、纽伯格（Neuberger）和戴维斯（Davis）等提出的效用无差异定价法，他们认为交易成本的存在已经彻底动摇了风险中性的定价基础[②]，因此必须重新引入投资者风险偏好和效用函数来给期权定价，但尚未得到易于应用的结论。

第二，关于恒定波动性假设的拓展。布莱克-斯科尔斯期权定价模型假设标的资产的波动率为一个已知的常数。但是，后来一些实证研究提出了相反的证据，隐含波动率根据期权执行价格的不同而变化，呈现“波动率微笑”。此外，隐含波动率会随着期权的期限而变化。因此，后来学者对此进行了改善。赫尔（Hull）和怀特（White）提出随机波动模型[③]，在这些模型中，标的资产仍被视为对数正态扩散过程，但波动率 σ 不是常数。它也遵循一个随机过程，可以与标的资产扩散过程相关联。赫尔和怀

① Hoggard, T., Whalley, A. E., Wilmott, P., “Hedging Option Portfolios in the Presence of Transaction Costs,” *Advances in Futures and Options Research* 7 (1994): 21~35.

② Hodges, S. D., Neuberger, A., “Option Replication of Contingent Claims under Transaction Costs,” *Review of Futures Markets* 8 (1989): 222.

③ Hull, J., White, A., “The Pricing of Options on Assets with Stochastic Volatilities,” *Journal of Finance* 42 (1987): 281~300.

特认为方差也遵循对数正态过程，方程为：

$$\frac{d\sigma^2}{\sigma^2}=\sigma dt+\xi dZ$$

σ 和 ξ 分别代表漂移性和波动性的变动。然而，用偏导数求解这个双方程系统需要复杂的数值方法。斯坦（Stein）建立了另外一个模型，其中波动扩散过程采用均值回归过程。① 这在经济上是合理的，因为波动性既不能无限期地增加，也不能无限期地减少。其波动扩散过程方程为：

$$d\sigma=\delta(\theta-\sigma)dt+\xi dZ$$

他们随后建立了期权定价的半解析方程，但他们假设波动率与标的资产不相关，这就不允许对偏态进行解释。赫斯顿（Heston）放宽了斯坦的模型，允许波动率与标的资产相关②，方差遵循均值回归函数如下：

$$d\sigma^2=\delta(\theta-\sigma^2)dt+\xi\sigma dZ$$

因此，赫斯顿发展了一个半解析方程。

此外，肖恩布彻（Schönbucher）建立了随机隐含波动率模型，旨在将衍生品市场固有的随机性因素考虑进去，为同样标的的其他期权定价。③ 这些模型的基础资产过程由对数正态函数与随机波动率 σ 表示，如下：

$$\frac{dS_t}{S_t}=\mu dt+\sigma(t,S_t)dW_t$$

对于给定的行使价格 K 和到期 T，隐含波动率扩散过程一般为：

$$d\sigma_{imp}(T,K)=u(T,K)dt+\gamma(T,K)dW_t+\sum_{i=1}^{N}v_i(T,K)dZ_i$$

---

① Stein, E., Stein, J., "Stock Price Distributions with Stochastic Volatilities: An Analytical Approach," *Review of Financial Studies* 4 (1991): 727~752.

② Heston, S. L., "A Closed-form Solution for Options with Stochastic Volatility with Applications to Bondand Currency Options," *Review of Financial Studies* 6 (1993): 327~343.

③ Schönbucher, P. J., "A Market Model for Stochastic Implied Volatility," *Philosophical Transactions of the Royal Society A: Mathematical, Physical and Engineering Sciences* 357 (1999): 2071~2092.

隐含波动率由布朗运动 dZ_i 和 dW_t 导出，后者的布朗运动与用来表示基础资产动态的布朗运动相同。$\gamma(T, K)dW_t$ 表示由驱动股价的同一布朗运动所决定。

肖恩布彻使用了与随机波动模型相反的方法。随机波动模型指定了瞬时波动扩散过程，并由此推导出期权价格和隐含波动率，而肖恩布彻则指定了隐含波动率过程，并推导出瞬时波动率的一致过程。肖恩布彻的方法似乎更实用，因为在市场上无法观察到瞬时波动。

第三，关于资产价格正态分布假设的拓展。布莱克-斯科尔斯模型假设标的资产价格连续变动，服从对数正态分布。然而在实际当中，资产价格变动常常是不连续的，资产价格常常是跳跃的。对于正态分布假设而言，资产价格变动的跳跃过于频繁，几何布朗运动难以描述和捕捉此现象。因此，默顿于1976年提出了在布莱克-斯科尔斯扩散过程中添加跳跃成分的想法。[①] 这在经济上是合理的，因为市场以离散的方式接收新信息，并立即相应地调整基础资产价格。由于加入了一个跃变分量，模型通过考虑异常值和收益分布曲线的不对称性，更能代表实际的市场状况。因此，标的资产扩散过程的方程为：

$$\frac{dS}{S}=\mu dt+\sigma dW+dq$$

其中，dq 是跳转组件并遵循泊松过程。鲍尔（Ball）和托罗斯（Torous）的研究对默顿模型进行了测试，并对其参数进行了估计，发现跳跃分量是显著的。[②]

布莱克-斯科尔斯的期权定价思想在企业投资决策、债务定价以及金融风险管理领域产生了深远影响，在各个领域、各个行业均具有广泛的应用前景。

在企业投资决策中，大多数投资具有风险性、投入的不可逆性、投资机会不可选择性等特征，在传统的投资决策理论中，主要采用净现值法进行投资决策，其重心过于放在狭义的财务分析上，从而忽略了当市场因素

① Merton, R. C., "Option Pricing When Underlying Stock Returns Are Discontinuous," *Journal of Financial Economics* 3 (1976): 125~144.

② Ball, C. A., Torous, W. N., "On Jumps in Common Stock Prices and Their Impact on Call Option Pricing," *Journal of Finance* 40 (1985): 155~173.

发生变化时投资项目的价值也随之变化的情况，相应地忽略了投资过程中创造出的期权价值，从而低估了投资项目的价值，影响了项目评估的准确性。期权定价理论的运用，成为投资决策分析的有力工具，期权理论提供了分析及测定不可逆投资项目中不确定性的方法，提高了投资决策的精确性。期权理论在投资领域主要涉及实物期权，管理者可以在不确定性的环境下运用期权方法对项目进行估值，对投资量大、周期性长、阶段性强、风险高的项目进行评价。此外，当存在或有投资决策需要战略修正调整时，可以运用实物期权对项目进行灵活调整。在市场经济条件下，期权理论在投资决策应用中的意义在于：一是为决策者考虑环境和市场的变化调整投资规模、时机、组合等提供宝贵的灵活度；二是对忽略、低估或无法确定投资战略价值的传统决策、评价思路、方法做出必要的修正和补充。①

此外，在企业债务定价中，布莱克-斯科尔斯指出，企业债务可以被看作一组简单期权合约的组合，期权定价模型可以应用于对企业债务的定价，这包括对债券、认股权证、可转换债务的定价。利用期权定价理论探析企业债务具有一定的优势。② 一是在传统的债务分析方法中，一般用各种方式进行分析，很少将资本结构中不同的组成成分结合起来进行考虑。由于违约风险的存在，这会对证券和债券价格产生影响，将期权定价理论运用到企业债务中，综合评价资本结构中不同的组成成分，考虑每种资产对其他资产定价的影响，有助于提高对资本结构评价的准确性。二是区别于需要证券对以往数据进行统计或回归分析的传统方法，期权定价可以对新证券进行定价，这一特点扩大了期权定价模型的应用范围，为新型债券的定价提供了方法。

除了在企业投资决策及债务定价中的应用外，布莱克-斯科尔斯期权定价模型在金融风险管理领域的作用也不容小觑。自从布莱克-斯科尔斯期权定价模型出现以后，金融从业人员通过构造期权来对冲市场中的风险。通常而言，利用期权模型构造相反的风险头寸，减少或消除其潜在的风险，通过不同的交易策略来实现套期保值的目的。金融衍生产品的低成

---

① 代卓浩、许清清：《实物期权与公司的投资决策》，《科技信息》2003 年第 5 期，第 44~45 页。

② 杨峰：《布莱克、默顿、斯科尔斯期权定价理论评述》，《国际金融研究》1998 年第 1 期，第 34~37 页。

本、高杠杆和流动性的优势极大地提高了风险对冲的精确性、时效性和灵活性，降低了风险管理成本，在现代风险管理的发展中起到了不可或缺的作用。①

布莱克-斯科尔斯期权定价模型推动了金融衍生产品的设计与开发，对金融学科的发展产生了深远的影响。尽管其模型是建立在许多强性假设之下的，后来学者也针对一些假设进行了拓展，但是，大多数学者只是从某个特定方面对模型进行修正，其拓展常常无法得到明确和应用性强的结论。因此，布莱克-斯科尔斯模型仍然是期权定价领域的重要基础模型，其地位和影响力至今无人撼动。

参考文献

〔美〕谢尔登·纳坦恩伯格：《期权价格波动率与定价理论》，寰宇财务顾问公司译，经济科学出版社，2000。

〔美〕约翰·赫尔：《期权、期货和衍生证券》，张陶伟译，华夏出版社，1997。

蔡昌：《简约刚毅大师风范——诺贝尔经济学奖得主斯科尔斯先生侧记》，《财会学习》2014 年第 2 期。

代卓浩、许清清：《实物期权与公司的投资决策》，《科技信息》2003 年第 5 期。

宏泰顾问：《诠释诺贝尔经济学大师的智慧》，中国纺织出版社，2004。

洪涛：《'97 诺贝尔经济学奖给人的启示》，《经济论坛》1998 年第 4 期。

胡春生：《布莱克-斯科尔斯期权定价模型的研究》，《贵阳学院学报》（自然科学版）2010 年第 2 期。

黄本尧：《Black-Scholes 期权定价模型的精确性及适用性分析》，《财贸研究》2002 年第 6 期。

汪昌云、类承曜、谭松涛编著《投资学》，中国人民大学出版社，2017。

王晋忠主编《衍生金融工具》，中国人民大学出版社，2014。

王振中、李仁贵主编《诺贝尔奖经济学家学术传略》，广东经济出版社，2002。

温元凯、王雪芹：《诺贝尔经济学奖是怎样"炼"成的?》，山东人民出版社，2015。

杨峰：《布莱克、默顿、斯科尔斯期权定价理论评述》，《国际金融研究》1998 年第 1 期。

郑振龙、陈蓉主编《金融工程》，高等教育出版社，2016。

Black, F., Scholes, M., "The Pricing of Options and Corporate Liability," *Journal of Political Economy* 81 (1973).

Ball, C. A., Torous, W. N., "On Jumps in Common Stock Prices and Their Impact on

① 郑振龙、陈蓉主编《金融工程》，高等教育出版社，2016，第 297 页。

Call Option Pricing," *Journal of Finance* 40 (1985).

Heston, S. L., "A Closed-form Solution for Options with Stochastic Volatility with Applications to Bond and Currency Options," *Review of Financial Studies* 2 (1993).

Hodges, S. D., Neuberger, A., "Option Replication of Contingent Claims under Transaction Costs," *Review of Futures Markets* 8 (1989).

Hoggard, T., Whalley, A. E., Wilmott, P., "Hedging Option Portfolios in the Presence of Transaction Costs," *Advances in Futures and Options Research* 7 (1994).

Hull, J., White, A., "The Pricing of Options on Assets with Stochastic Volatilities," *Journal of Finance* 42 (1987).

Merton, R. C., "Option Pricing When Underlying Stock Returns Are Discontinuous," *Journal of Financial Economics* 3 (1976).

Schönbucher, P. J., "A Market Models of Stochastic Implied Volatility," *Philosophical Transactions of the Royal Society A: Mathematical Physical and Engineering Sciences* 357 (1999).

Stein, E., Stein, J., "Stock Price Distributions with Stochastic Volatilities: An Analytical Approach," *Review of Financial Studies* 4 (1991).

第二十二章

阿马蒂亚·森

穷人的经济学家

Amartya Sen

阿马蒂亚·森（Amartya Sen，1933~），印度著名经济学家，1998年诺贝尔经济学奖获得者。先后担任剑桥大学三一学院院士、德里大学经济学院教授、伦敦政治经济学院教授、牛津大学万灵学院德拉蒙德政治经济学教授、哈佛大学经济学与哲学教授、剑桥大学三一学院院长。森研究范围广泛，在福利经济学、社会选择理论、发展经济学等方面多有著述。代表作有《集体选择与社会福利》《论经济不平等》《伦理学与经济学》《再论不平等》《以自由看待发展》等著作。

一　以印度的眼光审视经济学

森于1933年出生于印度孟加拉邦桑蒂尼克坦。早期求学于加尔各答大学总统学院。大学期间开始学习自然科学，后转向经济学。促使他从自然科学转向经济学的原因之一，是1943年孟加拉邦发生了饥荒，当时印度官方估计死亡人数达到100万~150万人，他自己估计死亡人数高达300万人。此外，作为学生的森对数学、自然科学、哲学和政治学也很感兴趣。加尔各答大学的经济学仅限于讲授标准的新古典主义经济学。森最早接触的经济学著作包括马歇尔的《经济学原理》、希克斯的《价值与资本》以及萨缪尔森的《经济学》。1953年大学毕业后，森前往剑桥大学深造，于1955年获得剑桥大学文学学士学位。在剑桥大学三一学院，莫里斯·H.多布（Maurice H. Dobb）和皮埃罗·斯拉法曾是他的老师。在剑桥大学的第二年，森在琼·罗宾逊的指导下写作论文。但与罗宾逊的希望不同，森对道德和福利经济学产生了浓厚的兴趣。1956~1958年，森担任加尔各答贾达普大学教授。不久后回到英国，并于1959年获得哲学博士学位，其博士论文主要探讨经济发展中的技术选择问题，即资本贫乏的国家在何种条件下可以采用资本密集型技术。该博士论文于1960年以“技术选择”为题出版，是森的第一部著作。

1957~1963年，森担任剑桥大学三一学院院士。1963~1971年森在印度担任德里大学经济学院经济学教授，其间先后以客座身份担任麻省理工学院助理教授（1960~1961）和加利福尼亚大学伯克利分校教授（1964~1965）。这期间，森先后发表了关于农业发展中的剩余劳动力、机械化、农场规模生产等农民经济行为，关于外部性和集体储蓄决策，关于社会选择理论和福利经济学等方面的论文。于1970年出版关于社会选择理论与福利经济学方面的代表作《集体选择与社会福利》。1971~1977年森回到英国担任伦敦政治经济学院经济学教授。在此期间，森于1972年出版《项目评级指南》一书；于1973年出版《论经济不平等》一书，它包含森对福利经济学、伦理学、哲学以及不平等和贫困方面的讨论；于1975年出版《就业、技术与发展》一书，该书包含森对技术选择与发展、工作组织方式差异（如雇佣劳动与家庭生产）的新研究。同期，森发表了一系列关于不平等与贫困测度方面的论文，提出低于贫困线与穷人排序基础上的贫困测度问题。1977年起，森担任牛津大学万灵学院德拉蒙德政治经济学教授，该教授职位此前只有西尼尔（Senior）、希克斯、埃奇沃思等杰出经济学家担任过。在此期间，森全心投入对饥饿、贫困等发展问题的相关研究，在《经济与政治周刊》和《剑桥经济学杂志》等期刊发表多篇论文。同时，森在哲学与伦理学方面有了进一步的研究，出版了《贫困的水平》（1980）、《贫困与饥荒》（1981）、《商品与能力》（1985）、《伦理学与经济学》（1987）、《生活标准》（1987）等著作和《选择、福利和测度》（1982）、《资源、价值和发展》（1987）两本论文集。森于1982年当选美国经济学会外籍荣誉会士，1984年担任经济计量学会会长，1986~1989年任国际经济学会会长。

1988年起森担任哈佛大学经济学与哲学教授，在此期间，他主要侧重于对贫困、饥饿与不平等问题的研究，先后出版《饥饿与公共行为》（1989）和《再论不平等》（1992）等著作。1998年，森回到剑桥大学任三一学院的院长。同年，因森在福利经济学和社会选择理论研究上的突出贡献，以及他对于社会最贫穷成员所面临问题的关心，瑞典皇家科学院授予他诺贝尔经济学奖。

二　福利经济学与经济伦理学

森著作颇丰，其主要代表作及观点如下。

（一）《集体选择与社会福利》

《集体选择与社会福利》一书是福利经济学领域的一部重要专著。森在这本书中将集体选择和社会福利融为一体，系统地阐述了集体选择的序数和基数理论，并且扩展了福利经济中关于个人效用信息的可比性和不可比性的研究。阿罗在 1952 年出版的《社会选择与个人价值》一书中提出"阿罗不可能定理"。《集体选择与社会福利》一书是继《社会选择与个人价值》后，在集体选择和社会福利方面的另一部集大成者。森在本书中发展了阿罗的理论，通过借助引入选择函数，将阿罗关于社会福利函数存在的不可能性结果发展为社会决定函数的可能性结果。

（二）《论经济不平等》与《再论不平等》

《论经济不平等》和《再论不平等》两本著作集中体现了森在收入不平等方面的研究。1973 年出版的《论经济不平等》是森利用自己对于福利经济学方面的研究，对收入不平等现象的考察。森在《论经济不平等》一书中，主要关注经济不平等的测度问题，他认为，不平等问题是既简单又复杂的问题，一方面，不平等问题或不平等思想是所有思想中最简单的，与其他思想相比，不平等思想能够使人们获得一个非常直观的印象；另一方面，经济不平等又由于衡量和阐述方面的争议，成为一个相当复杂的概念。在此书中，森通过设定多个技术概念，利用数学运算对原有的社会福利函数进行修正，将收入水平和收入分配纳入社会福利的衡量框架中，构建了不平等的测度指标。

1992 年出版的《再论不平等》是森对不平等问题的重新审视。在该书中，森重点回答"为什么要平等"的问题。他认为，几乎所有经过时间检验的社会制度设计，就伦理层面而言，其方法论的一个共同特征是：要求对某种事物的平等——这种事物在其理论中居于极其重要的地位。收入平等主义者要求平等的收入，福利平等主义者要求平等的福利水平，古典功利主义者坚决主张对所有人的效用赋予平等的权重，纯粹的自由至上主义者要求所有的权利和自由都平等分配。森从介绍和分析这些不同主张及其支持理由和一般含义出发，提出能力和自由两个概念，从而构建关于平等概念的分析框架，其中平等问题的本质是研究个体在获得成就的自由方面的差别，这一差别的核心在于分析个体的能力，能力表现为“可获得有价值的生活内容”，决定了个人如何将经济收入转化为生活福利的水平。平等的概念是每个人在需求满足的基础上得到起点的公平。因此，公共政策、公共制度的建设要避免限制个人实现自由。不平等体现为个人福利的不平等，包括自由的不平等、能力的不平等、资源条件的不平等。

（三）《贫困与饥荒》

1981 年出版的《贫困与饥荒》是森贫困理论的集中体现，此书重点弥补了之前贫困理论的三个缺陷。第一是对贫困人口的识别和贫困的判断不清晰，之前用于识别贫困的方法（如生理上基本需求得不到满足、相对贫困等）均存在大量的技术问题没有解决。第二是在识别贫困人口的基础上，描绘贫困的整体画面时往往会遇到“加总”问题。第三是对于贫困产生原因的分析深度不够。产生贫困的直接原因比较清楚，不需要做太多的分析，但导致贫困的最终原因是一个远远没有定论的问题。该书着重分析产生贫困与饥荒现象的一般原因，从提出“权利”的概念开始，研究了关于贫困的概念和度量的问题，提出分析贫困和饥荒现象的“权利方法”，并将这一方法用来分析 1943 年孟加拉邦大饥荒、1973~1975 年埃塞俄比亚饥荒、20 世纪 70 年代早期的非洲萨赫勒地区饥荒以及 1974 年孟加拉国饥荒，以表明饥荒现象背后贫困与权利之间的联系。

（四）《伦理学与经济学》

森在 1987 年出版的《伦理学与经济学》一书中，着重阐述了一般均衡经济学对道德哲学分析做出的贡献，以及道德哲学和福利经济学对主流经济学的贡献。他指出，经济学——正如它已经表现出来的那样，可以通过更明确地关注构成人类行为和判断的伦理思考而变得更有解释力。通过简洁的阐述，森分析了可能造成偏离经济理论中标准行为假设的几种不同性质的伦理因素，这类伦理因素可能明显违背个人的占优策略。之后，森阐述了如何通过关注伦理学使福利经济学更加充实；在个人和集体行为的确定过程中，如何给福利经济学以更多的空间从而改善经济学的预测和政策效果；伦理学如何可以通过与经济学更紧密的联系而受益。森指出，经济学中狭隘的理性行为假设阻碍了其对一些非常有意义的经济关系的关注。主流经济学往往将人类的理性行为等同于选择行为的内部一致性，进而等同于自身利益的最大化追求。森却在此书中指出，没有证据表明自身利益最大化必然导致最优的经济结果。他以日本为例指出，责任、荣誉和信誉等偏离自身利益最大化追求方向的因素都是取得个人和集体成就的极为重要的因素。森的分析超越了一个人单纯对自己福利的追求。通过将当时关于结果主义的哲学文献应用于经济学研究，森还证明了，在符合实际的假设条件下，一个广泛的逻辑一致分析可以为权利与自由这类基本问题的描述提供一个具有敏感性和稳健性的框架。他坚持认为，个人与团体是否可以被认为在追求某种目标的最大化是相对的，并以此指出了对不同福利经济准则进行深入分析的途径。

（五）《以自由看待发展》

森于 1998 年获得诺贝尔经济学奖，次年 9 月出版了《以自由看待发展》。该书着重论述一种发展观：自由是发展的首要目的，自由也是促进发展的不可缺少的重要手段。森在此书中首先对“自由”的概念进行界定，提出实质自由的概念，认为“自由”是在“实质的”意义上定义的，即享受人们有理由珍视的那种生活的可行能力。具体而言，实质自由包括免受困苦——诸如饥饿、营养不良、可避免的疾病、过早死亡之类——的基本的可行能力，以及识字算数、享受政治参与等的自由。通过对比分析功利主义、自由至上主义和以罗尔斯正义理论为代表的公平主义三种现代价值观，森提出以实质自由作为综合价值标准。其次，森用大量的证据说明自由如何促进发展，而缺乏自由、压制自由如何阻碍发展，论证了自由是促进发展的重要手段，并特别分析了促进发展的五种最重要的工具性自由：政治自由、经济条件、社会机会、透明性担保以及防护性保障。

三　为有道德的经济“立法”

（一）对经济伦理学的贡献

森在福利经济学的研究过程中将经济学与哲学的工具相融合，试图从伦理的角度考察很多重要的经济学问题。森认为，大多数的现代经济学过分注重研究少数经济现象，而将经济学本身的核心问题——哲学争端放在一边。森认为，经济学需要回答的是如何提高人类福祉和社会价值，这一观点来源于森对古典经济学和价值理论源泉方面的兴趣。他认为，在价值理论的范围内，还应有规范性价值判断的因素以帮助人们识别一项成功的社会价值含义。因此，价值判断需要从狭隘的效用分析扩大到需求的满足和使用价值的分析概念。因此，森认为，经济学有必要与伦理学结合在一起，以便更好地解释和把握现实经济中的客观经济现象。

森在《伦理学与经济学》一书中，系统阐述了他的经济伦理学思想，这一思想主要建立在对传统“理性行为假说”进行批判的基础上。新古典主义经济学和现代经济学都将“理性行为假说”置于相当重要的位置。在主流经济学理论中，标准的“理性行为假说”限于两个不同方面：一是表现为追求个人利益最大化，二是强调行为的一致性。对于追求个人利益最大化的“理性行为假说”，许多学者会提及亚当·斯密关于经济人的评论。但是，森认为如果人们认真阅读《道德情操论》或《国富论》则会发现，亚当·斯密对社会中人类行为的动机持有更加广泛的观点，而并不是仅仅将牟取私利作为唯一的“理性行为”。强调行为一致性的“理性行为假说”则建立在一种现代观念的基础上，即理性仅仅表现为在一系列选择中保持内在的一致性。根据这一观点，人们努力实现的目标与他要如何实施的行为保持一致的关系，即“理性行为”要求某种一致性。

森怀疑以上两种理解“理性行为假说”角度的合理性。首先是针对将“理性行为”视为自身利益最大化的论点，森提出了不同的观点。根据这一标准，判断人们行为是否合乎理性的标准是人们所做出的选择与其自身利益最大化是否相一致，无法使自身最大化利益的任何行为都必然是非理性行为。但森认为，人们对于自身利益的追求仅仅是人类许许多多行为动机中最重要的动机，其他品质也非常重要。这些品质包括人性、公正、慈善和公共精神等。如果我们将追求自身利益最大化这一动机之外的人类动机全部排除在外，则实际上我们将无法全面理解人的理性，理性的人类对于他人的行为或事情不管不顾是没有道理也不现实的。现实生活中，人们可以真心诚意地推动一项事业，而这项事业并不一定符合自身利益最大化的福利要求，甚至他们自己也不会认为这是个人利益所在；人们也可以将自身的才智服务于某一个集体的利益，甚至有些人愿意为集体利益做出个人牺牲。将"理性行为"视为自身利益最大化的论点会认为这些行为是非理性的，但是森认为，单纯将追求个人利益作为判断该行为是否理性的观点无法得到充分验证，这些行为应该也是理性行为。其次，针对将"理性行为"理解为在一系列选择中保持内在一致性的观点，森也提出了不同的观点。森认为，不同人群的目标可以相互一致，也可以相互冲突，追求单个的个人目标对于生活在社会群体中的人们而言不一定是最重要的事情。人们在选择行为时，不仅仅会以自己的目标作为基础，也会参考其他人的目标。最高的目标是人们全体共同努力，更好地实现每一个人的目标。每个人想要更好地实现自己目标的愿望都是一样的。以"囚徒困境"为例，"囚徒困境"的实验表明，人们经常会脱离自身狭隘的目标行事，而会在博弈中注意其他人的目标和行为，即使人们会受到相反的诱导也是如此。森用以上理论解释了非常多的社会现象。森认为，人与人之间不仅是相互竞争关系，更多地表现为相互合作关系。如果工厂中每个工人都一心追求自身的利益和目标，则工厂很难实现很高的生产率。同样，制度的有效实施也依赖人们的遵纪守法，而非追求个人利益。当然，由于忠诚等因素在这里也会起到重要作用，并影响到人们的目标，因此一定程度的违背自利目标是有可能的。人们并非在任何情况下都简单地一味追求自身利益，还涉及对其他人、其他企业的目标认同，以及对社会成员相互依存状况的认同。例如在面对一件事故或处于危险的某个人时，人们不会优先考虑自己的救援行动会对自身目标产生何种影响，人们所遵循的社会行为规范将自动支配他的救援行动。森进一步指出，一个仅基于个人利益最大化而缺乏相互合作的价值观的社会在文化意义上是没有吸引力的，在经济意义上也是缺乏效率的。以各种形式出现的单纯的个人利益最大化追求，不利于人们福利的增加。

（二）对福利经济学的贡献

森以经济伦理学思想为基础，对正统的福利经济学理论进行了批判，其福利经济学思想集中体现在《商品与能力》《生活标准》等著作中。这一批判集中在两个方面，一是对以西托夫斯基（Scitovsky）、赫希曼（Hirschman）等为代表的学者提出的“福利主义”思想进行批判，二是对以伯格森（Bergson）、萨缪尔森等为代表的学者提出的社会福利函数理论进行深刻的批判。

“福利主义”学者认为，个人与社会福利水平可以用一揽子生产和消费的商品量进行衡量。森却指出，人们之所以愿意拥有商品，并非为了拥有一定的物品，而是主要把商品看成具备一定特性并且能够满足人们某种需要的东西。在此基础上，森还指出，人们拥有或消费某种商品获得的满足感、成就感等结果，不仅依赖商品本身的特性，还依赖消费者自身特性及其所处的环境特性。例如，巧克力和胰岛素对人们的效用就与这个人是否患有糖尿病有很大的关系。因此，对于贫富水平不同的国家或地区，人们为了达到“体面”的生活所必须达到的最低收入水平将存在巨大差异。此外，森还指出，人类福利不仅需要根据其最终状态来判断，还需要根据其选择过程和选择的自由度进行判断。例如，一种商品对消费者效用的贡献与该种商品自身的充裕程度有关。因此，“福利主义”学者仅仅根据生产和消费的一揽子商品量来衡量个人与社会福利水平是不够全面的，还需要根据政治和道德等多方面的因素评价福利水平的变化。

以伯格森、萨缪尔森为代表的学者提出的社会福利函数理论将社会福利仅仅看作个人效用总和的函数，即社会福利仅依赖个人效用。森对这一理论进行了批判，他认为除个人效用外，社会还需要关注到诸如不允许虐待、剥削等道德规范。单纯用效用指标来衡量福利存在很多缺陷。一是个人获得的效用的测量值取决于个人自身的特征及其所处环境，但是如果我们把政治和道德的因素加入分析框架，这些因素就可能与幸福或福利无关。例如，单纯从效用的角度看，一个被剥夺了物质财富的人可能会调整自己的偏好，以适应现在微薄的收入，即逐渐学会对之前拥有但现在得不到的东西不再奢望。如果把幸福等同于自身偏好的满意程度，那么这种适应性偏好或许反而证明剥夺的合理性。二是社会福利函数理论将效用本身直接等同于幸福，但森确认为，除行动的结果会给人们带来效用以外，人在行动中以及在完成任务时获得的乐趣和满足感同样重要。

针对“福利主义”思想和社会福利函数理论的缺陷，森提出了能力中心观，取代原有的幸福效应观。森将“能力”定义为人们所能做的各种事情，认为个人幸福是能力的函数。个人在某些方面的能力对于获得效用非常重要，因此效用也是个人能力的函数，能力是个人价值的源泉。此外，个人的其他能力，例如识字能力或竞争政治职位的机会等，虽然可能无法为个人提供直接效应，但同样是衡量个人幸福的重要指标。此外，森还引用了更加广泛的“功用”概念作为衡量幸福、快乐的标准，以取代正统经济学中的“效用”概念。“能力”“功用”等概念的提出，为社会福利水平的测度提供了更加满意的方法。

（三）对社会选择理论的贡献

社会选择理论的研究对象是个人偏好与集体决策之间的关系，基本问题是如何从不同的个人偏好次序中推导出单一的社会偏好次序。森认为，社会选择理论就是把个人利益、个人判断或个人福利汇总为社会选择、社会判断或社会福利的某种整合概念。对社会选择问题的研究有助于了解社会决策是否尊重了个人偏好，以及能否公平地对不同社会决策进行综合评价。

1972 届诺贝尔经济学奖得主阿罗是较早研究社会选择问题的经济学家，他假设一切个人都能按照自己的偏好对世界的所有状态进行评级，那么是否可以找到一种总可以选出一个“最受偏好的”状态的投票规则。阿罗的研究认为，不存在这样一种理想的规则——能够使社会或任何一个集体从个人的序数偏好得出社会的偏好与选择，即不存在一种集体决策的理想方式，这便是所谓的“阿罗不可能定理”。这一定理可以用简单的投票模型来加以证明。假设 A、B、C 三人被要求对三种可供选择的社会状态 X、Y、Z 进行投票。A 偏好 X 胜于偏好 Y，而偏好 Y 又胜于偏好 Z；B 偏好 Y 胜于偏好 Z，但偏好 Z 胜于偏好 X；C 偏好 Z 胜于偏好 X，但像 A 一样偏好 X 胜于偏好 Y，如表 1 所示。

表 1 阿罗的投票模型

	第一选择	第二选择	第三选择
A	X	Y	Z
B	Y	Z	X
C	Z	X	Y

可以看出，X 以 A 和 C 两票胜过 Y，Y 以 A 和 B 的两票胜过 Z，Z 却以 B 和 C 的两票胜过 X。在这三个投票者和三种不同选择的简单例子中，民主的多数票导致了一种循环偏好的结果。在此基础上，阿罗进一步证明，这种循环偏好的结果不仅会在以多数人取胜原则为基础的制度中发生，也会在除独裁制度之外的所有可设想的制度下发生。因此，从结果上看，不可能把个人的选择加总起来形成一种明确的社会选择，除非能够直接或间接地通过政治因素改变制度，比如将所有的选择限定为两种。

在《集体选择与社会福利》中，森对阿罗不可能定理提出了挑战。同阿罗一样，森也假设 B 偏好 Y 胜于偏好 Z，但偏好 Z 胜于偏好 X；C 偏好 Z 胜于偏好 X，偏好 X 胜于偏好 Y。与阿罗不同的是，森将 A 的选择中 X 和 Y 的位置互换，即 A 偏好 Y 胜于偏好 X，偏好 X 胜于偏好 Z。用表可以表示为：

表 2 森的投票模型

	第一选择	第二选择	第三选择
A	Y	X	Z
B	Y	Z	X
C	Z	X	Y

可以看出，Y 以 A 和 B 的两票胜过 Z，Z 以 B 和 C 的两票胜过 X，但是 X 并没有因此胜过 Y，因为 Y 以 A 和 B 两票胜过 X。因此，投票的结果是 Y 胜过 Z，Z 胜过 X，Y 也胜过 X，“阿罗不可能定理”得到解决，因为只有 Y 得到了大多数的投票。森通过以上的例子指出，所有人均同意 X 项并非最佳选择。因此，可以将这一论证推广到符合以下三种条件中的任意一种选择模式：①所有人同意其中一项选择并非最佳；②同意某一项不是次佳；③同意某一项不是最差。这就是森著名的价值限制理论，推导的结果是得

到大多数票的选择总是能达成唯一的决定。对于有四项及以上选择的情况时，是要每个包含三项选择的子集合符合以上三种条件之一时，也可以达成唯一的决定。

"阿罗不可能定理"是建立在四个公理性假设条件的基础之上的：自由选择、帕累托最优、独立性、非独裁性。森认为，这些公理本身没有什么问题，但更好的做法是增加这些公理的信息内容。森对社会选择理论的重要贡献之一就是将阿罗提出的四个公理性假设条件逐一放宽。阿罗假设不能将不同人之间的满足程度互相比较，森却引入满足感的可度量性及可比较性，证明如果具备更多信息，可以合理地扩大社会福利函数的范围。

（四）对收入分配理论的贡献

森对发展经济学的贡献主要集中于对收入分配和贫困领域的研究。从研究体系上看，森对收入分配和贫困的研究是对其福利经济学研究的继续，也是对森福利经济学研究的拓展。森在其收入分配研究的经典著作《论经济不平等》一书的前言中称："本书在许多方面是我在《集体选择和社会福利》中研究思想的发展。"[①] 森对正统福利经济学的价值评判标准持批判态度，认为正统的福利经济学在讨论问题时回避了有关收入分配的判断问题。森还认为，帕累托最优原则也没有考虑收入分配问题。按照帕累托最优原则，任何一种收入分配状况都有可能是最优的，而任何一种收入再分配过程都是对帕累托最优状态的破坏，因为收入再分配总是会使一部分人的收入下降。因此，无论富人与穷人之间的收入差距有多大，将富人的部分收入转移给穷人，使穷人状况变好但是富人状况变坏，这一结果是对帕累托最优原则的破坏。森以收入分配标准为基础，认为收入分配的结果应该成为社会和经济状态的一种评价标准。

衡量收入分配状况的标准之一是社会福利函数。从个人效用出发，建立个人效用函数。在个人效用函数的基础上构造社会效用函数。理想的社会福利函数最大化也意味着个人效用最大化。森认为，社会福利函数并不能成为收入分配状态的评价标准，原因在于社会效用最大化标准存在问

---

① 〔印度〕阿马蒂亚·森、〔美〕詹姆斯·福斯特：《论经济不平等（修订版）》，王利文、于占杰译，中国人民大学出版社，2015，序言第1页。

题。如果假设个人效用函数均相同，那么社会效用最大化的结果就是收入分配的绝对平均主义。因为按照效用论的观点，一元钱的收入对于穷人的效用总是大于富人，为了使社会效用最大化，富人的收入应不断地转移给穷人，直到两者收入相等，此时两者边际效用相等。

传统测量收入差距的指数大致可以分为两类：一类可称为客观指数，即用一个统计指标来测定收入的相对离散程度；另一类可称为规范指数，其大小往往与一定的价值判断联系在一起。在一个社会总收入给定的情况下，规范指数测算的收入不平等程度越高，社会福利水平就越低。森通过对一些传统认为是客观指数的收入差距指数进行分析发现，这些指数实际上都隐含着一定的社会福利评价。因此，完全的客观指数是不存在的。

森对收入差距的规范指数方面的贡献主要体现在两个方面：一是森试图将收入分配的价值判断建立在社会福利函数的基础上；二是森将收入分配与收入增长合并到一个指数，用以反映实际社会福利水平的变化。森认为，虽然以效用最大化为基础的社会福利函数难以作为衡量收入差距的标准，但是社会福利函数可以独立发挥价值判断的作用，即社会福利函数可以不以个人效用为基础，而是完全建立在收入分配的基础上。森构建以收入为基础的个人福利函数，认为社会福利函数是由个人福利函数构成的。这样，社会福利函数就成为个人收入分配的价值判断标准。在此基础上，由于大多数的收入分配评价指数都是测量个人之间的相对收入差距，与平均收入水平的变化无关。因此，这类指数就不能成为测度整个社会福利水平变化的理想指数。森认为，社会福利水平应该取决于两个主要决定因素，一是平均收入水平，二是收入分配的均等程度。衡量一个社会的福利水平应当将社会平均收入水平和收入分配结合起来。基于这一理论，森构建了以下社会福利函数：

$$w=\mu(1-G)$$

其中，μ 为平均收入水平，G 为衡量收入差距的基尼系数。

（五）对贫困理论的贡献

森对发展中国家的饥荒问题的成因与对策进行了深入细致的研究，并对饥荒是由粮食供应不足造成的这一传统观点进行了批判。森认为饥荒不仅仅是粮食短缺造成的，还有其他决定因素。森并不否认粮食匮乏会触发饥荒，但他认为粮食供给的急剧下降造成饥荒的传统观点在解释现实问题时存在局限性。森在多次饥荒事件中观察到以下奇怪现象：比如某些年份的粮食供应水平并没有显著低于前几年，该年度却发生了饥荒。1943 年孟加拉邦发生饥荒时，当年粮食生产很正常，产量甚至好于往年。此外，在饥荒期间尽管某些特定的社会阶层，如农民、工人、手工业者等，成千上万地死于饥饿，而某些社会阶层，如地主、商人，却在饥荒期间大发横财。还有一些发生严重饥荒的时期，不仅发生饥荒的国家仍在出口粮食，甚至受饥荒影响非常严重的地区还在向外出口粮食。

通过分析以上饥荒时期的特殊现象，森认为之所以在国家或地区有充足的粮食供应的情况下还会出现饥荒，是因为这些国家或地区的一些社会经济群体没有获得享用粮食的权利，即受饥荒影响较大的人群没有成为粮食市场的购买力，而并非真正的粮食供应减少。森指出，在每个社会中，每个人都拥有一定数量的要素禀赋，这种要素禀赋包括工作能力、土地、资金、耐用物品、金融资产等。因此，每个人都可以通过一定的经济活动方式，将自身的要素禀赋转变为粮食，从而实现权利的交换。个人的要素禀赋丧失或改变，意味着其交换权利的消失。要素禀赋丧失或改变的例子包括工人失业、农民离乡等，这将会导致这些人享用粮食的“权利”丧失。一旦民众大规模地遭受权利丧失，饥荒便会发生。例如，1974 年孟加拉国发生饥荒，就是由于洪灾后粮食价格大幅度上升，工业、农业领域工作机会减少，个人要素禀赋丧失，真实收入水平下降，购买力不足，因此工人、农民群体受到了饥荒的影响。因此，森认为当饥荒发生时，不能仅仅通过发放救济食品、迁徙饥民等一般措施进行救助，还需要采取一些特殊的政策使灾民取得他们期望得到粮食的权利，即增加灾民自身的要素禀赋。森关于饥荒成因的理论尽管遭到一些批评者的质疑，但基本观点还是有理论意义和实践价值的。

对贫困和饥荒问题的研究引起了森对于发展中国家社会公平问题的思考。主流的经济学家长期只关注国内生产总值、人均国民收入、经济增长率等一些宏观的、粗略的总量指标，而严重忽视了人类贫困与收入分配不公等问题，森认为主流的经济学家这种宏观的、粗略的分析视角过于狭隘。森认为，人们必须关注社会底层情况，而不只是关注多数人生活的平均状况。在国际比较研究中，人们往往忽略了预期寿命与人均 GNP 之间的相关性。例如，哥斯达黎加人均 GNP 为 1780 美元时，预期寿命是 75 岁；美国人均 GNP 为 20910 美元时，预期寿命是 76 岁，但令人困惑的情况是，纽约哈莱姆地区人均预期寿命不到 40 岁，还不到孟加拉国的水平。森对这一现象做出了解释：哥斯达黎加较高的预期寿命是因为它良好的公共健康服务和基础教育，而纽约哈莱姆地区不仅缺乏这类公共健康服务和基础教育，还会有经常性的街头暴力事件夺取年轻男子的性命。在此基础上，森进一步指出，如果我们考虑到基本生存能力以外的社会活动能力，那么哈莱姆地区的福利水平将低于孟加拉国。尽管纽约哈莱姆地区的居民能够控制更多的资源，但是要获得例如“体面地进入社会”“参加社会公共活动”等能力，当地居民需要支付巨大的费用。传统观念认为，竞争性市场所创造出来的财富和价值是解决贫困问题的一种长期方案。森批判了这一理论，他认为经济学家应该更多地关注人类最基本的生活保障条件方面，例如让更多的人拥有粮食、住房，接受基础教育和医疗健康服务等。基于这一观点，森提出衡量贫困的一种新的、更令人满意的指标，即“森贫困指数”的测量公式。

森关于贫困问题的研究与“贫困是一个相对概念”这一观点具有表面上的一致性。相对贫困理论的学者认为，如果一个家庭的收入或者消费远低于这一家庭所处的社会维持正常生活的水平，那么可以认定这个家庭是贫困的。但是，这一理论无法说明为什么贫困应该被看作一种社会罪恶，为什么一个家庭仅仅满足基本生活需要是不够的等问题。森在此基础上，将收入扩大到能力，并将相对剥夺概念扩大为绝对剥夺概念，这使其贫困理论超越了相对贫困理论。在森看来，哈莱姆地区的贫困问题不是因为穷人收入低于平均水平而“感受”到贫困，他们与孟加拉国的穷人一样，是能力或禀赋被剥夺而造成的贫困，是“客观上”的贫困。

森关于贫困与收入不平等领域的另一个关注点是性别差异造成的不平等。关于性别不平等问题的研究一般是对“家庭内部”的劳动分工和资源分配进行分析。传统理论将经济分析方法加上收入、消费和劳动供应等市场分析的概念，以研究家庭性别不平等问题。但是这一研究思路在解释家庭内部男性比女性更多的消费和更少的劳动，或者拥有更多的支配家庭资源的自由等现象时存在困难。森针对传统理论的缺陷，将死亡率、疾病、就医次数、体重和营养等指标加入分析框架，发现在印度和北非等国家和地区存在惊人的性别不平等现象，并进一步发现家庭内部男孩与女孩之间在食物分配和保健方面存在不平等待遇。

四　让经济学摆脱贫困化和狭隘化

（一）“穷人的经济学家”

森所研究的福利经济学致力于将道德评价标准应用于经济制度，主张经济学与伦理学相结合，以发挥经济学经世济民的作用。在森的理论体系里，经济学并不是冷冰冰的“铁则”，而是具有人文关怀的学科。森认为，正是现代经济学狭隘地理解了亚当·斯密关于经济行为由“看不见的手”主宰的理念，导致经济学分析过程中伦理学的重要性被大大淡化，进而导致了经济学自身理论上的缺陷。因此可以说，经济学的贫困化和狭隘化主要是由经济学与伦理学的脱节所致。作为最基本的评价标准，森将自由摆在了极其重要的位置，从个人和社会福利的角度出发，指出一个合理的制度应该实现个人选择的最大自由、公平的收入分配，使每个人都能达到最适宜的生活水平。森相信，只要关注人的整体福利，即使是极端贫穷的国家也能够提高其最贫穷人民的福利。森的理论可以使一个社会中“最大多数人的福利得到最大限度的提高”，对于中国来说，森的理论借鉴意义值得重视。中国应该更加重视弱势群体，通过出台相关措施，维护弱势群体的权益，增强他们选择的自由。

（二）以人为本，关注人的“能力”

传统人力资本理论将人的素质与实物资本等同，认为通过教育、医疗等方式提高人力资本水平是保障和促进经济增长的重要手段，例如个人可通过接受良好的教育，拥有更高的生产率。实际上，个人接受教育除了可以获得人力资本水平和收入水平的提高外，还可获得阅读、认知能力的提升，即可以获得更多的要素禀赋、更多的选择。因此，我们在认识到人力资本重要性的基础上，还需要借助森关于“能力”的研究结果，提高对于人的“能力”的培育，真正理解教育、医疗保健等公共服务建设的意义，实现以人为本。

参考文献

〔印度〕阿马蒂亚·森:《集体选择与社会福利》,胡的的、胡毓达译,上海科学技术出版社,2004。

〔印度〕阿马蒂亚·森:《伦理学与经济学》,王宇、王文玉译,商务印书馆,2006。

〔印度〕阿马蒂亚·森:《贫困与饥荒》,王宇、王文玉译,商务印书馆,2001。

〔印度〕阿马蒂亚·森:《再论不平等》,王利文、于占杰译,中国人民大学出版社,2016。

〔印度〕阿马蒂亚·森、〔美〕詹姆斯·福斯特:《论经济不平等(增订版)》,王利文、于占杰译,中国人民大学出版社,2015。

邓翔:《阿马蒂亚·森社会选择理论述评》,《经济学动态》1998 年第 12 期。

胡怀国:《从新古典主义到阿马蒂亚·森的能力方法》,《经济学动态》2010 年第 10 期。

李仁贵、党国印:《1998 年度诺贝尔经济学奖获得者阿马蒂亚·森生平与学术贡献》,《经济学动态》1998 年第 11 期。

李实:《阿玛蒂亚·森与他的主要经济学贡献》,《改革》1999 年第 1 期。

朱勇、何旭强:《阿马蒂亚·森经济学与哲学思想评介》,《经济学动态》1998 年第 11 期。

第二十三章

约瑟夫·斯蒂格利茨

经济学集大成者

Joseph Stiglitz

约瑟夫·尤金·斯蒂格利茨（Joseph Eugene Stiglitz，1943～　）是美国著名经济学家，2001年获得了诺贝尔经济学奖，他促进了信息经济学的建立，并且对宏观经济学、货币理论、发展经济学、公共财政、公司金融、产业组织及农村组织理论、福利经济学以及收入和财富分配等均做出了突出贡献。他是世界上公共部门经济学领域最著名的专家。他先后在耶鲁大学、普林斯顿大学、牛津大学和斯坦福大学任教，曾担任世界银行高级副行长兼首席经济学家，并在国际货币基金组织任职。他撰写的《经济学》教科书在1993年首次出版后一版再版，被翻译为超过12国文字，在全球范围内成为继萨缪尔森的《经济学》、曼昆（Mankiw）的《经济学原理》之后又一本经济学入门经典教材。他的主要学术贡献是提出了不对称信息、市场失灵和政府干预有效性等创新性观点，尤其是他提出的第三条道路经济学为经济转轨国家提供了有价值的参考。

一　斯蒂格利茨：最伟大的经济学家

斯蒂格利茨在1943年出生于美国印第安纳州一个叫作加里的小城，此城除了以生产钢铁而闻名，还诞生了两位当代最伟大的经济学家——斯蒂格利茨和萨缪尔森。

斯蒂格利茨的思想起源和他的成长过程密不可分。他生长的小城，他的同学们——那些钢铁工人的子女们，使他了解到破产和解雇带来的苦痛。他有一个勤奋的家庭，他的父亲95岁才从保险代理人的岗位上退休，他的母亲在67岁时按规定从小学教师的岗位上退休后，又开始教人纠正阅读，一直工作到84岁。斯蒂格利茨在大学的时候，学习成绩非常优秀，热爱社会活动，大学三年级的时候，他成了学生会主席。在那期间，美国民权运动正如火如荼地进行，斯蒂格利茨在华盛顿参加了马丁·路德·金博士领导的大游行，现场聆听了金博士名垂青史的演讲“我有一个梦”。这些社会活动对塑造他和善、乐观的性格和他成名后倡导公平、公正的市场思想都具有很大影响。

24 岁时，本科毕业仅三年的斯蒂格利茨就获得了麻省理工学院的博士学位，麻省理工学院的经济学教育让他获益匪浅。他认为麻省理工学院的教育至少有三个特色：第一是注意把应用经济学和理论经济学相结合，第二是既强调经济的直觉也强调数学的严谨，第三是提倡学者用简单的模型来分析问题的本质。麻省理工学院还有索洛、萨缪尔森等大牌教授以及出色的同学，包括戈登、阿克尔洛夫、诺德豪斯等，在与他们的讨论中，斯蒂格利茨对经济学的思考更加深入，而且这些思考后来成为他的研究方向。他与阿克尔洛夫经常在一起讨论经典模型存在的问题，讨论不确定性、引入期货市场、加入技术的内生变化等问题，最后这两位年轻学者都成为信息经济学界的领军人物，并凭借他们在这一研究领域所做出的突出贡献在 2001 年分享了诺贝尔经济学奖的荣誉。在麻省理工学院度过充实的两年后，斯蒂格利茨作为富布赖特访问学者，到英国剑桥大学继续学习，剑桥大学作为当时经济学研究的中心之一，让斯蒂格利茨感受到另一种经济学的研究风格。

1969 年，年仅 26 岁的斯蒂格利茨被耶鲁大学聘为经济学教授，三年后被选为计量经济学会的会士，这是一个经济学家所能获得的最高荣誉之一。1979 年，36 岁的他获得了美国经济学会两年一度的约翰·贝茨·克拉克奖，该奖项用于表彰对经济学做出杰出贡献的 40 岁以下经济学家，又有“小诺贝尔奖”之称。1988 年，他成为美国国家科学院院士，同年起在斯坦福大学任经济学教授。1993 年，斯蒂格利茨步入政界，成为克林顿政府的总统经济顾问委员会成员，并从 1995 年 6 月起任该委员会主席。1997 年起，他又担任了世界银行高级副行长兼首席经济学家。1999 年，因为对国际货币基金组织提出了激烈批评，斯蒂格利茨被迫辞职，并重返学术界。自 2000 年至今，斯蒂格利茨执教于哥伦比亚大学，同时任美国布鲁金斯学会高级研究员。2000 年，斯蒂格利茨发起“政策对话倡议”，这一对话倡议成为全球 200 位经济学家及社会学家的交流平台。2009 年，斯蒂格利茨被联合国大会主席任命为国际金融货币体系改革专家委员会主席，并在多个委员会任职。2011 年，他被《时代周刊》杂志评为全球一百位最具影响力人物之一。2011～2014 年任国际经济学会主席。

二　以精密的理论诠释现实

斯蒂格利茨从 1967 年取得博士学位至今笔耕不辍，著作颇丰，出版英文著作 27 本，发表数百篇论文。他的经济学著作涉猎广泛，核心思想集中于竞争过程中不完全信息和昂贵的信息的作用。他与桑福德·J. 格罗斯曼（Stanford J. Grossman）共同撰写的《信息与竞争价格制度》总结了他的多篇开拓性的论文，论文技巧高深，观点虽然还没有渗入基础的教科书里面，但是在信息经济学方面的研究成果，包括注意交易成本、产权、不完全契约及不确定条件下决策分析的更广泛思潮的一部分，已经开始影响大学教学。

斯蒂格利茨在经济学基本理论方面有许多开创性研究，这些研究涉及不完全信息、风险、公司财务结构、道德风险、逆向选择、委托-代理、激励结构、信息甄别、市场效率、效率工资、信贷配给、组织结构、新古典增长和宏观经济学的微观基础等诸多领域。他出版的经济学理论专著主要包括《商品价格稳定理论：风险经济学研究》《迈向货币经济学的新范式》《公共部门经济学》等。

斯蒂格利茨也研究全球性经济问题。主要聚焦于全球化、国际金融危机、经济转轨、贫富差距等全球性经济问题，并从市场与政府、平等与效率、政治体制与社会制度等层面对这些问题进行了分析和研究，出版了许多引起巨大反响的通俗著作。主要包括《农民与城市居民：税负和经济发展的负担》《国家与市场的争论》《对我们生活的误测：为什么 GDP 增长不等于社会进步》《稳定与增长》《让全球化造福全球》《三万亿美元的战争：伊拉克战争的真实成本》《自由市场的坠落》《不平等的代价》《大鸿沟：不平等的社会和我们能做些什么》《创建学习型社会：增长、发展和社会进步的新途径》《欧元：统一货币如何威胁欧洲未来》等。他出版的本科和研究生经济学教科书，如《微观经济学原理》《宏观经济学原理》《经济学》，在世界各国广泛传播，先后被译为西班牙文、德文、意大利文、中文、日文和拉脱维亚文等。另外，他还是《经济学展望》杂志的创办者，主持汇编了多部经济学文集。现将其代表性著作《信息经济学：基本原理》的主要内容介绍如下。

《信息经济学：基本原理》收集了斯蒂格利茨在信息经济学领域的主要论文。论文在非对称信息的研究上做出了开创性的工作，认为由于信息的不对称，市场并不会总是有效率，但这并不能立即推出其他的资源配置方式，如计划或政府干预比市场更优越。同样地，信息不对称这一原因也会限制计划或政府干预的作用。该书包括以下主要内容。一是综述性的论文。该书包括了作者诺贝尔经济学获奖演讲，以及信息经济学对 20 世纪经济学发展的贡献。二是阐述了一般甄别理论。该书得出了一个重要结论：没有信息披露的均衡可能比完全信息披露的均衡具有帕累托最优，因为信息的支出是能力较强者使自己与低能力者区别开来而付出的租金，这使高低能力者的境遇都变差了。三是关于个体的行为披露信息（自选择问题）。以保险市场为例，该书分析得出帕累托有效可能包含一个混同均衡（不同类型的个体购买同样的保险合同），而不是完全分离的均衡（对高风险者和低风险者分别提供不同的保险合同），且帕累托最优有可能使低风险者补贴高风险者。在分离均衡时所有人购买与其风险刚好持平的全额保险合同，但低风险者补贴高风险者时，他们可以获得具有正利润水平的混合合同。四是逆向选择模型。那些愿意在平均保费率水平上购买保险的人，比那些不愿意购买的人有更高的风险程度，即质量取决于价格。同样的结论也适用于信贷市场、劳动力市场和其他市场。五是激励问题。当个体的行为不能被直接观察到时，对个体的补偿就只能基于那些可观察到的变量，这为一般激励理论提供了基础，贡献在于认识到信息与激励之间的联系。六是价格在传递信息方面的作用。当不同个体掌握不同信息，并且以这些信息为基础行动时，价格系统如何将这些信息加总，又是否为经济主体的行为提供了好的信息。七是信息的价值有可能与其成本或者价格显著不同。最后两个部分，主要关注信息不完全，证明信息不完全导致了类似外部性的结果，且非市场机构的存在可能使已经存在的市场失灵更加严重。除此之外，斯蒂格利茨还阐述了信息不完全问题如何导致资本市场的不完全，进而导致经济的波动。

三　奠定了信息经济学与服务公共政策的研究基础

斯蒂格利茨的研究领域很广泛，为经济学的一个重要分支——信息经济学的创立做出了重大贡献，并由此而成名。他是世界上公共部门经济学领域最著名的专家。他所著的教材是世界上最通行的教材之一，被翻译成多种语言，包括十分畅销的本科教材《公共部门经济学》和与安东尼·阿特金森合著的《公共经济学讲义》。1987 年，他创办的《经济学展望》杂志降低了其他主要经济学杂志所设立的专业化障碍。他曾经担任美国经济学会副主席，也是美国最著名的经济学教育者之一。他先后执教于耶鲁大学、牛津大学和普林斯顿大学，并从 1988 年开始在斯坦福大学任教。他主讲经济学原理、宏观经济学、微观经济学、公共部门经济学、金融学和组织经济学。他的数十名博士生在世界各地任要职。2008 年，他基于华尔街房产泡沫引发的经济危机在 CNN 专栏提出了几个预防经济危机再度出现的措施。

斯蒂格利茨是信息经济学理论的代表人物。他对信息经济学的研究始于 1969 年到耶鲁大学任教。他刚到耶鲁大学就受到洛克菲勒基金会的邀请，前往该基金会在肯尼亚内罗毕的发展研究所工作。信息经济学就是把不完全信息引入经济模型当中的分析，包括对逆向选择、道德风险和委托-代理关系等的分析。完全竞争模型总是假定市场参与者具有关于商品买卖的充分信息，但现实情况往往不是这样。人们获得的信息一般是不完全的，要获得信息事实，必须付出成本，信息的不完全性和“信息成本”的存在会影响市场均衡状态和经济效率。当时正是发展信息经济学的黄金时期，内罗毕吸引了一大批优秀的学者前去调查研究。斯蒂格利茨曾说过，当时能在内罗毕工作是非常幸运的，因为在那里不仅可以与许多经济学家频繁接触和交流思想，还可以对一个发展中国家的市场进行实地调研，获取研究的第一手资料。

早在麻省理工学院任助理教授时斯蒂格利茨就开始思考传统模型的缺陷。在内罗毕时他集中精力研究当地劳动力市场，提出了一个问题：为什么劳动力市场总会存在失业？斯蒂格利茨从信息不完全、逆向选择角度进行解释，发表了多篇论文。后来斯蒂格利茨把自己近 30 年来关于信息经济学的研究分成三大部分，第一部分是批判传统的完全竞争市场模型，第二部分是用信息理论进行市场分析，第三部分是建立一个宏观经济模型。由此在 2001 年他与乔治·阿克尔洛夫、迈克尔·斯彭斯（Michael Spence）一起因信息不对称理论获得了诺贝尔经济学奖。在这三位美国经济学家中，斯蒂格利茨对信息不对称理论的贡献最大。斯蒂格利茨获奖感言的大致意思是，市场经济的特征是高度的非理性和不完整性，而我们传统模型假定信息是完美和理想的，其实往往一些人知道得比另一些人多，即使很小程度的信息不完整也能够导致很大的经济后果。他提出了现代经济学最优理论的非均衡量，运用信息经济学的理论分析了传统经济理论的缺陷。其理论创新在于描述经济运行仅仅局限于运用价格机制是远远不够的，在不完全信息条件下价格机制实现帕累托效率的有效性与普遍性是值得怀疑的，新古典模型并不能为市场机制的选择提供理论指导，一旦将信息不完全性引入分析之中，就很难得出市场是有效率的推论。他以劳动力市场为例，提出的有效工资和逆向选择两大理论填补了微观经济理论方面的真空，解释了在没有工会以及国家干涉下，市场为何会导致经济发展受制以及产生失业。除此之外，斯蒂格利茨还进一步研究了其他市场范畴中非对称信息如何对结果起到决定性的影响，并提出“道德风险”“委托-代理理论”等重要概念。比如在资本市场和保险市场中，以过去完美市场的观点来看，风险和机遇都有其既定价格。人们可以通过保险或者在资本市场为风险做好保障。风险越大，保单价值自然就越高。为了抓住一次投资机遇，必须找到投资者事先注资打本，这样才能在未来获得投资回报。但保险公司和投资者对风险和机遇的了解往往没有融资者那么透彻，对于后者来说，他们会美化自身现状，诱导保险公司和投资者为他们承担高风险。

斯蒂格利茨关于信息不对称理论，研究主要体现在对保险市场、信贷市场、金融市场效率、非自愿失业和发展经济学等进行深入研究的几篇经典学术论文之中。他的模型和分析方法已经演绎成信息经济学乃至经济学更宽泛领域的微观经济学和宏观经济学的规范方法。他是信息经济学和微观经济学文献中被引用频率最高的学者。

在与罗斯卡尔德（M. Rothschild）合著的一篇经典的论文《竞争性保险市场均衡：不完全信息经济学短论》中，斯蒂格利茨正式地说明了在保险公司不知道有关各个客户风险状况的保险市场上，信息问题会被如何处理。这一研究通过考察不知情的经济主体在信息不对称市场上会采取什么样的行动，充实了阿克尔洛夫和斯彭斯所进行的分析。罗斯卡尔德和斯蒂格利茨认为保险公司（不知情方）通过被称为“筛选”的方式能够给予其客户（知情方）有效的激励，以使其“披露”有关自身风险状况的信息。在筛选均衡中，保险公司通过提供“较高的未保险额与较低的保费组合”这类可选合约菜单来区分保单持有人的不同风险类别。

斯蒂格利茨与安德鲁·魏斯（Andrew Weiss）在1981年合作的划时代论文《不完全信息市场上的信贷配给》，创造性地分析了信贷市场由于信息不对称而引起的逆向选择和道德风险。他们认为银行降低坏账损失的最优策略是对贷款进行配给而不是提高贷款利率。这些创见因现实世界信贷配给十分普遍而更接近现实的信贷市场，并对公司融资、市场理论和宏观经济学的研究产生了巨大影响。

在与桑德福·格罗斯曼的共同研究中，斯蒂格利茨对金融市场效率假说进行了论证。他们的结论被称为“格罗斯曼—斯蒂格利茨反论”：如果市场在信息上是有效的，即所有信息都在市场价格上得到反映，经济主体就不会有动力去获得蕴藏在价格之中的信息。但如果每个人都不知道信息，则市场会让某一主体掌握信息，因此信息有效均衡不会存在。这一研究对金融经济学影响颇大。①

斯蒂格利茨多次警示不考虑信息的不对称性经济学模型很可能是具有误导性的。就不对称信息来说，不同的市场会有不同的特征。这一结论同样适用于公共管理的研究领域。可见斯蒂格利茨的一系列论著不仅是进一步探索信息经济学理论的主要文献，而且也是有关领域深入研究的重要基础。他有趣的理论，用简单的语言表述，听起来就和非经济学的常识一样。传统的经济学认为，在自由的不受管制的市场中，个人追求各自的利益会使整个社会的福利最大化。斯蒂格利茨认为现实世界并不是那么回事；相反，因为市场参与者不能得到充分的信息，市场的功能是不完善的，常常对人们的利益造成损害。所以政府和其他机构必须巧妙地对市场进行干预，以使市场正常运作。斯蒂格利茨提倡突出政府在宏观调控中的作用，认为获得持续增长和长期效率的最佳方法是寻求政府与市场之间的

① 宏泰顾问：《诠释诺贝尔经济学大师的智慧》，中国纺织出版社，2004，第354~355。

最适平衡点，这样整个经济将回到一个趋于公平、稳定的增长进程中，人人都会从中受益。

斯蒂格利茨研究方法上的创新在于从真实的市场出发，并从中抽象出普遍经济规律。一直到数学建模这一步斯蒂格利茨的研究都是严格按照现有经济分析工具进行，将不完全信息和不完备市场引入，在此基础上提出新的模型并描述了非对称信息条件下的经济运行。他的模型不仅为洞察市场经济运行拓宽了理论视角，而且为在转型经济中的体制设计和政策选择提供了有启发性的思路。在今天，斯蒂格利茨和其他信息经济学家的理论已经成为经济学这栋大厦中的有机组成部分且为人所熟知，并为经济的发展和政策的制定提供了有力支持。

斯蒂格利茨对世界范围内的不平等和贫困问题的关注日益增强，这成为他 20 世纪 90 年代之后研究和发言的主题。斯蒂格利茨虽然身居要职，拥有耀眼的学术成就，但是他关注全球不平等和贫困问题的目光从来没有转移过。在经济全球化的大背景下，他还作为英国曼彻斯特大学布鲁克斯世界贫困研究所主席，面对全球贸易中的不平等和由此导致的第三世界国家的贫困替贫困者发言，并用自身的学术知识为解决贫困问题而努力。在经济全球化的概念被提出之后，斯蒂格利茨开始注重发展中国家的状况，常立足于发展中国家的角度阐述问题。他认为，为了使国际贸易更加公平，最重要的是营造一个公平的竞争环境，减少发达国家对其产业实施的各种形式的补贴，因为这些措施会把发展中国家排除在正当竞争之外。他曾尖锐地指责有关国际机构漠视贫困人群的利益，在消除贫困、促进社会公正方面无所作为。他建议公共组织对此进行干预，从而使世界经济回到一个趋于公平、稳定的增长进程中。斯蒂格利茨在 2012 年出版的《不平等的代价》一书成为反抗社会不公的力作之一。他认为，因为不平等，人们正在为经济表现、民主以及其他价值层面付出高昂的代价。在书中他还明确指出，美国不平等情况比任何国家都要糟糕，收入和财富向顶层集中，中产阶级被掏空，底层则日益贫困。作为发展中国家和世界重要经济体，中国也是斯蒂格利茨主要关注的对象之一。他对中国经济的关切、对中国市场改革的真诚坦言和中肯建议也引起了许多中国经济学者的共鸣。对于国际货币基金组织和世界银行的“消灭贫穷计划”——自由贸易，斯蒂格利茨认为：过去，欧洲人和美国人在亚洲、非洲和拉丁美洲到处冲破壁垒打开市场，却阻碍第三世界的农产品进入他们的市场；鸦片战争中西方用战争来推行它们的不平等贸易；今天，世界银行和国际货币组织使用的金融和财政手段几乎一样有效，情况与19世纪是一样的。

斯蒂格利茨在探讨不平等产生的根源时特别指出，寻租、不当激励、虚构平衡等行为是导致现代社会经济不平等的主要力量。他的经济平等思想来源于他对寻租、不当激励以及虚构平衡等社会问题的深刻批判。在权衡了平等与效率、机会平等与结果平等这些基本矛盾之后，斯蒂格利茨认为平等是效率的基础和保障，只顾机会平等而忽视结果平等是不符合社会道义的。政府与市场的良性互动是协调平等与效率，兼顾机会平等与结果平等最有效的途径。如果市场经济是一丝不苟地按照经济学家所假设的完美模型来运行的话，不平等就不会存在。然而，现实往往令人头疼，人们在经济生活中各种各样的现实活动常常以不同的方式导致经济运行偏离经济学家预期的方向，引发种种社会问题。对这些导致经济运行出现偏差的活动的研究，是我们解决社会问题的重要途径。斯蒂格利茨认为滋生于社会政策缺陷和法律盲区之中的寻租活动的广泛存在是当前社会经济不平等问题日益加剧的主要原因。寻租活动形式多样、内容复杂，如果不及时加以限制和约束，将严重侵蚀社会公平和正义。

斯蒂格利茨认为现代薪酬机制当中的不当激励也是加剧社会不平等的重要因素，它淡化了工资和社会贡献之间的联系，掩盖了上层收入者的不当收入，加剧了社会不平等，还导致了人才的不当配置，优秀的人力资源不断地从更富有创造性的活动中被分流出来，越来越多的人才被金融等行业的优厚薪酬所吸引，而医学、农学等一些事关人类社会发展根基的领域却由于社会回报度过低而后继乏人。斯蒂格利茨所批判的“不当激励”指的是当前各行业普遍采用的不均衡的工资分配机制的负面效应，即异化为掩护部分群体不当收入的工具的薪酬激励机制。斯蒂格利茨认为不当激励的产生是“激励薪酬”机制的不完善导致的。当前的薪酬激励机制是有缺陷的。第一，激励薪酬会腐蚀人们的职业操守，引发道德风险。在斯蒂格利茨看来做好一项工作的内在满足感才是最符合人的本质的奖励，才更能让人们把精力放在工作本身，从而提高生产率，而过多地把注意力放在金钱上的做法实际上会削弱人的努力。第二，激励薪酬会产生逆向效应。不同职业之间过大的收入差距会导致一些基础领域的人才流失，这将给整个的社会发展带来损失。第三，强调个体激励的薪酬激励机制会削弱团队工作，因为“竞争除了具有建设性还有破坏性”，团队工作中的本该有的信任和忠诚会因为不公平的待遇而受到侵蚀。面对一些人提出的“不平等是激励人们的必要条件”这一论断，斯蒂格利茨认为这是对天真的人们的误导，让人们觉得没有这种不平等我们的经济体系就没办法运转了。斯蒂格利茨承认：完全平等确实会弱化激励，但是问题在于“不平等如果减少一点的话激励弱化的程度到底有多严重”。斯蒂格利茨的回答是：不平等并不是激励人们的充要条件，“较少的不平等实际上会提高生产率”。因为当不平等成为一个社会的常态时，这个社会是不可能有效运转的。“当一个利益集团占有了太多权利时，它就能成功制定有利于自己的政策，而不是有利于全社会的政策。”

斯蒂格利茨对中国经济体制改革和经济发展倾注热情且提供了不少建议。早在改革开放初期，斯蒂格利茨就非常注意中国的改革进程。1982年，他就曾受到中国社科院的邀请，到中国讨论如何进行中国价格体系改革的问题。他的许多研究，特别是他对转型经济的研究，都值得我们借鉴。美国《名利场》杂志2015年1月刊登了斯蒂格利茨的《中国世纪从2015年开始》，这篇文章引起了全世界的关注和争论。斯蒂格利茨对中国经济的关注还在持续，近年来多次访华。2015年3月23日下午，他在清华大学做了主题为“中国下一阶段发展战略”的现场演讲，吸引了大批听众。中国倡议的亚洲基础设施投资银行成为演讲过程中的热门话题。72岁的斯蒂格利茨在演讲中说，亚投行的成立标志着一种新的体制和机构的开端，即使没有美国的加入，这一新的机构也能够创立良好的框架，为世界带来更好的发展。在近几十年的世界经济发展历程中，主流经济学更多地注重效率而忽视了平等，更多地关注经济发达国家而忽视了发展中国家，更多地关注国家利益而忽视了民众利益。作为信息经济学理论的奠基者，斯蒂格利茨却始终关注全球贸易中的平等问题，关注有关贫困人口的社会公正问题。他认为经济学家的责任是：“我们可以利用自由去做许多事，以确保未来的世界不仅拥有更加繁荣的经济，而且还会有更多的社会公正。”也正是这份责任，斯蒂格利茨的经济思想启迪着更多学者以更实际且深刻的视角去关注社会和研究经济问题。

四　第三条道路：强大政府加成熟市场

斯蒂格利茨为人和善，天性乐观，乐于在演讲台上阐述自己的观点，在经济学领域中是一名无可争议的巨人。斯蒂格利茨虽然也许是同代人中最伟大的经济学家，但在任职于白宫总统经济顾问委员会的四年中（其中后两年担任该委员会主席），并没有受到重用。2006 年他接受了一个更引人注目的职位——世界银行高级副行长兼首席经济学家。在那里，他以亚洲金融危机为契机，使用理论来重塑政策，远离了自己不擅长的政治角逐。

斯蒂格利茨的市场失灵理论对微观经济学的基础原理提出了挑战。他的理论否定了市场机制会自动导致资源配置最优这一根深蒂固的理念。西方微观经济学的核心思想是亚当·斯密的“看不见的手”原理，即在完全竞争条件下，价格机制可以将市场的资源配置引导到最优状态。但斯蒂格利茨的市场失灵理论发现，这个广为流传的原理与事实是不相符的。现实中的市场经济到处是信息不完全、竞争不充分的不完全竞争市场。但是，这并未全盘否定微观经济学。市场机制这只“看不见的手”依然可以起到激励和合理配置资源的作用，只不过很难达到“帕累托最优”的理想状态。在这里，不得不承认斯蒂格利茨的观点实际上仍然承认“看不见的手”的作用。亚当·斯密在论证这只“看不见的手”时，只提到它会“更有效地促进社会的利益”，并未将它拔高到“帕累托最优”的水平，而是新古典学派论证了市场机制会自动导致帕累托最优。斯蒂格利茨是想证明，新古典学派对市场机制理论的发展走上了错误的道路。他认为经济学家真正应该关心的不应是市场机制能否导致某种理想状态，而应是如何发挥市场机制的激励和资源配置作用。

斯蒂格利茨的政府职能理论改变了政府低效的传统观点。传统观点认为市场机制的效率要比政府高得多，由于绝大多数经济领域是市场在发挥作用，政府干预的活动并不是很多，甚至可以忽略。斯蒂格利茨却证明，市场失灵无处不在，政府有广泛的、可干预的潜在领域；政府的效率也并不比市场低，不能以政府失灵为由抵制政府干预，问题的关键是如何通过改革来防范政府失灵。斯蒂格利茨认为要在公共部门中引入竞争机制，让公共职能适当分散化，使政府不同部门之间开展竞争。实践证明他的这种观点有一定效果，已经被美国一些州的政府部门采用。这种提高政府效率的方法对中国也有一定的借鉴意义。

斯蒂格利茨对公共政策作用的论述具有明显的空想性。他曾认为对众多的商品征纠正性税，即使仅限于“重要市场”的商品，也需要一笔庞大的信息与管理费用，过高的征税成本有可能使这类措施得不偿失。从这个问题来看，斯蒂格利茨本人也未能摆脱一味追求“帕累托最优”的思路。在他看来，市场机制不能实现资源配置的理想状态，而政府却可以通过干预实现“帕累托改进”。在这里，斯蒂格利茨明显地表现出对政府“纠正性征税”抱有幻想。从实践来看，尽管市场机制并不能达到资源配置最优状态，但政府的“纠正”也同样不能达到理想状态。所以，斯蒂格利茨应该抛掉“帕累托最优”这个“情结”，承认配置资源时市场机制出现的某些无效率现象是政府干预也不能避免的，因而也是可以容忍的。

斯蒂格利茨提出的市场失灵、政府相对优势以及提高其效率的途径，对中国正确认识市场机制的缺陷、推进政府经济职能的转变有借鉴意义，但是他对于政府的公共政策应定位于什么领域缺乏有力的论证。在中国的市场经济条件下，市场机制应对资源配置发挥基础作用，在市场机制对资源的配置出现无效率现象时，政府的主要作用是运用各种经济政策，从宏观角度加以调控。从微观角度看，政府作用仅限于制定游戏规则和各种政策法规。因此，政府的公共政策应更多地定位于调整产业结构、熨平经济波动、调节收入分配，而不是过多地涉足于微观的资源配置领域。

斯蒂格利茨试图在社会主义和市场原教旨主义之间找到第三条道路，成为经济学的集大成者。他运用现代西方经济学理论对社会主义市场经济理论和转型国家的改革实践进行系统反思，透过对标准经济模型的批判形成了中间道路的思想。他在《社会主义向何处去》一书结论部分中说过，前社会主义国家在选择其发展道路时其实有许多不同的途径，并不是只有两条。他希望在传统社会主义和资本主义这两条道路中走出第三条道路来，因为他在《喧嚣的九十年代》一书中进一步提到第三条道路，一条介于过分干预经济的政府与里根-撒切尔式的右倾的最小化政府之间的道路。他认为即使没有一种适合所有国家和所有情形的第三条道路，但第三条道路是存在的，有许多共同之处，如政府和市场地位是一样的，承认二者的重要性和互补性关系；若没有一方，另一方会遇到问题；市场失败和政府失败都是平常之事。按斯蒂格利茨的意思，实质上第三条道路就是一条介于社会主义（政府在经济中扮演主导型干预性角色）与自由放任经济学（政府在其中是忽略不计的角色）之间的道路。需要注意的是，这里第三条道路不是一条简单的路，而是一些第三条道路的集合，也体现了不同经济学思想的有机结合。因此，斯蒂格利茨反对在市场和政府之间采取非此即彼的极端思想，不主张把市场与政府对立起来，要以正确的方式提出问题，进而在二者之间保持恰到好处的平衡，有可能会产生许多中间形态（如以地方政府、合作社等为基础）的经济组织。

斯蒂格利茨强调，由于经济中的市场失灵问题是普遍存在的，市场经济的现实就是不完全的昂贵的信息、不完备的资本市场和不完全的竞争，故那些正在进行经济体制选择和经济改革的国家必须考虑到上述这些方面，不要被那些不恰当的市场经济模型所提供的原理和思想所左右，最重要的是在决定采取哪种形式的市场经济时（包括政府应该承担什么角色）不要走极端，必须记住实际的市场经济（非完全竞争模式所指的市场经济）是如何运行的。斯蒂格利茨还提醒人们，政府在任何社会中都扮演了一个重要角色。问题的关键不在于经济活动中是否有政府干预，而在于政府到底要干些什么。人们在考虑这个问题的时候往往忽视了上述两个极端情况之外的制度安排。他列举了现实中一些成功的中间性组织制度安排，如美国的非营利机构的作用，一些国家在联合投资研发方面的合作组织中扮演了越来越重要的角色，地方社团在提供地方公共品方面的积极作用等。此外，他认为在过去 20 年里东亚各国经济高速发展也是由于走了中间性道路。

总之，斯蒂格利茨一方面提醒人们私人生产在多数情况下并不能实现政府所有的政策目标，另一方面又告诫人们这并不意味着政府生产就是可行、有效的，第三条道路式的经验也许看起来是基本常识，而现实中政策制定过程往往缺乏这种常识。最后，斯蒂格利茨的第三条道路如果用一句话来概括，就是强大政府和成熟市场的组合。

参考文献

〔美〕约瑟夫 · E. 斯蒂格利茨:《改革向何处去?——论十年转轨》,载胡鞍钢、王绍光编《政府与市场》,中国计划出版社,2000。

〔美〕约瑟夫 · E. 斯蒂格利茨:《全球化及其不满》,夏业良译,机械工业出版社,2004。

〔美〕约瑟夫 · E. 斯蒂格利茨:《社会主义向何处去——经济体制转型的理论与证据》,周立群、韩亮、余文波译,吉林人民出版社,1998。

〔美〕约瑟夫 · 斯蒂格利茨:《市场社会主义与新古典经济学》,曹荣湘译,《马克思主义与现实》,2001 年第 3 期。

〔美〕约瑟夫 · 斯蒂格利茨:《喧嚣的九十年代》,张明译,中国金融出版社,2005。

宏泰顾问:《诠释诺贝尔经济学大师的智慧》,中国纺织出版社,2004。

第二十四章

弗农·史密斯

“实验经济学之父”

Vernon Smith

弗农·史密斯（Vernon Smith，1927～　），被誉为实验经济学之父，因"开创了一系列实验法，为通过实验室实验进行可靠的经济学研究确定了标准"而获得2002年诺贝尔经济学奖。史密斯打破原来主流观点的桎梏，让经济学走进实验室，发展了经济学领域的"风洞实验"。在这个"经济实验室"中，史密斯开展了对双向式市场机制的研究和对拍卖理论的检验等，并为"经济实验室"制定了五项"规章制度"，以保证可以进行有效可控的微观经济实验。他在实验经济学方法论方面的贡献主要体现在对研究范式的科学化和严格化上。如今，实验经济学蓬勃发展，逐渐融人主流经济学的研究之中，并且在经济学理论界的影响日益增强。

一　做实验的经济学家

1927年史密斯出生于美国堪萨斯州的威奇托，当时正是美国经济大萧条年代的开始，"和许多那个年代的人一样，我在那个糟糕的环境中诞生，并成为在灾难中成功存活的例子"，史密斯如此回忆。大萧条的社会环境和艰难的生活使他开启了半工半读的求学时光。17岁那年，史密斯去图书馆查阅了一些资料，认为全美国最好的大学就是加利福尼亚理工学院，从此立志要考入。史密斯深知以自己当时C等级的分数通过不了入学考试，于是在家附近的一所私立学校报名学习了物理、化学、数学、天文学和文学等课程。在他认真准备了一年之后，考入了加利福尼亚理工学院的物理专业，1945年9月，史密斯前往洛杉矶，开始了大学生涯。

然而大学学习的艰难是他所没有料想到的，为了通过各种考试，史密斯夜以继日地学习，在大四时转读电子工程专业并选修了一些经济类课程，从此对经济研究产生了极大的兴趣，进而转向从事经济方面的学习和研究。1949年史密斯获得加利福尼亚理工学院学士学位。后又进入堪萨斯州立大学求学，在这里，史密斯遇到了他生命中最重要的女人——乔伊斯，1950年他们结婚，并在一年后生下一对双胞胎儿子。1952年史密斯获得堪萨斯州立大学经济学硕士学位。随后，史密斯选择在哈佛大学攻读宏观经济学博士学位，并在1955年获得哈佛大学经济学博士学位，同年8月，史密斯开始在普渡大学教授经济学理论课程。

接下来五年，史密斯主要教授和研究通过实验证明资本与投资理论以及相应的定价问题。1961~1962年，他以访问者的身份到斯坦福大学担任副教授，并在权威杂志《政治经济学期刊》上发表了名为“竞争性市场行为的实验研究”的论文，其重要性在于描述了如何具体设计实验并改进以前的实验方法，这篇论文被认为是实验经济学诞生的标志。他是阐述实验经济学重要性并明确其研究对象的第一人，因此也被学术界誉为“实验经济学之父”，1965年史密斯又在该刊发表了《实验性拍卖市场与瓦尔拉斯假定》，奠定了其实验经济学开创者的地位。2002年史密斯获诺贝尔经济学奖，获奖原因是“开创了一系列实验研究方法，为通过实验室实验进行经济学研究确定了可靠的标准，并利用实验展示了选择性市场机制的重要性，为实验经济学奠定了基础”。史密斯在得知获奖消息后说：“当年我费了很长时间才明白，教科书是错的，而学生们是对的。”早在他开始发展经济分析的实验方法时，许多经济学家不明白他为何那样做，“经济学家不做实验，只有他在做”。史密斯计划把约50万美元的奖金全部捐献给他1997年创立的实验经济学研究国际基金会。①

同时，史密斯还是美国经济学会杰出会士、美国国家科学院院士、美国人文与科学院院士、安德森年度顾问教授以及1995年度亚当·斯密奖获得者，担任过公共选择学会会长、经济科学协会会长、美国西部经济学会会长、私有企业教育协会会长，兼任《美国经济评论》《经济行为与组织》《风险与不确定性》《经济理论》《经济设计》《博弈论与经济行为》《经济学方法论》《科学》《加图》等期刊的编辑。

① 宏泰顾问：《诺贝尔经济学大师的智慧》，中国纺织出版社，2004，第372页。

二　在实验经济学和认知心理学之间

从 1956 年起，史密斯在亚利桑那大学对 11 个班级进行了长达六年的实验，验证了竞争均衡理论。据此实验所撰写的论文《竞争性市场行为的实验研究》，标志着实验经济学的诞生。此后，实验经济学开始被运用于验证市场理论和博弈理论。在这篇学术论文中，史密斯不仅提供了经过科学和严密设计而进行的经济学实验的成功范例，而且把实验与丰富的经济学理论及假设很好地融合在一起，并通过具有丰富内涵的实验结果揭示了先验的经济理论要通过可控的实验进行检验的必要性，从而向人们展示了实验经济学的魅力和前景。[①]

1965 年发表的《实验性拍卖市场与瓦尔拉斯假定》为竞争性拍卖市场的均衡假设提供了一个迄今为止最为严格的检验，也为瓦尔拉斯假设提供了一个控制更加严格的检验。文章还讨论了现金支付对此类实验市场均衡行为的影响，尤其是比较了对所有完成交易的进行被试现金支付的效应和仅仅对这些被试中随机抽出被试进行支付的效应。

史密斯的一系列文章，特别是其代表作《作为实验科学的微观经济体制》(1982) 表明，一个微观经济由 N 个行为者、K 种商品与资源，以及每个行为者的某些特征 I，规定一种交换制度或财产权规则，在此制度约束下交易者进行交往或转换商品，交换制度由分配规则、成本核算规则和具体交换调整规则构成。行为者根据制度规则和其他人信息选择自己的行为。但是经济体系中的分配规则及成本估算规则对于人们做出的决策有着强大的刺激作用，所以说市场经济或者微观经济学是一种交换规则和行为人决策的混合物。[②] 这篇文章更加强调了经济实验的重要性，正如史密斯本人强调的那样，一项没有经过实验证实过的理论仅仅是一种假设，而不是基于一个可以重复的证明的过程，而实验经济学使实验室微观经济系统就是真实生动的经济系统，而且它比理论中参数化的经济系统更加丰富，

---

① 祖强：《经济学研究方法的重大突破——解读 2002 年诺贝尔经济学奖》，《世界经济与政治论坛》2003 年第 2 期，第 87~91 页。

② 刘再烜：《让经济学不再成为玩笑——访诺贝尔经济学奖获得者弗农·史密斯》，《中国电子商务》2005 年第 3 期，第 6~11 页。

也更加行为化。

同时，这篇论文统一了此前许多经济实验所采用的个别方法，界定了经济实验应遵循的步骤，建立了一套标准的研究设计和分析系统。他认为，每一个实验都应由三大元素组成：环境、体系和行为。环境给定了每位参加者的偏好、初始的货品禀赋和现有的技术水平，而体系则界定了实验术语和游戏规则。环境和体系是可控制变量，会影响最终所观察到的行为。

在史密斯奠基性工作的推动下，实验经济学在1970~1980年逐渐为一些经济学者所重视，并获得了发展。作为先驱者，史密斯将经济学实验的研究、设计和分析体系标准化。其对实验经济学的主要贡献主要体现在出版的三本论文集中。

1991年出版的《实验经济学论文集》，收录了史密斯前期的所有文章。该论文集共分为以下几个部分：第一部分囊括了实验经济学形成时期史密斯的9篇作品；第二部分重点比较了各种市场制度的绩效表现，此部分的文献体现出实验经济学研究范式已经逐渐走向成熟；第三部分是史密斯对公共产品实验的开创性研究；第四部分和第五部分分别包含了史密斯对拍卖和机制设计与产业组织理论实验研究的奠基之作；第六部分是史密斯早期对经济学的展望。①

2013年出版的《经济学中的理性》，从理性的角度对经济学的构建进行了分析。主要围绕非人格化的交易、从市场的外部有序性以及围绕人格化交易从社会变化的外部有序性进行了分析。实验经济学的主要研究成果发现，即便是在比理论约定差得多的信息条件下，市场中的非个体交易依然可以通过反复地相互作用达到经济理论中所指向的均衡状态。正如二人的博弈模型研究中所发现的，在个人、社会和经济交易中，合作程度会超出传统博弈论的预测结论。这本书阐述了以上两个研究成果的实证研究和应用领域，并将其与苏格兰启蒙运动的核心主题和哈耶克的思想理论结合起来。在文化变迁中，构建主义或理性所起的作用就是提供演变，而社会

---

① 〔美〕弗农·史密斯：《实验经济学论文集》（上册），李建标等译，首都经济贸易大学出版社，2008。

生态进程的作用则是选出那些能够满足社会需求的规范和制度。[1]

2017年出版的《议价与市场行为：实验经济学论文集》，汇集了他1990~1998年独立完成或与别人合作完成的有关议价与市场行为的重量级论文。这些论文通过实验检验了经济学和博弈论中的观点。文章还讨论了实验经济学与心理学，特别是与演化心理学的关系。演化心理学被用来拓展解读这些实验结果。实验经济学家更明确地将研究重心放在市场行为和其他相互作用的规则性制度机制之上，这些制度机制下个体决策行为彼此牵连。这一视角使实验经济学和认知心理学在方法论上产生了差异，因此二者在研究对象和研究程序上产生了分歧。[2]

三　为经济学理论建立"风洞"

（一）双向式市场机制

史密斯关于实验经济学最早的研究是受著名经济学家爱德华·张伯伦（Edward Chamberlin）的启发。1948年，张伯伦在哈佛大学创造了第一个课堂市场实验，用以验证市场的不完全性，通过对被实验者（学生）指定价值和成本参数，建立需求与供给曲线，进行对市场机制的检验，他本人当时并未意识到这是经济学一个分支学科的开端。但是实验结果很不理想，张伯伦认为其实验结果是对标准新古典完全竞争市场模型（在这个市场中，厂商和消费者都是价格的接受者并且是完全理性的）的歪曲，因此放弃了这种实验。几年后作为研究生的史密斯对张伯伦的实验方法有所涉及，当他在普渡大学任教时开始对其进行应用尝试和改进，这种被称为"双向式拍卖"的集中式市场机制较为接近现代金融和商品市场的交易体制。

史密斯认为，参与实验者面临的实验环境越接近真实市场，实验的结果就可能越具说服力。这样，他在一个复式口头拍卖（double oral auction）实验[3]

---

① 〔美〕弗农·L. 史密斯：《经济学中的理性》，李克强译，中国人民大学出版社，2013。

② 〔美〕弗农·L. 史密斯：《议价与市场行为：实验经济学论文集》，阮敖、赵俊、董志强译，格致出版社、上海三联书店、上海人民出版社，2017，第3页。

③ 当时，史密斯将22名学生均分为两组，随机确定一组为买方，另一组为卖方，实验采用类似证券与商品交易所额交易规则，即"复式口头拍卖"程序。

中，把参与实验者随机分成两组：潜在的买者和卖者。给每个卖者一单位商品，并且秘密告诉他该商品的保留价格（reservation price，最低限价）。假设保留价格为 v，如果卖者卖出的价格 p 大于 v，那么他就能够赚取 $p-v$ 的利润报酬。同样，也秘密告诉每个买者一个 w 的保留价格，即最高限价（price ceiling），如果他购买商品的价格 p 小于 w，那么他就可以得到 $w-p$ 的激励报酬。在利润最大化的动机支配下，买方和卖方都有强烈的交易动机，基于其所选择保留价格的分布，史密斯画出了供给和需求曲线，并在二者的交叉点确定了竞争均衡的价格。每个买者和卖者并不知道这一点，更不可能计算出理论上的均衡价格。但是，使他大为吃惊的是，他发现实验中的实际交易价格非常接近理论上的均衡价格或商品出清价格。从 1956 年起，史密斯运用不同的供给与需求条件、单个或多组商品、不同数量的实验参与者、有经验和没有经验的对象及不同的交易制度等做了一系列实验，以检验这一结果是不是一种巧合，这些实验不但没有推翻最初的结果，反而使其得到进一步证实。查尔斯·普洛特（Charles Plott）和史密斯的合作研究，证明了市场的制度确实对竞争价格的确定起作用，他们的实验方法第一次实现了“维持市场环境不变，只改变市场制度”的条件，这是在任何现实的观测中都做不到的。他们的实验结果不仅得出了同样的一般结论，而且还增加了一条：市场制度确实很“重要”。

在几乎每一个市场实验中，要对有疑问的假说进行明确的验证，都要控制实验主体的偏好，但很困难，因为卖和买一般受买卖双方对收益和损失主观评价的影响，而这种主观评价是不可观测的。张伯伦首先提出了这个问题并给出了一种解决办法，即给每个参与实验者提供一个“准确”的货币刺激。这种所谓的“诱导价格法”（induced-value method）经过史密斯的进一步发展，已经成为实验经济学的标准工具。

为了阐明这种方法，考虑一个市场上购买同质商品的主体。假定实验者希望这个主体表达某种需求函数 D，即在任何给定的价格下，该主体愿意购买的商品的准确数量 $q=D(p)$。但是实验者不清楚该主体的效用函数 $u(W)$。史密斯的方法是通过对参与实验者在价格 p 下的购买量 q 支付 $R(q)-pq$ 的报酬归纳期望得到的需求函数，其中 R 是适当选择的报酬函数。根据经济理论，该主体选择的购买量 q 根据其从不断增加的 q 中得到的边际收益等于边际成本即 $R'(q)=p$ 确定。只要未知的效用函数递增，其需求就会与期望得到的需求函数一致，因为在任何相应价格下，报酬函数 R 的反函数就恰好等于期望得到的需求函数，即任何相应价格 p 下，$(R')\ -1\ (p)\ =D\ (p)$。该方法已经在实验经济学中得到广泛应用。[①]

（二）实验经济学

实验经济学是经济学家在挑选的受试对象参与下，按照一定的实际规则并给其一定的物质报酬，以仿真方法创造与实际经济相似的一种实验室环境，不断改变实验参数，对得到的实验数据分析整理加工，用以检验已有的经济理论及其前提假设或者发现新的理论，或者为一些决策提供理论分析。

传统上，经济学研究主要建立在人们受自身利益驱动并能做出理性决策的假设基础之上，长期以来经济学被普遍视为一种依赖实际观察的经验科学，或者是建立在演绎、推理方法基础之上的思辨性哲学，而不是在可控实验室中进行检测的实验性科学，它只能依赖田野数据。经济学大师萨缪尔森曾在《经济学》中写道："经济学……不能像化学或生物学那样采用受控实验，因为它无法轻而易举地控制其他一些重要的因素。像天文学家或气象学家一样，经济学家只能在很大程度上满足于观察。"[②] 实证方法始终是主流经济学的研究方法，其范式是提出理论假设并力图避免和消除人类行为或经济关系中的不确定因素，然后在理论假设上建立数学模型并推导出主要结论。最后对理论结果进行经验实证并由此展开深入的理论分析。不可否认，这种假说演绎方法有科学合理的方面，但同时也有不少缺陷。例如，理论前提假设和数学推导排斥人类行为或经济关系中的非理性和不确定因素，经验检验具有被动性和不可重复性的缺点。[③] 许多人将此视为阻止经济学作为一门科学进步发展的障碍。除非能进行受控实验，否则对经济学理论的验证必将受到限制。仅仅依靠田野数据来判定一个理论是否成立以及在何时不成立，并考察导致其不成立的各个因素，是困难的。在受控实验的环境下，理论与观察间的反馈渠道对经济学来说在很大

---

① 尧秋根：《走出理性的藩篱：行为经济学和实验经济学——2002 年诺贝尔经济学奖获得者思想评介》，《时代经贸》2003 年第 3 期，第 57~62 页。

② Paul A. Samuelson and William D. Nordhaus, *Economics* (12th Edition) (New York: McGraw-Hill, Inc, 1985): 8.

③ 文江：《行为经济学和实验经济学》，《财会学习》2011 年第 4 期，第 81 页。

程度上似乎是无法得到的（在这种环境下，新的实验发现预示着新的理论，而新的理论又预示着新的实验）。[①]

然而，现在经济学研究越来越重视修正和测试基础经济理论的前提假设，并越来越依赖在实验室里而不是从实地获得的数据。实验经济学所涉及的实验设计是以人为研究对象来支持或反驳经济模型和理论的预测能力。这些实验已经被用来与博弈论的方法（即纳什均衡）进行比较，解释经济决策者（实验中的研究对象）的行为。实验经济学弥补了经济学实证方法的缺陷，它将人类决策行为当作研究对象，把经济运行过程纳入研究领域，从而发现更符合现实的经济规律。实验经济学以可犯错误、有学习能力的行为人取代以往的“理性经济人”的假说，用数理统计的方法取代单纯的数学推导，解决以往实证研究的高度抽象和简化与现实世界不一致的问题。实验经济学家可以再造实验和反复验证，用现实数据代替历史数据，克服以往经验检验的不可重复性。实验室建立的经济与现实经济相比可能特别简单，却一样真实。

值得强调的是，实验经济学的影响力并不局限于经济学本身，其基本方法已经被管理学家、政治学家、法学家和其他社会科学家所借鉴，比如政治学家广泛使用实验手段研究国际关系、竞选与选举、委员会与投票、公共政策以及法律决策等。越来越多借鉴实验经济学方法的相关论文发表在《美国经济评论》《计量经济学》《政治经济学期刊》《经济文献期刊》《公共经济学期刊》《管理学期刊》《法律研究期刊》和《心理学评论》等重要学术期刊。

（三）对拍卖理论的检验

自20世纪60年代初开始，拍卖理论便成为微观经济学理论和博弈论中最为成功的发展之一。史密斯对拍卖理论的假设进行了实验检验，而且，是他最先在实验室把受控制的实验作为“风洞”来检验新的拍卖形式的，因为这些新的拍卖形式在实际应用之前很难进行精确的理论预测。

---

① 郑长德、熊月二、卞娜：《现代西方经济学发展的新方向——2002年度诺贝尔经济学奖获得者的贡献》，《西南民族大学学报》（哲学社会科学版）2002年第11期，第1~8、292页。

1980 年，史密斯与维基·考格尔（Vicki Coppinger）和乔恩·蒂塔斯（Jon Titus）设计了一个卖者开价而买者竞价的实验，重点考察英式拍卖、荷式拍卖、第一价格密封拍卖和第二价格密封拍卖等四种拍卖行为之间的差异。

其中英式拍卖是指拍卖商向众多的潜在买家征求一个初始报盘，或者（拍卖行为规则允许的）宣布一个买主的底价，即从低价位开始，相互竞争的潜在买者不断向上报价，直到最后一个买者的报价不再有人超出为止，交易就在那个价格上实现。在荷式拍卖中，价格在开始时被定在一个高于任何买者所愿意支付的水平上，随后拍卖商就从高到低喊价，直到有第一个买者通过喊"购买"而接受这一价格为止。

第一价格密封拍卖是要求所有潜在的买者在规定期限之前呈交"密封报价"，然后打开所有的密封，其中最高价竞买者以等于全额投标出价的价格得到拍卖物（标的）。

第二价格密封拍卖同第一价格密封拍卖类似，出价最高者得到标的，但其支付价格并不是最高价格，而是以所有出价中的第二高竞价得到拍卖物（标的）。

微观经济理论还把拍卖分为私人价值拍卖和共同价值拍卖两种形式。在这两种类型中，对每个购买者来说对标的估价是随机变量。在私人价值拍卖下，这些估价在所有的潜在竞标者中相互独立——购买者的估价是其对物品的纯粹个人估价。相反，在共同价值拍卖中，对购买者来说价值也有共同成分。[①]

而对于私人价值情况下做了三个预测：①就谁将获得该物品和卖出的预期收益而言，英式拍卖和第二价格密封拍卖等价，这一结论源于个人理性（更确切地说，是出自竞标者没有采用弱劣策略的假定）；②荷式拍卖和第一价格密封拍卖等价，这一结论源于对纳什均衡行为更加有限的假设，即个体理性与人际间的一致预期；③在风险中性的假设条件下，四类拍卖都是等价的。史密斯的贡献在于，首创了检验这些拍卖理论定理的实验，并通过实验得到了很多不同的结论。实验结果显示，为了检验这些和

---

① 李增刚：《行为经济学和实验经济学的基础——2002 年诺贝尔经济学奖获得者思想介评》，《经济评论》2002 年第 6 期，第 82~84、93 页。

其他一些理论预言，史密斯做了许多实验。他发现：关于预测①，正如理论所说，英式拍卖与第二价格密封拍卖确实产生相似的结果；关于预测②，与理论相反，荷式拍卖与第一价格密封拍卖没有产生相同的结果；关于预测③，假设买者具有相同风险态度的模型应当被抛弃。此外，他还发现英式拍卖和第二价格密封拍卖的平均销售价格高于第一价格密封拍卖，第二价格密封拍卖的平均销售价格又高于荷式拍卖。

由于英式拍卖中买者不断报价，所以拍卖成交价格趋向于均衡价格，多次实验的成交价格在均衡价格附近密集分布，而荷式拍卖成交价格与均衡价格有着更大的随机偏差，呈现均值显著低于均衡价格的非正态分布。第一价格密封拍卖成交价明显高于英式拍卖成交价，反映出人们在不完全信息条件下追求利润会导致竞标拍卖价上升。类似地，第二价格密封拍卖价会系统地低于竞争均衡价格。上述实验表明，只有在英式拍卖机制中，信息公开化使成交价格接近于均衡价格。在所有这些结果中，最没有预料到的结果就是荷式拍卖和第一价格密封拍卖不等价。史密斯于1991年给出了荷式拍卖的两个理论解释：①效用不仅依赖货币结果，还依赖“等待的不确定性”；②竞标者低估了与“等待”相关的不断增加的风险。

（四）风洞实验

风洞（wind tunnel）即风洞实验室，原指以人工的方式产生并且控制气流，以模拟飞行器或实体周围气体的流动情况，并测量气流对实体的作用效果以及观察物理现象的一种管道状实验设备，是进行空气动力实验最常用、最有效的工具之一。风洞实验是飞行器研制工作中的一个不可缺少的组成部分。它不仅在航空和航天工程的研究和发展中起着重要作用，而且随着工业空气动力学的发展，在交通运输、房屋建筑、风能利用等领域更是不可或缺。这种实验方法的流动条件容易控制。实验时，常将模型或实物固定在风洞中进行反复吹风，通过测控仪器和设备取得实验数据。

早在20世纪60年代，为了研究放松管制、私有化和公共物品供给所设计的制度机制的绩效，史密斯和普洛特开始运用实验室作为“风洞”，发展了经济学领域的“风洞实验”，提倡在实施经济政策前，可以先在实验室里进行模拟运作。例如在决定是否放开电力市场、是否对公共部门实施私有化，以及对提供公共物品的激励相容机制设计等问题上进行实验。这些机制非常复杂，现存的理论根本无法给出准确预测，这就使实验方法特别有效。史密斯研究了公共物品供给的激励相容机制设计，还检验了经济理论者提出的机制和自己所做的某些变形的有效性。他的选择性市场机制实验表明，一个运作良好的市场不一定要有大量买方和卖方，一个拍卖者的预期收入依赖他所选择的拍卖方式等。史密斯的许多实验被奉为经验经济学的典范，如他利用计算机对小型飞机时间通道的分配和能源市场的选择性组织进行了实验等。① 史密斯也在澳大利亚和新西兰评估了组织能源市场的不同手段，这些结果已经影响了现实的市场设计，如美国联邦通信委员会等政府机构曾采用这一试验方式来组织无线电频谱的拍卖。

实验结果可有利于经济学家更好地理解现实生活中市场的运行规律，有助于公共政策的设计。例如，史密斯曾指出，有许多市场特别是金融市场几乎不可能维持稳定，用过去计量经济学的方法实际上很难分析人的行为对金融市场的影响，从而使金融市场趋向稳定；而在实验室里却可以在实验环境下向人们展示股市泡沫的形成，通过改变各种因素来观察泡沫的发展和消失。另外，他还开拓了实验经济学的应用领域，比如政策制定可以先做实验，比较哪一个政策更好。②

（五）设计实验的五项规则

作为实验经济学的奠基人，史密斯提出了几个确保经济实验的科学性、规范性从而达到结论的可靠性的五项规则。史密斯说："假如实验室实验要帮助我们了解那些我们想要知道的东西的话，那么必须满足有关一个有效可控微观经济实验的若干规定。"这些规定具体表现为五项规则：①报酬的单调性，即参与实验者愿意接受报酬激励做出真实的行为反应；②显著性，即在实验中，参与实验者的行为与其报酬变动有显著性关系，足以向外界传达其信息；③支配性，即在实验中，参与实验者支付自己所

---

① 李增刚：《行为经济学和实验经济学的基础——2002 年诺贝尔经济学奖获得者思想介评》，《经济评论》2002 年第 6 期，第 82~84、93 页。

② 祖强：《经济学研究方法的重大突破——解读 2002 年诺贝尔经济学奖》，《世界经济与政治论坛》2003 年第 2 期，第 87~91 页。

做出任何决定的费用；④隐私性，即如同真实世界所做出的经济决策一样，在实验中每人仅获得自己决策的报酬；⑤并行性，即在一个实验室所做的实验结果一定可以在另外同样的实验室中重现，其设计实验的主要方法也可以在类似实验中被应用。

四　史密斯的方法论惠及各学科

（一）经济学是可实验的科学

原来的主流观点一直认为，经济学是一门不可实验的科学。但史密斯以及他的研究成果的出现使主流观点发生了变化：尽管经济学实验存在各种各样的困难，但是经济学家开始越来越依赖实验来解释经济行为了。

实际上，经济学的实验研究方法的初试发生在20世纪的40年代末至50年代。早在1948年，张伯伦就试图通过试验去验证新古典完全竞争理论，1994年诺贝尔经济学奖得主莱茵哈德·泽尔腾（Reinhard Selten）对垄断市场中价格的形成进行了早期的经验研究；同期，约翰·纳什（John Nach）、弗纳德（Flood）等人对博弈论在实验环境中的预测能力进行了早期的研究；在20世纪60年代初期，劳伦斯·E. 弗莱克（Lawrence E. Fouraker）、悉尼·西格尔（Sidney Siegel）对讨价还价模型进行了实验研究。然而，把实验方法引入经济学，创立实验经济学的“开山鼻祖”无疑是史密斯。[①]

史密斯发现，仅仅依靠实际数据很难判断一个理论是否正确，也很难准确描述是什么原因导致理论失效。而在可控的实验室条件下，模仿人们在市场上的相互行为和其他形式的相互影响的方法能有效地揭示经济理论的发展。实验经济学继承了自然科学的实证主义传统，抛弃了“社会科学不可实验”的说法，弥补了经济学实证方法上的缺陷。首先，实验经济学拓展了经济理论的研究范围，将人类决策行为当作研究对象，把经济运行过程纳入研究领域，从而发现更符合现实的经济规律。其次，实验经济学还催生出新的经济学科。实验经济学的发展把心理学和经济学有机联系起

---

① 郑长德、熊月二、卞娜：《现代西方经济学发展的新方向——2002年度诺贝尔经济学奖获得者的贡献》，《西南民族大学学报》（哲学社会科学版）2002年第11期，第1~8、292页。

来形成行为经济学。最后，实验经济学构建了连接宏观经济学和微观经济学的桥梁。宏观经济理论的实验建立在微观行为的基础上，而对微观经济理论的实验也常常验证了宏观经济理论。[①]

（二）检验拍卖理论

20 世纪 60 年代，拍卖理论在微观经济学和博弈论中发展迅猛，史密斯设计出检验数种拍卖形式等价特征等一系列理论命题的实验方法，得到了出人意料的结果。除了前面已经叙述过的结果，更加有意义的结论是，荷式拍卖难以达到其他三种拍卖形式的市场效率，但速度较快；密封拍卖机制比公开叫价机制更无效率，但售价会高一些，而且密封价格的做法能使价格更高，避免谈判（交易成本）；等等。尤其在共同价值拍卖机制下，出现了"赢者诅咒"的现象。顾名思义，"赢者诅咒"就是赢标者对拍卖结果的抱怨，原因是标的物的最终价格已经超出了真实价值，赢标者将赔钱。这种现象与"收益等价定理"不符，因为这一定理认为即使在风险厌恶的假设下，标的物的拍卖价格也不会高于最高估价者的价格。[②]

（三）实验经济学方法论

史密斯在实验经济学方法论方面的贡献主要体现在研究范式的科学化上。他的实验经济学方法论主要来自心理学中使用的实验方法。为了避免决定成本的歪曲效应，他强调给参与实验者足够的货币刺激。另外，该方法还强调按照重复路径设计实验，以便让参与实验者熟悉和明白实验情景。但是其方法与心理学还存在一些差别。心理学家主要是对个人行为感兴趣，史密斯设计实验主要是为了分析市场结果。史密斯的实验经济学研究方法不仅对经济学家产生了重要影响，还影响了其他社会科学。目前这一方法已经被运用到多数裁定原则的委员会过程等政治领域。[③]

---

① 朱庆：《实验经济学：兴起、应用与意义》，《国际经济合作》2002 年第 11 期，第 62~63 页。

② 李彬：《实验经济学研究综述》，《经济学动态》2002 年第 9 期，第 77~82 页。

③ 李增刚：《行为经济学和实验经济学的基础——2002 年诺贝尔经济学奖获得者思想介评》，《经济评论》2002 年第 6 期，第 82~84、93 页。

他1976年在《美国经济评论》上发表的文章《实验经济学：诱导价值理论》，为在实验室里设计经济学实验提供了富有实践性的详细指导，并给出了这样做的动机所在。近年来，这篇文章已经成为实验经济学者研究的范例。[①] 由史密斯开发的实验经济学实验方法不同于心理学中使用的实验手段，为了抵消决策成本带来的扭曲。这种方法强调为接受实验的人提供足够的货币刺激，因为现实市场的风险大于实验室，因此在实验室中必须强化刺激。史密斯的实验设计使刺激十分强烈，同时考虑了结论在现实市场环境中的适用性。实验中存在的另一个问题就是接受实验的人的自身偏好会影响到他们的行为，为了消除这一影响，保证实验的客观性，史密斯引入了"诱导价值法"的技巧，尽量让接受实验的人在刺激中与实验意图保持一致。这一做法体现了实验经济学的价值诱导思想，价值诱导思想可以使实验者在实验室内构造出他所需要的任何经济环境。

史密斯还着重指出将实验设计成重复实验的重要性。给定大多数实验的高重复性，史密斯认为进一步重复这些实验是有边际价值的。可以使接受实验的人熟悉并理解实验环境，实验的可重复性抛弃了传统的经验数据的不可重复性的缺陷，克服了所有观察结论普遍的一次性。同时，实验方法更重要的一个优点就是它的控制特性，传统经验性数据难以克服数据的"整体性"缺陷，作为理论结论的直接反应的经验数据无法成为区分理论的分类数据，这样就失去了对理论预期的根本检验能力，因为经验数据中既包含特定理论假说的环境特性，又包含其他众多干扰变量导致的结论特性。而实验方法的控制能力是指实验室条件的可操纵性。实验的这种特性可以使参与人面对只与理论相关的环境因素，而不必面对理论问题以外的其他影响因素，这样能够得到比理论验证更纯粹的经验数据。[②]

无论如何，史密斯的实验方法是一个重要的贡献，受其影响的不仅仅是经济学家还有其他的社会科学工作者，譬如，普洛特关于委员会决策过

---

① 张燕晖：《行为经济学和实验经济学的基础：丹尼尔·卡尼曼和弗农·史密斯》，《国外社会科学》2003年第1期，第79~83页。

② 李彬：《实验经济学研究综述》，《经济学动态》2002年第9期，第77~82页。

程的实验采用了同样的方法。[①]

参考文献

〔美〕弗农·L. 史密斯：《经济学中的理性》，李克强译，中国人民大学出版社，2013。

〔美〕弗农·L. 史密斯：《议价与市场行为：实验经济学论文集》，阮敖、赵俊、董志强译，格致出版社、上海三联书店、上海人民出版社，2017。

〔美〕弗农·史密斯：《实验经济学论文集（上册）》，李建标等译，首都经济贸易大学出版社，2008。

宏泰顾问：《诺贝尔经济学大师的智慧》，中国纺织出版社，2004。

李彬：《实验经济学研究综述》，《经济学动态》2002 年第 9 期。

李增刚：《行为经济学和实验经济学的基础——2002 年诺贝尔经济学奖获得者思想介评》，《经济评论》2002 年第 6 期。

刘再烜：《让经济学不再成为玩笑——访诺贝尔经济学奖获得者弗农·史密斯》，《中国电子商务》2005 年第 3 期。

文江：《行为经济学和实验经济学》，《财会学习》2011 年第 4 期。

尧秋根：《走出理性的藩篱：行为经济学和实验经济学——2002 年诺贝尔经济学奖获得者思想评介》，《时代经贸》2003 年第 3 期。

张燕晖：《行为经济学和实验经济学的基础：丹尼尔·卡尼曼和弗农·史密斯》，《国外社会科学》2003 年第 1 期。

郑长德、熊月二、卞娜：《现代西方经济学发展的新方向——2002 年度诺贝尔经济学奖获得者的贡献》，《西南民族大学学报》（哲学社会科学版）2002 年第 11 期。

朱庆：《实验经济学：兴起、应用与意义》，《国际经济合作》2002 年第 11 期。

祖强：《经济学研究方法的重大突破——解读 2002 年诺贝尔经济学奖》，《世界经济与政治论坛》2003 年第 2 期。

Paul A. Samuelson and William D. Nordhaus, *Economics* (12th Edition) (New York: McGraw-Hill, Inc, 1985).

① 郑长德、熊月二、卞娜：《现代西方经济学发展的新方向——2002 年度诺贝尔经济学奖获得者的贡献》，《西南民族学院学报》（哲学社会科学版）2002 年第 11 期，第 1~8、292 页。

第二十五章

杨小凯

新兴古典经济学与超边际分析方法和理论的创立者

Yang Xiaokai

杨小凯（1948~2004），在经济学领域最突出的贡献在于提出了新兴古典经济学与超边际分析方法和理论，重新为经济学明确方向，将分工重新确定为经济发展和增长的原动力。新兴古典经济学在新的分析框架下，对现代经济理论进行整合，不仅将宏观和微观经济学统一在同一框架中，而且几乎可以解释所有经济学问题。杨小凯重新审视了分工理论、贸易理论、企业理论、产权理论等，使其更具有解释力。同时，杨小凯一直十分关注中国的命运，对中国的政治经济变迁提出了许多观点，其中最著名的是制度方面的后发劣势理论。

一　杨小凯的生平

杨小凯原名杨曦光，是杰出的华裔澳大利亚籍经济学家，1948 年出生于吉林敦化，1978 年改名为杨小凯。1968 年，21 岁的杨曦光写下一篇名为“中国向何处去?”的大字报，被认为是反革命而判刑十年。在狱中漫长的十年里，他决定以知识充实自己的生活，向狱中一同关押着的 20 多位大学教授、工程师学习了英文、微积分、电机、机械制图、经济学等大学课程。反复研读《资本论》后，他萌发了对古典经济学进行改造的念头，于是便有了后来的“新兴古典经济学”。在这十年中，他自己推导出戈森第二定律、层级理论、纳什议价模型以及劳动分工理论等。虽然这些理论很早以前就被西方经济学家提出并发展成数学模型，但这是他在与世隔绝的状态下自己思考出来的，足见其非凡的智慧与洞察力。[①]“好多年后我才

① 陈卫平：《超越边际的求索者——记旅澳华裔经济学家、新兴古典经济学派创立者》，《湘潮》2005 年第 3 期，第 46~49 页。

发觉，这些思想早就在现代经济学中变成高明得多的理论了”，“我以为这些都是自己的伟大发现，但当我能看到更多书时，才发现这些思想早就被西方经济学家发展成数学模型。不过，可庆幸的是，这些是我自己想出来的东西。”

1978 年 4 月，杨曦光刑满释放。出狱后，因找工作屡屡受挫而在父亲家闲居一年，这一年，他在湖南大学数学系旁听，并恢复使用乳名小凯，以此希望告别“杨曦光”的岁月。改名后不久，杨小凯找到一份在邵阳的湖南新华印刷二厂当校对工的工作，并在这里遇到了他后来的妻子吴小娟，两年后，二人喜结连理，后育有一女二子。

1979 年，杨小凯报考中国社会科学院经济研究所硕士生，因审核不合格未能参加考试。第二年，在中国社会科学院副院长于光远的帮助下被录取为实习研究员，随后在中国社会科学院数量经济和技术经济研究所工作了近两年。1982 年，杨小凯被武汉大学聘为助教，教授数理经济学和经济控制论。在武汉大学任教期间，杨小凯出版了有关数理经济学和经济控制论的三本专著。

1983 年，杨小凯因缘际会认识了著名华人经济学家、普林斯顿大学教授邹至庄，邹至庄很欣赏杨小凯在计量经济学的经验研究方面的天赋。经其推荐，杨小凯被普林斯顿大学录取为博士研究生，研习经济学。1988 年，杨小凯从普林斯顿大学毕业，获得博士学位。随后，杨小凯到澳大利亚蒙纳士大学任教，1990 年，杨小凯被蒙纳士大学聘为终身教授。1993 年，杨小凯当选澳大利亚社会科学院院士、递增报酬和经济组织研究中心主任，并在 2000 年成为蒙纳士大学经济学系的首席教授。杨小凯在担任蒙纳士大学教授期间，又出任了美国路易维尔大学经济系教授、哈佛大学国际发展中心客座研究员、台湾大学客座教授、台湾“中研院”客座研究员以及哈佛大学客座教授。

然而，2001 年，杨小凯被诊断为肺癌晚期，这对他来说是一个致命打击。虽然 2002 年 12 月，他的身体出现神奇的好转态势，可以运动自如，比如游泳、打网球，甚至玩帆船，体内的肿瘤也不见了。但命运的齿轮稍做停顿又接着自顾自地转动，2004 年初，身上原本消失的肿瘤再度出现，2004 年 7 月 7 日清晨，杨小凯在澳大利亚墨尔本的家中平静地离开了人世。

二　建立新兴古典经济学的框架

早在 1984 年，在湖南人民出版社出版的《经济控制论初步》中，杨小凯已经提出了研究分工的基本想法，而在《经济控制论初步》和《数理经济学基础》两部著作中，与马歇尔相反①，他假定每个人既是消费者又是生产者，有多样化的消费，也有专业化生产，这意味着每个决策者可以选择专业化方向和水平，厂商的出现也不是外生的，而是从模型中内生而来的。与此同时，他用专业化经济来替代规模经济那种纯技术概念，并且引入交易费用的概念。专业化生产和多样化消费的两难冲突与消费者-生产者假设相结合，形成了专业化经济与交易成本之间的两难冲突，决策者可以平衡两者关系，通过使分工的边际收益等于边际交易成本，从而确定最优分工水平。

奠定杨小凯在国际经济学界地位的是 1991 年他和博兰（Borland）共同完成并发表在《政治经济学期刊》上的一篇文章——《经济增长的一个微观机制》。这篇文章对于经济增长理论具有突出贡献，被同行匿名审稿人视为第一篇用劳动分工的内生演进解释经济增长的论文，真正为经济增长奠定了微观基础。

1993 年，杨小凯和黄有光合著的经济学著作《专业化与经济组织：一种新兴古典微观经济学框架》通过了严格的匿名审稿程序，被列入“对经济分析的贡献”丛书，在世界著名的经济学出版公司——北荷兰出版公司出版。这本书初步建立了新兴古典经济学的框架，专业化经济、劳动分工和经济组织结构被引入经济学的核心部位。他们引入专业化经济和交易成本，并且沿用个人最优化和市场均衡的方法，证明劳动分工内生演进的基础是专业化经济与交易费用之间的两难选择。这可以解释企业、地区性贸易和国际贸易的产生；解释生产力、贸易依存度、专业化水平、最终产品和中间产品的种数、交易层级系统和城市层级系统的层次数、生产集中程度、市场一体化程度以及生产迂回程度的提高；解释专业中间商、城市、

---

① 马歇尔将人们分为纯粹的生产者和纯粹的消费者，生产者的目标是利润最大化，消费者的目标是效用最大化，在此冲突下研究均衡产量和均衡价格。

货币、失业和景气循环的产生。同时，他们还证明了市场的功能要比经济学家通常认为的复杂得多。市场不仅能够有效地配置资源，还能够寻求有效率的专业化水平和分工水平。他们认为分工是一种制度性与经济组织结构性安排，牵涉个人与个人、组织与组织的关系与协调。在实证方面，他们提出了使用商品化程度或贸易依存度来量化分工，并对中国农村的分工进行了实证分析。这本书出版以后，受到了众多顶尖经济学家的好评，芝加哥大学原经济系主任、著名经济学家舍温·罗森（Sherwin Rosen）教授称此书为“第一流的著作”。费希尔·布莱克——著名的布莱克-斯科尔斯期权定价公式的创立者，在他写给杨小凯和黄有光的信中称此书为“才华横溢之作”。①

1997年之后，杨小凯的经济学理论又有了很大的发展，主要的表现是1998年中国社会科学出版社出版了他的《经济学原理》。在这本教科书中，杨小凯系统地介绍了新兴古典经济学的研究进展和主要贡献，在国内经济学界引起了很大的反响。

到了2001年，杨小凯吸收了一些人士对于新兴古典经济学的批评以及这一领域的最新进展，用英文写成新兴古典经济学的教科书《经济学：新兴古典与新古典框架》（*Economics: New Classical Versus Neoclassical Framework*），并由Blackwell出版公司出版（中文版于2003年12月由社会科学文献出版社出版）。这本教科书涵盖了杨小凯运用超边际分析方法对于经济学各个领域做出的贡献，是十多年来新兴古典经济学文献的一个系统总结，通过建立一种新的经济分析框架，使分工和经济组织演化重新成为经济学的主题，并且真正消除了微观与宏观之分，可以说是用数学语言复活了古典经济学思想的精髓。这本书的出现标志着新兴古典经济学开始走向成熟和完善。杨小凯称自己的经济学思想为“新兴古典经济学”，有别于新古典经济学。这本教科书的四位匿名审稿人也高度肯定杨小凯对经济学文献的贡献：“对经济学根基进行重新梳理，为经济学教学提供了崭新的方法”，“它确实给人深刻印象。没有能与其比较的书。杨正建立一个全新的领域。我敢预见，人们对新兴古典经济学的兴趣越来越大。我认为这可能是未来

① 赵明亮：《分工理论：从古希腊思想到新国际体系的研究述评》，《产经评论》2010年第3期，第14~23页。

的潮流”。①

战后几十年来，世界银行和发展中国家运用以诺贝尔经济学奖得主刘易斯等为代表的学者倡导的发展经济学理论来解决发展中国家的问题，但收效甚微，传统的发展经济学受到越来越多的质疑和批判，人们迫切需要寻找新的理论来解释发展的问题。此时，Blackwell 出版公司出版了杨小凯的发展经济学教科书《发展经济学：超边际分析与边际分析》，这是杨小凯将超边际分析用于发展经济学的成果。匿名审稿人对该书有以下评估：“这本教科书成为一个令人激动的贡献，它将对增长和发展提出新颖和创新的看法。在这方面没有教科书覆盖内生专业化、递增报酬和一般均衡模型、交易成本与产权。这本书使用上述框架解释工业化、城市化和结构变化的议题，既有创新性又有重大的政策重要性。它将提供制度对经济增长影响的一个解释。这本书将是第一流的、博得研究经济发展的所有经济学家尊重的、最主要的学者合作成果”，“对于作者们通过劳动分工与专业化的斯密原理的一个创造性的形式，来推动发展经济学走向主流的大胆与努力应当祝贺。在许多方面这本书是一项绝技，的确代表了对于发展经济学文献的一个重大贡献。所利用的方法论和隐藏在书的组织背后的逻辑是一致的，巧妙而优美地把经济增长与主流的古典的斯密分配经济学联系起来”。②

2003 年，杨小凯和张永生合著的《新兴古典经济学与超边际分析》出版，这本书是为那些数学基础差而又对新兴古典经济学感兴趣的人士所准备的。尽管杨小凯的学术论文中充满了高深的数学，但是这本书简明扼要、通俗易懂，通过讲故事来描述经济学前沿理论。杨小凯用画图配合讲模型背后故事的方法介绍了新兴古典经济学的各个方面，包括古典经济学、新古典经济学与新兴古典经济学的区别，超边际分析的基本方法，李嘉图模型和 H-O 模型的超边际分析，新兴古典贸易理论，新兴古典企业理论，内生交易成本和分工演进，新兴古典城市化理论，新兴古典工业化和层级结构理论，新兴古典产权理论，分工的自发演进和社会组织试验，新兴古典宏观经济学，新兴古典经济学的经验性证据 12 个章节。

---

① 李利明：《融通之美——杨小凯经济学思想的历程》，《经济》2004 年第 8 期，第 20~21 页。

② 李利明：《融通之美——杨小凯经济学思想的历程》，《经济》2004 年第 8 期，第 20~21 页。

杨小凯并非一个纯粹的经济学者，他的言说中透露着大量的政治智慧，也渗透着他对中国命运的深切关注。他始终关注中国的政治经济变迁并提出了众多观点，如开放户籍制度、破除行业垄断、允许土地自由流转等。[①] 杨小凯发表的《后发劣势》和《经济改革和宪政转轨》都深刻分析了中国的发展问题，在新兴古典经济学的几本著作中，有大量例证取自中国，从他理论阐述的字里行间也很容易品味出中国文化的意蕴。

三 让亚当·斯密和科斯的理论浑然一体

（一）新兴古典经济学与超边际分析方法和理论

杨小凯最突出的贡献是提出新兴古典经济学与超边际分析方法和理论，被认为是“首位冲击西方主流经济学的中国内地经济学家”[②]。在对经济学有关分工的“超边际经济学”研究中，他挑战了新古典经济学，成功地创立了一个崭新学派——“新兴古典经济学”（又称“超边际经济学”），试图“运用超边际分析的方法，将被新古典经济学遗弃的古典经济学的灵魂在一个现代躯体中复活。……新兴古典经济学并不是一场经济学的革命，而是在一个新的分析框架下，……在新兴古典经济学的框架下，很多新古典经济学不能解释的现象，如经济发展、贸易、经济制度、宏观经济等现象，都能共享一个统一的分析框架，经济学也不再有人为的宏观与微观的割裂”。[③] 1986 年，诺贝尔经济学奖得主、公共选择学派创始人布坎南赞誉他为“当今最好的经济学家之一”。

按照古典经济学鼻祖亚当·斯密在《国富论》中所阐发的意蕴，“劳动分工”对实现递增报酬的推动作用和“市场竞争”对优化社会资源的配置作用是国民财富增加不可或缺的两个方面。然而，自 1776 年以来，经济学发展了三百多年后，能同时处理“劳动分工”和“市场竞争”的数学工具仍没有被发现。在这种情况下，以杨小凯为代表的经济学家利用现代经济学和数学工具逐步复苏了斯密的思想，通过构建一个超边际的分析框

---

① 晓雯：《最有望获诺奖的华裔学者——杨小凯》，《新长征》2005 年第 21 期，第 60 页。

② 陈平教授于 2004 年 7 月 8 日在中国经济研究中心万众楼杨小凯追悼会上对杨小凯的评价。

③ 杨小凯、张永生：《新兴古典经济学与超边际分析》，社会科学文献出版社，2003，第 14 页。

架，在以角点解①取代内点解的基础上进行超边际分析，从而突破了传统微观经济学的理论构架和基本方法，成功地同时处理了以“资源配置”为形式的边际决策和以“劳动分工”为形式的超边际决策问题。②

新兴古典经济学全新的理论框架对经济学的发展具有重要意义。“杨小凯、黄有光两位教授为我们提供了一种全新的微观经济学方法，使我们有可能讨论许多一直无法做形式化处理的课题。他们开辟了使微观经济学从资源配置问题转向经济组织问题的新方向。”③ 与古典经济学和新古典经济学相比可以看出，在经济学的发展史上，新兴古典经济学的创立既具有继承性又具有创新性。其继承性主要在于，新兴古典经济学摒弃了生产者和消费者两分的假设，将专业化分工和交易成本作为核心概念，利用数学工具将古典经济学中最有价值的分工思想形式化，使之在新的体系里复活。其创新性主要在于，新兴古典经济学利用超边际分析方法取得了新的研究成果，新的分析方法的应用使新兴古典经济学对经济学基本问题，进而对一些具体的理论进行了重新思考。并且建立了与新古典经济学不同的理论框架，从假设到生产条件，再到最优解，新兴古典经济学都是创新性的。并且在新兴古典经济学的理论框架下，新兴古典经济学几乎可以解释所有经济学问题，也包括宏观与微观，这样就对理论进行了整合，将宏观与微观经济学统一在了同一个框架中。

（二）分工理论

杨小凯认为，在新兴古典经济学中，分工是无止境的，是一个不断由低级化向高级化演变、由简单走向复杂的过程，分工的演进是专业化的收益和交易成本两难冲突折中的结果。在经济发展的初期，人们对各种生产活动都没有经验，所以生产效率很低，交易成本相对很大，因此人们付不起交易成本，只能选择自给自足。通过在劳动过程中不断地学习积累生产经

---

① 如果所有决策变量之最优值在其最大值和最小值之间，则最优决策就被称为内点解；若最优值是其最大值或最小值，则被称为角点解。在每一种角点解均衡内部需要求解的只是内点解，一般而言，新古典框架只能处理内点解问题。

② 晓雯：《最有望获诺奖的华裔学者——杨小凯》，《新长征》2005 年第 21 期，第 60 页。

③ 张定胜、杨小凯：《从交易成本的角度看贸易模式、经济发展和二元经济现象》，《武汉大学学报》（人文社会科学版）2000 年第 3 期，第 314~318 页。

验，生产力进步，生产效率就慢慢提高，人们能负担得起一定的交易成本，于是初步的分工产生了。分工出现之后，人们专业化提高，会加速经验积累和技能改进，使生产效率进一步提高，于是选择较高的专业化水平。但分工水平提升会增加交易成本，人们权衡将来专业化带来的报酬和当前增加的交易成本，如果生产力的进步和财富的积累可以支付更高的交易成本，那么分工水平会进一步提升，这样就构成了一个分工进步—生产效率增加—分工再次进步的良性循环。如果分工的收益增加速度超过交易成本的增加速度，则分工的演进会越来越快，经济进入起飞阶段。① 杨小凯认为，专业化分工的动力在于交易成本：交易成本越低，分工水平越高，反之则越低。

专业化分工会形成分工网络，企业网络化具有网络效应，整个分工网络在动态中实现最优状态。由于专业化分工的正网络效应与交易成本两者之间存在一定的两难冲突，当一个静态分析框架中每单位交易商品的交易成本系数降低时，分工所产生的正网络效应将在很大概率上可以弥补或超出分工导致的交易成本。因此，经济活动就会从自给自足状态演进到局部分工状态，再逐步演进到完全分工水平。在一个动态均衡模型里，这种分工的演进可能在缺乏交易效率外生改进时自发地产生。这样的良性循环使分工演进得越来越高级，商业化和市场化程度也随之演进。在演进的过程中，由于分工水平和交易效率是正相关的，那么有效的制度变迁与组织创新对于在提高交易效率的基础上提高分工水平发挥着决定性作用；而基于专业化的劳动分工则通过加快专门知识积累的速度，以及提高人们获取技术性知识的能力实现报酬递增。②

（三）后发劣势

“后发劣势”概念由美国经济学家沃森提出，英文为“curse to the late comer”，即“对后来者的诅咒”。落后国家由于发展比较迟，有很多东西可以模仿发达国家。模仿有两种形式，一种是模仿制度，另一种是模仿技术和工业化的模式。由于是后发国家，所以可以在没有基础制度的情况下通

---

① 杨小凯、张永生：《新兴古典经济学与超边际分析》，社会科学文献出版社，2003，第 169 页。

② 张友丰：《专业化分工视角下报酬递增理论的演变与发展研究》，《商场现代化》2014 年第 17 期，第 118 页。

过技术模仿实现快速发展。至于“诅咒”，意思是说落后国家由于模仿的空间很大，所以，可以在没有好制度的条件下，通过对发达国家技术和管理模式的模仿，取得发达国家必须在一定的制度下才能取得的成就。特别是，落后国家模仿技术比较容易，模仿制度比较困难，因为要改革制度就会触犯一些既得利益，因此，落后国家会倾向于技术模仿。但是，落后国家虽然可以在短期内取得非常好的发展，却会强化制度模仿的惰性，给长期的发展留下许多隐患，甚至让长期发展变为不可能。[①] 杰弗里・萨克斯（Jeffrey Sachs）、胡永泰和杨小凯在 2000 年 7 月于《经济学》（季刊）发表的《经济改革和宪政转轨》中，提出了后发劣势的观点，除了包含上述的观点外，他们还提出，后发国家应由难而易，先完成较难的制度模仿，以克服后发劣势，在没有模仿好先进国家的制度前是没有资格讲制度创新的。[②]

与后发劣势相对的是后发优势。后发优势是指后发展的国家可以从先发展的国家那里很快模仿和引进到技术，实现快速的技术变迁，进而实现资本积累和快速的结构变迁，吸取经验教训，不用重复先发展国家走过的弯路而实现经济快速增长。总的来说分为五大优势：资本的后发优势、技术的后发优势、人力的后发优势、制度的后发优势、结构的后发优势。然而，制度的后发优势这一点却引起了质疑，于是诞生了“后发劣势”的理论。后发劣势相对于后发优势来说，关注的重点在制度上。[③] 后发劣势理论的提出便是对后发优势存在缺陷的一种警示与补充，以说明后发优势并不是万能的，两者其实是一个问题的两个方面。后发优势着重从技术层面阐述“后发”对经济发展的贡献，而后发劣势则主要在制度上进行补充。

（四）国际贸易理论

运用新兴古典经济学理论，杨小凯等人对国际贸易理论进行了重新诠释。杨小凯认为，通过专业化、分工、报酬递增、学习效应、交易效率的

---

① 杨小凯：《后发劣势》，《新财经》2004 年第 8 期，第 120~122 页。

② 刘兴茂：《对后发劣势与后发优势在经济发展中的再认识》，《中国集体经济》2009 年第 18 期，第 75 页。

③ 王文毓：《对“后发”问题的理性思考——“制度模仿”在中国还有很长的路要走》，《中国市场》2010 年第 44 期，第 118 页。

提高等可以创造并培植出内生比较优势。因此，杨小凯新兴古典贸易理论的出发点和基石是由分工和专业化形成的内生比较优势，而不是李嘉图模型与H-O模型的外生（天生的）比较优势。以内生比较优势为基础，考虑到关税和交易效率的影响，以超边际分析作为分析工具，重新阐释了国际贸易理论，从而形成了新兴古典贸易理论。杨小凯认为，传统的李嘉图模型、H-O模型把外生（天生的）比较优势作为国际贸易的原因与出发点，其基本的分析工具为新古典的边际分析，两者均未考虑专业化与分工的作用、关税与交易效率的影响，因此，需要用新兴古典经济学的超边际分析对之进行进一步发展。杨小凯认为，交易效率的提高一方面促进了分工的深化、规模经济的扩大、可贸易商品种类和数量的增加；另一方面使参与国际贸易的国家数量增多，保证了多边自由贸易体制的实行，即使现在仍是局部分工，也尚未达到完全分工。杨小凯以分工为主线，随着自给自足—局部分工—完全分工逐步深化，交易效率逐步提高，均衡状态也不断变化，以之为基础，杨小凯重新阐释了H-O模型，认为“这种分工和贸易依存度的演进过程提高了均衡的总和生产力水平”。[①]

杨小凯的国际贸易理论的意义不仅在于理论方面，更在于政策意义。在贸易保护主义盛行的时代，到底对自由贸易与保护贸易作何利弊取舍是一个重要的实际问题。通常人们认为一国单方面对所有进口商品免税将处于劣势地位。而按照杨小凯的专业化分工理论，免税将因其对均衡分工水平和生产力的影响而使所有国家得利。在不对称的政策背景下，奉行自由贸易政策的国家比奉行贸易保护政策的国家从贸易中得到的收益更多。中国香港地区历来实行自由贸易政策，成为世界重要的中转口岸，从转口贸易中获益，这与杨小凯的理论推测是一致的。杨小凯的贸易模型具有报酬递增的特征，因此，在预测林德模型（贸易集中在工业化国家之间）以及解释大国的国际贸易依存度比小国低的原因方面，比传统国际贸易理论更有力。杨小凯的国际贸易理论假设工业化国家的交易效率比欠发达国家高得多。根据模型，发达国家的均衡分工水平要比欠发达国家高得多。因

① 王元颖：《从斯密到杨小凯：内生比较优势理论起源与发展》，《技术经济》2005年第2期，第37~41页。

此，工业化国家更有可能从国际贸易中获利。①

（五）企业理论

新古典经济学中的企业是一个由新古典生产函数表示的“黑箱”，是预先给定的，而且运用边际分析无法解释企业的出现与演化问题。从 1937 年科斯发表《企业的性质》一文开始，就打开了新古典经济学企业“黑箱”。该文指出企业的出现是因为市场交易费用大于企业内部管理费用。威廉姆森提出最优科层理论。阿尔钦和哈罗德・德姆塞茨（Harold Demsetz）提出团队生产理论、委托-代理理论。张五常指出，企业并不是用非市场的方式代替市场方式来组织分工，而是用劳动市场代替中间产品市场。格罗斯曼（Grossman）和哈特（Hart）提出了不完全合约理论。这些理论都有宝贵的创造性，但是，也都有一定的局限性。杨小凯提出间接定价企业理论，用数学模型将科斯和张五常的观点精细化，有很强的说服力。

杨小凯和张永生在《新兴古典经济学与超边际分析》中，将新兴古典企业理论总结为：“当交易效率足够低时，自给自足是全部均衡。交易效率足够高时，分工是全部均衡。当劳动的交易效率足够高于中间产品的交易效率时，分工会通过劳动市场和厂商来组织，而当用来生产中间产品和劳动交易效率比用来生产最终产品的劳动交易效率低时，企业的非对称剩余控制权和收益权可用来将最低交易效率的活动卷入分工，同时又避免对这类活动的产出和投入直接定价，而剩余收益就是这类活动的间接价格。”②

新兴古典企业理论认为，企业是组织分工的一种形式，用企业家得到剩余权这一巧妙的间接定价方式将交易效率最低企业家活动卷入分工，同时又避免对这类活动的产出和投入直接定价，从而极大地促进了分工。因此，企业家的剩余权是经济增长的原动力。如果对企业家剩余权缺乏保护，就会造成管理知识的供不应求，使真正的企业家难以产生。③

---

① 陈铭、刘仲英：《国际贸易的内生化新体系：新兴古典贸易理论》，《经济经纬》2006 年第 4 期，第 40~43 页。

② 杨小凯、张永生：《新兴古典经济学与超边际分析》，社会科学文献出版社，2003，第 86 页。

③ 杨小凯、张永生：《新兴古典经济学与超边际分析》，社会科学文献出版社，2003，第 87 页。

四　比新古典经济学思想更古老、身躯更年轻

（一）重新为经济学明确方向

经济学在 1776 年斯密发表《国富论》之后就成为一门系统的学科。斯密强调分工和专业化是经济增长的源泉。然而，尽管古典经济学认为分工与专业化思想才是经济学的核心问题，不幸的是，古典经济学深刻的思想却缺少一个很好的数学框架来组织。随着致力于把经济学发展为精密科学的边际革命的兴起，经济学的核心问题逐渐由经济组织问题转向新古典经济学的资源配置问题，分工和专业化问题逐渐被逐出主流经济学的视野。20 世纪 50 年代，数学家发展了线性规划和非线性规划等方法，为处理分工与专业化问题涉及的角点解提供了有力的武器，古典经济学的核心思想也终于露出了复兴的曙光。正是在这种背景下，20 世纪 80 年代，罗森、贝克尔（Becker）、博兰、黄有光和杨小凯等人用超边际分析的方法，重新将古典经济学中关于分工和专业化的精彩思想变成决策和均衡模型，掀起了一股用现代分析工具复活古典经济学的思潮。杨小凯发现，如果用超边际分析方法内生个人选择专业化水平的决策，然后分析市场和价格制度如何决定全社会分工水平，马歇尔新古典经济学的缺点就可以被彻底克服。[①] 于是在杨小凯等人的努力下，经济学重新确定了方向，以超边际分析发展出来的新兴古典经济学将被遗忘的古典经济学的精华在一个更新的躯体中复活，它比新古典经济学的思想更古老，却比新古典经济学的身躯更年轻。

（二）在以角点解取代内点解的基础上进行超边际分析

新兴古典经济学所应用的数学工具主要是超边际分析，其中包括库恩-塔克的角点解方法。在现实生活中，人们的最优决策往往是角点解，即是与否的二者择一的决策。例如，某人买汽车，这表明他自己不生产汽车；某人卖一种产品，他一般不会同时买此种产品。这些现象都意味着某些变量取零值，数学上叫作角点解。如果决策变量的最优值在最大值与最

① 周翼、王欣、曾咏梅：《重新为经济学确定方向——经济学家杨小凯教授访谈录》，《探索与争鸣》2000 年第 11 期，第 26~28 页。

小值之间，这类最优决策就是内点解。古典经济学研究的重点是专业化分工以及生产率问题，这种研究要变成数学模型就必须引进角点解，因为专业化意味着某些产品的产出量为零。假设社会由两个人组成，每个人都消费粮食和衣服两种产品。每个人在每种产品上有三个变量可以选择：自给自足量、购买量、销售量。每个变量可以取正值或零。这在数学上是 6 变量的 2 组合问题。可能的角点解和内点解的数量是 $2^6=64$，其中角点解是 63 个，内点解是 1 个。如果有 m 种产品，可能的角点解和内点解的数量是 2^{3m}，其中 3 表示每种产品有三个变量，m 是产品种类数。如果有 3 种产品，那么可能的角点解和内点解的数量就是 $2^{3\times3}=512$，其中角点解是 511 个，内点解是 1 个。以此类推。超边际分析要对每一个可能的角点解进行比较，即进行总收益-成本分析，从而选择最优角点解。这就意味着，如果有两种产品，就要逐一计算 63 个角点解的最大值，然后进行总收益-成本分析。这是一个长期困扰经济学家的难题。在马歇尔时代还没有先进的数学工具，他只能用边际分析方法求内点解，从而使问题大大简化。但简化的结果是，每个人不能选择专业化水平，经济学的解释能力也因此而大大降低。1988 年，杨小凯运用库恩-塔克定理，排除了非优化的可能解，从而大大缩小最优解的范围。经济分析不仅要分析个别决策人的自利决策，还要分析全社会决策人自利行为之间的冲突及互利。这种相互作用的结果就是经济学家所说的均衡。人们熟悉的是市场供求相等的均衡，其实还有多种多样的未达到充分就业的均衡。对均衡大多是静态分析，而新兴古典经济学有很多动态均衡模型。超边际分析要比较各个角点解的最大值，从中产生整体最优解，因此超边际分析就有两类均衡：角点均衡和全部均衡。新兴古典经济学的均衡概念与新古典经济学的均衡概念的差别是：每个角点均衡解决给定分工水平的资源配置问题，而全部均衡决定分工的水平和结构。由于新古典经济学的全部均衡只解决资源配置问题，不能内生分工水平，新兴古典经济学的每个角点均衡都相当于一个新古典经济学的全部均衡。因此，新兴古典经济学的全部均衡分析也就比新古典经济学的均衡有更强的解释能力。

（三）为国际贸易理论找到了新思路

在新古典经济学的理论中，国内贸易的理论基础与国际贸易不同，这主要是由新古典贸易理论用经济规模来解释生产力和产品种数的局限性造成的，而新兴古典经济学则用交易效率来解释生产力、贸易额和贸易产品种数。杨小凯和史鹤凌将迪克西特（Dixit）内生产品种类的方法引入新兴古典框架，讲了一个关于分工与产品种类如何同时变化的故事。这个故事有四个互相冲突的力量，即专业化效益、交易费用、多样化消费与由此产生的决策费用。所以当交易效率低下时，人们必须自给自足，由于在自给自足状况下，每人有限的时间不能用来生产太多种产品，所以产品种类很少。当交易效率上升时，专业化和消费品种类可以通过不同专家之间的分工而同时上升。这个模型很容易用个人关于专业化的决策来解释何以国内贸易演进到国际贸易。若交易效率高到一国有限人口不足以容纳很高的最优分工水平时，则国际贸易就会产生。这里国内贸易与国际贸易的原理是一样的。这种新兴古典贸易理论与迪克西特的新贸易理论之间的异同很有意思。两种模型都能内生贸易依存度、产品种类数及生产率。但新兴古典模型用交易效率，而新贸易理论用人口规模解释这些变量。新兴古典模型内生了个人的专业化水平及经济的一体化程度，而新贸易理论中每个企业永远是极端专业化的，经济一体化程度也不能内生，所以达拉斯·沃克·斯麦兹（Smythe）称新兴古典贸易理论为内生贸易理论。①

（四）对企业理论进行数学处理

所谓企业理论，就是解释企业为什么会出现以及企业内部组织经济学意义的学问。新兴古典经济学从研究个人着手，所以认为企业不是预先给定的，企业的出现必须由理论来解释。杨小凯与黄有光用新兴古典经济学超边际分析方法解决了这一难题。假定每人可以自己想一些生产方法，然后用此方法为自己生产消费品，但这样的非专业生产效率很低。他也可以专业想生意方法，而与专业从事物质生产的人分工协作，取得较高的效率。分工协作有两种方式，这位专业生产思想的人（企业家）可以把他的观念直接卖给市场，也可以建个工厂，雇人来实现他的思想。第一种方法一般会失败，因为思想的质量、数量难测，不可能准确定价，所以别人会

---

① 于业明、王欣、王建军：《新兴古典经济学述评》，《世界经济文汇》2001 年第 2 期，第 10~12 页。

用他的思想而声称：昨天夜里我早就梦见了这个主意，因而拒绝付款。而第二种方法就好多了，企业家不将其思想告诉别人，而按市价雇劳动力来实现自己的思想，工人的劳动由企业家支配，是非对称控制权，只写明付给工人多少工资，而老板拿剩余，是非对称收益。这种组织分工的方式不需直接对企业家的思想和努力定价，付给工人后的剩余就是企业家思想的间接价格。如果企业家的思想是个好主意，则会发财，如果他的思想不是个好主意，就会破产，所以剩余权可以有效地、精确地对企业家的无形知识产权间接定价。因此，私人自由企业制度可以保护那些用专利制度无法保护的知识产权。这个全部均衡模型将科斯与张五常的企业理论数学化了。按他们的理论，当劳动交易费用低于产品交易费用时，分工就会由企业制度来组织。

（五）重新思考产权理论

从科斯等人提出产权经济学的思想后就出现了不少研究产权经济学的数学模型。新兴古典经济模型把不确定性引入交易的每个环节，分析分工效益与长分工链条的可靠性之间的两难冲突，把有关产权的经济思想做了数学化处理。新兴古典经济学认为分工的好处与分工网络的可靠性难以两全其美。而增加可靠性有两种方法：一是花资源把合约的议定和执行加以改进，以使每个交易的可靠性上升；二是花资源维持与潜在合伙人的广泛公共关系，一旦与现有合伙人合作失灵，就可以转向其他人。这两种方法都要占用资源，所以这两类事前交易费用之间存在此消彼长的冲突。而这两类事前交易费用的增加可以减少不可靠性造成的事后交易费用，所以又有事前事后交易费用之间的冲突。市场竞争会折中这些冲突取得平衡。当制度决定的转换合伙人的费用相对于界定执行合约条件费用很高时，则合约关系会变得有很高的关系特殊性；反之，则类似完全竞争的多边市场关系会在均衡中产生。这个模型说明，有效率的制度应该减少各种事前交易费用，而有效率的合约会自发地产生，不一定会有非常精确的合约条件，因为市场竞争在一定条件下可以代替精确的合约条件，而每个人与无数潜在合伙人接触（完全竞争）不一定是有效率的。这个模型第一次把张五常关于外部效率的说法数学化了。张五常认为，所谓外部效果问题与事前事后交易费用的冲突有关，这种冲突除去所有与事后交易费用有关的外部效果并不是有效率的，因为这要付出很多事前交易费用。[1]

参考文献

陈铭、刘仲英：《国际贸易的内生化新体系：新兴古典贸易理论》，《经济经纬》2006 年第 4 期。

陈卫平：《超越边际的求索者——记旅澳华裔经济学家、新兴古典经济学派创立者》，《湘潮》2005 年第 3 期。

郭熙保、胡汉昌：《技术模仿还是制度模仿——评杨小凯、林毅夫关于后发优势与劣势之争》，《学术月刊》2004 年第 4 期。

国彦兵：《论杨小凯教授对国际贸易理论的贡献》，《国际贸易问题》2005 年第 1 期。

李利明：《融通之美——杨小凯经济学思想的历程》，《经济》2004 年第 8 期。

林毅夫：《后发优势与后发劣势——与杨小凯教授商榷》，《经济学》（季刊）2003 年第 3 期。

刘兴茂：《对后发劣势与后发优势在经济发展中的再认识》，《中国集体经济》2009 年第 18 期。

王拓：《分工经济思想的发展——从亚当·斯密到新兴古典经济学》，《当代财经》2003 年第 11 期。

王文龙、唐德善：《后发劣势：对后发国家发展战略的深层思考——兼对杨小凯、林毅夫教授文的回应》，《经济前沿》2007 年第 Z1 期。

王文毓：《对“后发”问题的理性思考——“制度模仿”在中国还有很长的路要走》，《中国市场》2010 年第 44 期。

王元颖：《从斯密到杨小凯：内生比较优势理论起源与发展》，《技术经济》2005 年第 2 期。

晓雯：《最有望获诺奖的华裔学者——杨小凯》，《新长征》2005 年第 21 期。

徐滇庆：《经济学奇才杨小凯》，《金融经济》2004 年第 9 期。

杨小凯：《后发劣势》，《新财经》2004 年第 8 期。

杨小凯：《经济改革和宪政转轨：回应》，《经济学》（季刊）2003 年第 3 期。

杨小凯、张永生：《新兴古典经济学与超边际分析》，社会科学文献出版社，2003。

于业明、王欣、王建军：《新兴古典经济学述评》，《世界经济文汇》2001 年第 2 期。

张定胜、杨小凯：《从交易成本的角度看贸易模式、经济发展和二元经济现象》，《武汉大学学报》（人文社会科学版）2000 年第 3 期。

张友丰：《专业化分工视角下报酬递增理论的演变与发展研究》，《商场现代化》

---

① 于业明、王欣、王建军：《新兴古典经济学述评》，《世界经济文汇》2001 年第 2 期，第 10～12 页。

2014 年第 17 期。

赵明亮：《分工理论：从古希腊思想到新国际体系的研究述评》，《产经评论》2010 年第 3 期。

周翼、王欣、曾咏梅：《重新为经济学确定方向——经济学家杨小凯教授访谈录》，《探索与争鸣》2000 年第 11 期。

图书在版编目（CIP）数据

影响世界的 25 位经济学家 / 惠宁，周宇主编 ；王颂吉，姜伟，吴丰华副主编. -- 北京 ：社会科学文献出版社，2023.5

ISBN 978-7-5228-1351-6

Ⅰ. ①影… Ⅱ. ①惠… ②周… ③王… ④姜… ⑤吴… Ⅲ. ①经济学家-生平事迹-世界 Ⅳ. ①K815.31

中国版本图书馆 CIP 数据核字（2022）第 256486 号

影响世界的 25 位经济学家

主　　编 / 惠　宁　周　宇
副 主 编 / 王颂吉　姜　伟　吴丰华

出 版 人 / 王利民
组稿编辑 / 陈凤玲
责任编辑 / 孔庆梅
责任印制 / 王京美

出　　版 / 社会科学文献出版社 · 经济与管理分社（010）59367226
地址：北京市北三环中路甲 29 号院华龙大厦　邮编：100029
网址：www.ssap.com.cn
发　　行 / 社会科学文献出版社（010）59367028
印　　装 / 三河市龙林印务有限公司

规　　格 / 开　本：787mm × 1092mm　1/16
印　张：31.75　字　数：507 千字
版　　次 / 2023 年 5 月第 1 版　2023 年 5 月第 1 次印刷
书　　号 / ISBN 978-7-5228-1351-6
定　　价 / 128.00 元

读者服务电话：4008918866